L'AMBITION SUÉDOISE
POUR LE DÉVELOPPEMENT

Populations

Collection dirigée par Yves Charbit,
Maria Eugenia Cosio-Zavala, Hervé Domenach

La démographie est au cœur des enjeux contemporains, qu'ils soient économiques, sociaux, environnementaux, culturels ou politiques. En témoigne le renouvellement récent des thématiques : développement durable, urbanisation et mobilités, statut de la femme et de l'enfant, dynamiques familiales, santé de la reproduction, politiques de population, etc.

Cette démographie contextuelle implique un renouvellement méthodologique et doit donc prendre en compte des variables en interaction, dans des espaces de nature diverse (physiques, institutionnels, sociaux).

La collection « Populations » privilégie les pays et les régions en développement sans pour autant oublier leurs liens avec les pays industrialisés et contribue à l'ouverture de la démographie aux autres disciplines. Elle est issue d'une collaboration entre les chercheurs de l'Institut de Recherche pour le Développement (IRD), de l'UMR CEPED (INED, IRD, Université Paris Descartes) et du Centre de Recherches Populations et Sociétés (Université Paris Ouest-Nanterre-La Défense).

Derniers parus

Lucas Tchetgnia, *Face au Sida, quel comportement en Afrique ? L'exemple du Cameroun*, 2016.
Institut national de la statistique du Niger, *Niger : vers le développement social*, 2015.
Yves Charbit et Teiko Mishima (dir.), *Questions de migrations et de santé en Afrique sub-saharienne*, 2014.
Rokhaya Cissé, *L'héritage de la pauvreté. Entre récurrence, rupture et résilience dans les trajectoires des pauvres au Sénégal*, 2014.
Myriam de Loenzien, *Famille et société au prisme du VIH/Sida au Viêt Nam*, 2014.
Marc-Antoine Pérouse de Montclos (dir.), *Crises et migrations dans les pays du Sud*, 2014.

Serge Rabier

L'ambition suédoise pour le développement

Genre, santé et droits sexuels et reproductifs

L'HARMATTAN

En couverture : la fresque néo-byzantine de la Salle Dorée de l'Hôtel de ville de Stockholm représentant la Reine du lac Mälaren (ancien surnom de la ville) siégeant au centre du monde avec à ses pieds, à l'ouest les gratte-ciels de New York et à l'est, les palais des maharadjahs.

5-7, rue de l'École-Polytechnique ; 75005 Paris

www.harmattan.fr
diffusion.harmattan@wanadoo.fr

ISBN : 978-2-343-09051-1
EAN : 9782343090511

« À chaque époque, une certaine représentation du monde et des choses, une mentalité collective dominante anime, pénètre la masse entière de la société. Cette mentalité qui dicte les attitudes, oriente les choix, enracine les préjugés, incline les mouvements d'une société est éminemment un fait de civilisation. Beaucoup plus encore que les accidents ou les circonstances historiques et sociales d'une époque, elle est le fruit d'héritages lointains, de croyances, de peurs, d'inquiétudes anciennes souvent presque inconscientes, au vrai le fruit d'une immense contamination dont les germes sont perdus dans le passé et transmis à travers des générations et des générations d'hommes. Les réactions d'une société aux événements de l'heure, aux pressions qu'ils exercent sur elle, obéissent moins à la logique, ou même à l'intérêt égoïste, qu'à ce commandement informulé, informulable souvent et qui jaillit de l'inconscient collectif. Ces valeurs fondamentales, ces structures psychologiques sont assurément ce que les civilisations ont de moins communicable les unes à l'égard des autres, ce qui les isole et les distingue le mieux. Et ces mentalités sont également peu sensibles aux atteintes du temps. Elles varient lentement, ne se transforment qu'après de longues incubations, peu conscientes, elles aussi ».

Fernand Braudel
Grammaire des civilisations. 1987. Editions Arthaud. p. 54.

"If now indeed many Swedes are shy and socially insecure, if they strive for autonomy, feel extremely uneasy confronting personal conflicts, have difficulties expressing and receiving strong emotions, feel all the more secure with matter-of-factness and rationality - it comes from somewhere. If they truly conceive of themselves, as individualistic but are not at all happy without the support of a collective, it is not just by chance. If many Swedes are comparatively quiet, slow, serious, possibly even gloomy - in any case hardly light hearted even though theirs is a self-image of being nice, cheerful and happy - then all these tendencies are consequences of Sweden as a social organization and historical product, of those institutions and natural preconditions that apply in our part of the world."

Åke Daun
Swedish Mentality. 1996. Pennsylvania State University Press. p. 195.

"Gender and Sexuality are both social construct. They are closely intertwined ; both are about values and meanings, and both are concerned with norms that permit and constrain certain forms of social and sexual expression. Both, ultimately, are about power and politics."

Swedish International Development Agency
Sexuality : a missing dimension in development. Concept paper.

PRÉFACE

De tous temps, l'évolution la population a été une des préoccupations du pouvoir politique, car pour le Prince ses sujets avaient trois « utilités » : les hommes étaient enrôlés dans ses armées, hommes et femmes fournissaient la main-d'œuvre, individus et foyers payaient des impôts. Dans ces conditions, les politiques de population mises en œuvre dans l'histoire de l'Europe par les États ont consisté très généralement en général à accroître l'effectif de la population. Accroître l'effectif supposait de jouer sur les variables qui gouvernent la croissance et les politiques de population ont consisté à favoriser des mariages précoces et nombreux enfin que les couples fassent le plus grand nombre d'enfants possible, à augmenter la population par des mesures d'immigration et enfin à tenter de réduire la mortalité. Un tournant s'est pourtant produit à la fin du XVIIIe siècle sous l'influence d'un livre, l'*Essai sur le principe de la population* de Thomas Malthus, qui a lancé l'idée que la population risquait d'augmenter trop vite par rapport aux subsistances. Cette thèse trouva une confirmation éclatante dans la situation que connut l'Angleterre à l'aube du XIXe siècle, car la révolution industrielle avait créé un prolétariat dont la fécondité paraissait beaucoup trop élevée au regard de leurs faibles ressources. Ainsi se dessina tout un courant doctrinal radicalement opposé à celui qui avait dominé la pensée démographique lors des siècles précédents. On était ainsi passé du populationnisme au malthusianisme et les politiques de population qui se mirent alors en place témoignent de ce revirement. Alors qu'au sens strict, la démographie est l'analyse des structures et du mouvement de la population, une autre évolution notable s'est produite dans le champ scientifique, avec la prise en compte des facteurs économiques sociaux culturels supposés, à tort ou à raison, gouverner la fécondité, la nuptialité, la mortalité et les migrations. Il était donc inévitable que les politiques de population connaissent un élargissement comparable et toute une série de mesures susceptibles d'influer sur la fécondité ont été prises dans le cadre des politiques du logement, de l'emploi, de l'éducation, de la fiscalité, de celles enfin relatives au statut et à la place des femmes dans la société.

La caractéristique du livre de Serge Rabier est de se positionner très clairement dans cette perspective, devenue dominante, que les Anglo-Saxons appellent les *Population studies*, par rapport à la démographie analytique traditionnelle. Le sujet même l'imposait. Comment en effet, analyser ce que l'auteur appelle les deux piliers structurants de l'aide publique au développement suédoise sans se poser la question de tous les facteurs proches ou reculés dans le temps qui façonnent les conceptions même de la politique suédoise de développement ? L'auteur a donc fait appel avec beaucoup de finesse à l'anthropologie, à l'histoire, à l'ingénierie sociale et, fait remarquable, le plan chronologique adopté correspond presque exactement à la profondeur historique de chacun de ces facteurs. L'anthropologie, avec l'argument de la famille souche remonte bien avant l'émergence de la Suède en tant qu'État (Chapitre 1). L'histoire politique a joué un rôle de premier plan au siècle de Gustave Adolphe et elle permet de comprendre le positionnement international de la Suède en tant que grande puissance européenne émergente au XVIIe siècle, puis son repli en partie en raison d'une base démographique insuffisante (Chapitre 2). L'ingénierie sociale, qui se met en place au XXe siècle, explique parfaitement les principales caractéristiques de ce qui sera l'aide publique au développement, tout en bénéficiant des conséquences des progrès antérieurs de l'instruction (aux XVIe et XVIIe siècles avec le luthérianisme), clé de l'autonomie des femmes. Aussi n'est-il guère surprenant que la santé et les droits reproductifs et plus généralement, la sexualité apparaissent ultérieurement comme un axe central de l'aide publique au développement. Tous ces chapitres échappent aux pièges redoutables de l'interdisciplinarité. À chaque fois le rôle de chacun des facteurs et par contrecoup le pouvoir explicatif de chacune des disciplines convoquées sont parfaitement pondérés. Il aurait été par exemple absurde de soutenir que la famille souche « explique » directement l'aide publique au développement pour au moins deux raisons. La première c'est que le rôle des facteurs ultérieurs et en particulier celui de l'histoire politique pure puis des politiques sociales se seraient trouvés de facto invalidés. De même, il aurait fallu démontrer comment et pourquoi des comportements d'ordre sociodémographique et socio-économique, portés par des individus et des familles, se retrouvaient en quelque sorte intacts dans des programmes par essence politiques et bureaucratiques, répondant à des normes de conception et de mise en œuvre totalement étrangères à la sphère privée de la famille souche. En revanche la place accordée dans le livre à des personnalités de premier plan comme les époux Myrdal est tout à fait légitime. L'un et l'autre ont joué un rôle majeur dans la construction du modèle social suédois et il n'est pas étonnant que leur influence se soit traduite dans l'ingénierie sociale d'abord, puis dans les choix fondamentaux de l'aide publique au développement. En particulier on peut penser que le choix de l'Asie du Sud n'est pas étranger au propre domaine de réflexion de Gunnar Myrdal puisque c'était un des spécialistes de l'Inde. Le dernier chapitre est particulièrement intéressant d'un autre point de vue. En effet, la question du dérèglement climatique est clairement un problème d'ampleur mondiale, qu'aucun pays pris individuellement ne peut résoudre seul. L'enjeu mondial du réchauffement climatique dépasse même largement les capacités de la politique bilatérale, si volontariste soit-elle, de la Suède. On peut donc considérer que ce chapitre est prospectif puisqu'il pose les bases d'une analyse du passage d'une politique centrée sur les comportements reproductifs des acteurs individuels à une politique d'une tout autre dimension. La politique suédoise est en quelque sorte confrontée à un véritable changement de paramètres et la question posée est de savoir si les valeurs prônées par l'aide publique au développement de la Suède sont susceptibles ou non de contribuer à la mise en place de mesures efficaces de lutte contre le réchauffement climatique et en faveur du développement durable. Tout se passe comme si le point commun entre l'Aide publique au développement en matière de santé de la reproduction et celle centrée sur le développement durable était la mise en avant permanente des valeurs normatives qui sont présentes jusque dans les détails des programmes concrets de la Suède. La riche expérience de Serge Rabier, en tant que directeur d'une ONG très impliquée dans les questions de population et de développement, lui confère une maîtrise exceptionnelle du sujet. Hauteur de vue, rigueur des analyses, ce livre brillant, d'une écriture élégante et précise, est un modèle du genre.

Yves CHARBIT
Professeur Emérite, Université Paris Descartes

INTRODUCTION

Entre 1945 et le début des années 1990, les relations internationales ont été marquées par une évolution qui a vu un monde bipolaire, divisé et figé servant de cadre aux affrontements de puissances (Est/Ouest et Nord/Sud), devenir peu à peu un monde multipolaire affirmant la nécessité de mécanismes de coopération au moment où se met en place une nouvelle phase de la mondialisation et l'accélération de l'intégration planétaire des phénomènes économiques, financiers, géopolitiques, environnementaux, culturels et religieux. L'accélération des flux de capitaux, très largement due à la dérégulation financière, l'hypertrophie des échanges commerciaux (ces derniers en progression plus rapide que les richesses produites) ainsi que la révolution dans les secteurs des nouvelles technologies d'information et de communication ayant créé et accéléré les disparités entre l'économie réelle et productive et celle, virtuelle des réseaux et de l'internet, consacrent l'extension universelle du modèle libéral sous la forme plus ou moins parfaite de la démocratie politique et le triomphe du capitalisme qui fait écrire à Francis Fukuyama que le monde est entré dans « la fin de l'histoire ».

En parallèle, dès la décennie 1990, marqué par de grandes conférences sous les auspices des Nations unies, un nouvel agenda international voit aussi le jour, à la fois fruit des évolutions précédentes et en nette réaction contre elles. En effet, sur le plan juridique, l'essor de la "*soft law*", inconnu jusque-là dans une telle ampleur, se manifeste par la mise à l'agenda de la thématique globale des droits humains et en particulier des droits civils et sociétaux, des droits environnementaux, des droits sexuels et reproductifs, de l'égalité femmes-hommes. Sur le plan économique aussi, ces années voient la remise en question du concept de développement par une approche privilégiant la lutte contre la pauvreté et contre les inégalités sur les déterminants économiques, rendant nécessaire d'intégrer les perspectives et les dimensions éthique, juridique et pour tout dire politique dans la réflexion globale sur le développement.

Même si les guerres et les conflits sous des formes diversifiées (affrontements militaires, guerres commerciales et conflits environnementaux, terrorisme) persistent à démontrer que les rapports de puissance sont toujours un des moteurs des relations internationales sur le mode de la confrontation, d'autres, au contraire ont émergé mettant l'accent sur des formes régulées de coopération visant la transformation de la vie internationale via la promotion et l'imposition de valeurs et de normes universelles. Ces changements affectant les déterminants des systèmes de relations internationales peuvent être analysés selon la typologie suivante que Robert Gilpin avait déjà théorisée au début des années 1980 (1981 : 33-40) avec d'une part, le changement *de* système qui correspond à une évolution quant à la nature des acteurs du système et d'autre part, le changement *dans le* système, changement qui peut prendre deux formes : une redistribution systémique de la puissance, de sa hiérarchie et de ses instruments (changement systémique) et une évolution des règles du jeu et des interactions entre les acteurs du système (changement interactionnel).

Changement *de* système

Appliquée à la Suède, cette grille d'analyse fait ressortir que, sans être un acteur nouveau, puisque l'État suédois est un des plus anciennement constitués du continent européen et partant de la communauté internationale, le pays, à l'occasion des évolutions géopolitiques depuis 1945 et après la chute du Mur de Berlin et de celles liées à la mondialisation et son ancrage définitif dans l'Union européenne a adapté son neutralisme traditionnel pour se positionner en tant qu'acteur jouant l'influence plus que la puissance, assumant un rôle particulier dans une conception « multilatérale » de la gouvernance mondiale (et européenne) tout en choisissant des thématiques transversales (genre, biens publics mondiaux, droits humains, paix et sécurité) et des modalités et des partenaires d'interventions jusque-là ignorés ou sous-estimés, en particulier les mouvements d'ONG globaux, régionaux et nationaux.

Changement *dans le* système

De façon plus précise encore, le cas de l'aide publique au développement de la Suède est particulièrement représentatif de ce double basculement de référentiel parce qu'elle en a facilité l'émergence, la constitution et le déploiement dans une sorte de « pédagogie du genre » et que l'axe principal de sa diplomatie depuis lors est de le consolider dans le système des relations internationales. En effet, alors qu'elle a été contrainte par la logique de l'affrontement Est/Ouest à jouer sur un mode mineur sa partition internationale (neutralisme ambigu au niveau européen, conciliation tendue avec le voisin soviétique, tiers-mondisme flamboyant mais marginal, succès très limités de sa croisade contre les armes nucléaires), la Suède a trouvé dans l'aide publique au développement le cadre d'un nouveau souffle, d'une reformulation à son engagement diplomatique et se présenter ainsi en championne/modèle d'une politique publique internationale de redistribution inspirée de son expérience nationale. De ce point de vue, les deux thématiques d'interventions qui apparaissent d'emblée comme fortement constitutives de l'aide publique au développement suédoise, la perspective de genre et celle de la santé et des droits sexuels et reproductifs ont influencé et/ou structuré les politiques publiques dans leur ensemble comme le montre Erika Björklund (2007). Deux moments témoignent particulièrement de ce renouveau de l'APD suédoise : à partir de la Conférence internationale sur la population et le développement du Caire en 1994 et la Quatrième Conférence mondiale sur les femmes de Pékin en 1995, les enjeux de santé et de droits sexuels et reproductifs et la perspective de genre deviennent des éléments essentiels de l'agenda global du développement que la Suède contribue fortement à façonner. Rendus visibles et très largement accueillis par une très grande majorité des États qui constituent la communauté internationale, ils ont connu depuis deux périodes distinctes dans leur déploiement : tout d'abord revendiqués quasi-universellement, ils ont peu à peu cristallisé les résistances et les oppositions de plus en plus frontales d'un nombre croissant de pays lorsque précisément, ces enjeux ont commencé à prendre la forme concrète d'une femme revendiquant, par exemple, son autonomie de choix et de décisions en matière de contraception et plus largement, de sexualité.

Les enjeux et les thématiques portés par la Suède, malgré ces reculs et ces résistances continuent néanmoins de structurer profondément la réflexion et les débats ainsi que les interventions des institutions étatiques et internationales confirmant le rôle de puissance normative joué par ce pays dans le passage à l'échelle d'un agenda local/national à un agenda global/international. En effet, les processus de réflexion, de concertation, de négociations à tous les niveaux (nationaux, régionaux, internationaux) qui ont été mis en place après les années 2010 afin de travailler à la préparation du cadre du développement pour l'après 2015 (date butoir des Objectifs du Millénaire pour le Développement) ont tous convergé sur la nécessité absolue de continuer à intégrer cette approche transversale du genre, en particulier avec les défis sanitaires et environnementaux, dans la construction et la structuration des nouveaux objectifs du développement. Ce n'est pas là le moindre résultat d'une politique suédoise à la fois constante dans le temps et rassembleuse dans l'espace.

Ce livre vise à présenter un dispositif particulier de politique publique, l'aide publique au développement, d'en tracer une généalogie multiple (anthropologique, historique, religieuse, sociale, institutionnelle et politique), d'en décrire les axes thématiques et les modalités d'interventions pour enfin en analyser les enjeux actuels ainsi que les perspectives au regard de l'évolution du développement, de son architecture et de son financement et ce, à travers une double perspective des plus emblématiques : l'égalité femmes-hommes et la santé et les droits sexuels et reproductifs. Le choix fait d'ancrer la réflexion contemporaine à partir des conférences du Caire et de Pékin (1994/1995) renvoie à leur fonction à tous égards « inaugurale » dans la mesure où elles convoquent avec force, et sans réelle opposition à l'époque, la nécessité de normes internationales nouvelles conférant aux droits humains (et en particulier les droits des femmes en matière de santé sexuelle et reproductive) une fonction de principe directeur à l'action des États du monde en matière de développement. À partir de son expérience propre, la Suède, plus que la plupart des pays développés, a très fortement contribué à ce saut normatif d'une ampleur jusque-là inconnue et qui a très fortement inspiré et soutenu l'impérieuse nécessité d'une dimension humaine (comprendre "genrée") de la mondialisation. De fait, la Suède fait partie de ce groupe très restreint de pays qui, non seulement ont décidé de consacrer au moins 0,7 % de leur revenu national brut à l'aide publique au développement, mais qui en outre, ont décidé de faire des enjeux d'égalité de genre l'axe central de leur positionnement diplomatique et de leurs interventions programmatiques d'aide.

Ce choix repose sur deux convictions ancrées au cœur de ses politiques publiques depuis plus de 80 ans : l'égalité femmes-hommes a non seulement sa raison d'être en tant que nécessité éthique (un objectif en soi), mais elle est aussi une condition indispensable à la fois au fonctionnement d'un système démocratique, à la lutte contre la pauvreté et au développement économique et social soutenable des sociétés comme le rappelle le gouvernement suédois[1]: « L'objectif global de la politique suédoise en matière d'égalité de genre est d'assurer que les femmes et les hommes ont le même pouvoir de façonner la société et leurs vies propres. Sous-objectifs proposés : une répartition égale du pouvoir et de l'influence. Les femmes et les hommes auront les mêmes droits et les mêmes opportunités pour être des citoyens actifs et pour créer les conditions de la prise de décision ; l'égalité économique entre les femmes et les hommes. Les femmes et les hommes auront les mêmes opportunités et bénéficieront des mêmes conditions eu égard à l'éducation et au travail rémunéré qui assurent l'indépendance économique tout au long de la vie ; une répartition égale de la prise en charge des soins non rémunérés et du travail domestique. Les femmes et les hommes assumeront la même responsabilité en ce qui concerne le travail domestique et auront les mêmes opportunités de donner et de recevoir des soins de façon égale ; les violences des hommes envers les femmes doivent cesser. Les femmes et les hommes, les filles et les garçons auront des droits égaux et des opportunités égales en matière d'intégrité physique ».

Ce dispositif qui rassemble toutes les notions constitutives d'un modèle national de développement revendiqué comme réussi (distribution égale des

[1] Swedish Government Bill 2005/06:155. *Power to shape society and your own life : Towards new gender equality policy objectives.* Toutes les citations extraites de documents en langue anglaise sont traduites par l'auteur, sauf mention expresse.

droits et des opportunités en termes de citoyenneté ; égalité économique en termes d'opportunités et d'accès à l'éducation et au travail rémunéré comme fondement de l'autonomie des personnes ; répartition égale entre les femmes et les hommes des activités de soin non rémunérées et des activités domestiques ; respect de l'intégrité physique des personnes et lutte contre les violences faites aux femmes) va présider à la formulation et à la mise en œuvre d'une politique publique, l'aide publique au développement, qui peut sembler marginale (1 % du revenu national brut) mais qui à bien des égards, est emblématique de la convergence/cohérence d'un système intégré de politiques publiques. Cependant, contrairement à d'autres composantes des politiques publiques comme les politiques sociales par exemple, et alors même que le pays est considéré comme exemplaire en ce domaine au niveau mondial, la politique d'aide publique au développement de la Suède dans les domaines de la santé et de droits sexuels et reproductifs et de l'égalité femmes-hommes reste encore un objet d'études peu exploré. Elle nous semble cependant représenter un paradigme significatif en ce qu'elle témoigne avec force d'une rupture dans la construction du politique, qui jusqu'alors, opposait traditionnellement la sphère publique et la sphère privée, la sphère de l'action (masculine) publique à celle de la reproduction (féminine et privée), rupture avec un ordre politique, économique et social fondé sur une inégalité sexuée, toutes ruptures qui, après avoir été « expérimentées » à l'intérieur des frontières, sont devenues un marqueur du positionnement international de la Suède.

Avec l'égalité de genre, les questions de santé et droits génésiques, révélées comme fondamentales pour l'agenda du développement par les conférences du Caire et de Pékin, sont présentées comme des revendications universelles qui, en partant de la santé de la reproduction (prévention de la mortalité et de la morbidité maternelles, VIH-sida) s'étendent aux droits qui y sont liés (en particulier les droits à la contraception et à l'avortement), puis à ceux de la santé sexuelle et des droits sexuels de façon plus large (droits des personnes LGBTI - *Lesbian, Gay, Bisexual, Transgender, Intersex* - et celles vivant avec un handicap). Résultat de l'action des mouvements féministes et de la société civile tant au niveau national/local qu'au niveau international, ce courant cherche à dépasser la simple prise en compte des inégalités des hommes et des femmes devant la santé par un engagement plus radical et plus global visant à transformer les conditions et les structures mêmes de ces inégalités.

C'est ainsi que la question de la dénaturalisation des rapports sociaux de sexe, et la transformation des rapports de pouvoirs inégalitaires vers l'égalité de genre après avoir été un des axes majeurs de l'action publique « interne » de la Suède, est également devenue depuis quelques décennies le fondement et le marqueur de sa politique d'aide publique au développement.

Qu'entend-on par dénaturalisation des rapports sociaux de sexe du point de vue de l'action publique ? Il s'agit d'abord d'*une prise de conscience de la non neutralité de l'État* dans ses interventions, c'est-à-dire qu'historiquement, l'État, à travers ses lois et ses réglementations, ses dispositifs institutionnels et administratifs, ses mécanismes bureaucratiques, a contribué à comprendre et faire comprendre les rapports sociaux de sexe comme « naturels », allant de soi, universels et de tous temps, à les rendre invisibles et illégitimes au questionnement, et même à les renforcer en les surdéterminant dans le cadre par exemple, des codifications du mariage, de la filiation, de la procréation, de la propriété et de l'héritage, du droit de vote, de la politique éducative et sanitaire, des politiques familiales et sociales. Dans ce cas précis, même l'État-providence censé être le plus sensible à ces enjeux d'inégalités a produit des politiques publiques sur des présupposés et avec des effets inégalitaires comme le système fiscal d'imposition commun, le modèle économique et sociétal de l'homme-mari-gagne-pain, politiques qui ont créé des différences de traitement face à la capacité fiscale (dés-incitative pour les femmes en recherche d'un emploi à plein temps) et face aux risques sociaux (de type assurantiel pour les hommes et assistantiel pour les femmes). Le retrait et le silence de l'État, formes les plus « objectives » de sa neutralité, en ignorant les violences sexuelles dans le cadre domestique laissent pourtant voir dans toute leur force à quel point l'État peut être l'agent le plus actif de la perpétuation et du renforcement des rapports sociaux de genre.[2] Par voie de conséquence, c'est au contraire au nom de sa *capacité transformatrice* que l'État peut intervenir dans le changement des normes de genre. Il s'agit enfin d'*opérer des transformations au sein de l'appareil d'État* (structures et instances et processus de décision, agents et personnels) afin que soient mises en place des politiques publiques explicitement dirigées vers la fin des inégalités sexospécifiques et des discriminations qui y sont intrinsèquement liées.

Au regard de ces enjeux, il existe des degrés très divers d'appréhension et d'investissement de la part des États. De ce point de vue, l'analyse plus précise montre que la Suède apparaît comme parmi les plus engagés dans la mise en place des leviers ayant permis le développement de cet agenda : la reconnaissance la plus concrète et la plus large dans le domaine juridique de l'égalité des droits entre les femmes et les hommes, l'instauration de mécanismes décisionnels et de gouvernance et processus organisationnels pour promouvoir, mettre en œuvre et évaluer les progrès réalisés, et enfin le

---

[2] Le prisme des rapports sociaux de genre constitue un des principes de l'action publique en Suède et il est en quelque sorte sa légitimation fondamentale. Il s'agira ici moins de déterminer en quoi le genre est le produit de toute une série de politiques publiques (les effets « genrés » des politiques publiques) que de montrer qu'il est le principe moteur, originaire et déterminant de la politique d'aide publique au développement suédoise.

partenariat stratégique incontournable avec les mouvements, les réseaux, les organisations, appartenant à ce qu'on appelle communément la société civile comme inspirateurs, opérateurs, acteurs et « évaluateurs » de ces politiques publiques transformatives.

À travers l'étude du cas suédois, il sera donné à voir comment l'égalité femmes-hommes a été constitutive du contrat politique et social synthétisé et développé par l'État-providence aussi bien dans ses éléments internes (institutions sociales et fiscalité au service de la redistribution, structuration du marché du travail, « investissement »[3] des instances étatiques et des mécanismes décentralisés *via* le développement du mouvement « fémocrate ») que sur la scène internationale avec l'aide publique au développement comme instrument au service de l'ambition d'une puissance normative.

Concepts clés, orientations et principes méthodologiques

Approche genre

Si les enjeux théoriques et méthodologiques liés au concept d'approche genre, d'approche transversale de genre, de démarche transversale d'égalité, d'approche intégrée de l'égalité, de perspective selon le genre, entre autres traductions usuelles du *"gender mainstreaming"*,[4] ne font pas directement partie de notre analyse, ils doivent néanmoins être clarifiés afin de mieux cerner les caractéristiques du dispositif suédois d'aide publique au développement. Ces enjeux, qui renvoient l'approche genre à sa fonction fondamentale d'outil d'analyse et comme champ de recherche, font l'objet d'une littérature riche et abondante qui a été clairement synthétisée (Bereni, Chauvin, Jaunait et Revillard. 2008) en trois catégories principales : ceux liés à la dénaturalisation et la dé-biologisation des différences entre les femmes et les hommes ; ceux liés à la déconstruction des rapports sociaux de sexe, et à l'analyse des rapports inégalitaires fondés sur le primat constant et universel du masculin sur le féminin et au-delà étendus à d'autres types de domination liés à l'orientation sexuelle et aux identités de genre ; et ceux liés à l'aspect pluriel et multidimensionnel des rapports de pouvoirs qui, afin de rendre compte de leurs complexités fondamentales, articulent la dimension

[3] Dans les deux sens du terme : acquérir de nouveaux moyens d'intervention et occuper le terrain, l'espace de ces interventions.

[4] Cette approche peut aussi être abordée sous l'angle linguistique car ce qui ne pourrait apparaître que comme une anecdote prend dans le contexte de notre étude, une tonalité particulière puisque, selon Sophie Jacquot, « il n'y a guère que le suédois pour disposer d'une traduction propre (le mot *jämtegrering* a été forgé à partir de *jämställdhet*, égalité des sexes, et de *integrering*, intégration) ». Dans ce livre, nous emploierons indifféremment les expressions approche genre, perspective de genre, égalité de genre, égalité femmes-hommes.

genre à la situation et aux « capacités » sociales, ethniques, sexuelles et de handicap des personnes (intersectionnalité).

Tout en ayant ces cadres théoriques pour références qui seront re-convoquées au cours de notre étude, c'est néanmoins à la dimension pratique de l'approche genre, appliquée à une politique publique, celle de l'aide publique au développement comme dispositif en particulier narratif, de gouvernement et d'intervention, que nous nous attacherons. Ce choix est d'autant plus approprié que, comme le souligne Sophie Jacquot, (Jacquot. 2008 : 65-82) « la référence à la notion de genre a été initialement faite précisément dans le domaine de l'aide publique au développement dans les stratégies à la fois de certains pays donateurs et de la plupart des agences onusiennes alors que les débats théoriques étaient loin d'avoir été épuisés ».

C'est donc à l'occasion des interventions en faveur des pays récipiendaires de l'aide au développement que l'intégration de l'approche genre s'est véritablement imposée comme une méthodologie stratégique à visée pratique dans la lutte contre les inégalités entre les femmes et les hommes. Cette approche vise à structurer les politiques publiques, en intégrant de façon systématique les besoins, les aspirations, les situations, les positions, les tâches, les fonctions, les capacités propres aux femmes et aux hommes dans le but de renforcer l'égalité de genre en s'attaquant à la dimension structurelle des inégalités et des normes qui les sous-tendent. Elle est transversale au sens où elle s'attache à couvrir tous les secteurs d'intervention de l'État (santé, protection sociale, travail, éducation, culture, justice, sécurité, famille) ainsi que toutes les institutions et les mécanismes de gouvernance (politique, économique, sociale et culturelle). Enfin, ce caractère transversal se retrouve dans la verticalité des politiques engagées, depuis leur conception (validée en préalable par les études d'impact), leur planification, leur mise en place, leur suivi et enfin leur évaluation. L'affirmation de la transversalité du genre telle qu'elle est ici abordée ici renvoie enfin au présupposé fondamental quant au rôle essentiel qu'est censé jouer l'État dans la déconstruction et la transformation des structures et des normes inégalitaires, en cessant d'être un instrument d'oppression et de domination, en particulier masculine, pour devenir un instrument d'affranchissement et de libération et, *in fine*, de changement des rapports de pouvoir.

Le rappel des conditions d'implantation de l'approche genre et de leurs premiers effets dans l'espace national « à savoir la large diffusion des valeurs égalitaires, le poids politique des partis de gauche, la spectaculaire augmentation, depuis 1970, des femmes élues ou nommées à des postes politiques" (Sainsbury & Bergqvist, 2008 : 117-138) sera d'autant plus important pour analyser si et comment l'approche genre "à la suédoise" est ou non modélisable et en quelque sorte, “exportable” ». Les deux angles d’analyse qui semblent pertinents de ce point de vue sont d’une part une analyse de la dimension genre de l’aide au développement en tant que politique publique (a) et d’autre part, une analyse de la politique publique de l’aide au développement comme élément constitutif de l’appropriation de l’approche genre par toutes les parties prenantes (décideurs politiques, agents de l’état, citoyens, contribuables) (b).

(a) analyse de la dimension genre de l’aide au développement comme politique publique

Dans cette première perspective, l’approche genre est une technique d’appréhension, une méthodologie d’analyse, une grille d’interprétation de la politique publique d’aide au développement, en particulier concernant sa définition, son élaboration et sa mise en œuvre. En tant que telle, elle permet de questionner des préjugés, des représentations, des normes ainsi que leurs “effets de matérialité” sur les femmes et les hommes. Au-delà de cette fonction d’analyse, l’approche genre permet de proposer des politiques à visée « correctrice » visant à changer les représentations et à (re)construire un environnement politique, économique, juridique et social favorisant un tel changement. Traditionnellement, le champ d’application de cette transformation a été précisément celui des secteurs dits sociaux (politique de l’emploi, de la protection sociale, de la petite enfance, de la fiscalité des revenus). De ce point de vue, l’état-providence suédois, sous l’influence déterminante des féministes a été un des tous premiers au monde à mettre en œuvre cette nouvelle « ingénierie sociale » au nom d’une remise en cause de la division sexuée du travail et de l’opposition sphère privée- sphère publique qui pose que ce qui était considéré comme privé (en particulier la sexualité) devait aussi faire l’objet de politiques publiques aussi bien nationales (lutte contre les discriminations LGBT et les violences de genre, domestiques ou non) que du point de vue international (soutien aux programmes visant à la lutte contre les inégalités femmes-hommes dans la sphère domestique afin de renforcer la citoyenneté politique et sociale des femmes dans les pays en développement). Ce faisant, c’est la définition même de ce qu’est une politique publique qui est revisitée et étendue en ce qu’elle doit considérer comme politique ce qui ressort de l’intime et du privé.

(b) analyse de la politique publique de l’aide au développement comme élément constitutif de l’appropriation de l’approche genre par toutes les parties prenantes

Pour tous les gouvernements suédois successifs, toutes tendances confondues, l’approche genre doit être un des éléments structurants majeurs de la réflexion des décideurs politiques, des principes d'intervention des agents d'exécution des politiques publiques et au delà, de la « formation », de l'éducation des citoyens et des citoyennes. Cette approche globalisante a été le marqueur des politiques publiques aussi bien nationales (égalité des droits sexuels ; égalité dans la représentation politique ; articulation sphère familiale et sphère professionnelle) qu'internationales (soutien aux programmes de santé et droits en matière de sexualité et de procréation ; promotion de la légalisation de l'avortement, de l'accès à la contraception, de l'éducation sexuelle à destination des adolescents/tes ; soutien à la constitution et au développement de réseaux de femmes, d'hommes et LGBT -Lesbiennes, Gays, Bisexuels et Transgenre- pour l'égalité de genre et les droits sexuels ; financements de programmes contre les violences basées sur le genre).

Aide publique au développement (APD)

L'APD en tant que de dispositif[5] de pouvoirs, de savoirs, de discours, se révèle être la réalisation d'une activité particulière de gouvernance qu'il s'agira donc d'analyser dans son contexte. Nous suggérons trois types de questionnement. Premièrement, il s'agira, à partir d'un ensemble d'éléments hétérogènes qui relèvent du «dit» (les différents types de production : discours, brochures institutionnelles, notes conceptuelles, communications gouvernementales, projets de lois, évaluations) mais également du « non-dit » (ces « valeurs fondamentales et ces structures psychologiques » dont parle Fernand Braudel), de décrire les deux modalités structurales qui constituent la « vision » de cette politique publique.

Notre méthodologie d'analyse est très largement inspirée par ce que l'on appelle communément depuis sa formalisation conceptuelle par Fernand Braudel une histoire/approche des mentalités. Dans l'exercice de notre démonstration touchant à l'histoire des idées, des faits militaires, de l'économie, des mécanismes sociaux ou plus particulièrement des politiques publiques comme l'aide publique au développement, la référence à ce qu'Åke Daum (1989), professeur et directeur à l'Institut d'Ethnologie à l'université de Stockholm et au musée nordique, appelle la mentalité suédoise soit comme facteur explicatif, soit comme facteur corrélatif

[5] « Le dispositif est un ensemble résolument hétérogène, comportant des discours, des institutions, des aménagements architecturaux, des décisions réglementaires, des lois, des mesures administratives, des énoncés scientifiques, des propositions philosophiques, morales, philanthropiques, bref : du dit, aussi bien que du non-dit... Le dispositif lui-même, c'est le réseau qu'on peut établir entre ces éléments ». Entretien, Juillet 1977. Le jeu de Michel Foucault, entretien avec Colas, D. Grosrichard, A. Le Gaufey, G. Livi, J. Miller, G. Miller, J. Miller J.-A. Millot, C. Wajeman, *Ornicar, Bulletin périodique du champ freudien*, n° 10, juillet 1977, p. 299.

permettra d'aborder les caractéristiques identifiées comme spécifiques à la structure mentale, psychologique, culturelle, socio-affective des individus qui composent la société suédoise et partant de la société suédoise elle-même. À partir des réflexions de Jeremy J. Richardson (2014),[6] il sera envisagé un éclairage en termes de *"policy style"* de la politique d'aide au développement suédoise en partant du constat (sans en ignorer les limites, en particulier les risques de stéréotypisation et d'essentialisation) que tout comme des « styles nationaux » existent en musique, en littérature ou encore en architecture, il peut exister une telle grille de lecture et de caractérisation de l'Aide publique au développement car on y retrouve toutes les caractéristiques des autres politiques publiques globales : consensus, homogénéité du modèle sociétal, prégnance des valeurs normatives, approche active/anticipatrice face aux problèmes publics, innovation en termes d'action publique... Deuxièmement, il conviendra d'en cerner les modalités d'organisation interne, en particulier les mécanismes de hiérarchisation des choix d'intervention en termes politique (multilatéral/bilatéral), thématique (santé et droits sexuels et reproductifs, politiques de populations, aide humanitaire et maintien de la paix) et géographique (territoires d'intervention et des acteurs partenaires). Enfin, c'est l'évolution du dispositif de l'APD suédoise qui méritera une analyse précise depuis sa mise en œuvre dans les années soixante, et surtout sa redéfinition depuis le milieu des années 1990 jusqu'à aujourd'hui en ce qu'elle a généré de nouveaux savoirs (leçons apprises, processus d'évaluation, analyses et études de capitalisation) et surtout de nouvelles pratiques de partenariat entre les acteurs du développement (état bailleur, états/ Organisations de la Société Civile récipiendaires tant en Suède que dans les pays recevant de l'aide, acteurs multilatéraux...). En somme, nous nous intéresserons donc tout autant à la dimension idéologique qui sous-tend l'APD suédoise, qu'aux instruments, aux techniques, aux procédures et aux méthodes qui l'expriment et qui en font une pratique de pouvoir et de gouvernement des individus, des communautés et des populations au-delà des frontières de la Suède. Une fois explicités le bien-fondé et la pertinence de l'objet d'étude (une politique publique d'un pays donné) et définis les concepts clés convoqués au cours de notre travail, il convient enfin de rappeler la cohérence de sa périodisation.

[6] Malgré les critiques formulées à l'encontre de cette démarche (approche scientifique floue ne définissant pas les variables d'analyse, approche trop abstraite et pauvre sociologiquement, surdétermination des facteurs cognitifs au détriment des acteurs et des logiques institutionnelles), elle nous semble cependant constituer un faisceau de plus à la grille interprétative d'ensemble particulièrement à l'œuvre dans la production discursive et documentaire des acteurs clés (ministère des Affaires étrangères, Agence du Développement - Sida, ONG) que nous analyserons très en détail dans la quatrième partie.

La période retenue (1994/2014) permet une analyse chronologique du positionnement normatif en faveur de la perspective de genre et de santé et droits sexuels et reproductifs à partir d'un moment inaugural fort clairement identifié et ce, *via* le fil d'une production essentiellement discursive et déclarative (textes de positionnement politiques, documents stratégiques, dispositifs décisionnels de nature gouvernementale, statistiques officielles, contributions des partenaires techniques et financiers) jusqu'à la conclusion du cycle global de l'architecture du développement inauguré par la Déclaration du Millénaire en septembre 2000 d'une durée de quinze années. Ce moment conclusif de l'agenda international du développement sera aussi une occasion d'aborder un questionnement sur les enjeux et les défis fondamentaux auxquels est confronté le dispositif suédois d'aide au développement, en particulier la prégnance de plus en plus forte du modèle néo-libéral à l'intérieur du pays, par des tentatives plus ou moins achevées de remise en cause de l'État-providence et à l'extérieur, en particulier dans les pays en développement, par la diffusion globale du modèle socio-économique libéral capitaliste qui s'accommode du référentiel, des représentations et des normes fondamentales du patriarcat aussi bien dans la sphère politique (répartition inégale du pouvoir entre les femmes et les homme) que dans la sphère socio-économique (maintien de la division sexuée et non rémunérée du travail, confinement des femmes dans les secteurs informels non réglementés, de la sous-traitance, expansion des formes d'exploitation et de violences sexuelles, migrations forcées, traite des personnes et prostitution).

Ainsi, si la perspective de genre et la santé et les droits sexuels et reproductifs sont une des modalités les plus représentatives de l'aide publique au développement de la Suède elles-mêmes profondément ancrées dans une expérience nationale propre au développement de l'État-providence, l'aide publique au développement représente en même temps la vitrine et le moyen/outil diplomatiques du déploiement d'une influence normative de l'État-providence dans un monde de plus en plus globalisé. Cette position qu'elle a su conquérir en termes d'influence,[7] la Suède est-elle en mesure de la maintenir au moment où l'APD est une source de financement (et donc de « formatage »), du développement de plus en plus marginale, où les nouveaux acteurs "émergents" n'ont pas encore défini leur

[7] Cette perspective de genre avec un focus sur la santé sexuelle et reproductive et des droits qui y sont attachés a été portée et promue par toutes sortes de parties prenantes (personnalités intellectuelles, du monde des média, universitaires de toutes disciplines, institutions crées ad hoc, partis politiques et organisations syndicales, mouvements de la société civile) au nombre desquelles un certain nombre d'États (*like minded*) qui, à partir de leur expérience nationale dans la mise en œuvre de l'égalité femmes-hommes se sont positionnés comme les promoteurs de cette approche sur la scène internationale, en particulier à travers leur aide publique au développement.

mode de soutien (modalités et thématiques) aux pays les moins avancés et où des enjeux de plus en plus pressants, dans le domaine environnemental et climatique se font jour, en somme, au moment où ce qui se joue au delà de l'architecture du développement et du modèle économique et de financement qui le sous-tend, en fait c'est la conception du développement elle-même ?

PREMIÈRE PARTIE

ORIGINES ANTHROPOLOGIQUES ET HISTORIQUES

Toi l'antique, toi le libre et montagneux Nord,
Toi le silencieux, toi le joyeux et beau.
Je te salue, Toi, pays le plus beau du monde.
Ton soleil, Ton ciel, Tes pâturages verts.

Tu te reposes sur les mémoires des grands jours anciens,
Quand Ton Nom était célébré autour du monde.
Je sais que Tu es et que Tu seras comme Tu étais.
Oui, je veux vivre, je veux mourir dans le Nord.

Pour toujours je servirai mon pays bien aimé,
Je te jure fidélité jusqu'à la mort.
Ton droit, je défendrai, avec esprit et avec soin,
Tenir haut ton drapeau plein d'exploits,
Tenir haut ton drapeau plein d'exploits.

Par Dieu, je lutterai pour la maison et le foyer,
Pour la Suède, la chère terre nourricière.
Je ne t'échange pas, contre tous dans le monde
Non, je veux vivre, je veux mourir dans le Nord.
Non, je veux vivre, je veux mourir dans le Nord.

Hymne national d'usage mais non officialisé de la Suède[8]
Paroles : strophes 1&2 de Richard Dybeck (1844) ; strophes 3&4 de Louise Ahlén (1910)[9]

---

[8] Une proposition de loi en 2000 voulant officialiser le "Du gamla, Du fria" comme hymne national a été rejetée au parlement, alors qu'il est très fortement ressenti/vécu comme tel par un très grand nombre de Suédois depuis des décennies.

[9] http:://fr.wikipedia.org/wiki/Du_gamla,_du_fria

CHAPITRE 1

LA « FAMILLE SOUCHE » COMME GRILLE HERMÉNEUTIQUE

Cette séquence introductive partira d'une analyse herméneutique de l'hymne national suédois, puis à partir des travaux d'Emmanuel Todd, nous déterminerons comment « l'héritage » anthropologique de la structure de la famille souche a favorisé/accompagné[10] l'émergence et le développement d'un espace protestant promoteur d'une alphabétisation précoce, massive et égalitaire du point de vue du genre et ce qui, dans les caractéristiques de la famille souche/société souche[11], peut se retrouver dans les rapports de la Suède au monde extérieur, ce qu'il est convenu d'appeler les relations internationales.

MYTHE ET HISTOIRE : L'HYMNE NATIONAL SUÉDOIS

Il n'est a priori pas surprenant qu'un texte choisi comme hymne soit, à première lecture, un texte positif, lénifiant, vantant la mission et les valeurs d'un chef (*God save the King/Queen*), d'un peuple (*La Marseillaise, Fratelli d'Italia*), ou d'une communauté nationale y compris dans ses aléas historiques (*Deutschlandlied)*, mais il en est qui traduisent beaucoup plus le caractère éternel, naturel, mystique, mythologique d'un espace pour tout dire anhistorique.[12] Il semble intéressant de tenter de dégager le sens de ce discours, de ce récit qu'est l'hymne suédois, et d'interpréter la vision du monde à laquelle il renvoie, à partir d'une approche herméneutique qui donnera une part importante à une analyse stylistique.

---

[10] Ce lien, cette concomitance entre structure anthropologique de la famille souche et alphabétisation précoce de masse dans l'espace protestant nord-européen existe, même s'il est délicat de déterminer si, et dans quel sens, joue une relation de causalité.

[11] Dans cet entretien du 11/03/14 avec l'auteur, E. Todd parle de la Suède comme d'une « forme douce de la famille souche ».

[12] Une analyse comparative approfondie entre les hymnes suisse et suédois serait assez éloquente.

Ce qui marque d'emblée, c'est le recours aux figures d'insistance, d'amplification et de personnification.

- *L'énumération* et l'accumulation de qualificatifs contribuent à construire une image la plus complète possible, mais aussi la plus idéale, à partir d'adjectifs mêlant les attributs physiques (« montagneux », « silencieux », « beau », lumineux -*via* les mots « soleil » et « ciel », le « vert » des pâturages) et moraux (« antique » - comprendre à la fois ancien et sage-, et « libre ») ;

- Cette figure d'insistance est renforcée par une autre : l'*anaphore* du « Toi » qui, au delà de la rythmique de l'énoncé à valeur d'incantation quasi magique, veut asseoir et renforcer la croyance dans le caractère exceptionnel du Nord/pays ;

- *L'hyperbole* est moins fréquente, mais lorsqu'elle est utilisée (« pays le plus beau du monde » ; « Ton nom était célèbre autour du monde »), elle vise à rappeler combien, géographiquement et historiquement, la Suède possède un caractère d'unicité absolue.

- Le recours à la *personnification* (« les mémoires », « Ton Nom ») permet d'instaurer un dialogue entre cette entité mythifiée et un individu ancré dans l'histoire humaine. Ce dialogue interpersonnel martelé par l'alternance des pronoms personnels toniques et sujets (Toi, tu, te et je) et possessifs (ton, mon), va de pair avec l'évacuation radicale du collectif (que l'on trouve au contraire dans tant d'autres hymnes) et n'est pas sans rappeler la relation directe que le protestantisme a instituée entre Dieu et sa créature. En outre, cette personnification et cette relation interpersonnelle se trouvent révélées en référence à un univers féodal et par un langage qui manifeste comme tel (« je te salue », « je te jure fidélité », « je servirai », « Ton droit, je défendrai », « Tenir haut ton drapeau plein d'exploits », « je lutterai ...pour la Suède ; la chère terre nourricière »). Cela débouche sur une forme sacrificielle suggérée (« je veux mourir dans le Nord ») qui renvoie à deux principales caractéristiques du concept de vassalité : le compagnonnage des guerriers et le serment de fidélité, garant de la paix et de la sécurité collective, et le sacrifice ultime, autant de valeurs d'un temps lointain qui servent de point d'ancrage à un homme du milieu du XIXe siècle, une femme du début du XXe et tout un peuple encore au XXIe. Même le mouvement de concentration qui, de l'hymne originel à l'ajout de 1910 nous fait successivement passer du « Nord » au « pays bien aimé » puis à « la maison » et au « foyer »[13] évite le stade de la communauté pour nous

[13] Cette notion de foyer est un concept central qui sera au cœur du projet et de l'idéologie des sociaux-démocrates à partir des années 1930. Elle sera analysée en détail en fin de chapitre.

ramener immédiatement au niveau des valeurs fondamentales de la famille, seule structure de rapport au monde[14] (« Je ne t'échange pas, contre tous dans le monde »), structure de la parenté qui, selon Claude Lévi-Strauss, est au cœur des récits mythologiques. Et même, lorsque la Suède est évoquée, elle l'est, rappelant en cela la Grande Déesse Mère de la mythologie nordique, en tant que « terre nourricière » féconde et fertile, à laquelle nous renvoient aussi les « verts pâturages » d'une part, mais aussi en tant que « déesse de la vie et de la mort qui accueille la moitié des guerriers », d'autre part. Il n'est pas inutile de rappeler ici que dans la mythologie nordique, la terre est avec le soleil (ou plutôt *la* soleil car ce substantif est féminin dans les langues scandinaves) la forme hypostasiée d'un culte célébrant les grandes forces naturelles (Boyer, 2008 et Testart, 2010).

La deuxième strophe de l'hymne originel se révèle être l'expression de ce « sentiment aigu du temps linéaire », du « refus de l'universel », du « principe d'indifférence aux autres » propres à la famille souche/autoritaire dont parle Emmanuel Todd (Todd, 1983 : 67-115). Il sera question ici de la seule analyse littéraire et on reviendra à l'analyse anthropologique proprement dite, un peu plus loin. Comment en effet, ne pas trouver un écho entre le vers « Je sais que Tu es et que Tu seras comme Tu étais » et cette analyse qui fait écrire à E. Todd que « le principal axe stable des systèmes sociaux reposant sur un modèle familial autoritaire est temporel. Les peuples qui le pratiquent ont en commun une conscience historique forte, un sentiment aigu du temps linéaire, reflet naturel de l'idéal lignager typique de cette variante anthropologique. La famille autoritaire organise, c'est son but et sa fonction, une succession continue des générations, une permanence théoriquement infinie du groupe domestique. Le fils remplace le père, le petit-fils, le fils et ainsi de suite »?[15] Enfin, plus globalement, ce qui est à

[14] « Dans la **maisonnée** prévaut l'égalité, la considération, l'entraide. Appliqué à une large échelle, cela pourrait signifier l'abolition des barrières sociales et économiques qui séparent les citoyens entre privilégiés et défavorisés, entre maîtres et dépendants, entre riches et pauvres ». Ce sont là les mots de Per Albin Hansson, leader social-démocrate dans son discours au Riksdag après les élections générales de 1928 et qui valorisent le fondement « familial » de l'État-providence.

[15] Nous ne discuterons pas dans cette thèse de l'apparition et du développement des grands types anthropologiques des « familles » dans l'espace européen. Cependant, partant des travaux d'Emmanuel Todd, nous rappellerons ici brièvement que le millénaire précédant l'ère chrétienne est celui qui voit les deux civilisations grecques et romaines devenir patrilinéaires, puis Rome transformer progressivement ce modèle patrilinéaire en famille nucléaire égalitaire. C'est entre le IXe et le XIIe siècles que se « fixent » les modèles anthropologiques familiaux étudiés par E. Todd, en particulier, l'apparition du modèle de famille souche et son principe de primogéniture représenté par les noblesses franque et normande. C'est le rejet de ces composantes aristocratiques et inégalitaires qui explique le renforcement de modèles alternatifs de famille nucléaire : nucléaire égalitaire chez les paysans du bassin parisien et nucléaire absolu chez les paysans anglais d'origine saxonne (en réaction au modèle normand), danois et hollandais.

l'œuvre dans ces deux citations (et au-delà, dans le texte intégral de l'hymne lui-même) mises en miroir, c'est l'insistance d'une part, sur la continuité temporelle valorisée par le socle idéalisé des « mémoires des grands jours anciens » et d'autre part, sur l'existence d'une entité spatiale cardinale sans limite définie (« le Nord ») dans une altière (« montagneux »), naturelle, écologique (« ton soleil, ton ciel, tes pâturages verts ») et silencieuse distance au monde. Il n'est nul besoin d'aller chercher ailleurs puisque tout est réuni dans ce continuum spatio-temporel au sein duquel « oui, je veux vivre, je veux mourir ». Lieu de naissance, lieu de vie et refuge dans et pour la mort, ce « Nord » mythique et divinisé reste un en deçà et un au-delà de la matérialité de l'Histoire.

L'hymne dans lequel les Suédois du XXIe siècle se retrouvent, et qui fonde leur appartenance collective, est un récit mythique qui, comme le souligne Roland Barthes dans *Mythologies,* récuse l'histoire, magnifie la nature et « transforme la contingence en éternité » car « en passant de l'histoire à la nature, le mythe fait une économie : il abolit la complexité des actes humains, leur donne la simplicité des essences, il supprime toute dialectique, toute remontée au-delà du visible immédiat, il organise un monde sans contradictions parce que sans profondeur, un monde étalé dans l'évidence, il fonde une clarté heureuse : les choses ont l'air de signifier toutes seules » (Barthes, 1957 : 217).

MODÈLE ANTHROPOLOGIQUE DE LA FAMILLE SOUCHE

« J'ai toujours eu la Suède en ligne de mire comme pays de famille souche avec sa règle d'héritage inégalitaire, mais sans biais patrilinéaire fort comme en Allemagne ou au Japon ».

Emmanuel Todd. Entretien avec l'auteur, 11 avril 2014

L'apport essentiel des travaux d'E. Todd[16] réside dans la recherche de ce que les mentalités et leur corollaire en particulier les pratiques politiques et

[16] Les travaux d'E. Todd ont permis de déterminer des variantes aux trois grands modèles anthropologiques énoncés par Frédéric Le Play (1806-1882), que sont les modèles communautaire, nucléaire et souche. Selon lui, le type de famille anthropologique correspondant au modèle souche correspond à moins de 10 % de la population mondiale et un quart de la population en Europe, selon des chiffres de 1982. Ce modèle anthropologique, avec des variantes significatives, parfois dues au contact/interférences avec d'autres modèles, est toutefois fortement implanté, dans la zone germano-scandinave et sa périphérie : Allemagne, Autriche, Belgique, parties de la Norvège et des Pays-Bas, Suède, Suisse ; dans la zone celtique comprenant l'Irlande, le Pays de Galles, l'ouest de la Bretagne, le nord de

sociales doivent aux structures familiales : « Partout, la sphère idéologique est une mise en forme intellectuelle du système familial, une transposition au niveau social des valeurs fondamentales qui régissent les rapports humains élémentaires : liberté, égalité, et leur négation par exemple. À chaque type familial correspond un type idéologique et un seul » (Todd. 1983). Pour Emmanuel Todd, le fond anthropologique au cœur de la construction des types familiaux opère à partir de deux variables, d'une part la composition de la famille (l'autorité du groupe prime-t-elle sur l'autonomie des individus ou vice versa ? Quel est le degré d'autonomie ou de liberté des enfants par rapport aux parents ?), et d'autre part, la transmission de l'héritage (comment est réparti l'héritage entre les enfants ? Le principe est-il celui d'une répartition égalitaire ou au contraire inégalitaire ?). Ce fond anthropologique est un des déterminants fondamentaux contribuant à expliquer les superstructures idéologiques. Ainsi, la grille d'analyse de ces fonds anthropologiques est formée de deux axes, l'un, vertical qui rend compte de la nature et du niveau d'autorité plus ou moins marqués dans les rapports entre père et fils et l'autre, horizontal, appelé axe d'égalité/inégalité, décrivant les rapports plus ou moins égalitaires entre frères.

Inégalité anthropologique, fragmentation et pratiques sociales égalitaires

La structure anthropologique souche renvoie à une inégalité fondamentale entre les frères, puisque les règles successorales privilégient un seul enfant désigné comme l'héritier, et dans les trois-quarts des cas dans un milieu massivement paysan, c'est l'aîné des garçons qui est choisi pour rester avec ses parents. Ainsi, l'aîné d'une fratrie hérite de l'intégralité des biens de la génération précédente afin d'éviter leur dispersion, les autres enfants étant appelés à rentrer dans les ordres, devenir prêtre, soldat ou à partir pour s'engager au service du domaine royal ou d'autres propriétaires terriens (nobles et paysans riches). Il y a toutefois la possibilité pour un cadet ainsi dépossédé d'un héritage, de se marier avec l'héritière d'une ferme. En Suède, le système souche ne correspond pas au modèle patrilinéaire « fort » de type allemand puisqu'en l'absence de garçon, une fille peut hériter et prendre un mari qui perpétuera la famille en s'y intégrant. Ce modèle anthropologique n'écarte pas du tout la possibilité (voire peut-on penser, la nécessité) de voir une fille (la sœur du frère « manquant », celui qui aurait dû être là) assurer la sauvegarde et donc la transmission du patrimoine familial (Todd, 1983 : 77-78. Todd, 1990 : 31-32). Grâce à cette pratique de l'héritier unique, la perpétuation des patrimoines familiaux (même petits et moyens,

l'Écosse, jusqu'au nord-ouest de l'Espagne (Pays basque, Navarre) ainsi que la Catalogne ; au Moyen-Orient, chez les Juifs ; dans le sous-continent indien, dont sont notamment issus les Gitans ; et en Asie, au Japon, en Corée, au Tibet (Todd. 1984, 2011).

ils ne sont pas morcelés) produit paradoxalement des germes d'une société égalitaire au sein de cette communauté « d'héritiers ». Toutefois, l'inégalité fondamentale entre frères est porteuse d'un risque de fragmentation sociale (les frères ainsi dépossédés de l'héritage familial doivent chercher ailleurs leur avenir professionnel et familial) dont seule une autorité forte peut limiter les effets, autorité de l'Église luthérienne puis de l'État militaro-bureaucratique et enfin, l'omniprésent État-providence mis en place par la social-démocratie. C'est en fait ce mécanisme d'exclusion de tous les héritiers sauf un ou une (dans le cas d'absence de descendants directs mâles) qui a empêché le fractionnement/morcellement des terres des paysans et a permis à la classe paysanne de posséder (fait unique à l'époque moderne) plus de 50 % des terres et de constituer une société agraire stable qui s'est d'ailleurs très vite constituée comme force politique incontournable au Riksdag.[17] C'est donc au sein d'une société agraire au départ constituée sur une base inégalitaire et d'exclusion que sont apparus des éléments de cohésion et de continuité sociales renforcés par l'autorité de l'Église et de l'État. Du point de vue politique, le parti agrarien sera tout au long du XIXe siècle le pivot des coalitions gouvernementales et d'un certain point de vue constituera une des matrices sociologiques de la social-démocratie.

Refus de l'universel et ethnocentrisme

Contrairement à d'autres structures anthropologiques qui ont favorisé l'émergence et le développement d'idéologies universalistes (l'égalité entre les fils du Père au sein de la famille nucléaire), le modèle autoritaire de la famille souche, en s'appuyant sur l'inégalité des frères, suppose plus largement que les individus n'ont pas de valeur équivalente et, de ce fait, ne peuvent ni produire ni promouvoir le concept de fraternité. Il y aurait au contraire dans cette structure anthropologique du refus de l'universel deux positionnements complémentaires qui définissent l'ethnocentrisme : l'indifférence aux autres d'une part, le sentiment de supériorité, d'autre part. Cet ethnocentrisme a pris diverses formes dans les pays de famille souche : le pangermanisme et le nazisme en Allemagne, l'expansionnisme et le concept de coprospérité asiatique du Japon ; enfin, le neutralisme dans de petits pays comme la Suède et la Suisse, neutralisme, qui, derrière la modestie inhérente à la taille géographique ou démographique de ces pays, n'est pas exempt d'un sentiment de supériorité, de ce qu'Emmanuel Todd appelle de façon euphémistique, une « conscience historique forte ».

[17] Lindqvist, 2002 : 557. « Vers le milieu du XIXe siècle, plus de quarante pour cent de la population rurale ne possédait aucune terre. Il y avait un écart sans cesse grandissant entre un prolétariat rural en expansion et les paysans libres et indépendants qui commençaient à se considérer comme des hommes d'affaires prospères... La classe des paysans propriétaires s'est progressivement constituée en force politique sûre d'elle-même alors que le prolétariat rural était perçu par les puissants comme une menace croissante ».

Il est possible d'analyser l'hégémonie suédoise au XVIIe siècle sous cet angle : la domination de la Suède sur le pourtour de la Baltique n'a jamais été revendiquée comme une mission civilisatrice, comme l'imposition d'une quelconque supériorité linguistique ou d'un modèle culturel ou social, la volonté d'assimilation des autres peuples, la constitution explicite d'un espace impérial, mais comme la défense de la cause messianique du luthéranisme et bien plus prosaïquement, la constitution et le maintien d'une hégémonie commerciale capable d'assurer à la Suède (pays vaste mais quasiment vide) les conditions de sa survie et de son développement. Marins et soldats (produits d'un modèle anthropologique rejetant les frères cadets exclus de l'héritage familial) ont servi ce rôle hégémonique particulier bien différent de celui des armées de Louis XIV, de la révolution française et des conquêtes napoléoniennes.[18]

Autorité féminine et processus d'alphabétisation

Le principe d'une autorité forte est une caractéristique de la famille souche. La manifestation de cette autorité (celle du Père dans la sphère familiale, de l'Église dans la sphère communautaire, puis celle de l'État dans une sphère collective plus large, celle de la Nation) s'est particulièrement imposée en Suède où le protestantisme (le Dieu colérique et justicier de Luther comme principe d'autorité transcendante) a contribué à façonner, puis a laissé la place à l'idéologie social-démocrate dans laquelle l'État-parti agit comme mécanisme tutélaire de régulation collective. En comparaison avec l'Allemagne et le Japon, présentés comme les formes les plus représentatives du modèle initial, la Suède présente une variante significative du principe d'autorité du modèle souche due en particulier à une moindre importance du biais patrilinéaire.

[18] Comme ont pu le faire les légendaires mercenaires suisses au service des souverains étrangers du Moyen Âge au XVIIIe siècle (Maur, 2001). De fait, pour ces deux pays de famille souche, petits et misérables, mais démographiquement dynamiques, les facteurs militaires *puis* le neutralisme (Suède), les facteurs militaires *et* le neutralisme (Suisse), ont constitué une source importante de l'accumulation primitive de leur capital/richesses et des bases de leur prospérité, et pour les deux pays, de leur rayonnement bancaire : au niveau international pour les banques suisses, au niveau sous régional (les pays Baltes) pour les banques suédoises.

Si le système souche repose bien sur le principe du lignage patrilinéaire et de la transmission de la propriété du capital physique des pères aux fils[19], il a été atténué en Suède par la transmission de ce capital qui pouvait exceptionnellement passer par les filles d'une part et aussi à partir de cette « brèche » matrilinéaire, par la transmission d'un capital religieux et culturel à travers l'éducation protestante très largement assuré par les femmes, d'autre part. Dans un tel système genré des transmissions, il y a place pour des mécanismes d'apprentissage différents d'une coercition arbitraire, d'une imposition violente des normes de comportement et des valeurs. Même si le mode de transmission a usé du marquage des corps,[20] et avait plus à voir avec un mode de dressage (dont le modèle prussien constitue un exemple radical), qu'avec un apprentissage culturel ou religieux, il a été aussi caractérisé par un souci pédagogique comme le montre, le rejet bien avant beaucoup de pays, des châtiments corporels et des punitions physiques, qui seront mêmes interdits à l'école par une loi en 1958.

Historiquement, ce sont les femmes qui ont assuré la combinaison originale entre le principe d'autorité[21] et, en l'absence des pères, des frères et

---

[19] C'est aussi le cas pour la transmission du nom. Encore aujourd'hui, un tiers des suédois/suédoises porte un nom de famille avec le suffixe *-son* (fils de), et les noms avec le suffixe *-dotter* (fille de) sont beaucoup moins communs. De toute façon, au cours des siècles, la pratique a consisté à rattacher la filiation au nom du père et non à celui de la mère. Ce n'est que récemment, au cours du XXe siècle, que la législation des noms patronymiques a beaucoup évolué en particulier dans le sens d'une grande liberté de choix. C'est ainsi que beaucoup, parmi les deux autres tiers, ont choisi des noms nouveaux en lien avec la nature dans ses composantes végétales, géologiques, ou dans les paysages. Il est enfin possible de changer de nom : une femme pour celui de son mari, un mari pour celui de sa femme, un fils/une fille pour celui de sa mère ou de son père...

[20] Comme le rappelle cette scène du film d'Ingmar Bergman *Fanny et Alexandre* (1982), lorsque le jeune Alexandre doit, sous la contrainte psychologique et la torture du fouet tenu par son beau-père, évêque luthérien, avouer son mensonge et son parjure.

[21] Lindqvist, op.cit., : 139. Pendant le siècle de la puissance impériale, jalonné par une suite quasi-interrompue de guerres extérieures largement assurées par des conscrits, « les guerres se sont soldées par la perte de nombreuses vies humaines ; près de 500 000 soldats suédois et finnois ne revinrent jamais. La plupart d'entre eux ne furent pas tués dans les combats, mais moururent de maladies et de toutes sortes d'épreuves et de privations avant même de combattre. Ces années furent faites de moissons perdues, d'épidémies et de famines. Pendant de longues années, il y eut un manque cruel d'hommes dans beaucoup d'endroits – parfois, il y avait trois femmes célibataires pour un homme célibataire. Les historiens nous disent que dans la paroisse de Bygdeå à Västerbotten, 219 hommes furent mobilisés et que seuls 19 revinrent. Dans beaucoup de provinces, ce furent les femmes qui, année après année, durent s'occuper des exploitations agricoles et des habitations et ne pas s'en tenir à ce qui ressortait de leurs activités traditionnelles en tant que femmes : s'occuper des personnes âgées et des enfants, du bétail, des affaires domestiques, du tissage et de la couture. Elles devaient aussi faire tout ce qui était fait par les hommes : construire et réparer les bâtiments, fendre le bois, labourer, semer, moissonner et abattre le bétail. De la même façon, beaucoup de femmes de la noblesse durent assumer toutes les responsabilités de leurs maris dans la gestion des manoirs et des terres, car un très grand nombre d'hommes de la noblesse avaient disparu. Dans la toute

des maris, la transmission des valeurs à travers l'apprentissage des savoirs rudimentaires, de la lecture en particulier. Ainsi, s'est déployée une variante du modèle anthropologique de famille souche qui, initialement très patriarcal, a ainsi laissé aux femmes une sphère légitime de *capacité* et partant, une place déterminante en particulier dans la fonction éducative, de transmission du savoir,[22] ainsi que dans le domaine sanitaire et la survie des enfants[23]. Il existe là un levier anthropologique « féministe » (à risquer un anachronisme) qui, à partir d'un cadre inégalitaire (un seul des enfants hérite à l'exclusion de tous les autres) a, de fait, facilité le développement sur la longue durée d'un processus égalitaire femmes-hommes. Bien évidemment, il s'agit d'un levier, d'un facteur structurant, au long processus d'égalité femmes-hommes. La maîtrise (encore basique) d'un outil (la lecture) ne doit pas faire oublier le corpus extrêmement limité des textes (Bible et textes corrélés : commentaires, calendriers et almanachs divers) eux-mêmes continuant à véhiculer des normes, des représentations, des injonctions et des assignations sociales inégalitaires.

dernière période des guerres, durant les années 1700-1709, le taux de mortalité des hommes de la noblesse de la classe d'âge 30-40 ans atteignait 49 pour cent ».

[22] Toujours dans le film *Fanny et Alexandre*, on peut remarquer combien les femmes sont fortes (en particulier la grand-mère) et assurent avec solidité la continuité de la famille et celle du théâtre, alors que les hommes sont aux marges de la dramaturgie : le père est mort, un des oncles est un déclassé social et l'autre, volage et superficiel. Même Fanny, pourtant plus jeune que son frère, fait face aux évènements avec beaucoup plus de courage et de détermination…

[23] J. Sundin & S. Willner. 2007 Social change and health in Sweden : 250 years of politics and practice. *Swedish National Institute of Public Health.*, p.76 : "As is repeatedly demonstrated, the literacy of mothers remains a key factor in the survival of young children. The church registers also show that women were more capable readers than men, probably because they were usually in charge of the education and the health of the next generation and therefore got the necessary practice to uphold their skill". Voir aussi Ulf Högberg. 1983. Svagårens barn : ur folkhälsans historia [Children of starvation years : from the history of public health]. Stockholm : *Liber*. p.108 et suivantes.

CHAPITRE 2

PUISSANCE IMPÉRIALE ET NEUTRALISME PARADOXES ET RENVERSEMENTS

Cette séquence montrera comment la Suède a adapté son positionnement extérieur, en passant du statut de très grande puissance militaire et commerciale de l'espace baltique (âge d'or de la « Grande Puissance »), à celui de « petit » État neutre. À travers paradoxes et renversements, c'est en fait le parcours vers l'établissement d'une puissance d'influence qu'il sera donné à voir.

L'ÂGE D'OR DE LA « GRANDE PUISSANCE »

La constitution d'un « État des Paysans » et la question du servage

Le servage du type de l'Europe occidentale n'est pas présent dans le Moyen Âge suédois et le début de l'époque moderne, et « la paysannerie suédoise y a échappé, mieux, son alliance de fait avec la monarchie absolutiste lui a profité par le biais des réductions.[24] Vers 1650, la Noblesse possède 72 % des terres, la Couronne et les Paysans 28 %, mais en 1700, la Couronne possède 35,6 % des terres et les Paysans en détiennent 31,5 %. Dans l'Europe des autres États, la participation au pouvoir, à la fois de la bourgeoisie et de la paysannerie, est exceptionnelle ». (Perronnet, Bercé,

[24] Le terme réductions signifie les deux vagues de récupérations (1655, 1680) par la Couronne, des fiefs qui avaient été attribués à la haute aristocratie lors des siècles précédents, mais aussi lors de l'expansion suédoise dans les pays Baltes, entre la fin du XVIe siècle et le premier tiers du XVIIe siècle. Visant à la fois à redonner une plus grande solvabilité à l'État suédois, mis à mal par le financement des guerres baltiques pour le maintien d'un ordre suédois sur ce lac intérieur, tout en limitant l'influence et la puissance de la haute noblesse dans l'appareil d'État, cette politique royale a été très largement soutenue par les hobereaux, les commerçants, les hauts fonctionnaires et la paysannerie. Il n'en reste pas moins qu'il n'y pas eu de révolte, de « fronde » nobiliaire. Quatre raisons principales sont avancées par H. Lindqvist : l'isolement de la haute noblesse par rapport, non seulement aux trois autres États, mais aussi par rapport à sa base de petite noblesse souvent désargentée ; le fait que les sommes ainsi « récupérées » ne l'ont pas été au seul profit de la couronne, mais qu'elles ont été opportunément réparties, et ont eu de ce fait un effet « redistributif » massif ; le rétablissement spectaculaire des comptes publics et la capacité de l'État à payer ses fonctionnaires ; la politique habile des monarques qui n'ont jamais autant « anobli » de personnages issus des trois États non nobiliaires, se créant ainsi une « clientèle » reconnaissante, le plus souvent placée dans la haute administration.

Laget, Henry, Molinier. 2005). Si, comme toutes les autres nations, le royaume de Suède (comprenant la Finlande) est massivement rural et paysan, la répartition d'une population assez modeste (un million d'habitants en 1600, trois millions en 1700[25]) sur un très vaste espace géographique (le plus vaste en Europe, à l'exclusion de la Russie) induit des caractéristiques propres : des groupements de trois à six fermes, des segments composites de population comprenant des valets de fermes, des ouvriers agricoles et des fermiers, enfin une structuration catégorielle bien définie :

- les quasi-propriétaires (“*tax-peasants*”) qui, dès lors qu'ils acquittaient leurs obligations fiscales vis-à-vis de la Couronne, pouvaient disposer de leur propriété, en particulier la vendre ou la louer. Le non-paiement de l'impôt, pendant trois années consécutives, pouvait justifier leur expulsion. Ils représentaient près du tiers de la paysannerie. C'est de ce segment que sont issus la plupart des représentants de la paysannerie dans les institutions du royaume (Parlement, titulaires de charges diverses, assesseurs de tribunaux, délégués municipaux).

- les paysans du domaine royal (“*crown peasants*”) et les paysans des domaines nobiliaires (“*nobles' peasants*”) dont la soumission directe à l'autorité royale ou aristocratique en tant que locataires, se traduisait par le paiement en argent, en nature ou en heures travaillées. Bien que plus précaire et soumise à l'arbitraire, la situation de ces paysans locataires n'était pas figée puisqu'en tant qu'hommes libres, ils pouvaient décider de rompre le contrat, en déménageant par exemple. Cette autonomie dans la prise de décision individuelle a donné un pouvoir de négociation aux individus et a créé les conditions d'un plus grand équilibre des rapports de forces avec les propriétaires et les employeurs, non seulement la Couronne et les nobles, mais aussi avec le premier segment de la paysannerie.

À cette qualité juridique *individuelle* d'hommes libres (par opposition aux serfs du reste de l'espace féodal européen), et aux conséquences que cela signifie en termes de capacité de négocier un contrat de travail (mais aussi de participer activement aux processus décisionnels dans les cours de justice locale et dans les conseils paroissiaux), il faut ajouter un second facteur qui explique la capacité de la paysannerie à peser *collectivement* sur les choix et les attitudes des employeurs : l'insuffisance de main d'œuvre (Upton, 1998 : 2).[26] Cette situation de relative autonomie de la paysannerie suédoise (en

[25] À comparer avec les 18 millions et 22 millions pour la France, aux mêmes dates.

[26] « Les données prouvent une pénurie générale de main d'œuvre, et dès lors que les paysans étaient tous, de droit, des hommes libres, leur pouvoir de négociation vis-à-vis des propriétaires et autres employeurs était assez conséquent. La forte explosion démographique en Europe avait eu des effets limités en Suède, et la fréquence de terres non louées dans les livres de comptes de la Couronne et les plaintes répétées de toutes sortes d'employeurs sur la

particulier vis-à-vis de la caste nobiliaire et du clergé) s'est traduite au plan politique par la reconnaissance, dans l'institution parlementaire du Riksdag et ce, dès le XVIe siècle, d'un « État des Paysans », aux côtés de ceux de la Noblesse, de l'Église et des Bourgeois. En effet, la paysannerie, qui n'était pas agrégée à la bourgeoisie commerçante et industrielle, comme elle l'était en France dans le Tiers-État, a joué un rôle déterminant, quoique inégal dans le temps (Lindqvist, op.cit., : 345-346.), comme allié objectif de la Monarchie dans leur lutte commune contre la Noblesse. Au lieu de participer à une extension progressive des privilèges (passant, comme en France, de la noblesse à la bourgeoisie pour atteindre, *mutatis mutandis,* les classes plus populaires), la paysannerie a été suffisamment forte et bien implantée dans le paysage institutionnel pour, au contraire, contribuer massivement à la suppression de ces privilèges et son corollaire, une critique permanente et une méfiance vis-à-vis des élites, les remplacer par un idéal d'égalitarisme existant au niveau de la communauté paysanne, et finalement l'imposer très largement comme modèle sociétal. La paysannerie devint ainsi un des pôles importants de la vie politique avec qui les monarques successifs ont dû composer, voire qu'ils ont pu instrumentaliser à leur profit, en particulier dans leur politique d'abaissement de l'aristocratie.

Si l'absence de servage, et par voie de conséquence, l'existence d'une paysannerie libre et contributive ("*tax-peasants*") a représenté un facteur majeur dans l'orientation de la politique intérieure suédoise (y compris la Finlande jusqu'à son passage sous domination russe en 1809, et qui trouvera sa pleine représentation politique avec la création en 1867 du *Lantmannapartiet* -Parti des ruraux), la lutte contre le servage dans les territoires sous domination suédoise aux frontières orientales de la Baltique (Battail, 2010) pendant cent cinquante ans, apparaît, à travers un certain nombre de principes et de modes d'interventions politiques, culturelles et religieuses, comme représentative d'une manière de faire « normative », qui n'est pas sans rappeler le positionnement actuel de la Suède. À l'encontre de la Suède, où une forme d'État de droit garantissait aux sujets de la Couronne et en particulier aux paysans, l'exercice de libertés fondamentales, les territoires appelés à devenir les provinces baltes du royaume, elles aussi très majoritairement paysannes, voyaient au contraire une aristocratie locale, majoritairement germano-balte, tirer les bénéfices d'un système féodal aux servitudes particulièrement fortes ; un système dans lequel les paysans étaient héréditairement rattachés à la terre de leur naissance et qui de ce fait, pouvaient être vendus et rachetés au gré des transactions touchant les propriétés, et dans lesquelles châtiments corporels symbolisaient l'arbitraire de la justice quasi exclusivement seigneuriale. À partir des années 1630, et

difficulté à trouver de la main d'œuvre, conduisent à penser que les gens ordinaires avaient un pouvoir de négociation relativement bon ».

plus nettement encore dans le dernier tiers du XVIIe siècle, les autorités suédoises vont s'attacher à remettre en cause ces inégalités juridiques, sociales et économiques limitant de ce fait le pouvoir de la noblesse foncière germanophone. En Livonie par exemple,[27] cette volonté de réforme ne se posera pas en rupture frontale avec l'existant mais, tout en prenant en compte les particularismes juridiques, culturels, linguistiques,[28] se traduira néanmoins par deux axes d'interventions (deux politiques publiques, dirait-on aujourd'hui) visant à l'évolution du cadre juridictionnel (création d'une Cour d'appel), et à l'implantation d'un système éducatif secondaire et supérieur (création d'un lycée puis d'une université). Droit(s) et éducation constituent encore, au niveau de l'espace mondial globalisé, les axes d'intervention de la politique extérieure suédoise.[29] Si l'engagement de la Suède dans le secteur éducatif n'est pas détaché de toute arrière-pensée géopolitique et religieuse, les résultats attendus constituant un double barrage à la « barbarie » russe et au modèle orthodoxe ainsi qu'au zèle papiste des polonais, il n'en reste pas moins que dans les faits, le modèle proposé interpelle en soi par sa modernité démocratique : « l'enseignement dispensé ne s'adressait pas qu'à la noblesse et à la haute bourgeoisie, mais aussi aux classes rurales maintenues jusqu'alors dans l'ignorance [...]. Ces

[27] La Livonie suédoise du XVIIe siècle comprenait outre le duché de Livonie, le sud de l'Estonie actuelle et le nord de la Lettonie actuelle.

[28] Dans cet univers multilingue, où se côtoient, outre les langues baltes, le polonais, l'allemand, le finnois, le russe, la langue suédoise n'est jamais imposée à quelque niveau que ce soit et contrairement à la Finlande où elle est la langue administrative, c'est ici l'allemand qui en fait office. « L'allemand était également utile, voire indispensable, dans les relations avec les autres provinces baltiques. Au total, le gouvernement de Stockholm n'essaya nullement d'imposer la langue de la mère patrie. Au contraire, la politique suédoise de normalisation à la fin du XVIIe siècle consista à traduire en allemand les lois civiles et ecclésiastiques, non sans maladresse ».

[29] En suivant les explications de J. Fr. Battail, nous comprenons que la création d'une cour d'appel, sans remettre directement en cause l'existence d'une justice seigneuriale de premier degré, en limitait néanmoins fortement les effets, dès lors que les tous nouveaux sujets des provinces baltes sous domination suédoise, et les paysans en particulier, pouvaient se pourvoir auprès d'une juridiction de second degré pour demander justice. Néanmoins, toujours selon l'auteur, pendant la période suédoise, « certes, le servage ne fut jamais totalement aboli - des mesures purement législatives ne pouvaient suffire - mais des efforts furent accomplis pour transformer les serfs en sujets du roi, notamment en contrôlant les corvées imposées aux paysans estoniens et livoniens, en veillant au respect des accords établis, et en procédant à des enquêtes poussées sur la façon dont les propriétaires terriens s'étaient procuré leurs droits ».
Même si le niveau très bas d'éducation, l'accès quasi nul à l'information juridictionnelle et surtout, la capacité de rétorsion brutale des seigneurs, n'ont pas provoqué un afflux massif de recours en appel de la part des paysans, c'est surtout un changement des mentalités qui était visé, changement des mentalités, que la création de l'université contribuait aussi à installer sur le long terme *via* la formation supérieure des professeurs, des juristes, des hauts fonctionnaires et des pasteurs. En plus de l'installation d'un environnement juridique novateur et des cadres pour le faire fonctionner, c'est la création d'établissements scolaires et universitaires qui, en écho à la politique volontariste et émancipatrice à l'œuvre en Suède même, relayeront le message « progressiste » de la Suède.

accents démocratiques s'accordaient bien avec la politique éducative très volontariste que menait alors la Suède. Ainsi, Uppsala comptait bien plus d'étudiants issus des classes paysannes (*bonde studenter*) que n'importe quelle autre université européenne » (Battail, op.cit., : 8).

Au-delà de sa brièveté, puis de sa longue mise entre parenthèses par la domination russe et le glacis soviétique, le « moment » suédois dans l'espace balte au XVIIe siècle a installé, en les dupliquant, les bases d'une diffusion d'une culture démocratique particulière dans laquelle la promotion des droits et des libertés individuelles, et le rôle émancipateur de l'éducation tiennent une place fondamentale, en particulier dans la constitution du peuple contre les abus des élites. Le retour des pays Baltes dans l'espace suédois après la chute de l'empire soviétique peut être lu comme une reconnaissance de cette « trace » initiale.

L'imposition de la Réforme comme modèle sociétal

Né en Allemagne, le protestantisme connaît en Suède un développement précoce, rapide, homogène et pacifique qui ne se voit opposer quasiment aucune résistance tant l'Église catholique, propriétaire de plus 30 % des terres au début du XVIe siècle, fait l'objet d'un rejet massif. En fait, il s'est imposé en Suède comme religion dominante dès 1527, sous la forme d'une Église nationale autant par la nouveauté, la radicalité et l'influence de son message théologique, que par la mise en place concomitante d'un État unifié rompant avec l'hégémonie danoise, sous l'égide de la nouvelle dynastie des Vasa (Kouri, 1997), et de comportements sociaux novateurs.

Radicalité et influence du message théologique

Au cœur de la théologie chrétienne héritée du Moyen Âge, se trouve la question essentielle du péché qui caractérise la situation de l'homme sur terre et celle du salut qui renvoie à sa condition dans l'au-delà, et c'est en fait une conception divergente de l'articulation entre les deux, qui va fonder le séisme théologique que représente Luther. Dans son pessimisme fondamental, Luther pose que les hommes et les femmes sont des êtres irrémédiablement pécheurs et qu'ils ne peuvent se soustraire à cette condition ni par eux-mêmes, ni par des artifices à la fois dérisoires et criminels (c'est le sens de sa critique virulente de la pratique des indulgences qui marquera la rupture avec Rome lors de la diffusion de ses 95 thèses, "*Martini Lutheri disputatio pro declaratione virtutis indulgentiarum*"). Cette conception du péché ne renvoie pas tant à des actes répréhensibles concrets et quotidiens qui seraient autant de manquements pouvant être absous (par la confession en particulier), qu'à une conception plus élevée, plus métaphysique du péché : celle de croire que l'homme peut, par lui-même ou par des institutions terrestres créées par lui, subsister devant Dieu, imaginer s'accommoder avec Dieu, être dans une sorte d'autonomie vis-à-vis de Dieu dans la quête de son salut, voire être dans la tentation de se passer de Lui. Dans ce face-à-face terrible, et sans intermédiation possible entre Dieu et les hommes, il y a place néanmoins pour une possibilité de salut, dès lors que l'on se vit et que l'on se conduit en croyant, en homme de foi.[30] Le fondement des principes théologiques du luthéranisme est résumé par les mots *sola fide*, la foi seule, et *sola gratia*, la grâce seule : c'est en effet, par le moyen de sa foi, de sa confiance absolue dans le Christ, et la certitude de sa résurrection, que le croyant verra la grâce de Dieu lui être offerte. La foi ainsi présentée n'est pas comme un acquiescement traditionnel à un corpus doctrinaire, elle est au contraire l'expression d'une *confiance* entière dans le don que Dieu a fait aux hommes de sa Création, don qui a pu être terni par le péché, mais qui a été magnifié par le sacrifice de son fils Jésus-Christ. La foi est en même temps l'origine de, et la réponse à, la grâce de Dieu. Le salut des hommes est la conséquence de la seule grâce de Dieu (qui n'est pas négociable, achetable, échangeable), et seule la foi peut détacher l'homme de la déchéance du péché. Deux mots peuvent caractériser l'attitude de l'être de foi : humilité et confiance. L'humilité est l'expression d'une soumission à la toute-puissance divine et aux épreuves qui en découlent, mais cette résignation, cette endurance, trouvent compensation dans la confiance et l'assurance du salut. C'est donc en son for intérieur que l'homme saura trouver le moyen du salut de Dieu, et ce sera de sa seule responsabilité, sans rites ni décorum extérieurs qui valideraient, excuseraient, encourageraient, ou rattraperaient ses actions.

Il y a enfin un troisième principe qui « matérialise » en quelque sorte les deux précédents, celui de l'Écriture seule, *sola scriptura*. Évacuons d'abord le malentendu le plus courant qui consiste à penser que Luther aurait écarté de la réflexion et de l'éducation des croyants tout ce qui ne serait pas la Bible elle-même, à commencer par les textes interprétatifs et les commentaires de la Tradition (Lienhard, 1991 : 325). Ce qui est en jeu dans cette formule, c'est plutôt que l'Écriture, dans sa clarté et dans son inspiration, est à elle-même sa propre vérité et sa propre clé d'interprétation. En affirmant que la Bible est la référence première et ultime, qu'aucune autorité ou institution humaines ne peuvent s'en arroger ni monopole ni l'appareil d'interprétation (puisqu'elle est d'origine divine), Luther pose un acte révolutionnaire, une mutation historique qui est la remise en cause de la

[30] Le Dieu de Luther ne peut donner prise aux manœuvres des hommes, et le seul moyen pour eux d'être en contact avec Lui, est de s'abandonner totalement à Lui par un seul acte, l'acte de foi. Ainsi, nous voyons combien le fait que l'homme ne puisse assurer son salut sans l'aide d'un Dieu tout-puissant, justicier et décisionnaire en dernier ressort se trouve être l'écho de ce principe d'autorité dont parle Emmanuel Todd.

médiation des hommes et des puissants, symbolisée par l'Église de son temps entre Dieu et ses créatures ainsi qu'un nouvel espace sociétal fondé sur les valeurs de liberté et de responsabilité des individus dans leur relation au divin.

Unification de l'État et des comportements sociaux novateurs

Au-delà du débat théologique, se dégagent trois points d'émergence de cette nouvelle sociabilité en Suède : le cadre territorial, une langue nationale, une continuité apostolique unique, qui auront d'importantes implications civilisationnelles.

Le cadre territorial tout d'abord : la Réforme a amorcé un processus individuel d'émancipation, mais aussi a permis une redéfinition des cadres territoriaux, elle-même annonciatrice d'émancipation collective dans un cadre national. Comme le dit Bertrand Badie (1995 : chap. 2) : « affectant durement la prétention universaliste de l'Église de Rome, elle marquait la revanche du cadre territorial temporel. À mesure qu'elles se constituaient, les Églises réformées épousèrent la géographie des États-nations, conférant à celle-ci une signification qui n'était plus strictement politique [...]. À l'aube du XVIIe siècle, la cause était entendue : la légitimité du principe de territorialité dépassait, et de beaucoup, le simple domaine de la politique. La référence au territoire avait cessé d'être une simple technique : elle était désormais sacralisée ». À cela, il convient d'ajouter tout l'intérêt économique et financier que représentait l'accaparement par le nouveau pouvoir royal des immenses et lucratives propriétés aux mains de l'Église catholique. En 1523, Gustave Vasa (1496-1560) chasse les Danois de Suède. Élu roi, en tant que héros de l'indépendance, il cherche à rompre les liens avec la papauté et à s'affranchir de la puissance économique de l'Église. Les biens de l'Église, qui représentent plus de 20 % des richesses foncières du pays, sont confisqués, ce qui permettra de donner une solide assise financière à la Couronne et lui permettre par la suite de constituer la Suède en une puissance militaire de premier plan.

Une langue nationale ensuite : par la remise en cause de la dévotion démonstrative et fastueuse de la liturgie en latin de l'Église catholique romaine, la foi luthérienne en s'exprimant par les prières, les psaumes, les cantiques et les chants, a permis la constitution de langues vernaculaires en langues liturgiques et, dans le cas de la Suède, nationale, comme le montre Lars Wollin (1995 : 56-57) « dans une deuxième étape de son évolution, la langue suédoise a beaucoup bénéficié des travaux des réformés (..). La plus ancienne version complète de la Bible en suédois fut celle de Gustave Ier Vasa (v.1495-1560), roi de Suède, qui imposa le luthéranisme à son peuple. Cette traduction par Olav et Laurent Petri, imprimée à Uppsala en 1541, aurait été faite principalement à partir de la version contemporaine en haut-allemand de Martin Luther. Cette version du XVIe siècle est devenue le texte officiel de l'Église de Suède [...]. La Bible de Vasa occupe une place unique dans la littérature, la langue et la culture de la Suède. Pendant près de quatre siècles, cet ouvrage fondamental de l'Église officielle a été lu lors des offices religieux et par les gens instruits. Elle a aussi fait l'objet de nombreuses citations et références dans les œuvres littéraires et la vie courante. Qui plus est, cette Bible a joué le rôle d'un code du bon usage et a servi à normaliser les règles d'écriture. Du point de vue de l'histoire de la langue, cette traduction est de loin le document le plus important jamais écrit en suédois [...]. On peut voir dans la Bible des réformés suédois un exemple concret d'une œuvre traduite qui a une influence directe et déterminante sur l'évolution d'une langue ».

Au cœur de la définition d'une nouvelle territorialité et d'une nouvelle langue véhiculaire, la Réforme a donc très largement et très profondément influencé les bases civilisationnelles de la Suède moderne et contemporaine. Elle a aussi profondément pesé sur l'organisation et l'articulation des pouvoirs politiques et des mouvements religieux et sociaux, comme le montre la survivance, dans une forme bien spécifique (par opposition au Danemark, autre référence du luthéranisme nordique), de l'institution apostolique. La spécificité de la Suède luthérienne dans l'espace de la Réforme est non seulement de garder la forme de l'institution apostolique, c'est-à-dire l'existence d'évêques qui, en assurant la succession spirituelle des Apôtres ont une autorité sur une communauté de fidèles,[31] mais de voir cette autorité épiscopale s'affirmer face au pouvoir royal alors qu'elle sera soumise à l'État dans d'autres pays, comme au Danemark.[32] En se

[31] « Le Ministère épiscopal au sein de l'Apostolicité de l'Église ». Déclaration de Lund. Fédération luthérienne mondiale - Une Communion d'Églises. Lund, Suède, 26/03/07. http:://www.protestants.org/fileadmin/user_upload/Relationsoecumeniques/images/PDF/2007-flm-declaration-lund.pdf

[32] Jean Maurice Bizière, "PETRI Olaus (1493-1552) & Laurentius (1499-1573)", *Encyclopædia Universalis.*
http:://www.universalis.fr/encyclopedie/petri-olaus-et-laurentius/ Cette relation, à la fois de grande proximité et d'autonomie sourcilleuse entre l'État et l'Église luthérienne, est à l'œuvre dès l'implantation du protestantisme en Suède : de retour au pays, après leurs études de théologie à Wittenberg, les frères Olaus et Laurentius Petri commencent dès 1519 à prêcher la Réforme. Olaus Petri lui-même se voit attribuer de hautes fonctions auprès du roi comme Chancelier (1631) marquant ainsi dès le départ la très grande symbiose entre le pouvoir temporel de la Couronne et la légitimité d'une articulation de ce pouvoir avec la nouvelle théologie. C'est, en outre, Olaus Petri qui a introduit les premiers textes de Martin Luther agrémentés de ses commentaires, a traduit la première Bible (Nouveau Testament) en suédois, a rédigé un recueil de cantiques et des instructions pour le déroulé des offices et de la nouvelle liturgie. Son frère Laurentius, moins charismatique, une fois nommé premier archevêque protestant d'Uppsala a travaillé à établir les règles de fonctionnement entre l'Église luthérienne et le gouvernement.

positionnant comme un corps constitué spécifique et autonome, l'épiscopat suédois dénie au roi toute autorité, non seulement sur la doctrine de la foi, mais aussi sur les affaires hiérarchiques et disciplinaires concernant le gouvernement interne de l'Église : « Entre 1600 et 1611, à toutes les diètes, se produit un débat entre le roi Charles IX et l'épiscopat au sujet de l'autorité doctrinale et disciplinaire, débat qui se transforme en lutte de pouvoir d'autant qu'il n'existe à la chancellerie royale aucune institution chargée de gérer les affaires ecclésiastiques. Sous Gustave - Adolphe (1611-1632), la collaboration est harmonieuse, favorisée par l'attitude religieuse très engagée du héros de la cause luthérienne ».[33] Outre cette convergence bien comprise d'intérêts, la consolidation du protestantisme en Suède sous Gustave - Adolphe s'est de plus nourrie du rôle que le pays a joué en Europe comme le défenseur et le héraut de la cause protestante pendant la guerre de Trente Ans. Ce n'est qu'en 1686, qu'un nouveau code ecclésiastique voit le jour, qui installe définitivement l'autorité de la couronne sur l'Église luthérienne et met fin à l'indépendance de l'institution épiscopale : « En Suède, une rigoureuse orthodoxie luthérienne, ayant l'appui du haut clergé et de la cour royale, fut la force dominante...(elle) contribua à améliorer le niveau du clergé et l'éducation religieuse du peuple ».[34] Les bases d'un cadre politico-religieux spécifique sont posées : l'Église luthérienne acquiert le statut officiel d'Église d'État (jusqu'à l'année 2000, année de son abrogation). Cette relation de proximité, voire de symbiose au niveau des institutions s'imposera à tous et à toutes dans la mesure où personne, jusqu'au XIXe siècle, ne pourra s'affranchir d'adhérer au culte officiel, sous peine de sanctions judiciaires et d'une forte réprobation sociale.

Cependant, les vicissitudes et les défis imposés par l'émergence de courants critiques interpellent le luthéranisme originel dans sa légitimité, son développement et sa raideur dogmatique. Par l'arrivée des frères moraves dès le XVIIe siècle, puis par l'implantation et la diffusion du piétisme, c'est une inflexion capitale qui s'opère vers une spiritualité plus sentimentale et qui trouvera dans les siècles suivants, dans les mouvements du « Réveil » biblique, un mode nouveau et concurrentiel d'expression (installation des Églises méthodistes, baptistes, adventistes, pentecôtistes, très majoritairement d'origine étrangères) et surtout d'engagement et de participation aux affaires du monde à travers un renouveau de l'esprit de mission, tant à l'intérieur qu'à l'extérieur (Link, 2013). Les implications civilisationnelles apparaissent donc comme la cristallisation des différentes

[33] Histoire du christianisme. Le temps des confessions (1530-1620). Tome 8. Direction. J-M. Mayeur, Ch. Pietri, A. Vauchez, M. Venard. *Desclée*. p. 45.
[34] Histoire du christianisme. L'âge de raison (1620-1750). Tome 9. Direction. J-M. Mayeur, Ch. Pietri, A. Vauchez, M. Venard. *Desclée*. p. 66.

couches des apports successifs et combinés *des* protestantismes qui se sont développés en Suède entre les XVIe et XIXe siècles.[35]

Par opposition à la verticalité des rapports de pouvoirs instaurés dans et par l'Église catholique et romaine, le mode d'organisation interne de l'Église luthérienne suédoise repose sur l'égalité ontologique de tous les croyants devant l'Évangile et sur une valorisation des rapports horizontaux donnant aux fidèles une responsabilité active dans le fonctionnement liturgique de la "messe évangélique" prônée par Luther. Grâce à l'institution du chant choral de l'Assemblée des fidèles en langue suédoise, à travers les cantiques, les hymnes et les psaumes aux caractères mélodiques et rythmiques, l'office devient moins sophistiqué, lointain, spécialisé, élitiste, mystérieux. Sans remettre en cause, le rôle fondamental du pasteur dans la célébration eucharistique en mémoire du sacrifice du Christ et dans la prédication, la liturgie permet un engagement participatif des fidèles dans la compréhension et l'expression de leur foi, cet engagement dans l'exercice liturgique n'étant que la traduction du sacerdoce universel des fidèles. Au-delà, de la liturgie, ce sont en fait les bases de l'ordre social dans leur ensemble qui sont affectées : même si le pasteur conserve le pouvoir « sacré » d'administrer le baptême et de célébrer la sainte cène, « l'émergence du pastorat au XVIe siècle représente incontestablement une certaine sécularisation du clerc, une sécularisation caractérisée par le passage d'un pouvoir sacré à un pouvoir intellectuel et moral » (Willaime, 1996 : 29-45). S'opère ainsi, une laïcisation du religieux qui, en affectant la hiérarchie (proclamation du sacerdoce universel qui fait de chacun un prêtre devant Dieu, participation des laïcs au gouvernement de l'Église comme prémisse d'une structuration démocratique) et la discipline (suppression de la confession et du célibat des pasteurs), pose d'une part, les bases de rapports nouveaux entre l'Église, l'État et les citoyens, et d'autre part, la mise en place des conditions d'une nouvelle organisation sociale à partir de la centralité de la valeur « travail ». En effet, partant de l'idée fondamentale de l'acte de foi personnel comme

---

[35] Le terme *apport* est ici utilisé dans toute sa dimension contradictoire, celle dans laquelle l'alphabétisation massive du royaume s'est faite au prix de l'imposition autoritaire d'une norme et de mécanismes nouveaux de contrôle social de la croyance et des pratiques de vie. Afin de rendre compte du caractère non linéaire, très contrasté et non exempt de contraintes et de violences sur les individus lors de l'implantation du luthéranisme en Suède et au-delà, nous rappellerons les mots d'H. Lindqvist, (op.cit., : 104-105), « Cela allait prendre plus de cent ans… après les premières réformes de Gustave Vasa et avant que l'orthodoxie luthérienne ne se fût complètement installée, et qu'elle ne se fût confrontée avec succès à la brutalité de la Couronne et des autorités : le texte de la loi biblique fut alors suivi dans ses moindres détails ; il était obligatoire d'aller à l'église, et ceux qui s'en abstenaient étaient sévèrement punis ; les textes luthériens, la Bible et le Livre des Psaumes étaient rendus obligatoires pour l'enseignement. De plus, les individus étaient régulièrement soumis à des examens obligatoires qui évaluaient leur connaissance de la Bible. Chaque individu devait connaître les enseignements de Luther. »

espoir du salut individuel, Luther développe l'argument que c'est par le travail séculier et l'activité d'un métier, par opposition à la « vocation » contemplative et à l'intercession valorisée dans le système monastique, que le salut de l'âme peut être recherché. Le travail, en particulier celui des artisans, et plus encore celui des paysans qui sont autant de « co-gestionnaires » de la Création, s'inscrit dans une continuité humaine et temporelle qui sert à la fois, à magnifier l'œuvre de Dieu, et à servir la communauté humaine. Ce faisant, le travail se révèle dans sa triple dimension : théologique, morale et sociale. Comme le dit Michel Johner (2001), « la particularité de la pensée luthérienne, à ce sujet, est d'avoir étendu à l'exercice des professions manuelles, artisanales, commerciales, techniques, la dignité spirituelle et religieuse qui était jusqu'alors reconnue à la vocation des prêtres et des moines. Pour Luther, le métier prendra de plus en plus d'importance. La vie monastique, à ses yeux, soustrait l'homme aux devoirs de ce monde, alors que l'accomplissement des devoirs professionnels dans le monde devient l'expression la plus directe de l'amour du prochain commandé par l'Évangile. La hardiesse du concept luthérien est non seulement de revêtir la vocation professionnelle d'une dignité religieuse égale à celle du ministère ecclésial traditionnel, mais aussi, dans le même élan, de lui reconnaître une forme d'indépendance vis-à-vis du clergé, de reconnaître que l'activité professionnelle se déploie dans une sphère qui lui est propre, dans laquelle l'Église n'a pas vocation d'intervenir de façon directe, et dans laquelle, en conséquence, l'énergie créatrice de l'artisan peut se déployer en toute liberté ». Si l'affirmation du travail comme expression spirituelle est une dimension nouvelle du rapport à Dieu, elle ne doit pas pour autant occulter sa dimension sociale et collective. Contrairement à la prière monastique qui se vit dans le retrait du monde et la coupure d'avec les autres, le travail est une manifestation concrète de l'amour du prochain. La réévaluation du travail dans la pensée luthérienne permet de penser l'articulation de l'individuel et du collectif sous l'angle particulier de la solidarité, qui en Suède comme dans les pays voisins (Danemark, Norvège), reste au cœur de la construction et de la réalité de l'organisation sociale. Mais il est un corollaire à cette vision du travail lié à sa nature morale et sociale, c'est son caractère de sérieux : la vie laborieuse rejette toute forme de jouissance, et en quelque sorte de plaisir, et dont l'oisiveté est le symbole le plus manifeste, pour réintégrer une forme d'ascèse dans la vie civile et séculière.

Le luthéranisme originel, puis sa « solidification » et sa rigidification au cours des XVIIe et XVIIIe siècles a favorisé l'installation d'un référentiel normatif qui a servi de soubassement sociologique et culturel aux évolutions historiques de la Suède. Soit en en renforçant les caractéristiques (les valeurs d'austérité, d'humilité, d'égalité, de solidarité), soit au contraire en s'y opposant pour les modifier, les XIXe et XXe siècles se nourriront de l'héritage du protestantisme luthérien.

Luthéranisme et alphabétisation

Historiquement, la Suède est le pays qui atteste le plus nettement de la concomitance de facteurs favorables à l'apparition d'une alphabétisation précoce et de masse : un facteur technique, la révolution technologique de l'invention de l'imprimerie, et de la mise à disposition de livres à un plus grand nombre ; un facteur politique, la constitution d'un État national autour d'une monarchie unificatrice à l'intérieur et expansionniste au-delà ; un facteur linguistico-religieux, la Réforme, qui, en proclamant le lien direct entre le croyant et Dieu, *via* les saintes Écritures en suédois, a stimulé la vulgarisation/expansion de la lecture (Johansson. 1977 : 9). C'est véritablement au XVIIe siècle que commencent à se faire sentir les effets conjugués de ces trois facteurs dans les pays protestants. En effet, alors que les taux d'alphabétisation restent inférieurs à 20 % dans les pays européens à forte domination catholique ou orthodoxe (à l'exception de l'Italie du Nord et de l'Ile de France), ils oscillent entre 35 % et 45 % dans les pays protestants, voire dépassent les 50 % en Angleterre et aux Pays-Bas (Cipolla, 1969). La Réforme en Suède, selon E. Johansson a créé (et autoritairement dirigé) une « demande » nouvelle en termes de capacités individuelles de lecture que la pratique cultuelle ne permettait pas de satisfaire. Une politique d'éducation de masse fut donc progressivement mise en place, inspirée aussi bien par les autorités diocésaines locales que par des réglementations nationales au niveau du Parlement.[36] L'aboutissement formel de ce processus se matérialisera en 1686 par la '*Loi sur l'Église qui contient des préceptes sur l'alphabétisation en général*' pour que « les enfants, les ouvriers agricoles et les servantes... apprennent à lire et voir de leurs propres yeux ce que Dieu ordonne et commande par Sa Sainte Parole ». Pour Johansson, « cette expression était typique de la Réforme. Chaque personne devait par '*ses propres yeux*' voir et apprendre la signification de la Bible. Le but de l'acte de lecture était de rendre chaque personne consciente de la foi et de la vie chrétienne, cette dernière étant la plus importante. La vie chrétienne prouverait la foi dans un ordre social combinant chaque aspect de l'existence dans ce qui s'appelait 'l'univers du Hustavla' » (Johansson, op.cit., : 13).[37]

[36] À partir de 1968, le libellé « Affaires ecclésiastiques » ne fut plus accolé au nom officiel et complet du Ministère de l'Éducation.

[37] "The '*Hustavla*' (a religious plaque which was hung on the wall), was a supplement to Luther's Small Catechism. It consisted of specific Bible verses arranged according to the traditional, Lutheran doctrine of a three-stage, social hierarchy — ecclesia (church), pòlitia (state), and oeconomia (home or household). These selections of Scripture outlined the Christian duties and obligations which each stage in this hierarchy owed to the others — i.e.

Dans ce système tridimensionnel fortement hiérarchisé de relations sociales, le monarque dirige l'ordre politique, est un fidèle dans l'ordre spirituel, et chef de famille dans l'ordre économique ; le pasteur est un sujet dans l'ordre politique, enseignant dans l'ordre spirituel et chef de famille ; le chef de famille est sujet dans l'ordre politique, fidèle dans l'ordre spirituel et chef de son ménage, le reste de la population étant sujet, fidèle et simple membre de la famille. Si ce système a été générateur de tensions croisées entre la nouvelle Église et le Monarque, ce dernier ne pouvant se résoudre à être un fidèle comme les autres, il confirme en revanche que le chef de famille est bien à la fois souverain et pasteur dans le ménage et que le foyer dont il est le responsable est le lieu du processus d'apprentissage de la lecture. Ce système tridimensionnel, décrit par E. Johansson, permet de localiser où se situent les enjeux de pouvoirs qui permettent à leur tour de mieux comprendre la spécificité et les caractéristiques du contrôle social à l'œuvre dans le modèle suédois de semi-alphabétisation (Tveit, 1991).[38]

Dans *l'ordre du spirituel*, le service du culte est organisé autour des interactions, en particulier des dialogues « pédagogiques », entre le pasteur et un, ou plusieurs, commis de paroisse. Cet apprentissage collectif des textes fait l'objet de questions à l'auditoire des paroissiens qui sont tout autant des occasions d'approfondir sa foi que d'évaluer et de contrôler l'acquisition des connaissances au moins une fois l'an. Un système particulièrement sévère de sanctions est mis en place en cas d'échec, qui va de l'exclusion de la communion jusqu'à l'interdiction de se marier.

Dans *l'ordre de l'économie domestique et communautaire*, en plus des activités de production et d'organisation du travail, le ménage est aussi un lieu de transmission des connaissances sur le même modèle que celui de l'Église : sermons, psaumes, commentaires des Écritures et là aussi, contrôles et évaluations régulières. Le système de sanctions ne pouvant être du même ordre qu'au sein de l'Église, accorde une part importante aux châtiments de tous ordres, y compris corporels. Dès le début du XVIIe siècle, l'entité villageoise, en particulier dans les régions sauvages et boisées

---

priests/parishioners (teachers/ pupils), rulers/ subjects, heads of families (parents)/children and household servant".

[38] De fait, dans les pays nordiques, deux stratégies d'alphabétisation radicalement différentes ont été mises en œuvre à partir de la Réforme : un modèle d'apprentissage domestique (en Suède et en Finlande, qui ne formaient alors qu'un seul royaume), et un modèle d'école institutionnel (Danemark et Norvège). L'étude montre que la Suède a été, la première à voir l'ensemble de sa population acquérir un niveau de lecture des textes religieux fondamentaux, devenant ainsi la première nation alphabétisée de la région. C'est lors de la phase ultérieure d'apprentissage de l'écrit (y compris sur des textes non connus et non religieux), que le modèle scolaire danois au milieu du XIXe siècle a rattrapé le modèle suédois. C'est précisément à la même période que la Suède a mis en place un système scolaire d'État, marquant un processus de convergence des systèmes éducatifs sous régionaux.

de front pionnier et de peuplement est aussi un lieu de rassemblement où les habitants, en l'absence ou en dehors du service du culte, organisent des lectures collectives dans les maisons des uns et des autres.

Dans *l'ordre du politique « temporel »*, les assemblées et les conseils de villages, en se réunissant plusieurs fois par an, décident de tout ce qui a trait à l'organisation des activités agricoles (semailles, moissons, gestion du bétail, rotation et clôture des parcelles, défrichage), du calendrier des manifestations communautaires (fête du village, cérémonies des baptêmes et des mariages) : autant d'occasions pour y greffer la tenue des contrôles de connaissances et/ou l'annonce des résultats. Enfin, les assemblées paroissiales (une institution complémentaire) élisent des représentants au sein des conseils paroissiaux qui prennent des décisions quant à la construction ou l'entretien de l'église, aux activités en faveur des pauvres et des plus démunis et, fait unique à l'espace suédois, aux affaires de justice de premier degré relatives aux infractions telles que la violation du sabbat, le fait de jurer, l'état d'ivresse, les fiançailles ou les mariages non publicisés, non officialisés par la communauté. En plus, du conseil paroissial garant des bonnes mœurs et des sanctions juridictionnelles en cas de manquement aux normes, l'assemblée élargie élit, tous les trois ans, des électeurs qui choisiront les représentants de l'État de la Paysannerie au Riksdag.

Le début et le développement rapides de l'alphabétisation de la paysannerie suédoise ont permis d'assurer sa représentativité et donc son poids politique dans toute l'organisation politico - administrative du pays, de la structure villageoise et paroissiale jusqu'au Parlement et ce, avant bien d'autres pays européens. (Tveit, op.cit., : 71)[39]. Parmi les vecteurs les plus importants de cette alphabétisation, il faut noter : (a) le Livre des Psaumes de 1695 (deux cent cinquante éditions et un million et demi d'exemplaires distribués jusqu'en 1819), dont les vingt-et-un premiers sont des psaumes de catéchèse, les suivants jusqu'au n°112, des textes bibliques pour la liturgie, les suivants jusqu'au n°215, des prières pour l'église et pour le foyer, la moitié restante étant composée de psaumes pour le quotidien des fidèles, un des plus notables étant le psaume 260, l'Abécédaire d'Or où chacun des 24

---

[39] *Survey of the spread of reading ability in Europe*, 1850-1970. « L'apprentissage de la lecture semble en fait, avoir été propagé de façon plus systématique aux Pays-Bas, en Écosse, en Suisse, dans l'Allemagne luthérienne et les pays nordiques que, par exemple, en Angleterre et au Pays de Galles. Ces pays, en tout cas, avaient atteint le niveau le plus élevé en capacité de lecture en 1850, avec plus de 80 %. Le chiffre pour l'Angleterre et le Pays de Galles est en toute probabilité plus bas. La moitié de la population en France, en Belgique et en Irlande est censée être alphabétisée au même moment. D'autres regroupements pour 1850 sont l'Autriche et la Hongrie avec 30 à 40 %, et l'Espagne, l'Italie et la Pologne avec approximativement 10 à 20 %. Ceci montre un besoin minimum très faible des bienfaits de l'imprimerie dans l'Europe non protestante préindustrielle ».

versets commençait par une lettre de l'alphabet ; (b) les éditions successives, et à chaque fois enrichies du Catéchisme qui, outre les commentaires de Luther des Écritures, comprend des batteries de plusieurs centaines de questions/réponses à la fois générales, mais aussi visant des catégories spécifiques telles que les jeunes enfants, les couples mariés et à marier… De fait, d'un usage plus pratique et d'une complexité moindre que la Bible elle-même, par ailleurs beaucoup plus coûteuse à imprimer, c'est le catéchisme qui, pendant des siècles, a servi de manuel d'application pour une lecture active dans le cadre domestique (Hébrard, 1988 : 37-38). Car, c'est essentiellement dans ce cadre, en dehors de tout système scolaire proprement dit que s'est développée la massification de l'apprentissage de la lecture, ce qu' E. Johansson appelle la « diffusion horizontale » (Johansson, op.cit., : 21-22). C'est donc bien au cœur de la famille, lieu de la transmission et de l'apprentissage que se forment les liens d'un contrôle social à double face : d'une part, la contrainte d'un apprentissage/conditionnement dans un cadre religieux très formaté, répressif et transparent, et d'autre part, la reconnaissance et la valorisation sociales de ceux qui franchissent les étapes de cet apprentissage, reconnaissance et valorisation qui, en retour ne faisaient que renforcer l'attrait de la religion.[40]

Mais, qu'en est-il de l'apprentissage de la lecture du point de vue de la désagrégation par sexe ? En d'autres termes, est-ce que l'apprentissage de la lecture ou l'installation d'un contrôle social prégnant ont affecté différemment les hommes et les femmes ? À partir d'une analyse des registres des examens paroissiaux de la région de Tuna, E. Johansson, (op. cit., : 26-33),[41] a démontré non seulement une augmentation et une accélération du niveau d'alphabétisation par tranche d'âge, mais aussi et surtout, un processus similaire « d'égalisation » de l'apprentissage de la lecture entre hommes et femmes des générations plus jeunes : « une autre caractéristique particulière tient à ce que les différences entre les sexes, par exemple deviennent moins marquées. La note de lecture marquée *aptitude* était obtenue par 64 % des hommes de plus de 60 ans et par 33 % des femmes. Les pourcentages correspondants pour les plus jeunes, âgés de 20

[40] « Il était possible d'étendre la capacité de lecture et de connaissances catéchétiques le plus largement possible par une forte pression sociale. Il était important de faire des progrès au sein des foyers et communautés villageoises. Ceux qui étaient déjà capables de lire pouvaient instruire ceux qui ne le pouvaient pas encore. Les succès et les échecs étaient connus lors des sessions récurrentes d'examens... Mais, il serait faux de dire que tout n'était que contrainte dans les campagnes suédoises d'alphabétisation. Les prières en famille et les lectures collectives généraient chez beaucoup un besoin de religion ».

[41] Cet exemple peut être considéré comme représentatif de toute la Suède comme l'atteste l'introduction de *Understanding Literacy in its Historical Contexts. Socio-Cultural History and the Legacy of Egil Johansson*, (Graff, Mackinnon, Sandin, Winchester, 2009 : 8-9)

ans et moins sont respectivement de 44 % et 41 %. Un nivellement est en œuvre. Plus tard, les femmes ont souvent de meilleures notes que les hommes au cours des XVIIIe et XIXe siècles ».

Au fil du temps, ce modèle d'alphabétisation induit un processus d'homogénéisation générationnel, social (toutes les classes de la société sont concernées), spatial (le phénomène touche aussi bien les villes que les campagnes) et géographique (toutes les régions du pays sont touchées) mais aussi genré comme le souligne Jean Quéniart dans son commentaire de l'étude d'E. Johansson : « En Suède, selon (son étude), 40 % des gens savent lire vers 1660, et plus de 70 % dans les années 1690. L'habituel déséquilibre des sexes s'y réduit rapidement puisqu'en 1690, 54 % des hommes et 33 % des femmes de plus de cinquante ans savent lire, alors que l'écart, chez les moins de vingt ans, n'est plus que de trois points. On peut légitimement penser que l'aptitude à lire se généralise en Suède au cours de la première moitié du XVIIIe siècle, par extinction des générations anciennes ».[42] L'engagement politique de l'État par la création et le développement progressif d'un système scolaire à travers un corpus législatif spécifique (lois de 1724, de 1842 créant les écoles élémentaires, et de 1858 créant les collèges) a renforcé ce modèle initial en en consolidant les acquis[43] plus qu'en en bouleversant les fondements. C'est donc par le biais de l'institution scolaire ("*common schools*") que l'accession à la culture de l'écrit pour les citoyens a pu dès lors connaître une avancée considérable au cours de la deuxième moitié du XIXe siècle et faire au XXe siècle, de la Suède le pays de l'OCDE qui possède le taux le plus faible (7,5 %) de personnes de 16 à 65 ans éprouvant des difficultés pour l'écriture, la lecture ou l'utilisation des informations (10,5 % aux Pays-Bas, 14,4 % en Allemagne, 20,7 % aux États-Unis et 40,1 % en France).[44]

Il ressort de l'étude d'E. Johansson que même si le début du processus d'industrialisation qu'a connu la Suède dans la deuxième partie du XIXe siècle a modernisé, en l'accélérant, le niveau d'alphabétisation du pays, c'est l'imposition précoce de la lecture en dissociation de l'écriture dans une société rurale et préindustrielle, par la mobilisation de toute la population dans un maillage serré entre les institutions politiques, religieuses autour de la cellule familiale qui a fondamentalement constitué le facteur déclenchant du développement du pays. C'est en ce sens que l'on peut parler d'un « modèle suédois » de développement par l'alphabétisation en deux phases :

---

[42] Jean Quéniart. De l'oral à l'écrit. Les modalités d'une mutation. pp. 20-21

[43] Par exemple, l'affinement du système et des critères de notation de la lecture avec une meilleure prise en compte du niveau de compréhension, dans le but de mieux identifier les individus « prometteurs » pour les classes supérieures du primaire et du collège…

[44] Littératie, économie et société. Résultats de la première enquête sur l'alphabétisation des adultes. *Éditions OCDE*. Date de parution : 4/12/1995.

semi-alphabétisation dans un cadre familial et paroissial, relayée puis étendue, à une alphabétisation complète *via* un système scolaire formalisé (1842 : école primaire mixte obligatoire et 1853 : ouverture aux femmes de l'enseignement aux écoles primaires publiques).[45]

Luthéranisme, féminisme et sexualité

En soumettant les institutions de l'Église à une critique violente, en refusant leur autorité et leurs privilèges, en opposant la verticalité de l'organisation de l'Église catholique romaine à l'horizontalité de la communauté dans le processus de prise de décision collective, en plaçant les Écritures au cœur de la foi et en valorisant la responsabilité des individus devant Dieu, le protestantisme a ouvert un espace d'autonomie personnelle et de capacité de jugement qui n'est pas sans incidence sur le comportement temporel des fidèles. Dans la mesure où les normes sociales, et donc sexuelles, sont moins imposées (du moins de l'extérieur) qu'acceptées (cela remet-il en cause le fait qu'elles n'en sont pas moins contraignantes ou coercitives ?), qu'en est-il du rôle et du positionnement des femmes, et d'un discours sur la sexualité ?

Par le bouleversement des valeurs qu'il a créé, mais aussi comme résultante de l'histoire millénaire du christianisme, le protestantisme est traversé de contradictions multiples, en particulier celle relative à la question des femmes. Comme le montre Inger Hammar (2003 : 19-35), les tensions entre d'une part, les positions de Luther, pour qui féminité est synonyme de maternité, et qui renvoient à la construction patriarcale dans laquelle la soumission des femmes se fait au nom même de leur fonction reproductive,[46] soumission qui s'inscrit dans l'ordre domestique et politique du système tridimensionnel des relations sociales déjà évoqué qui forment les cadres de la société suédoise (comme d'ailleurs celle d'autres pays nordiques) et d'autre part, le potentiel d'émancipation que représente l'affirmation de l'égalité des créatures devant leur Créateur. Ces tensions - que l'on peut résumer par la question : le protestantisme a-t-il été une limite à l'émancipation des femmes, ou au contraire en a-t-il été l'accélérateur ?- ont trouvé dans l'espace luthérien nordique une réponse homogène en faveur de la thèse de l'émancipation. Il est toutefois important de noter que comme pour le processus d'alphabétisation, la Suède a tracé beaucoup de chemins avant les autres, a initié des changements sur la plupart des sujets (politiques, sociaux, économiques), et même si elle voit parfois ses voisins la dépasser (comme dans le cas de l'accès des femmes au suffrage universel national et

[45] Dans une démarche prospective, l'auteur suggère que son analyse inspire les politiques d'alphabétisation dans les pays en développement. La problématique de l'exemplarité et de la diffusion de ce modèle est en effet un point essentiel qui sera repris dans le dernier chapitre.
[46] Voir le concept de "valence différentielle des sexes" forgé par l'anthropologue Françoise Héritier.

la majorité légale des femmes mariées), elle a été jusqu'à une période récente (comme le montre l'instauration du congé maternité payé), l'élément moteur de cette convergence vers un féminisme nordique qui se met en œuvre au XXe siècle.[47]

Droits civiques	Suffrage universel	
	municipal/local	National
Suède[48]	Non mariées : **1862** Mariées : **1906**	1919
Danemark	Non mariées et mariées 1908	1915
Norvège	Non mariées et mariées 1910	1913
Finlande	Non mariées et mariées 1906	**1906**

Le contrôle patriarcal sur les femmes trouve une limite décisive dans le premier quart du XXe siècle qui voit les législations nationales sur les droits civiques et le statut personnel des femmes converger et s'harmoniser : « Entre 1909 et 1927 les pays scandinaves travaillèrent ensemble à la réforme des lois sur le mariage. La Finlande et l'Islande suivirent peu après en acceptant des lois similaires. Le résultat s'est retrouvé dans l'expression *'modèle nordique du mariage'*, assurant une égalité de droit entre les époux et autorisant le divorce pour cause de désaccords irrémédiables. Les époux et les épouses reconnaissaient leurs obligations mutuelles à se soutenir, sous la forme, soit de travail domestique, soit d'emploi rémunéré. C'était une différence par rapport au reste de l'Europe dominé par le modèle de l'homme-gagne-pain ».[49] Ces évolutions radicales de législation sont plutôt la marque d'une culture politique libérale plus présente dans les pays voisins de la Suède et sont intervenues alors que les sociaux-démocrates n'étaient

[47] Les données des tableaux suivants proviennent des annexes de "Beyond Welfare State Models : Transnational Historical Perspectives On Social Policy". 2001. Publié par Pauli Kettunen et Klaus Petersen. *Edward Elgar Publishing Ltd.*

[48] Fait unique dans l'histoire, les Suédoises ont eu par trois fois le droit de vote : (1) durant l'ère de la Liberté (1718-1772), qui a vu l'instauration d'un régime parlementaire censitaire, au sein de l'un des quatre ordres, l'ordre bourgeois, « une rare particularité de cet Ordre est que les femmes n'y étaient pas complètement exclues du suffrage. Le cas se rencontre de certaines qui jouèrent un rôle non négligeable dans la vie politique comme *bosses* d'une certaine envergure au sein des partis » (Lepetit, 2013 : 47) ; (2) en 1862, toujours sur une base censitaire, les femmes acquièrent le droit de vote aux élections municipales (mais, elles pourront y être élues en 1909) avant que le suffrage universel (vote et éligibilité) au niveau national ne leur soit accordé en 1919 (3).

[49] "The Oxford Encyclopaedia of Women in world history". Volume 4. p. 642. *Editor Bonnie G. Smith.*

pas encore parvenus au pouvoir dans aucun des pays. En revanche, dans le domaine des droits sociaux, économiques et professionnels, la Suède apparaît plus aux avant-postes, comme le montrent les quelques exemples dans le tableau suivant : en 1846, les métiers du commerce et de l'artisanat sont légalement ouverts aux femmes non mariées (Danemark, 1857), la profession d'enseignant dans les écoles élémentaires publiques est ouverte aux deux sexes en 1853 (Danemark, 1859), en 1870, admission des femmes aux études médicales (Danemark, 1875, Finlande, 1879), (Lipinska, 1900).

Droits socio-éducatifs	Suède	Danemark	Norvège	Finlande[50]
Les universités sont ouvertes aux femmes	**1870**	1875	1884	**1870**
Les femmes peuvent enseigner dans les écoles élémentaires publiques	**1853**	1859	-	1863
Les femmes peuvent enseigner dans les collèges	**1859**	-	-	1882
Congé maternité pour les ouvrières (non payé)	**1901**	**1901**	-	-
Instauration d'un congé maternité (payé)	**1955**	1967	1956	1964

Sources : Nabanita Datta Gupta, Nina Smith, Mette Verner. 2006

La reconnaissance des droits des femmes dans la sphère professionnelle (secteur public aussi bien que privé) a permis aux suédoises d'avoir, dans la plupart des cas, avant les autres femmes scandinaves, un statut leur conférant plus d'indépendance vis-à-vis des hommes, et ainsi, d'être reconnues comme des personnes plus autonomes dans leurs choix et leurs décisions. Toutefois, il existe une exception notable : alors que l'ouverture du pastorat aux femmes est actée en 1947 au Danemark et en 1956 en Norvège, il est rejeté par le synode suédois (il n'y a pas de synode dans les deux pays voisins), mais sous la pression de la société civile relayée par une presse quasi-unanime, le parlement vote l'ouverture du pastorat aux femmes en septembre 1958. Cet exemple montre que l'Église luthérienne suédoise montre une plus grande résistance au reflux du patriarcat que dans pays voisins et que cette résistance est rendue possible par l'existence d'un synode face au pouvoir politique, par opposition au Danemark et à la Norvège. Cependant, elle est en même temps une manifestation du déclin de son influence sur la société,

[50] Tuomaala. 2006.

sur sa capacité à imposer le maintien de normes, et à empêcher l'émergence de nouvelles formes de sociabilité. Nous verrons que ce conservatisme a été balayé ces dernières années en matière de santé et droits sexuels et reproductifs précisément.

Il est une autre dimension de la vie sociale, par ailleurs très liée au statut et aux droits des femmes qu'il est important d'analyser par rapport à l'héritage luthérien, celle de la sexualité. Chez Luther, le désir sexuel est de prime abord reconnu dans sa dimension naturelle, comme une « force » que l'on ne peut ignorer (Grimm, 1999) mais pour être aussitôt envisagé, défini, mis en perspective, dans un cadre institutionnel, celui du mariage et dans l'environnement anxiogène et pessimiste de « l'empire du péché » comme Jérôme Bosch l'a dépeint avec force. En effet, le péché constitue la clé de voûte de tout l'édifice luthérien : par son caractère originel, il s'enracine dans la nature même des hommes et il affecte, entache toutes les activités humaines, y compris les rapports entre les êtres, et plus particulièrement les rapports conjugaux. De ce point de vue, l'amour entre époux, même le plus profond, le plus entier, ne peut jamais être pur, et tout comme l'amour porté à l'humanité de façon plus globale, il ne peut être salvateur, car il est toujours corrompu par le péché. Le péché originel, dès lors qu'il est au cœur de toutes les composantes de l'existence humaine affecte donc aussi la sexualité. Citons à nouveau Grimm : « Dans le commentaire de la Genèse, le Réformateur précise que les désirs sexuels sont bien une conséquence du péché originel : '*il est vrai que la frénésie de nos désirs est une part du péché originel...*' ». Comme les humains ne peuvent pas ontologiquement se départir du péché en général, et du péché présent dans le désir et les pratiques sexuelles, et qu'ils ne peuvent pas ne pas céder aux tentations, quelle perspective leur reste-t-il ? L'innovation éthique de Luther repose sur la notion de consentement : « une chose est de sentir des tentations, autre chose d'y consentir ou d'y donner notre assentiment [...]. Sentir une sensation, lorsque cela à lieu contre notre volonté et que nous préférerions en être exempts, ne peut nuire à personne. Car si on ne la sentait pas, on ne pourrait l'appeler tentation. En revanche, consentir, c'est lui lâcher la bride, ne pas résister et implorer contre elle ». (Grimm, 1999 : 53, 56). Luther, par ce biais, rappelle la permanence du conflit entre tentation et consentement et par la même, l'ambivalence constante de toutes les actions humaines. Partant de là, quel dispositif conceptuel Luther met-il en place autour des notions de plaisir, de fornication, de mariage, de vie conjugale, de procréation, et plus largement des rapports sexués entre femmes et hommes ?

- *Mariage et vie conjugale* : comme antidote à la débauche et au vagabondage sexuel, le mariage limite et canalise la puissance et le caractère pernicieux du désir/plaisir sexuels et constitue en quelque sorte un mécanisme de régulation sociale du péché. Cela ne retire en rien le fait que les rapports conjugaux sont une volupté nécessaire mais illicite, et somme toute, coupable parce que s'originant dans le péché. C'est la raison pour laquelle Luther a si violemment critiqué les vœux monastiques de chasteté, impossibles à respecter par définition, voire générateurs d'errements encore pires en termes de pulsions et de désordres érotiques. « C'est pourquoi, il faut s'en tenir au rôle instrumental, voire thérapeutique du mariage : s'entraider, canaliser la sexualité, avoir des enfants. Mais quant à la recherche du plaisir, elle ne peut conduire qu'à des impasses » (Grimm, 1999 : 105). C'est donc aussi en toute logique que lorsqu'il ne remplit plus ce rôle, le mariage peut être rompu et qu'un divorce peut être engagé. Ce n'est certes pas encore l'affirmation d'un droit et « le divorce lui apparaît comme un moindre mal au regard compte tenu du désordre social et moral, et du désespoir causé à tant d'hommes et de femmes par son interdiction absolue », mais c'est la base d'une évolution conceptuelle (et ultérieurement normative) capitale. Pour Liliane Crété, (1999 : 38), Luther « avance trois raisons pour justifier un divorce : l'inaptitude organique de l'un des conjoints à accomplir l'acte sexuel, l'adultère et le refus, de la part de la femme ou de l'homme, à remplir son devoir conjugal. Seule la victime pourra se remarier ».

- *Procréation* : l'acte de procréer est aussi marqué du sceau de l'ambivalence, car il est à la fois justifié ontologiquement par la nécessité de voir la Création de Dieu perdurer jusqu'au dernier jour, alors même qu'il ne peut être réalisé que dans les conditions bestiales et impudiques des « *démangeaisons de la chair* ». En d'autres termes, l'acte de procréer, et donc le principe mécanique des relations sexuelles qui le constituent, sont bonnes en soi puisque Dieu les a voulues, mais c'est en fait leur usage, leur pratique qui, en mettant en œuvre des pulsions génitales tyranniques (Grimm, 1999 : 127), dénaturent paradoxalement cette bonté divine initiale. Une seule exception à cette ambivalence : la procréation sans sexualité de Marie qui assure à Jésus cette non-contamination du péché originel.

- *Femme(s)* : Luther s'inscrit pleinement dans un contexte patriarcal qui fait de la femme une inférieure de l'homme, qui a été créée pour être à son service dans tous les évènements de la vie, et en particulier dans la reproduction des générations. Ses devoirs d'obéissance et de soumission à son mari sont l'écho domestique d'autres relations d'autorité, des parents aux enfants et des princes à leurs sujets. En même temps, signe là aussi d'ambivalence, Luther saura envisager la femme, non plus comme une menace (elle n'est plus cet être diabolique sexuellement insatiable hystérisé par la tradition de l'Église catholique puisque *comme l'homme*, elle est soumise au péché dans une sorte d'égalité ontologique avec lui), mais un bienfait pour l'homme. De là découlera leur *égale dignité devant Dieu*. En rupture avec la tradition de l'Église inspirée de Paul, Luther valorise une interprétation du récit de la Genèse qui met l'accent sur « la différence entre Dieu et les hommes, non entre les hommes et les femmes également pécheurs et pécheresses devant Lui, et tous deux objets du même amour salvateur du Christ » (Crété, op.cit., : 21-22).

Le pacte social implicite (à la fois imposé et consenti) que l'éthique luthérienne a contribué à façonner sur le fonds anthropologique spécifique de la famille souche repose donc sur un socle ambivalent : d'un côté, il tend à donner aux individus les conditions de leur épanouissement personnel en termes de '*capabilités*' (éducation et promotion d'une certaine égalité entre les femmes et les hommes), et d'un autre côté, il leur impose de rentrer dans un moule social fortement normé. Comme le souligne Åke Daun, « le besoin de se conformer fait aussi partie de la culture suédoise... L'éthique protestante, tout en favorisant la réalisation individuelle peut aussi avoir tendance à supprimer 'l'individualité' au profit du conformisme social. À des individus manquant d'assurance socialement - ce qui est le cas de beaucoup en Suède -, le groupe offre la sécurité ; la capacité d'exprimer une opinion sous l'égide d'un filet de sécurité collectif » (Daun, op.cit., : 148).

La Baltique : un "lac suédois"

Souvent présentée comme une « deuxième méditerranée », tour à tour soumise à la domination ou à l'influence du Danemark, des princes et des chevaliers de l'ordre Teutonique, à celles de la Pologne-Lituanie, des Empires suédois, allemand ou russe, la Baltique a toujours représenté un lieu d'échange commerciaux, financiers, culturels dans lequel l'histoire et l'actualité se rejoignent (Gylden et Truc. 2007).[51] Le moment particulier de cet espace qu'il nous semble essentiel d'aborder ici, est le moment de « l'Époque de la grandeur » d'où s'origine ce renouveau baltique suédois.

En rompant avec l'Union de Kalmar (1397-1523) qui associait la Suède, le Danemark et la Norvège, et dont l'objectif était de mettre fin à l'influence économique de la Ligue hanséatique, la Suède s'affranchit définitivement de l'hégémonisme territorial, démographique et économique que le Danemark

[51] « Deux tiers des communes suédoises sont ainsi jumelées à une soeur estonienne, lettone ou lituanienne. '*Dans les faits, cela signifie que plusieurs milliers d'employés communaux - architectes d'État, spécialistes informatiques ou conseillers juridiques – s'impliquent dans des projets de coopération*', explique, à Stockholm, Christer Lindberg, de l'Association des communes suédoises... La Suède est un cas particulier. L'importante communauté balte issue des réfugiés politiques de la Seconde Guerre mondiale sert de puissant moteur à la réunification. Ce n'est pas le seul. Une bonne dose de mauvaise conscience pousse les Suédois à racheter leur âme en se rapprochant de leurs « cousins » si longtemps ignorés. Du coup, la solidarité baltique confine au phénomène de société. Il n'épargne pas le sommet de l'État. Révisant l'approche tiers-mondiste des années 70, le gouvernement (dont plusieurs ministres sont d'origine balte) recentre sa politique de coopération vers ces '*cousins*'».

avait imposé dès la création de l'Union. Amorcée dès le milieu du 15e siècle, la lutte pour la suprématie devient multiforme (révoltes nobiliaires, émeutes paysannes, affrontements larvaires et guerres ouvertes), et les dernières soixante-dix années voient le déclin de la puissance régionale du Danemark et l'émergence de la Suède moderne symbolisée par le départ des Danois de Stockholm, suivie de l'élection au trône de Gustave 1er Vasa, le 6 juin 1523.[52]

Tout en restant fortement marquée par les conflits à répétitions avec cet adversaire historique de proximité, la politique étrangère de la Suède devient de plus en plus « globale » (à l'échelle des dimensions du monde de l'époque), et le pays est rapidement impliqué dans les enjeux et les luttes de puissance politiques et commerciales qui sont en train d'émerger dans l'espace baltique à l'instigation de la Russie comme le souligne H. Lindqvist (op.cit., : 112-118) : « En 1561, la situation dans l'espace oriental de la Baltique se détériora. La Russie s'imposa et conquit la ville de Narva en Estonie. Les habitants de Reval (aujourd'hui Tallin) se tournèrent vers la Suède pour lui demander sa protection. Ce fut le premier engagement suédois dans cette partie de l'espace baltique qui ouvrit la voie à ce qui a finalement conduit la Suède à devenir une grande puissance ». C'est cependant par son rôle majeur dans l'élaboration du Traité de Westphalie (1648) qui met fin à la guerre de Trente Ans, et qui fige pour plus de cent ans l'émiettement politique de l'espace germanique, que la Suède accède au statut et au rang de grande puissance européenne sur le plan religieux, politique, diplomatique, militaire et commercial.[53]

---

[52] Cette date est une référence particulièrement significative dans la mesure où aujourd'hui encore elle demeure celle de la fête nationale, depuis 1983, après avoir été celle du « jour du drapeau suédois » depuis 1916. C'est aussi la date, en 1809, qui a vu le transfert d'une partie importante des pouvoirs du Monarque au Parlement, consolidant la précoce évolution démocratique du régime. « La forme de Gouvernement de 1809 est un compromis entre le régime quasi parlementaire établi en 1719-1720 et la restauration du pouvoir royal de 1772. Le roi et les États partagent le pouvoir législatif ; les États conservent le contrôle de la Banque centrale, accroissent leur contrôle sur le travail gouvernemental et sur le budget. Le système des collèges administratifs est maintenu et un procureur parlementaire ou ombudsman est établi afin de veiller aux abus de l'administration ».
Voir http:://mjp.univ-perp.fr/constit/se1809.htm
Ainsi, les années 1523, 1809, 1916 et 1983 sont les étapes d'une chronologie exemplaire démontrant ce « sentiment aigu du temps linéaire » du modèle anthropologique de la famille souche, dont parle Emmanuel Todd.

[53] Englund Peter. 1993. Ofredsår (Years of War). *Atlantis* et Englund Peter. 2000. Den oövervinnerlige (The invincible). Peter Englund et Herman Lindquist sont les représentants de deux courants opposés (universitaires et de vulgarisation) dans l'historiographie suédoise. Alors que les travaux universitaires du premier (pour la plupart encore en langue suédoise) en font l'un des spécialistes reconnus du grand 17e siècle suédois, l'autre, journaliste de formation, a produit des ouvrages grand public (dont certains traduits en anglais et en français). La controverse s'est alimentée d'accusations réciproques de masochisme universitaire défaitiste et honteux ou d'exaltation populiste d'un récit national réhabilité. Au-

Expansionnisme territorial, puissance militaire et positionnement messianique

Du dernier tiers du XVIe siècle au premier quart du XVIIIe siècle, le royaume de Suède est, avec la France, une puissance majeure du continent européen contribuant à en façonner profondément l'espace géopolitique, surtout en Europe du Nord et de l'Est. Les deux puissances, représentées par le cardinal de Richelieu et le chancelier Oxenstierna, ayant un intérêt stratégique commun à affaiblir la maison des Habsbourg signent en 1631, le Traité de Bärwalde scellant une alliance militaire qui durera plus d'un siècle. Avant de s'imposer définitivement au XVIIe siècle sur le pourtour de la Baltique, l'hégémonisme suédois s'est peu à peu construit contre deux types de présences : les villes commerciales allemandes de la Hanse et les puissances politiques régionales (Danemark, Pologne et Brandebourg, notamment) en devenant le porte-drapeau unificateur du protestantisme en Europe du nord. Mais dès le début du XVIIIe siècle jusqu'en 1721, cet expansionnisme trouve ses limites car ce pays agricole, peu peuplé, représentait une base trop étroite et fragile pour maintenir une présence hégémonique aussi étendue. Il n'est pas inutile de dresser, tant la liste des exploits militaires et des conquêtes est impressionnante, les étapes qui nous paraissent significatives dans la construction et le déploiement de l'hégémonie suédoise dans cette période :

1617. Pour en terminer avec des querelles dynastiques, la Suède et la Russie signent le Traité de Stolbova. La Suède abandonne Novgorod, et en contrepartie, la Russie reconnaît sa suprématie dans le golfe de Finlande et sur la Baltique plus globalement, et lui cède l'Ingrie (entre le lac Ladoga et le fleuve Narva) et la Carélie (territoire oriental de la Finlande).

1621. La Suède entre en Livonie et s'empare de Riga.

1626. L'armée suédoise écrase par deux fois les Polonais. La plupart des villes côtières de Prusse orientale, puis de Prusse occidentale sont conquises créant un continuum commercial à partir de la Livonie avec la maîtrise des estuaires du Niémen et de la Vistule.

1630. La Suède conquiert la Poméranie en ayant vaincu les armées impériales des Habsbourg.

1631/1632. La bataille de Breitenfeld inaugure la campagne d'Allemagne de Gustave-Adolphe qui verra tomber successivement Mayence, Nuremberg, Munich, Augsbourg, pour se retrouver aux portes de Vienne. Le 6 novembre 1632, lors de la bataille de Lützen, Gustave-Adolphe trouve la mort.

---

delà de cette controverse (qui en elle-même est symptomatique), il semble cependant que les deux auteurs rappellent, dans leurs styles propres, des faits qui éclairent le caractère fondamental de cette période de l'histoire suédoise.

1645. La défaite des troupes impériales devant la coalition franco-suédoise à Allenheim et à Jankovitz marque la soumission totale de l'Allemagne du nord jusqu'à la Bohème. Par ailleurs, la Suède conclut un Traité de paix qui lui est très favorable avec le Danemark : en récupérant des régions donnant à la fois sur la Baltique et la mer du Nord, la flotte suédoise se rend maîtresse du détroit de Sund.

1648. Par le Traité de Westphalie, la Suède récupère la Poméranie, des villes clé (Stettin, Wismar), les duchés de Brême et Verden, et assoit sa maîtrise des ports et des fleuves débouchant dans la Baltique. Par son rôle majeur dans l'élaboration du Traité qui met fin à la guerre dite de Trente Ans et qui fige pour plus de cent ans l'émiettement politique de l'espace germanique, la Suède accède au statut et au rang de grande puissance européenne sur les plans religieux, politique, diplomatique et militaire, mais aussi commercial (Lindqvist, op.cit., : 138-142).

1656. Le Danemark, la Russie et l'Autriche déclarent la guerre à la Suède.

1658. Le Danemark perd la Scanie (située sur le côté suédois du détroit de Sund) et d'autres territoires (Blekinge, l'ile de Bornholm, la province de Trondheim- actuellement en Norvège).

1674. L'allié français attaque les Provinces-Unies, et la Suède (moyennant, une forte indemnité « compensatrice ») intervient en Poméranie contre le Brandebourg qui est entré en guerre contre la France.

1675-1677. Début du relatif déclin de l'hégémonie suédoise. Pour une victoire contre les Danois à Lund (1676), il y a la perte de Stettin. La marine danoise met en déroute la flotte suédoise à la bataille de Køge (1677).

1679. Traité de Saint Germain. Statu quo territorial avec, toutefois la perte de la Poméranie occidentale au profit du Brandebourg.

1699-1700. Une nouvelle coalition (Brandebourg, Danemark, Saxe, Russie) se forme contre la Suède. La Pologne tente de récupérer la Livonie suédoise. Début de la « Grande Guerre du Nord ».

1701-1708. Victoires des Suédois sur les Polonais à Riga (1701) puis à Kliszow (1702) ; sur les Saxons à Pultusk (1703), sur les Russes à Dunamünde (1701) puis à Holovczyn (1708).

1709. Défaite à Poltava face à la Russie menacée sur son propre sol.

1709-1714. Fuites, errance du roi Charles XII vers et dans l'Empire ottoman, puis enfermement à Bender (actuelle Moldavie). Après avoir tenté de convaincre en vain, le Sultan d'entrer en guerre contre la Russie, le roi est fermement invité à repartir pour la Suède.

30 novembre 1718. Mort de Charles XII lors du siège de la forteresse danoise de Fredriksten, puis déroute de l'armée lors de sa retraite vers la Suède. Enfin, trois Traités, celui de Stockholm (1719) avec le Hanovre et la Prusse (Brandebourg), celui de Frederiksborg (1720) avec le Danemark, et celui de Nystad (1721) avec la Russie mettent un terme à la Grande Guerre du Nord, et *in fine*, marquent la fin de l'empire suédois de la Baltique, puisque toutes les possessions outre-mer qu'elle avait conquises au cours du siècle et demi précédent sont perdues en Allemagne, ainsi que les territoires de l'Estonie, de Livonie, d'Ingrie et de Carélie orientale. La perte de la Finlande lors des guerres napoléoniennes, et l'union avec le royaume de Norvège, dès 1814, viendront achever la « réduction » du royaume de Suède au périmètre strict de la péninsule scandinave.

Source : http ://commons.wikimedia.org/wiki/File :Swedish_Empire_(1560-1815)_en2.png#mediaviewer/File :Swedish_Empire_(1560-1815)_en2.png

L'ère de grandeur de la Suède a commencé, s'est déployée et s'est terminée dans les pays Baltes qui concentraient les risques géostratégiques les plus grands dans la mesure où ils étaient les points de contacts avec les puissances rivales du moment, la Pologne, la Russie et, dans une moindre mesure, la Prusse et le Danemark. C'est ce que rappelle J. Fr. Battail (2010) selon qui, « après le démantèlement de l'ordre Teutonique, il fallait en premier lieu empêcher que l'Estonie, tête de pont vers la Finlande (alors province orientale du royaume suédois) ne tombe entre les mains du Danemark, de la Russie ou de la Pologne. Une Estonie danoise aurait impliqué un encerclement complet de la Suède et un lien direct entre alliés danois et russes, les deux ennemis héréditaires! Une Estonie russe aurait rendu singulièrement compliquée la défense de la Finlande. Quant à la Pologne, alors grande puissance régionale et bastion du catholicisme, elle représentait un danger permanent pour les états protestants du Nord. À quoi s'ajoutait un enjeu économique majeur, le contrôle du commerce entre l'Est et l'Ouest ».

La Suède n'aurait pu assurer son statut de grande puissance militaire, si elle ne s'était pas adossée à une économie puissante : au milieu du XVIIe siècle, la Suède est le premier exportateur en Europe de produits primaires tels que le fer et le cuivre, mais aussi de produits manufacturés tels que les canons. Contrairement à l'Espagne qui, au même moment, vit d'un système d'exploitation des ressources d'or et d'argent en les important de ses colonies d'Amérique du Sud, la Suède pose les bases d'un modèle de développement fondé sur les exportations de produits bruts et de produits finis.[54] Cette ouverture était aussi une conséquence nécessaire de la nature multiculturelle et multilinguistique de l'empire suédois, qui avait au moins cela en commun avec l'empire des Habsbourg. Multiculturalisme et multilinguisme caractérisaient les principales institutions du royaume (la Cour, la Diète, l'Armée), mais aussi les espaces d'échanges et de commerce où l'on pouvait entendre le suédois, l'allemand, le finnois, le danois, le français, tout autant que le néerlandais, l'estonien, l'anglais et le russe. Un système financier est aussi mis en place et la « Banque des États du Royaume » (aujourd'hui Banque centrale de Suède) est créée en 1668[55] (pour mémoire la Banque d'Angleterre est créée vint six ans après (1694), et la Banque de France cent trente deux ans après en 1800). Elle servira d'instrument au service du positionnement militaire (financement forcé de la guerre contre le Danemark 1675/1679 et de la grande guerre du Nord 1700/1721) et commercial de la Suède. La Banque centrale de Suède[56]

---

[54] Ce modèle d'une économie ouverte sur (et dépendant de) l'extérieur est toujours aujourd'hui le moteur de la croissance économique de la Suède de type néo-mercantiliste initié dans les temps modernes, et fait partie de la doctrine commune aux libéraux-conservateurs et aux sociaux-démocrates.

[55] http:://www.riksbank.se/en/The-Riksbank/History/

[56]http:://www.riksbank.se/en/The-Riksbank/International-Co-operation/International-cooperation-for-expert-assistance/

aujourd'hui est très active dans des programmes de coopération sous forme d'assistance technique en partenariat avec Sida, l'Agence suédoise pour le développement international.

Une grande puissance militaire

Le renforcement des capacités militaires de la Suède a accompagné le positionnement du pays comme **la** puissance luthérienne du continent (protectrice des protestants dans le Saint Empire romain germanique des Habsbourg), mais aussi commerciale : il faut assurer que les ports du pourtour sud de la mer baltique et leur arrière-pays soient sous la coupe directe de Stockholm, en particulier la Poméranie occidentale, les évêchés de Wismar et Verden et l'évêché de Brême (sans la ville toutefois, qui demeure indépendante), la maîtrise de cet espace passant par le contrôle direct des embouchures de l'Oder, de l'Elbe et de la Veser. Pourquoi et comment la Suède devient-elle au XVIIe siècle, une puissance militaire de premier ordre (et pourquoi ultérieurement perd-elle ce statut) ? La réponse à ces deux (trois) questions se trouve dans une analyse combinant l'éclairage démographique, l'histoire politique (création et consolidation d'une monarchie militaire), l'histoire religieuse (leadership du monde protestant naissant comme force spirituelle et géopolitique), et enfin l'histoire militaire (choix stratégiques et logistiques innovants).[57]

Forte croissance démographique à l'ère de la grandeur

Selon Lennart Palm et Raphaëlle Schott (2001 : 141-172), à partir de données sur la période 1571-1699, la population de la Suède a connu un développement rapide avec un taux de croissance annuel moyen de 0,6 %.

Ce dynamisme contraste avec le repli de la première moitié de XVIIIe siècle avant de reprendre en s'amplifiant fortement au cours du XIXe siècle. Selon les auteurs, le schéma de causalité expliquant cette forte croissance de la population repose sur deux éléments : malgré une forte mortalité (maladies, niveau de pauvreté, famines frumentaires, guerres extérieures avec plusieurs milliers de décès par an), c'est une plus forte fécondité encore qui est à l'œuvre, s'expliquant par le bas niveau de l'âge moyen au mariage des femmes (autour de vingt ans) et par la faible proportion de femmes de plus de quinze ans non mariées (de l'ordre de 30 %), deux éléments qui, sans expliquer à eux seuls les taux de natalité élevés, n'en constituent pas moins des conditions optimales dans la mesure où ils permettent d'exploiter plus largement les potentiels biologiques de procréation des femmes.

---

[57] Jean-Pierre Mousson-Lestang. 1995. Histoire de la Suède. *Hatier*.

Tab. 1 - *La population suédoise entre 1571 et 1997 (dans les frontières actuelles du pays)*

Années	Nombre d'habitants	Taux de croissance annuel
1571	638 000	
1620	856 000	0,60 (1571-1620)
1699	1 362 000	0,59 (1620-1699)
1751	1 781 000	0,53 (1699-1751)
1800	2 347 000	0,55 (1751-1800)
1850	3 484 000	0,81 (1801-1850)
1900	5 136 000	0,76 (1851-1900)
1950	7 042 000	0,64 (1901-1950)
1997	8 848 000	0,49 (1951-1997)

Source : Pour la période 1571-1780, voir Palm (2000); 1800-1950 : Historisk statistik för Sverige. I. Befolkning 1720-1950, tableaux A 5, A 17 ; 1975-1997. Informations fournies par SCB. Population indiquée pour la fin de l'année.

Même si la question de savoir quels sont les déterminants économiques et sociaux à cette croissance démographique pendant cette période est essentielle, les auteurs restent prudents : « les mécanismes économiques et sociaux, qui ont entraîné l'expansion connue à l'Époque de la Grandeur, puis le relatif calme démographique qui suivit, sont certainement compliqués à cerner. On peut certainement expliquer l'expansion à l'Époque de la Grandeur par le développement des districts miniers, du commerce lointain, des marchés et d'une spécialisation croissante des régions, phénomènes inséparables et qui se conditionnent mutuellement. Il faudrait aussi analyser les changements de la production et de la vente de céréales ».

À l'intermède du repli démographique du XVIIIe siècle,[58] succède un rebond dynamique au XIXe siècle comme résultat des énormes progrès dans le domaine agricole - introduction de la charrue en fer qui fait reculer le front pionnier par le défrichement accéléré des terres, et permettent par exemple, l'extension de la culture de la pomme de terre sur des espaces jusque-là forestiers et hostiles-, de la levée d'un certain nombre de réglementations antérieures qui « fluidifient » le marché du travail dans les campagnes ainsi

[58] Toujours selon Palm et Schott, plusieurs causes expliquent ce repli : succession de crises d'approvisionnement en céréales au tout début du siècle, manque croissant de terres agricoles, réformes institutionnelles, sociales et économiques qui décourageaient les jeunes de fonder un foyer (interdiction de construire des petites maisons, renforcement de l'interdiction du partage des fermes entre les enfants), impositions des plus pauvres, poids grandissant de la bureaucratie sur la rationalisation de la gestion des fermes et contrôle du travail des paysans. Enfin, « l'État utilise l'instrument idéologique que représentait alors l'Église orthodoxe luthérienne. Le contrôle de la sexualité prénuptiale et extra-conjugale est renforcée ... Dans le code du mariage de 1734, l'âge limite a été augmenté de 12 à 15 ans pour les femmes, et de 14 à 21 ans pour les hommes, puis à 18 ans pour les femmes. Les effets sociaux et culturels secondaires de ces changements ne sont qu'à peine surestimés. Pendant plusieurs années, les jeunes domestiques, hommes et femmes, étaient condamnés à un purgatoire de misère sexuelle ».

qu'une concurrence à l'hégémonie normative de l'Église luthérienne par l'éclosion des mouvements du Réveil et par l'installation des Églises libres étrangères (Pietri, Vauchez, Mayeur, Venard, 1995 : 252-255). Cependant, les débuts de la révolution industrielle et la transformation de l'économie agricole à base d'une structure communautaire vers le modèle de la ferme privée n'apportent pas d'amélioration notable du point de vue économique et social à la plus grande partie de la population, d'autant que cette dernière contribue de croître fortement, entraînant une forte vague d'émigration aux États-Unis entre 1850 et 1890.

Le rapprochement de ces deux périodes de forte croissance démographique en Suède est éclairant en ce qu'il fait apparaître dans les deux cas, un lien entre l'accroissement de la population et l'ampleur de deux mouvements de migrations internationales d'envergure pourtant fort différentes : d'une part, le mouvement de migrations de proximité autour de la Baltique et d'autre part, le mouvement de migration lointain et (en très grande partie) irréversible vers le Nouveau Monde. Il est intéressant de noter que « coincée » entre ces deux mouvements migratoires, la Suède ne participera pas militairement à la deuxième vague du déploiement colonial de la deuxième moitié du XIXe siècle, mais que sa « contribution » à l'expansionnisme européen se fera différemment, sous la bannière des missions protestantes...

Création et consolidation d'une monarchie militaire

L'expansionnisme territorial autour de la Baltique n'aurait pu avoir lieu si la monarchie suédoise ne s'était pas constituée en très grande partie comme un État militaire, comme un État dans les guerres et pour les guerres. Si les monarques de la période de la grandeur furent tous des rois guerriers, il est aussi un homme qui a contribué à façonner le système monarchique comme un État à la fois fonctionnel et conquérant, c'est Axel Oxenstierna, souvent surnommé (en France) le Richelieu suédois. Grand réformateur et modernisateur de l'Administration qu'il contribua à renforcer pour contrebalancer toute tentation absolutiste des monarques Vasa (à l'inverse de Richelieu), il devint, avec Gustave II Adolphe, puis au service de sa fille, la reine Christine, le principal stratège des campagnes militaires contre les Russes, les Baltes, les Polonais et les Allemands avant, pendant et après la guerre de Trente Ans (1618-1648), tout en assurant les ressources humaines, financières, fiscales, techniques et les conditions idéologiques à la « soutenabilité » d'une économie de guerre.

La première, et la plus importante des réformes engagées par Oxenstierna, fut la création de cinq « collèges » ministériels qui scellèrent les débuts de l'institution bureaucratique, au sens positif du terme, c'est-à-dire d'une administration rigoureusement organisée, hiérarchisée, planifiée et avec des secteurs de spécialisation bien définis. Un corps de fonctionnaires civils bien éduqués et salariés est mis en place, soumis à des règles juridiques encadrant leur recrutement, leur affectation, leur promotion. Comme le souligne H. Lindqvist (op.cit., : 165), « ils devaient démarrer du plus bas et tracer leur voie vers le sommet. Les postes à plus hautes responsabilités étaient uniquement réservés aux nobles, mais avec le besoin pressant de fonctionnaires expérimentés, beaucoup, provenant des Ordres inférieurs, furent anoblis de façon à ce qu'ils puissent accéder aux plus hautes fonctions ». La réforme touchait aussi bien les services centraux, que ce que nous appelons aujourd'hui les services déconcentrés de l'État et ce, pour la plupart des activités régaliennes : fiscalité, justice, administration civile intérieure et affaires étrangères. Très vite, cette administration sut imposer son professionnalisme et sa rigueur (les affaires de corruption étaient très durement sanctionnées) dans la gestion de l'État, sa survie et sa continuité, en particulier lorsque durant les périodes militaires lointaines et de longue durée, le roi, ses conseillers et les principaux acteurs de la très haute administration se trouvaient éloignés de Stockholm, comme durant les cinq années d'errance de Charles XII déjà évoquées plus haut.

La deuxième réforme, très intimement liée à la fois à celle présentée précédemment, mais aussi à la nécessité impérieuse de soutenir durablement les efforts de conquêtes, la consolidation des succès militaires et des acquis territoriaux tenait à l'organisation des finances publiques. En effet, durant « l'Ère de la Grandeur », la quasi totalité des ressources de l'État étaient affectées aux efforts de guerre, et tous les moyens furent explorés pour diversifier et maximiser la levée de l'impôt. Ce fut tout d'abord le recours à l'emprunt auprès de grands financiers et industriels suédois, allemands ou flamands, comme Louis de Geer,[59] qui étaient autorisés, en retour, à percevoir, en particulier, des taxes douanières sur les villes conquises. La nécessité du paiement d'une forte rançon pour le retour de la forteresse d'Älvsborg à la Suède à la fin de la guerre avec le Danemark (1611-1613) avait déjà donné lieu à une telle innovation. Ce fut ensuite, au fur et mesure des conquêtes territoriales, la mise en place d'une politique de prélèvements

[59] Louis de Geer (1587-1652). Grand capitaine d'industrie né à Liège, de Geer a bâti un empire sur l'industrie des armes et le commerce des céréales qu'il dirige depuis Amsterdam. Sachant tirer tous les profits possibles de cette 'seconde méditerranée' qu'était la Baltique, de Geer achetait les matériaux nécessaires à l'industrie navale, ainsi que les métaux précieux dans les villes bordant la Baltique et vendait le sel, le vin et d'autres produits importés d'Europe, d'Asie et d'Amérique du Sud. Banquier à ses heures, et même pourvoyeur d'armes et de mercenaires, c'est lui qui développa l'industrie minière et celle de l'armement en Suède, activité qui lui valut de devenir sujet suédois en 1627 et d'être anobli en 1641. Avec lui, la Suède devint le premier producteur et exportateur de fer et de canons en Europe, et le resta jusqu'à la fin du XVIIIe siècle. Au vingt-et-unième siècle, la Suède figure toujours parmi les douze premiers pays exportateurs d'armes…

locaux qui enjoignait aux armées de trouver sur place tout ce dont elles avaient besoin : fourrages, provisions, ressources financières pour payer les soldes des militaires et recruter des mercenaires locaux, réquisitions des terres et confiscation des entrepôts… Ce fut enfin la collecte généralisée d'un impôt par tête pour toute personne âgée de plus de quinze ans (impôt le plus souvent payé en nature dans ce pays très majoritairement agricole), ainsi que d'un impôt nouveau sur bénéfices tirés de chaque ferme, en plus des taxes foncières déjà existantes. Comme tous ces revenus fiscaux ne pouvaient suffire, les plus riches furent mis à contribution et des taxes furent instituées sur les chiens, les perruques, les horloges domestiques, les fenêtres et les carrosses. Enfin, les propriétés de la Couronne furent vendues ou transférées aux nobles, aux officiers et aux administrateurs en guise de rémunération ou de récompenses pour services rendus. C'est ainsi que la caste nobiliaire militaire, qui possédait à peine 20 % des terres au début du XVIIe siècle, en possédait plus de 60 % après 1650. Ainsi, comme le montre la chronologie suivante, en moins de quinze ans, sont mis en place les fondements d'un système fiscal visant l'amélioration du rendement de l'impôt.

1620 : mise en place des registres de recensement des têtes de bétail comme préalable à la création d'une taxe sur le cheptel.

1625 : création d'une taxe sur les farines produites dans les moulins publics ou communautaires, dite taxe sur les moulins (*Mill Tax*).

1628 : établissement de l'administration (*Lantmäteriverket*) chargée de dresser les cartes des villages, des villes, des paroisses, ainsi que des mines (exploitation et production).

1635 : réforme de la taxe sur les moulins et création d'un impôt par tête sur toute personne à partir de 15 ans (impôt diminué de moitié pour les femmes !). Création des rôles d'imposition individuels (*Personal Tax Rolls*).

1634 : nouveau découpage administratif du royaume remplaçant la répartition provinciale par un maillage de comtés (*län*) toujours en vigueur.

Ces réformes institutionnelles furent initiées dans le cadre d'une économie de guerre, mais elles étaient aussi contemporaines d'un essor économique sans précédent, lui aussi très largement lié aux guerres baltiques. Les années 1620 voient, à l'instigation de l'État, le début d'une vague d'immigration massive en provenance de Wallonie (Dorban et Pirotte, 2003)[60] de forgerons, travailleurs des hauts fourneaux, producteurs de

[60] Extrait : « En Suède, il n'est pas un habitant qui ne connaisse l'histoire prestigieuse des '*valonbruk*', ces grands complexes intégrés de forges fondés au XVIIe siècle par des migrants wallons, et localisés principalement dans l'Uppland (Forsmark, Gimo, Leusta, Osterby, Söderfors, etc.). Organisés en véritables ensembles industriels, ces sites comprenaient outre les bâtiments de travail (hauts fourneaux, forges, ateliers), le château du propriétaire, un quartier d'habitations où étaient logés les ouvriers et leurs familles. Comprenant église, école,

charbon de bois qui contribueront aux débuts d'une industrie d'extraction minière,[61] elle-même précurseur d'une industrie manufacturière d'armements (pistoles, rapières, épées, casques, étriers) et de production textile (afin de fournir les uniformes aux armées). Ce sont ainsi des dizaines de milliers de personnes qui trouvèrent à s'employer dans les secteurs forestier (coupe et acheminement fluvial du bois vers les mines), minier (fer et cuivre), des chantiers navals et des transports. Ce tissu industriel (on peut même parler de proto-révolution industrielle) s'est constitué sur des fondements qui se retrouveront au cœur du dispositif capitaliste suédois ultérieur : esprit d'entreprise, mobilisation synchronisée de capitaux et travailleurs hautement qualifiés, à l'ombre tutélaire de l'État. D'abord structuré pour répondre aux enjeux d'une économie de guerre, il se diversifiera afin de satisfaire des besoins plus « civils » (tissus de soie et de lin, ustensiles raffinés de métaux nobles, verre et papier de qualité) et posera ainsi les bases, en temps de paix, du repli dans des frontières « naturelles », de la neutralité et du développement économique du pays.

Cette combinaison entre l'impulsion étatique et l'apport de ressources techniques et humaines est aussi concomitante de l'expansion urbaine du pays comme l'explique l'historien et père fondateur de l'histoire économique suédoise, Eli. F. Heckscher (1929 : 280-288) selon lequel, « ...l'histoire des fondations de villes se trouve étroitement liée avec celle de la monarchie, du moins à partir du moment où l'État acquiert des pouvoirs dont, au Moyen Âge il était dépourvu ». La politique de mercantilisme (Spector, 2003),[62] à

magasin, infirmerie, hospice, gérés par le tenancier, ces villages industriels sont apparus à d'aucuns comme une préfiguration de la Suède moderne et de son modèle social ».

[61] Cette dernière reposait sur des ressources en cuivre, en argent et en fer : jusqu'au milieu du XVIIe siècle, l'argent de la mine de Sala et le cuivre de celle de Falun représentent la plus grande ressource financière du pays à l'export, mais contribuent aussi, comme le cuivre, à l'évolution technologique de l'artillerie (canons plus légers de Nyköping). Le cuivre et l'argent sont peu à peu supplantés par le fer dont la production au tournant du siècle représentait 40 % de la production mondiale et qui permit, une fois transformé en acier de très bonne qualité, d'approvisionner les armées en pièces et en équipements de première valeur, concourant ainsi à l'hégémonie militaire de la Suède durant cette période.

[62] Extrait : « C'est alors l'idée même de « monopole » qui semble constituer la clé de voûte du système mercantile – tarifs douaniers, prohibitions, limitations de l'importation des biens destinés à la consommation nationale, primes à l'exportation des biens manufacturés, compagnies exclusives de commerce ». L'auteur poursuit : « le mercantilisme est lié à la prise de conscience de soi des États, que ce soit à l'intérieur, contre les institutions économiques locales et provinciales ou, à l'extérieur, grâce à une politique agressive de conquête des mers », même si l'aventure coloniale suédoise va vite tourner court. Voir aussi Yves Charbit. 2006. Les colonies françaises au XVIIe siècle : mercantilisme et enjeux impérialistes européens. *Revue Européenne des Migrations Internationales, vol. 22 : n°1.*
En définitive, le mercantilisme suédois reposera sur deux piliers : d'une part, une politique d'encadrement de la production (fer, tissu) en vue d'une consommation intérieure protégée des importations et d'une exportation fortement soutenue et d'autre part, une politique de renforcement d'une marine commerciale (héritière en temps de paix de la marine de guerre de

bien des points de vue (mais non pas à tous) fut un simple élargissement géographique de la politique économique des villes ; et le principe sacro-saint qui voulait que le commerce et l'industrie restassent confinés dans les villes, devait naturellement pousser les monarques du XVIIe siècle à créer les centres nécessaires à cette fin, quand ils n'existaient pas déjà. Telle fut la cause de l'activité quasiment effrénée que l'on déploya à bâtir des villes nouvelles surtout sous les règnes de Gustave-Adolphe et de son chancelier Oxenstierna ». Selon l'auteur, beaucoup de ces villes nouvelles végétèrent et déclinèrent vite, mais celles qui s'imposèrent, comme Göteborg ou Karlskrona, siège de la flotte royale, devinrent le berceau de la deuxième expansion industrielle du pays à partir de la deuxième moitié du XIXe siècle.

Choix stratégiques, tactiques et logistiques innovants

Si l'ambition du leadership politique et religieux en Europe du Nord nécessitait une réforme de l'État et de l'administration, il fallait aussi pour servir cette ambition s'appuyer sur des capacités d'intervention militaires crédibles, ce qui ne pouvait être fait sans une profonde réforme des armées dans leur organisation, leur déploiement et leur financement. Le modèle hérité des siècles précédents était caractérisé par la lourdeur et l'inertie des armées. Les éléments fondamentaux constitutifs de l'équipement militaire (canons, armures, cuirasses, arquebuses, mousquets) étaient pesants et encombrants et justifiaient donc un agencement particulier des troupes par grandes masses peu mobiles et une contrainte tactique majeure qui tenait au fait que les armées ennemies ne pouvaient se combattre que par consentement mutuel. L'innovation apportée par la Suède au cours du XVIIe siècle sera, dans un objectif stratégique de mobilité et de fluidité, de fractionner les masses et d'alléger les armes pour les rendre plus maniables. Ces innovations sur le champ de bataille ont été plus marquantes en Suède

---

l'âge d'or de l'empire suédois de la Baltique au XVIIe siècle) afin d'assurer et d'accompagner les exportations des produits suédois, mais aussi de tirer profit des produits rapportés d'extrême orient (porcelaines de Chine et épices d'Inde), et revendus en Europe, ainsi que du commerce triangulaire. Après la « Grande guerre du Nord » qui marque de façon dramatique le recul territorial, commercial et l'influence économique de la Suède dans l'espace baltique… les dirigeants suédois voient dans le mercantilisme l'opportunité de relever le pays. Cette économie du fer, sous tutelle de l'État, dont toutes les composantes (de l'extraction à l'exportation) étaient soutenues, organisées et finalement gérées par lui avec le souci constant d'assurer un prix maximal à l'exportation en décidant, par exemple, du niveau de production aussi bien en qualité qu'en volume ainsi que de la traçabilité (lieu de production) s'est trouvée matérialisée par la création en 1747 d'une entité gestionnaire dédiée, le *Jernkontoret* (littéralement « bureau du fer »). Il en est allé de même pour l'autre secteur de production et d'exportation, le textile : la production, strictement dirigée (qualité des tissus, formes et modèles de vêtements) et encadrée (arsenal répressif pour les contrevenants, des tisserands aux tailleurs) était d'abord destinée à la consommation intérieure. Le modèle d'organisation économique suédois ultérieur jusqu'au XXe siècle inclus doit en définitive beaucoup à cette impulsion et à ces développements initiaux.

qu'ailleurs en Europe par une capacité bureaucratique de mobilisation des ressources financières et humaines, jusque-là inconnue, comme l'atteste en particulier l'instauration de la conscription obligatoire à la fin du XVIe siècle, mais surtout sa profonde refonte par Gustave II Adolphe[63] : les limites d'âge d'inscription sur les rôles de conscription furent progressivement abaissées (de 18 à 15 ans), puis étendues (de 40 à 50 ans, puis à 60 ans), et enfin supprimées. Il ne s'agissait pas tant de recruter des vieillards que d'augmenter l'assiette de contribution financière de ceux qui, ne pouvant être eux-mêmes soldats, devaient payer l'entretien d'un soldat de remplacement. Les fils de veuves ou aînés de famille, les pasteurs et les ouvriers des mines de cuivre ou de fer étaient exemptés. Non seulement les pasteurs étaient-ils exemptés, mais ils participaient avec les chefs communautaires à l'établissement des rôles de conscription et à la désignation des conscrits ! C'était là un des signes marquants de la participation de l'Église luthérienne suédoise, non seulement comme on pouvait s'y attendre, à l'effort messianique,[64] mais aussi de sa contribution à la bureaucratisation de l'effort de guerre et partant, à l'imbrication fusionnelle avec l'État. L'homogénéité de la troupe était à l'image de celle du pays (et c'est ce qui fit sa force, en plus des avancées technologiques et logistiques), la résultante de cette combinaison entre patriotisme et exaltation religieuse. Même si, dès 1630 et au-delà, cette armée n'était plus aussi nationale et homogène, car au fur et à mesure des conquêtes territoriales, il a fallu avoir recours à des armées de mercenaires et augmenter, en particulier, le nombre de soldats finlandais, elle reste dans son noyau, marquée de cette symbiose initiale au profit de l'État.

Il est essentiel de noter la concomitance de cette révolution militaire, du développement de l'appareil bureaucratique d'État et du rôle essentiel joué par l'Église. Comme le souligne Olivier Christin (1993 : 63-66), « dans un certain nombre de pays, on assiste bien à la monopolisation par l'État de l'emploi de la force, à l'intérieur comme à l'extérieur. Et comme le rappelle André Corvisier (1976), État moderne et guerre réglée se sont donc développés conjointement en se renforçant mutuellement : *'l'armée moderne, née de l'État, contribua par ses pratiques administratives au développement de l'appareil d'État'* ».

---

[63] C'est une grande première dans une époque très largement dominée par les armées professionnelles et de mercenaires. Il faudra attendre la levée en masse de 300 000 hommes par circonscription à tirage au sort par la Convention de 1793 pour retrouver un niveau comparable d'engagement (rapporté à la population des pays).

[64] Avec le paquetage, les conscrits étaient dotés d'un livre de prière, car depuis la Réforme, la plupart d'entre eux savaient lire. Chaque régiment possédait un aumônier. Sur le champ de bataille, les soldats avançaient au rythme des psaumes et des cantiques, et tout blasphème ou juron était sévèrement puni.

Le déclin, puis l'effondrement militaire de la Suède durant la Grande guerre du Nord (1700-1721), ont des causes multiples : empire multiculturel et multilinguistique trop lourd à maintenir et à gérer pour une métropole démographiquement restreinte, volonté de revanche de nations voisines dépossédées par la Suède de leur '*imperium*' (Danemark), aspirations hégémoniques d'acteurs régionaux émergents (Prusse) ou d'anciens/futurs rivaux (Russie, Pologne). Ces retraits militaires et territoriaux ne se marqueront pas cependant par un effondrement de l'État ni par un changement de régime, mais par sa lente évolution/maturation/adaptation jusqu'à une nouvelle formulation hégémonique, d'abord libérale au XIXe siècle, puis surtout social-démocrate à partir du XXe siècle.

La cause protestante et les intérêts géopolitiques

Le renforcement des capacités militaro-économiques de la Suède a accompagné et justifié le positionnement du pays comme la puissance luthérienne du continent, dont la mission auto-proclamée d'affichage était la défense et la protection des protestants contre les visées hégémoniques du Saint Empire romain germanique des Habsbourg. Nous allons voir combien ce positionnement initial à base de solidarité religieuse est déjà représentatif (clarté du message et ambiguïté des motivations) du modèle de solidarité politique, économique et idéologique avec les pays pauvres, qui est au cœur de l'aide publique au développement de la Suède. S'il est traditionnellement admis que Gustave II Adolphe a pris la tête du camp protestant, il est important de mentionner que son engagement n'était pas uniquement religieux et compassionnel, mais qu'il reposait aussi sur une analyse géopolitique réaliste : depuis la défaite des Danois et l'occupation des duchés de Schleswig et de Holstein ainsi que du Jutland par les troupes impériales en 1627, la domination de la Baltique par ces dernières représente une menace directe à la sécurité nationale de la Suède ainsi qu'à ses intérêts maritimes, commerciaux et douaniers dans les principales villes et ports riverains du sud de la mer Baltique.

Autre élément attestant du primat constant tout au long de la Période de Grandeur des facteurs géostratégiques sur l'engagement religieux, c'est d'une part, l'alliance militaro-financière avec la France catholique de Louis XIII et de son Premier ministre Richelieu, justifiée par le souhait commun de voir strictement contenues les ambitions hégémoniques de la Maison d'Autriche en Europe et d'autre part, les tentatives de rapprochement avec l'Empire ottoman pour lutter contre la Russie au début du XVIIIe siècle. Cependant, ce leadership religieux et politique fut battu en brèche par les princes protestants d'Allemagne qui, en se réfugiant derrière une stricte neutralité, ne reconnurent pas en Gustave II Adolphe, le champion de leur confession qu'il prétendait être! Après son débarquement en Allemagne, le roi fit diffuser des libelles de propagande justifiant son intervention et essayant de galvaniser les populations, puis devant le peu d'empressement des Princes, ne prit pas un langage très diplomatique pour leur faire savoir ce qu'il en pensait. H. Lindqvist (op.cit., : 186) rapporte ainsi la teneur de sa déclaration « Que je ne voie pas ou que je n'entende pas parler d'une quelconque neutralité! Chaud ou froid! Ami ou ennemi! Il faut choisir! Il s'agit d'une bataille entre Dieu et le diable! S'il (le prince neutre) veut soutenir son Dieu, alors il devra s'allier à la Suède, mais au contraire, soutiendrait-il le diable, alors, il devra combattre le Roi de Suède. Il n'y a pas d'autre alternative! ». Les termes du roi semblent, de façon troublante, avoir été repris, mais dans une optique symétrique et radicalement opposée, (cette fois-ci en s'appliquant à la Suède elle-même) lorsque la Suède énoncera ce que sera sa politique de neutralité à partir de 1814, jusqu'à son abandon effectif lors de l'adhésion à l'Union européenne en 1995. Comment ne pas voir en effet, dans ce renversement historique des termes et des valeurs d'expansionnisme et de neutralité, les faces opposées, et pourtant accolées l'une à l'autre, d'une même pièce ? Dans une perspective de l'histoire longue, conduire une guerre messianique au nom d'un idéal religieux (l'Ère de la Grandeur) et avoir un discours de morale internationale (que l'on peut appeler l'Ère de la neutralité), en particulier à partir du XXe siècle, ne sont-ils pas les éléments apparemment inversés (guerre/paix), mais structuralement interchangeables d'une même volonté d'exister comme puissance, d'influer sur le cours du monde, d'être grande dans le monde ? La quadruple hérédité religieuse, militaire, démographique et bureaucratique de la période de la grandeur représente les éléments constitutifs paradoxaux, car tout à la fois systématiquement occultés, voire reniés en tant que tels, mais aussi revendiqués et célébrés, qui ont permis à l'État social-démocrate de s'imposer à l'époque contemporaine.

L' « INTERMÈDE » DU REPLI : UNE SOCIÉTÉ EN TRANSITION

Entre le début et le dernier tiers du 19e siècle, la population suédoise double, passant de deux à plus de quatre millions. Cet accroissement démographique considérable est contemporain d'un bouleversement radical de l'économie agricole dominante[65] et de la structure sociale[66]: si la

---

[65] Lars Magnusson. 2000. An economic history of Sweden. *London : New York : Routledge*. Les campagnes connurent un accroissement important à la fois de la productivité et de la production agricole qui fit passer la Suède du statut de pays importateur à puissance exportatrice dès 1830. Plusieurs facteurs ont concouru à cette évolution : réhabilitation des sols et clôturation des parcelles suite à des réformes agraires, rotation intensive des cultures, extension massive de la culture de la pomme de terre...

population rurale représente à peine 50 % de la population totale, les ruraux en grande précarité voient leur nombre quadrupler, alors que le nombre de fermiers propriétaires n'augmente que de 10 %. En effet, l'évolution économique des campagnes en « rationalisant » l'utilisation des terres et en renforçant les droits de propriété ont détruit les communautés villageoises traditionnelles dans toutes leurs composantes tout en créant des conditions de vie difficiles pour un nombre croissant d'individus. Cette explosion d'un prolétariat rural et la dissolution des réseaux traditionnels de sociabilité ont mis à mal les mécanismes anciens de contrôle social et participé à la reprise de la mortalité, en particulier masculine. (Sundin & Willner. 2007).

Sans ignorer les mouvements radicaux, principalement agrariens et syndicalistes (quelquefois sous formes violentes) qui, comme dans les autres pays européens, ont coexisté avec les autres formes réformistes de revendications sociales et qui ont défiés à leur manière l'ordre bourgeois,[67] ce sont les formes dominantes et, *in fine*, marquantes des "*mainstream politics*" qui ont été identifiées comme ayant favorisé l'émergence et l'imposition pratique de l'égalité femmes-hommes. Les questions extérieures (colonisation et neutralité) durant cette période poseront les références historiques et l'articulation à la future politique d'aide au développement.

L'impensé du colonialisme

Des ambitions coloniales contrecarrées

Une petite colonie, « la Nouvelle Suède », est fondée en mars 1638 sur l'estuaire du fleuve Delaware, mais n'arrive pas à s'imposer et à trouver sa place face à la Nouvelle Néerlande, colonie hollandaise de peuplement créée en 1624. Cette dernière l'annexe purement et simplement en 1655. En presque vingt ans, l'aventure coloniale nord-américaine a tourné court. C'est ce qui va aussi arriver très vite sur le continent africain, où la Suède a établi sa présence sur plusieurs parties de la Côte de l'Or en Afrique de l'Ouest (Cabo Corso, sur les actuels Ghana et Togo) à partir de 1650. En moins de

[66] Christer Winberg. 1977. Population growth and proletarianisation : the transformation of social structures in rural Sweden during the agrarian revolution. *Lund : Cavefors.*

[67] Dans Political Outsiders in Swedish History, 1848-1932 (2009). *Cambridge Scholars Publishing*, L. Edgren et M. Olofsson, soulignent la tendance dominante de l'historiographie suédoise (qui selon eux, participe à une écriture téléologique de l'histoire), à sous-estimer le rôle des conflits et des mouvements radicaux et violents dans l'histoire sociale suédoise. C'est en fait toute une discussion autour de la constitution et du développement d'un récit national dans sa composante sociale qui mériterait d'être abordée au-delà du présent ouvrage…

quinze ans, cette micro poussière coloniale est conquise par les Danois (1657) et les Hollandais (1663).[68]

Bien que d'une durée plus longue dans le temps, l'implantation suédoise aux Antilles n'apparaît pas d'emblée véritablement significative du point de vue de l'histoire de la colonisation. La seule possession suédoise de la région, l'île de Saint Barthélémy[69] a été cédée en 1784 par la France en contrepartie d'un droit d'accès au port et aux entrepôts de Göteborg. Elle n'est pas tant la résultante d'une dynamique de conquêtes territoriales systématiques et programmées comme d'autres puissances ont pu les initier, que la poursuite d'une politique de prestige (faire partie du club) et de profits commerciaux. Devenue port franc, elle reste suédoise jusqu'en 1878, date à laquelle elle sera rétrocédée à la France pour cause de non rentabilité !

Une participation tardive au « concert » colonial

Pourtant, Saint Barthélémy constitue comme un petit caillou dans la chaussure suédoise, et c'est à partir d'elle que la Suède a revisité (assez tardivement[70]) son rôle majeur, en particulier dans l'esclavage insulaire, mais aussi dans le commerce triangulaire et la traite négrière à la jonction des XVIIIe et du XIXe siècles (Ekman, 1975 : 221-231), et les tentatives ratées dans le mouvement mondialisé de la deuxième vague de colonisation. En ce qui concerne l'esclavage sur l'île, il ressort de recherches récentes que l'ordonnance de police du nouveau gouverneur Von Rosenstein, mise en œuvre à partir de 1787, n'a fait que reprendre et consolider un système déjà bien institutionnalisé, organisant la soumission et la dépendance absolue des esclaves dans tous les aspects de leur vie.[71] Selon Pour l'historien F.

---

[68] Jusqu'à une période très récente, le passé colonial suédois, son étendue, sa nature et son interprétation ne faisait pas l'objet d'un intérêt critique, voire au pire était totalement rejeté. En 2013, Gunlög Fur dans un article - *Colonialism and Swedish History : Unthinkable Connections ?* publié dans l'ouvrage collectif Scandinavian Colonialism and the Rise of Modernity. *Editors Magdalena Naum & Jonas Norden. Springer* -, note la difficulté de la démarche: "*Writing colonial history promises few rewards, and it provides only shaky ground for building contemporary identities*" p. 30.

[69] Sa participation à la coalition des Alliés contre la France pendant la période napoléonienne vaut, selon les termes du premier Traité de Paris (30 mai 1814), à la Suède d'obtenir la Guadeloupe de la Grande-Bretagne qui l'avait préalablement annexée. Mais pour des raisons et des aléas divers, la Suède ne s'installera jamais dans l'île et les monarques successifs (puis l'État suédois) se verront dédommagés financièrement à hauteur de 24 millions de francs de l'époque, *via* des pensions annuelles qui se sont étalées jusqu'en …1983 !

[70] J. Palme, "*Why are historians suddenly looking at Sweden's colonial past* ? " 22/11/2013
http:://africasacountry.com/why-are-historians-suddenly-looking-at-swedens-colonialist-past/
http:://www.springer.com/social+sciences/anthropology+%26+archaeology/book/978-1-4614-6201-9)
http:://katalog.uu.se/empInfo/?id=N10-1676)

[71]http:://www.memoirestbarth.com/st-barts/esclavage/code-noir-suedois.

Thomasson, cité dans l'article de J. Palme, malgré des niveaux bien moindres que les autres puissances coloniales des Antilles en termes de nombre d'esclaves, la Suède est un pays qui a participé, comme quelques autres, au système esclavagiste. Analysés dans un contexte local et suédois, les chiffres démontrent l'importance relative du phénomène : avant d'être cédée à la Suède, l'île comptait en 1785, quelques 950 habitants, très majoritairement blancs (normands, bretons, poitevins), pêcheurs, éleveurs de chèvres, paludiers et sauniers. En 1815, l'île en comptait presque six fois plus (5 763), dont plus de la moitié étaient des esclaves permanents, et Gustavia, la capitale de l'île, était à cette époque la cinquième ville de Suède! Dans les années qui suivent l'abolition de l'esclavage dans l'île en 1847, la grande majorité des esclaves partent vers les îles voisines et en 1857, l'île ne compte plus que 1 600 habitants (2 374, trois ans avant la rétrocession à la France). Ces chiffres montrent que l'argument de la non rentabilité avancé par la Suède pour justifier la rétrocession à la France était bien réel. Non seulement, la Suède a entretenu et promu l'esclavage dans sa colonie antillaise, mais elle a aussi participé sous diverses formes à la traite des esclaves et ce sont ces activités qui ont généré les profits les plus importants pour les actionnaires de la Compagnie suédoise des Indes Occidentales, entreprise privée, mais jouissant d'une concession écrite du gouvernement lui donnant le droit de commercer avec certains privilèges, et dont le Roi possédait 10 % des parts. Dès son installation à Saint Barthélémy, la Compagnie se voit confirmer le droit de faire commerce d'esclaves entre l'Afrique et les Indes Occidentales. Le 12 mars 1790, la législation fiscale applicable à l'île en fait un port franc pour la traite négrière : l'importation et le déchargement d'esclaves à Saint Barthélemy sont exonérés de taxes pour tous les navires de tous les pays, seul l'achat d'esclaves sur l'île à destination d'autres îles des Antilles fait l'objet d'une taxe, modique à l'export, cette taxe étant divisée par deux pour les esclaves ayant été transportés par des navires suédois (ceux de la Compagnie ou vaisseaux autres). Cette législation avait en fait deux avantages : d'une part, un effet d'appel pour faire converger les navires négriers vers Saint Barthélémy au détriment d'autres ports qui taxaient les « produits » à l'import assurant ainsi les revenus liés à leur réexportation et d'autre part, un

---

Extrait : « L'instauration en 1787 d'un 'Code Noir' suédois d'inspiration très française, donne toute la mesure à une législation esclavagiste bien fournie (1785-1842) que viendra ponctuer le processus d'abolition (1844-1847). Les résistances à cet esclavage souvent décrit comme modéré s'esquissent néanmoins dans ce seul et vibrant extrait tiré de la gazette locale *'The Report of St. Bartholomew'* (1804), mais réclament donc encore des recherches plus poussées, notamment dans les nombreux volumes des «*Procès-verbaux de Justice (P.J)* » qui constituent la majeure partie du Fonds suédois de Saint-Barthélemy actuellement accessible ; et un approfondissement des « Demandes de titre d'affranchissement enregistrées à Saint-Barthélemy (Suède) entre 1799 et 1839 ».

avantage comparatif donné aux compagnies et commerçants suédois leur permettant d'occuper une position privilégiée dans le système de transport, et ainsi d'accroître substantiellement leurs profits.[72] Cette référence historique est absente de tous les manuels d'histoire et la Suède a mis beaucoup de difficulté et de temps à le reconnaître. En effet, comme dans le cas de l'eugénisme que nous aborderons plus loin, il y a moins lieu de parler de découverte, que de reconnaissance et d'acceptation du refoulé.

Le dernier élément représentatif de cet impensé du colonialisme réside dans la participation de la Suède à la Conférence de Berlin (novembre 1884-février 1885) qui a admis le principe de la colonisation légitime du continent africain et a édicté les règles et les mécanismes présidant à son partage par les puissances européennes (Empire ottoman compris), en présence de représentants des États-Unis. Mettant un terme à la période coloniale marquée par l'esclavage et la traite, la Conférence de Berlin, en l'absence, symptomatique de tout représentant ou délégué africain, acte et « légalise » l'entrée des européens dans une économie de pillage « ordonnée » des richesses du continent. Il faut rappeler d'emblée que la Suède ne figurait plus dans le club fermé des puissances coloniales en tant que telles (l'a-t-elle jamais été d'ailleurs ?), et qu'elle venait d'abandonner sa dernière possession outre-mer, l'île de Saint Barthélémy, en 1878. De ce fait, si sa participation à la Conférence, peut apparaître comme marginale, anecdotique[73] et symbolique (continuer à exister dans le concert des nations ? Prolonger le souvenir d'une « gloire » passée ?), elle n'en témoigne pas moins pour D. Nilsson, d'une vision cohérente et stratégique de ce que devait être le positionnement international de la Suède et ses intérêts économiques et commerciaux : « Les motivations de la Suède pour participer à la Conférence étaient de quatre ordres : premièrement, elle craignait d'être mise de côté et voulait se prouver à elle-même qu'elle pouvait jouer un rôle dans le futur. Deuxièmement, elle voulait assurer à sa flotte commerciale, la deuxième du monde à l'époque, un accès en particulier à l'État indépendant du Congo. Troisièmement, elle partageait l'idée du message civilisationnel de l'Europe, référence explicite dans les média de l'époque. Et quatrièmement, c'était le souhait le plus vif du Roi Oscar d'avoir des relations plus étroites avec l'Allemagne, la participation de la Suède conférant plus de légitimité à l'agenda de la Conférence, tout en donnant un coup de main à Bismarck dans ses ambitions coloniales retrouvées » (Nilsson. 2013). Des principales conclusions de l'Acte final de la conférence,

---

[72]http://www.memoirestbarth.com/st-barts/traite-negriere/pdf/repertoire-traite-negriere-saint-barthelemy-suede.pdf.p.10

[73] Le plénipotentiaire suédois à la Conférence, Gillis Bildt, n'était autre que l'arrière-arrière grand-père de Carl Bildt, Premier ministre de 1991 à 1994, puis ministre des Affaires étrangères de 2006 à 2014.

outre l'interdiction de la traite des esclaves et la nécessité de se concerter avec les autres puissances lors de la conquête d'un territoire (dispositions qui ne pouvaient s'appliquer de fait à la Suède), ce sont les dispositions relatives aux échanges commerciaux (liberté du commerce dans tout le bassin du Congo, au chapitre premier de l'Acte final et liberté de navigation sur le Congo, le Niger et leurs affluents, au chapitre IV) et plus encore celles relatives à la possibilité d'expansion de la mission civilisatrice de l'Europe[74] (liberté religieuse et droit d'organiser des missions, chapitre premier, Article 5), qui permettent à la Suède de reprendre pied sur le continent au nom du luthéranisme. Sans commune mesure avec les interventions militaires et les conflits inhérents aux expéditions coloniales des grandes puissances, la seule participation du pays à la Conférence de Berlin confirme l'adhésion de la Suède aux « valeurs » et aux fondamentaux de cette deuxième ère coloniale, de cette nouvelle étape, fondamentale, du processus de mondialisation où se mêlent visions messianiques, enjeux civilisationnels et compétition économique exacerbée. C'est donc afin de s'assurer qu'elle pourra, sinon peser sur l'architecture des équilibres coloniaux, du moins en retirer des avantages commerciaux et asseoir son message évangélisateur par l'établissement des missions luthériennes, que la Suède s'est engagée aux côtés des grandes puissances dans le mouvement colonial.

L'histoire de l'insertion de la Suède dans les processus de colonisation entre les XVIIe et XIXe siècles est très limitée dans le temps et dans l'espace. Elle n'a pas laissé de traces aussi marquantes que celles d'autres pays, tant du point de vue linguistique et culturel (les espaces hispanophone, lusophone, anglophone et francophone en sont les principaux témoins), que du point de vue des déséquilibres démographiques et économiques, conséquences des conquêtes militaires, des violences génocidaires ou ethnocidaires (comme la disparition des cultures propres aux amérindiens), mais elle a eu partie liée aux systèmes coloniaux successifs, en particulier celui de l'esclavage, et aussi lorsque de nombreux Suédois se sont enrôlés dans l'administration militaire du Congo, possession personnelle du roi Léopold de Belgique.

À cette tâche originelle, - malgré l'imposition officielle et « la construction par la Suède et la Norvège des images d'elles-mêmes comme des nations bienveillantes, non entachées de passé colonial » (Nilsson et østigård, 2013) -, est lié un sentiment inévitable de culpabilité (que la plupart des pays colonisateurs ont eu, à des degrés divers, et plus ou moins tôt) dont

---

[74] Dans l'Acte général, les puissances entendent mettre en œuvre « des moyens d'accroître le bien-être moral et matériel des populations indigènes » en se fondant sur l'idée que la civilisation doit être partagée avec elles au prix de sacrifices que R. Kipling décrira avec emphase en 1899 dans son poème « le fardeau de l'homme blanc ».

l'expression publique (au sens de « en public ») a été pourtant été rendue impossible jusque dans les années 2010. L'épisode colonial que la Suède a choisi d'enfouir ou d'enjoliver au plus profond de sa mémoire collective, au sens figuré comme au sens propre,[75] n'est pas le seul, comme nous le verrons avec l'épisode eugéniste. Cette amnésie collective et sélective, au sens de James V. Wertsch (2002), renvoie au processus d'une société qui occulte de sa mémoire collective des événements peu reluisants de son histoire dans le contexte de valeurs contemporaines, et dont la réalité est difficile, voire sociologiquement et culturellement dangereuse à accepter. La mémoire collective et les stratégies d'occultation sélective qu'elle produit n'auraient pas eu d'autre rôle ici que d'empêcher inconsciemment la remise en cause et la dévalorisation de la cohésion nationale en écartant la mise au jour et la connaissance de faits historiques qui auraient pu la menacer, et en privilégiant les savoirs nécessaires au maintien d'une organisation sociale forte et homogène, comme nous le verrons dans section suivante consacrée à la séquence politique et sociale.

L'ambiguïté de la neutralité suédoise

« La neutralité est toujours le fruit de circonstances géopolitiques et historiques particulières, qui ont imposé à l'État neutre un ensemble d'obligations et de devoirs particuliers. La neutralité constitue une réponse à un environnement spécifique, souvent menaçant, pour assurer l'autonomie et la sécurité d'un État...Toute une palette de moyens, légaux, ou secrets, sont employés à cette fin ».

Nathalie Blanc-Noël (1997)

Après les guerres suédoises des XVIIe et XVIIIe siècles qui ont vu la Suède prendre pied hors de la Scandinavie dans le nord de l'Allemagne, des pays Baltes et de la Russie, elle rentre dans une sorte de léthargie diplomatique et militaire, se retire des conflits européens en théorisant son repli et en habillant son déclin sous le label de la neutralité. C'est la défaite de la Suède devant l'empire russe, matérialisé par la perte de la Finlande au tout début du XIXe siècle, qui pose les fondements de la politique de neutralité que le pays, par phases successives, va mettre en place jusqu'à nos jours. Ces phases marquantes seront la montée en puissance de la Prusse, puis la constitution sous son égide, de l'Empire allemand et l'effondrement de ce dernier en 1918 ; ensuite l'impossible évitement de l'Allemagne nazie

[75] Dans une sorte d'acte manqué mémoriel, les archives nationales suédoises ont été dans l'impossibilité matérielle de fournir les documents relatifs à la traite impliquant des navires, des commerçants, des parties prenantes suédoises parce qu'ils avaient été « mal conservés et non microfilmés » (*sic*). Voir Mémoire St Barth. La longue agonie des archives suédoises de Saint Barthélémy. http:://www.memoirestbarth.com/st-barts/fonds-archives-suedois/

jusqu'à la chute du IIIe Reich, et enfin le face-à-face tendu avec l'Union soviétique dans le cadre plus globalisé (et non plus strictement baltique) de la fracture Est-Ouest et de son corollaire, le développement de l'arsenal nucléaire. Ce qui apparaît d'emblée, c'est que la neutralité suédoise n'a pas de fondement juridique (accord international ou dispositions constitutionnelles internes) contrairement à la Suisse, dont la neutralité est consacrée/confirmée par le Traité de Vienne en 1815, à l'Autriche (Traité d'État autrichien de 1955), à la Moldavie (Article 11 de la constitution de 1994), ou encore à Malte (norme constitutionnelle depuis septembre 1988). Suite à la création de l'union personnelle des deux royaumes de Norvège et de Suède fin 1814, conséquence chaotique de la fin de l'ère napoléonienne, le pays n'a plus participé à aucun conflit armé et de fait, sa politique de neutralité ne lui a pas été imposée par aucune puissance extérieure : elle est le résultat d'une analyse par les Suédois eux-mêmes de ce qui correspondait le mieux à la sauvegarde de leurs intérêts fondamentaux, compte-tenu des possibilités et des contraintes géographiques, économiques et politiques. Comme le dit Nathalie Blanc-Noël (op.cit., : 140), « il s'agit plutôt d'une *politique de neutralité*, librement choisie, par laquelle la Suède décide de se soumettre au droit de la neutralité en temps de guerre et de mener une politique de neutralité en temps de paix ».

Depuis 1814, et pendant un siècle, la neutralité suédoise s'est construite de manière empirique en réaction aux évènements de l'environnement international, avant d'être élaborée, par étapes, en une doctrine plus systématique. Ayant perdu les attributs de la puissance, la Suède décide de préserver sa liberté, son indépendance et sa sécurité face à des voisins imposants, les empires russe et allemand, tout en préservant les liens maritimes, industriels et commerciaux qui, au XIXe siècle, naissent et se développent avec la puissance impériale émergente, la Grande-Bretagne. Jusqu'à « la période précédent la Première Guerre mondiale, la neutralité suédoise ne fut qu'un pis-aller, un choix d'opportunité... Il s'agissait plus d'une neutralité *ad hoc* que d'une neutralité de principe » (op.cit., : 146). L'installation du principe de neutralité a été portée par les forces politiques, libérale puis social-démocrate, qui considéraient le repli nécessaire de la Suède sur la scène internationale comme une opportunité et une nécessité à la fois de réformer et de moderniser le pays contre les tenants - le Roi, l'armée, les partis conservateurs - d'une politique soutenue de défense à la fois nostalgique de l'empire et contre-modèle nationaliste aux réformes politiques et sociales.

C'est à l'occasion de la Première Guerre mondiale que la neutralité suédoise est apparue comme véritablement proactive et clairement assumée comme « bienveillante envers l'Allemagne et stricte envers ses ennemis » (Wahlbäck.1989 : 24). Toutefois, malgré cette bienveillance très largement justifiée par l'importance des liens commerciaux entre les deux pays, l'alliance un temps envisagée par l'Allemagne ne fut jamais concrétisée[76]. Dès les premiers mois de la guerre, la Suède est prise entre deux formes de chantage économique, non seulement de l'Allemagne précisément, mais aussi de la Grande-Bretagne. Les liens de dépendance mutuelle entre la Suède (qui a besoin du charbon et des produits manufacturés allemands) et l'Allemagne (dépendante du minerai de fer et des produits agricoles et forestiers suédois) furent mis à mal par les menaces, puis les sanctions économiques de la Grande-Bretagne, qui avait mis en place un blocus contre les Empires centraux auquel elle demandait à la Suède de participer, ce qu'elle commença à faire partir de mai 1917 suite à conclusion d'un *shipping agreement* avec la Grande-Bretagne, puis plus nettement en mai 1918 suite à la signature d'un accord commercial stipulant que si la Suède restreignait ses exportations vers l'Allemagne, elle pourrait importer charbon et céréales des pays alliés. Il reste toutefois clair que ce sont bien les enjeux liés au commerce, à la fois source d'approvisionnement de la population et pourvoyeur des ressources nécessaires à l'économie, qui ont été le principe moteur de la neutralité suédoise. À cette neutralité d'essence « commerciale », qui restera une constante du positionnement obligé d'une « petite puissance », va succéder entre les deux guerres, une conception plus idéologique à laquelle la toute nouvelle Société des Nations donnera une tribune et une résonance particulières. En effet, dès sa création en 1919, et compte-tenu des niveaux de violence jamais atteints jusque-là dans aucune autre guerre, la Société des Nations rend moralement nécessaires et rationnellement souhaitables des idéaux dans lesquels les élites libérale, et surtout social-démocrate, suédoises (mais aussi la population dans son écrasante majorité) se sont identifiées : désarmement[77], affirmation du principe de sécurité collective pour prévenir les guerres, négociation collective (et non plus les diplomaties secrètes), et affirmation du droit international comme autant de moyens de résolution pacifique des conflits[78]. C'est cette armature « pacifiste » constitutive de la Société des Nations que la Suède a trouvé particulièrement adaptée au rôle qu'elle souhaitait tenir dans les affaires du monde. Malgré l'échec de la SDN, au lendemain de la Seconde Guerre mondiale, elle réaffirmera avec tout autant d'enthousiasme son engagement dans l'organisation des Nations unies.

[76] La quasi-totalité des journaux de l'époque, à l'exception du *Dagens Nyheter* et du *Social-Demokraten* étaient très fortement germanophiles ainsi que la famille royale, l'armée, la haute fonction publique, les universitaires, les pasteurs, une grande partie des hommes politiques de tous les partis, y compris au sein du parti social-démocrate.

[77] En 1925, la Suède décide même pour son compte un désarmement unilatéral, à un moment, il est vrai, où toute menace de conflit avait pratiquement disparu. Elle réarmera en 1936 devant l'échec manifeste de la SDN et la « montée des périls ».

[78] La Suède fut le premier État à reconnaître que la Cour permanente de justice internationale de la Haye édictait des arrêts ayant force obligatoire.

Après cet intermède idéaliste, la Seconde Guerre mondiale va ramener la Suède aux fondamentaux de la neutralité et de ses contraintes géopolitiques, économiques et commerciales. La signature du pacte germano-soviétique constitue le premier acte de la refondation de cette « real-neutralité » (à risquer un néologisme), comme on a pu parler d'une realpolitik. En novembre 1939, lorsque l'Union soviétique, alliée de l'Allemagne attaque la Finlande, la Suède adopte une position de « non belligérance » qui de fait, signifie un soutien indirect aux Finlandais[79]. Eu égard aux liens historiques entre les deux pays (1323-1809), et compte tenu des manifestations massives dans les rues de Stockholm en faveur d'une intervention, la déclaration de neutralité aurait été inenvisageable. Ainsi, sans prendre le risque d'une guerre avec ses deux voisins, l'état de « non belligérance » était un moindre mal pour sauver la face. En revanche, le rappel au principe de neutralité sera opposé aux demandes de la Grande-Bretagne et de la France qui se verront refuser le passage de leurs troupes afin de rejoindre les combattants finlandais, une telle intervention alliée directe risquant d'entraîner la Suède dans la guerre. Les risques militaires liés à la proximité géographique et les intérêts industriels et commerciaux en jeu justifieront qu'une autre conception de la neutralité soit appliquée à l'Allemagne nazie après son invasion du Danemark et de la Norvège ! Sans pouvoir réellement s'opposer aux demandes allemandes concernant ces deux pays (transport autorisé et liberté de transit sur son sol, successivement, des blessés, des médecins, des infirmiers, des prisonniers, de produits alimentaires puis des permissionnaires, enfin utilisation des chemins de fer suédois pour le transit ferroviaire des troupes allemandes vers la Norvège, puis la Finlande au printemps 1941), la Suède est par ailleurs fortement liée commercialement à l'Allemagne comme durant le premier conflit mondial, en particulier pour les exportations massives de minerai de fer et de roulements à billes par la firme SKF, vitales pour l'économie de guerre nazie. Les échecs grandissants de l'Allemagne (chute de Stalingrad, débarquement allié en Afrique du nord), et la montée en puissance des alliés depuis l'entrée en guerre des États-Unis rendent envisageable et possible, la remise en cause par la Suède des diverses demandes allemandes, voire le refus qui leur est parfois opposé. Les exportations vers l'Allemagne cesseront de fait à la fin de l'année 1944. Objectivement, « coûte que coûte, la neutralité avait été maintenue, ce qui ne fut pas un mince succès de la politique suédoise ; certes sur le plan juridique, les concessions faites à Allemagne et, à la fin de la guerre, aux futurs vainqueurs représentaient autant de dérogations à une conduite strictement neutre. Mais l'essentiel - le maintien du pays hors de la guerre et la

[79] Quelques 7 000 Suédois se portèrent volontaires et partirent combattre en Finlande, et des tonnes de médicaments, d'aliments et de biens de consommation y furent acheminés. Plus de 70 000 enfants réfugiés de guerre furent accueillis dans des familles suédoises.

préservation de l'indépendance nationale - avait été obtenu » (Blanc-Noël, op.cit., : 162).

Adaptation et ambiguïté, opportunisme et compromis pragmatiques sont les maîtres mots de la politique de neutralité que la Suède a menée au cours des deux conflits mondiaux, démontrant à quel point il est difficile, voire impossible, de définir et d'encadrer juridiquement le principe de neutralité. Toutefois, ces difficiles équilibres entre morale politique et intérêt national, écarts consentis ou imposés à une ligne diplomatique, effets d'annonces et renoncements ambigus, sont le lot de chaque pays quant à son positionnement et à ses relations internationales. Alors, comment expliquer que la résurgence des questions morales autour de la neutralité suédoise ait eu en Suède l'effet d'un psychodrame national lorsque des chercheurs présentèrent de façon détaillée et documentée le prix payé par le pays pour préserver sa neutralité[80] ? Il ressort en effet, des débats, que la neutralité suédoise renvoyait en fait à un soutien objectif au régime nazi, soutien qui n'était pas celui d'un pays occupé et soumis militairement comme les Pays-Bas, la Belgique et la France métropolitaine, mais celui d'un pays préservant son indépendance et sa souveraineté. Le malaise ressenti par la population tenait, comme pour le fait colonial et le fait eugéniste, à ce qu'il lui était donné de voir en pleine lumière un certain nombre de faits, de décisions et de chiffres qui mettaient à mal un socle de valeurs et une mythologie nationale qui avaient servi à construire la société suédoise comme une société homogène, cohérente, consensuelle au prix de l'exclusion voire de l'éradication des interpellations, des dissidences et des remises en cause. De ce point de vue, une manifestation supplémentaire, et encore plus révélatrice de ce malaise, s'est produite lorsque l'historien Tobias Berglud et le journaliste Niclas Sennerteg ont raconté l'internement de milliers de militants communistes (suédois et étrangers) dans une douzaine de camps de concentration à partir de mars 1940[81]. Il est à noter que ces internements massifs eurent lieu sans aucune forme de procès ni de procédures juridiques parce qu'il n'en existait pas d'applicables en l'espèce, et qu'il ne pouvait pas par définition, en exister, parce que le système idéologique de représentation et de fonctionnement de la société suédoise ne pouvait concevoir ni accepter le principe de la dissidence et l'expression d'une radicale différence, qui aurait remis en question la cohésion sociale elle-même. Le système de droit ne pouvait pas prendre en compte ce qui précisément était de l'ordre de l'impensable, de l'inenvisageable puisque les différences d'opinion ne pouvaient exister qu'à l'intérieur même du système, et sans jamais le

---

[80] Voir l'ouvrage collectif : Neutralité et non belligérance en Europe pendant la deuxième guerre mondiale, *Guerres mondiales et conflits contemporains, n°194, décembre 1999.*
[81] "Des camps de concentration suédois à l'ombre du IIIe Reich", cité dans *Le Monde, 26/09/2008. L'Histoire, novembre 2009.*

remettre en cause en tant que tel. Enfin, le malaise était d'autant plus grand si l'on considère le très faible nombre de militants nazis qui ont été internés ajoutant au sentiment dérangeant du « deux poids, deux mesures » déjà évoqué. Car enfin, si l'on peut comprendre les entorses, voire les violations au principe de neutralité pour sauvegarder la sécurité et respecter l'indépendance de la Suède, il est plus complexe de justifier, qu'en matière de politique intérieure, un tel dispositif ait pu être mis en place.

Comment est-on sorti de cette aporie politique et morale ? L'hypothèse, avancée est que la Suède s'est reconstruite à partir d'une histoire nouvelle, d'un récit nouveau, d'un engagement nouveau, en somme d'une idéologie nouvelle qui, tout en conservant les fondamentaux de sa « civilisation » (à l'intérieur, la mentalité suédoise synthétisée dans le modèle social-démocrate et à l'extérieur, l'idéalisme de la Société des Nations puis de l'organisation des Nations unies) a su abandonner et faire oublier certaines composantes devenues obsolètes, en particulier la neutralité, depuis son adhésion à l'Union européenne en 1995, et continuer par d'autres moyens d'avoir un discours tribunicien d'envergure mondiale activiste et mobilisateur *via*, en particulier, certains axes stratégiques de son aide publique au développement.

Autre moment clé dans la séquence historique : la constitution, après la Seconde Guerre mondiale et après l'échec de la Société des Nations, de l'Organisation internationale des Nations unies, puis l'installation de la guerre froide et la montée aux extrêmes du point de vue nucléaire, ont permis à la Suède de définir sa diplomatie et de se positionner comme un des pays champions les plus engagés dans la promotion et la nécessaire prééminence des règles de droit international et de sécurité collective. Les axes qui seront particulièrement privilégiés par la diplomatie suédoise sont typiques de cette approche : l'importance de la notion de pouvoir/contre-pouvoir et du rôle des opinions publiques, la priorité à donner au droit international et aux institutions internationales qui viennent limiter le pouvoir des États (en particulier les grands États), la remise en cause d'une hiérarchie immuable dans le traitement des affaires internationales, de l'usage de la force et de la coercition, le sens d'un activisme internationaliste et le rôle de la médiation dans les relations internationales. Cette nouvelle séquence historique qui s'ouvre après 1945 par l'installation du système des Nations unies, et après le long intermède du conflit Est/Ouest qui s'achèvera précisément au début des années 1990, permettra une mise en situation de l'aide publique au développement suédoise qui proposera inlassablement les nécessaires évolutions et autres « ajustements » à la mondialisation pour ne plus rester en périphérie du mouvement de la globalisation, comme elle a pu rester à l'écart du conflit géopolitique entre l'Est et l'Ouest. Un retour sur cette neutralité depuis le XIXe siècle, puis un éclairage sur son prolongement contemporain (l'engagement international se marquant de façon appuyée dans le financement des opérations de maintien de la paix sous le mandat de l'Organisation des Nations unies, le "*peace-keeping*") sont essentiels, tant ils apparaissent comme les manifestations paradoxales d'un retour au statut jamais vraiment oublié de grande puissance, ou en tout cas, de puissance qui compte, de puissance « normative » [82].

Ces éléments clés constitutifs de la période de grandeur, puis ceux relatifs à la redéfinition d'un positionnement international, que nous avons appelé la séquence historique, contribuent à dessiner une sorte de référentiel que beaucoup d'historiens, comme H. Lindqvist (op.cit., : 700-701), reprennent de façon systématique pour mieux ancrer la modernité de leur pays dans le récurrent récit national de la « grandeur » : « Jamais dans l'Histoire, la Suède n'avait connu une telle expansion comparable à aujourd'hui. Cela ne peut être décrit que comme si, en restant à l'intérieur de nos frontières, nous étions revenus à l'époque de la '*grande puissance*'. La qualité *à la suédoise* s'est répandue dans le monde sous la forme des roulements à billes bien avant que quiconque ait entendu parler de l'électronique japonaise ou de l'acier brésilien. Les Suédois ont fabriqué des canons pointés sur l'horizon dans toutes les parties du monde. La téléphonie suédoise a équipé des capitales reconstruites. Un Suédois, Dag Hammarskjöld a été secrétaire général des Nations unies. Et la plupart des Suédois étaient convaincus que la Suède était réellement le paradis que les médias étrangers citaient comme le *Modèle Suédois* ».

---

[82] En fait, depuis le XVIIe siècle, la Suède est un des tous premiers pays exportateurs d'armes et d'armements, et sa neutralité et son amour de la paix n'ont pas fondamentalement changé cet état de fait : en 2013, le pays était onzième au niveau mondial du classement des pays exportateurs d'armes, et troisième par tête d'habitant, après Israël et la Russie.

DEUXIÈME PARTIE

LE MODELE HÉGÉMONIQUE SOCIAL-DEMOCRATE

Cette séquence montrera le rôle hégémonique de la social-démocratie au pouvoir de façon quasi ininterrompue depuis 1932, et comment cette dernière a structuré l'État-providence de façon paradoxale, à la fois par des mécanismes de contrôle social très prégnants, et par le développement de politiques publiques genrées audacieuses et exemplaires. Au cœur de ce paradoxe, nous analyserons ce que recouvre la formulation du "*social engineering*" théorisé par le couple Gunnar et Alva Myrdal.

CHAPITRE 3

L'IDÉOLOGIE DU « FOYER DU PEUPLE »

« Dans la maisonnée prévaut l'égalité, la considération, l'entraide. Appliqué à une large échelle, cela pourrait signifier l'abolition des barrières sociales et économiques qui séparent les citoyens, entre privilégiés et défavorisés, entre maîtres et dépendants, entre riches et pauvres ».

Per Albin Hansson
Leader social-démocrate dans son discours au Riksdag après les élections générales de 1928 (cité in Groulx. 1990)[83]

Depuis les années 1930, début de l'institutionnalisation de l'État-providence par le parti social-démocrate, une double équation originale s'est mise en place : état social=nation=peuple, qui a structuré la société en profondeur tant dans le domaine politique (hégémonisme du parti social - démocrate) que dans l'intégration/imbrication des domaines économiques et sociaux (sécurité sociale, promotion de droits sociaux et rôle transformateur du secteur public dans l'économie) comme condition et garantie du plein emploi et, *in fine*, de l'efficacité économique (Tilton. 1990).

C'est ce caractère quasi-interchangeable entre ces trois notions qui ont fait la spécificité du modèle suédois en tant qu'ensemble cohérent et « performatif » au sens linguistique du terme, qui fait qu'un signe, un mot, une expression ne font pas que représenter, mais qu'ils constituent la réalité même à laquelle ils renvoient.

[83] Une autre partie du discours citée par H. Lindqvist est encore plus explicite sur cette notion de foyer du peuple. La dominante morale de ce discours de nature très pastorale tranche absolument avec la terminologie marxiste de lutte de classe en vigueur au même moment au sein de la IIIe Internationale... : « Les fondements d'une maison sont la communauté et le sentiment d'unité. Une bonne maison ne privilégie ni ne rejette aucun de ses membres ; elle n'en a pas de favoris ou d'enfants rapportés. En son sein, personne ne regarde l'autre de haut ; personne ne bénéficie d'avantages au détriment de l'autre ; le fort n'opprime pas ni ne spolie le faible. Dans une bonne maison règne l'égalité, l'attention portée aux autres, la coopération, l'entraide… La société suédoise n'est toujours pas cette bonne maison pour ses citoyens. Ici, nous avons certes la liberté formelle, l'égalité des droits politiques, mais du point de vue social, il existe toujours une société de classes et du point de vue économique, une dictature de la minorité persiste ».

Les origines de la social-démocratie présentée comme le « foyer du peuple » (*folkhemmet*) doivent aussi être recherchées paradoxalement dans le « logiciel » des valeurs héritées d'un environnement et d'une culture rurale et terrienne qui avaient encore cours à la fin du XIXe siècle et au début du XXe siècle, logiciel dont les composantes sont un fort esprit de coopération, un sens de la solidarité communautaire et une recherche systématique de la mutualisation et de la cohésion, préférées à la confrontation sociale (Grjebine et Eloi, 2008 : 16 et suivantes)[84], et qui ont été le substrat de la refondation d'un contrat social et de sa perpétuation. Concrétisé dans l'accord historique entre le parti agrarien et le parti social-démocrate, après la victoire de ce dernier aux élections à la Seconde chambre du Parlement (1932), ce nouveau contrat social, souvent présenté comme un marchandage politique ("*horse-trading*"), accordait aux sociaux-démocrates les pouvoirs de mettre en œuvre leur politique de lutte contre le chômage et une organisation économique en vue de l'objectif prioritaire du plein emploi tout en garantissant aux agrariens des niveaux minimaux des prix de vente de certains produits agricoles. En plus d'un simple contrat de gouvernement, ce compromis actait l'évolution idéologique majeure du parti agrarien (parti très conservateur ouvertement raciste à certains égards) vers une forme plus démocratique, *via* sa participation à la construction du Folkhem. Historiquement, en effet, la réforme de consolidation des parcelles agricoles (*'Enskifte'*) initiée en 1803 n'a pas fait disparaître les valeurs qui structuraient une société agraire multiséculaire : l'entraide de voisinage pour l'entretien des fermes, des haies, le partage des outillages, la pratique collective des cultures (gestion des sols et des semis, récoltes), les rites collectifs de sociabilité religieuse (baptêmes, mariages et décès, fêtes de Noël, de l'épiphanie, de Pâques) et saisonnière (nuit de Walpurgis, solstice

---

84 « La Suède donne l'exemple d'une société dans laquelle des liens sociaux fondés initialement sur une appartenance de '*classe*', et en premier lieu à la classe ouvrière, se sont développés à tel point que, d'une manière ou d'une autre, leurs effets se sont propagés à l'ensemble de la société. Ceci ne signifie évidemment pas qu'il n'y a plus eu qu'une seule classe sociale et encore moins une seule coalition politique, mais que la recherche de la cohésion sociale, et ainsi, de solutions négociées plutôt que d'affrontements sociaux et de ruptures, ont eu tendance à prévaloir dans l'ensemble de la société, quelles que soient les coalitions politiques au pouvoir. L'organisation en '*poupées russes*' du tissu social suédois correspond fort bien à la description d'une société au sein de laquelle la confiance est renforcée par l'appartenance à des associations *"bridging"*, reliées à d'autres associations et à la société environnante. Cette structuration de la société suédoise repose sur un réseau serré d'organisations qui s'étendent de la base au sommet de la société et poursuivent des objectifs complémentaires d'intérêt national. Le mouvement ouvrier comprend ainsi simultanément, non seulement les syndicats et le parti social-démocrate, mais également des organisations de consommateurs, de locataires, de formation continue, de retraités, de pompes funèbres, de scouts [...] L'intégration à la société - apprentissage de la démocratie, mais aussi de la participation, sinon de la négociation sociale plutôt que de la rupture de dialogue - passe ainsi par l'appartenance à une ou plusieurs organisations qui s'inscrivent elles-mêmes dans un réseau plus englobant plus ou moins l'ensemble de la société ».

d'été), toutes activités toujours très fortement « arrosées » grâce à la production d'alcool des distilleries fermières. Ces valeurs ont survécu à la fragmentation sociale et expliquent même, d'une certaine manière la résistance à la vision marxiste de la lutte et du conflit de classes qui a donné sa configuration si particulière au mouvement social-démocrate suédois. Ainsi, la croissance démographique des campagnes, due à l'amélioration de la santé grâce à l'introduction du vaccin contre la variole et à l'introduction de la culture de la pomme de terre d'une part, et la réforme agraire qui a engendré l'explosion d'un prolétariat rural (Lindqvist, op.cit., : 557[85]) d'autre part, ont créé des conditions favorables à l'apparition de nouvelles normes de socialisation que l'État-providence social-démocrate saura implanter, développer et consolider.

Comme le souligne Jenny Andersson (Andersson, 2011), « ...il existait au tournant du XXe siècle une véritable guerre d'interprétation autour des thèmes de la nation, du peuple ou de la classe. On peut donc parler des variétés de 'foyers du peuple', expression désignant des lieux publics où étaient organisées des rencontres entre classes populaires, soit par des philanthropes libéraux cherchant à sortir les pauvres de leur misère, soit par le jeune mouvement ouvrier pour lequel les 'maisons du peuple' ou les 'maisons de citoyens' étaient des lieux de mobilisation radicale ». L'importance des liens familiaux et ceux de voisinage, le rôle joué par l'Église luthérienne au niveau communautaire, tous ces éléments étaient pour les sociaux-démocrates des facteurs incontournables de cohésion sociale mais qui, en même temps représentaient autant de structures et de liens de dépendance (Daun, op.cit.,) générateurs d'inégalités et de tares sociales. La conception de l'État qu'ils ont mis en pratique leur a permis de dépasser ces liens sociaux par la mise en place, et le renforcement, de nouveaux mécanismes de solidarité[86] afin de mettre en place un ordre social plus égalitaire (Trägärth, 1997) tout en fédérant la communauté nationale. De fait, plus de trente réformes d'envergure furent mises en place à partir des années 1930, qui imposèrent, sans contrainte ni mouvement massif de nationalisations, une alternative cohérente et radicale aux deux conceptions du monde qui s'étaient posées en rupture avec le libéralisme des démocraties européennes : le communisme et le fascisme. Parmi toutes ces réformes, « les plus importantes furent : les allocations chômage, les allocations pour

---

[85]« La modification cadastrale des parcelles agricoles eut pour conséquence l'existence de fermes plus grandes, mais la terre ne pouvait pas être divisée à l'infini. C'est le fils aîné qui le plus souvent héritait de l'intégralité de la ferme alors que les fils plus jeunes devaient devenir ouvriers agricoles ».

[86] Selon Gøsta Esping-Andersen, (Social foundations of post-industrial economies. 1999. *Oxford University Press),* ce qui a constitué le système suédois, ce sont les notions d'universalisme et d'égalitarisme, couverture large des risques, niveau élevé des prestations et recherche d'une moindre dépendance du système d'aide sociale vis-à-vis du marché.

les aveugles, l'amélioration de la généralisation des pensions pour les personnes âgées, les assurances accidents, un nouveau système de santé, les allocations de maternité et d'assistance médicale, la protection contre le licenciement lors des conflits sociaux, la réglementation des heures de travail pour les ouvriers agricoles, les allocations pour les orphelins, l'interdiction du licenciement pour les femmes qui se marient ou ont un enfant, les soins dentaires pris en charge, et c'est aussi le moment où les congés payés annuels furent créés, tous les salariés suédois ayant droit à six jours de congés en été entièrement payés, et six jours en hiver » (Lindqvist, op.cit., : 679).

Par ses origines contrastées et diverses, la social-démocratie suédoise est l'héritière des mouvements sociaux liés à la révolution industrielle des XIXe et XXe siècles, et elle a réalisé le rapprochement historique au sein du « foyer » suédois des paysans et des travailleurs. Le « peuple » ainsi constitué allait trouver dans l'État-providence à la fois son organisation (appareil institutionnel politique, syndical, économique), et l'expression la plus complète et la plus légitime de ses aspirations comme l'atteste sa longévité politique et l'adhésion massive qu'il a suscitées jusqu'à aujourd'hui[87]. Même s'il y a dans les fondements de la social-démocratie une condamnation sans équivoque de l'individualisme, la liberté et l'autonomie de l'individu ne sont pas pour autant niées (contrairement au collectivisme dictatorial soviétique, auquel les critiques libéraux radicaux ont souvent associé le système social-démocrate, mais aussi au national-socialisme allemand) simplement, cette liberté trouve à se réaliser non pas dans un « libéral-individualisme » caractéristique du modèle de la famille nucléaire de l'espace protestant (sociétés anglo-saxonnes, Danemark, Pays-Bas), mais au contraire dans l'affranchissement des déterminants familiaux, des dépendances micro-communautaires et des injonctions du religieux au profit d'un bien-être collectif. C'est une spécificité unique de l'État social-démocrate suédois que d'avoir mis en œuvre pendant plus de 60 ans un système articulant autonomie de l'individu, solidarité nationale et égalité politique et sociale avec sa composante majeure, l'égalité femmes-hommes.

Ces retournements, ces réinvestissements[88], ces migrations idéologiques de la notion de « foyer du peuple » qui en ont fait un concept à la fois

---

[87] Même lorsqu'il est dans l'opposition entre 2006 et 2014, le parti social-démocrate reste le premier parti en nombre de sièges au Riksdag.

[88] Andersson. op.cit.,« L'idée de foyer du peuple porte donc en elle des racines profondément conservatrices, qui ont perduré lorsque la social-démocratie suédoise a repris la notion pendant la période de l'entre-deux-guerres et en a fait un slogan pour illustrer la construction de l'État-providence... Bien plus tard, dans les années 1980, le mot fut réinterprété... comme un modèle social dans lequel le bien-être des citoyens était aussi considéré comme un investissement économique ».

incontournable et mouvant, sont en définitive l'élément explicatif de son appropriation par l'immense majorité des suédois et par le fait qu'elle ne soit remise en cause par quasiment aucun des partis politiques[89]. Ce sont ces mêmes fluctuations du concept qui, au moment de « l'adaptation » du modèle suédois à la vague néo-libérale et mondialiste des années 1990 et 2000 ont permis à l'extrême droite de revenir sur la scène politique. C'est en ré-instrumentalisant le concept, en revalorisant ses racines nationales, en le démarquant des valeurs modernes, cosmopolites et universalistes portés par les partis « bourgeois » au pouvoir depuis 2006 que le parti d'extrême droite, Démocrates de Suède (SD) a fait son entrée au Parlement en 2010 avec 20 sièges (représentant 5,7 % des suffrages exprimés), et qu'il en est devenu une force importante lors des élections de septembre 2014 avec 49 sièges et 13 % des suffrages exprimés. La confirmation de l'implantation de ce parti dans le paysage politique suédois a provoqué une réaction significative du reste de la classe politique : la signature d'un accord historique, le 27 décembre 2014, entre le gouvernement minoritaire social-démocrate et l'opposition de droite libérale et du centre, accord selon lequel l'opposition du moment s'engage à ne pas voter contre le budget présenté par le gouvernement, fût-il minoritaire, et ce, jusqu'en 2022. Au nom du primat de la stabilité politique et de la cohésion nationale, cet accord écarte explicitement les Démocrates de Suède d'un quelconque rôle politique majeur au Parlement, et en récusant toute mise en cause profonde du système existant, il rappelle l'emprise, l'hégémonie idéologique, culturelle et politique fondamentales de la social-démocratie dans le pays.

Sur quoi cette cohésion nationale s'est-elle construite *en plus* de ce socle culturel et idéologique des valeurs ? En fait, la base du pacte social-démocrate suédois est un compromis historique par lequel les travailleurs et leurs représentants (les syndicats) acceptent les règles de l'économie de marché et du respect de la propriété en échange d'une redistribution sociale maximale du profit avec la garantie de l'État. En d'autres termes, une certaine forme d'efficacité est reconnue aux forces du marché, et aux institutions, la garantie de l'égalité en particulier *via* le plein emploi. En effet, à partir des années 1930, le plein emploi devient l'élément central du modèle suédois : à la fois l'objectif de toute politique et la condition du bien-être dans tous les autres secteurs de la société : consensualisme, compromis, consensus, cohésion sociale, gestion pacifiée des relations entre les syndicats

[89] Cette analyse nous semble renforcer l'approche d'E. Todd pour qui, la manifestation du principe d'autorité (celle du père dans la sphère familiale, de l'église dans la sphère communautaire, puis celle de l'État) s'est particulièrement imposée en Suède où, à la fois, l'omniprésence et le relatif déclin du protestantisme avec Dieu comme principe d'autorité transcendante ont laissé la place à l'idéologie social-démocrate du foyer du peuple comme principe supérieur de régulation du bien-être collectif.

et le patronat, cogestion (Bengtsson, 2006). Sans être une spécificité inhérente à la société suédoise, cette culture du consensus reste néanmoins l'une des plus représentatives au monde. Ayant définitivement émergé au début du XXe siècle, elle s'est matérialisée sous la forme des accords dits de "*Saltsjöbaden*" (1938), passés entre le syndicat des travailleurs (*landsorganisationen-LO*) et la confédération patronale (*Svenska Arbetsgivarföreningen-SAF*). Conclusion d'une période de conflits sociaux intenses marqués pas l'influence idéologique du communisme soviétique, cet accord matérialise le fait que la procédure de négociation des accords collectifs entre partenaires sociaux remplace la procédure législative. La contrepartie de cette paix sociale réside dans la garantie du plein emploi de la part du patronat. Cette structuration des relations sociales persiste encore au-delà des réformes libérales consécutives à la crise des années 1990 - 2000.

Enfin, il est un facteur, à nos yeux le plus déterminant, quant à la pérennité et à l'hégémonie du modèle social-démocrate en Suède, c'est la place particulière que les femmes y occupent depuis son origine en tant qu'électrices, qu'élues, que salariées, membres/représentantes associatives ou syndicales. C'est en 1919/1921 (dates auxquelles les Suédoises obtiennent le droit d'élire et d'être élues), et en 1922 (date à laquelle cinq femmes sont élues au Parlement), soit dans une période encore dominée par les libéraux, que se matérialisent les bases juridiques et politiques de l'émancipation des femmes suédoises. Cependant, il est clair que ce sont les sociaux-démocrates qui, arrivés au pouvoir grâce en partie au vote des femmes (1934), conserveront leur soutien tout au long du siècle en étendant leurs droits économiques et sociaux au nom de l'égalité de genre visant à ce que « les femmes et les hommes aient un pouvoir équivalent pour construire la société et leurs propres vies. Ceci implique les mêmes opportunités, les mêmes droits et les mêmes obligations pour toutes les composantes de la vie »[90]. Les politiques mises en œuvre, et qui font de la Suède l'un des tous premiers pays au monde à tendre vers l'égalité femmes-hommes, se sont essentiellement focalisées sur :

- une répartition égale du pouvoir et de l'influence des femmes et des hommes « pour être des citoyens/citoyennes actifs/actives et être en réelle capacité de prendre des décisions »[91],

[90] Women and Men in Sweden. Facts and Figures 2012. *Statistics Sweden, Population Statistics Unit* (www.scb.se).

[91] Parti de 38 % en 1990, et avec 45 % de femmes parlementaires en 2014, la Suède est cinquième au niveau mondial, derrière le Rwanda, la Bolivie, Andorre et Cuba et devant ses voisins (Finlande, huitième : 42,5 % ; Norvège, treizième : 39,6 % ; Danemark, quinzième : 39 %). *Tableau de l'Union Interparlementaire. Décembre 2014.* http::/www.ipu.org/wmn-f/classif.htm. En 2013, avec 54 % de femmes à des postes ministériels, la Suède devance ses

- une égalité économique entre les femmes et les hommes « en ce qui concerne l'éducation et le travail rémunéré qui leur procure les moyens d'atteindre l'indépendance économique tout au long de leur vie »[92],
- une répartition égale des activités domestiques et de soins, non rémunérées, qui donnent aux femmes et aux hommes les mêmes responsabilités pour les travaux domestiques et « les mêmes opportunités de donner et recevoir des soins ('*care*') à parts égales »[93],
- une lutte contre les violences de genre et la défense de l'intégrité physique des personnes,
- une approche de genre qui « devrait être le fondement d'une désagrégation systématique et constante de toutes les statistiques »[94].

La politique mise en œuvre en matière de genre (égalité femmes-hommes) s'est très vite trouvée être le dispositif majeur de l'État-providence en Suède en particulier dans deux dimensions clé : l'autonomisation des femmes afin de les dégager de la traditionnelle prise en charge/garde des enfants, et leur intégration sur le marché du travail (Kjeldstad, 2001).

Précédemment, il a été expliqué comment d'un point de vue démo-anthropologique (la structuration de la famille souche) et historique (les conséquences sociétales du luthéranisme et des guerres baltiques, constitutives de « l'Empire » suédois au XVIIe siècle et la politique de neutralité qui s'en est suivie), se sont mis en place des éléments qui ont constitué autant de conditions de possibilités au XXe siècle, lors de la longue période de domination de la social-démocratie à partir des années 1930,

---

voisins de l'Union européenne (Danemark : 47,8 %, Finlande : 47,3 %, Pays-Bas : 38,4 %). *Fondation Robert Schuman.* http:://www.robertschuman.eu/fr/doc/actualites/femmes_en_europe.pdf

[92] Ce domaine est moins avancé que le domaine politique et institutionnel, toutefois la Suède reste dans le peloton de tête (quatrième sur 5) derrière l'Islande, la Finlande et la Norvège et devant le Danemark dans le rapport 2014 du Forum économique mondial/*Global Gender Gap Report 2014. http:://reports.weforum.org/global-gender-gap-report-2014/*

[93] « Les hommes augmentent leur part dans le travail domestique non rémunéré. Les femmes passent moins de temps aux tâches domestiques alors que les hommes y consacrent plus de temps. Ceci est documenté dans les enquêtes des 'budgets-temps' des statistiques suédoises officielles. En moyenne, en 2010, les femmes travaillent 14 minutes de moins par jour dans des activités domestiques non rémunérées par rapport à 2000. Les hommes passent plus de temps aux tâches domestiques non rémunérées qu'en 2000, soit 11 minutes en plus par jour en moyenne. » *Statistics Sweden.* http:://www.scb.se/LE0103-EN/.

[94] « Les femmes et les hommes devraient être visibles dans les statistiques. Afin que cela soit possible les statistiques devraient être désagrégées par sexe. Le parlement suédois a décidé que les statistiques 'genrées' doivent être officialisées. L'objectif est que toutes les données concernant les personnes seront non seulement collectées, analysées et présentées par sexe, mais qu'elles doivent l'être de telle sorte qu'elles puissent rendre compte des problèmes et des enjeux de genre dans la société. Le sexe devrait être la base d'une ventilation exhaustive et détaillée des statistiques. » *Statistics Sweden.* p.6. http:://www.scb.se

d'atteindre un modèle parmi les plus avancés en matière d'égalité de genre. Ces éléments existaient dans d'autres pays, mais n'ont pas trouvé de catalyseur à la mesure du '*logiciel*' de la social-démocratie suédoise (Earles, 2008), comme le résume le tableau ci-après.

• la dominance d'un modèle politique pendant plus de 80 ans (y compris, lors de brèves périodes d'opposition à partir de 1976, puis entre 2006 et 2014) et qui, au moins dans ses acquis en termes d'égalité de genre, a été intégré par les partis centristes et conservateurs, et qui se caractérise sur le plan politique par un haut niveau de représentativité des femmes (gouvernement, parlement).
• la spécificité d'un modèle économique dont le moteur était le plein emploi[95] et son corollaire social, l'incitation à faire entrer en masse les femmes sur le marché du travail (en particulier lors des années 60/70, années de forte offre de travail) à travers la mise en place de mécanismes de garde d'enfant et de congé parental dans la perspective d'égalité de genre. L'État n'est plus subi uniquement comme l'instrument plus ou moins sophistiqué de la domination du patriarcat mais au contraire, sous sa forme sociale-démocrate, comme le promoteur et le vecteur de l'émancipation des groupes jusque-là dominés : femmes, minorités sexuelles, groupes ethniques, populations défavorisées, personnes vivant avec un handicap. C'est ainsi qu'en Suède, l'État, en tant que prestataire de services publics a permis de diminuer la dépendance financière des femmes par rapport aux hommes en se positionnant comme un des trois éléments de l'équation avec le marché et la famille (Sainsbury, 2000 : 261-262)[96].
• les modes d'intervention des composantes du féminisme suédois qui ont été dominés par ce que l'on a appelé le « féminisme d'État », c'est-à-dire comment les institutions gouvernementales/locales ont officiellement promu les intérêts des femmes dans tous les domaines en définissant, en organisant, et surtout en finançant, le secteur public de l'économie (Rune & Kuhnle, 1996).

Nous envisagerons plus loin comment l'égalité femmes-hommes au cœur de sa politique d'aide publique au développement est la face « internationale » de ce contrat social très élaboré qui a pris la forme de l'État-providence suédois.

---

[95] L'objectif économique du plein emploi peut être aussi être interprété sous un autre angle comme le renforcement d'un modèle normatif valorisant le primat de la cohésion sociale.

[96] Extrait : « Contrairement aux autres trois pays (États-Unis, Grande-Bretagne, Pays-Bas), le système suédois intégrait les femmes mariées dans la plupart des assurances sociales à titre individuel... Cet arrangement a eu pour principal effet d'établir le principe du droit individuel à une pension indépendamment du sexe, du statut matrimonial ou de la position de l'individu sur le marché du travail... En d'autres termes, ce système [...] incluait toutes les femmes en qualité de bénéficiaires en nom propre, et non pas en tant que raison d'être des prestations supplémentaires pour les hommes... ».

CHAPITRE 4

CONTRÔLE SOCIAL ET « MENTALITÉ » SUÉDOISE

Les travaux déjà cités d'Åke Daun sur les traits de la mentalité suédoise renvoient à un type de culture homogène et intégrée du point de vue ethnique, linguistique, religieux et moral qui facilite ce qu'il appelle une « unanimité horizontale », ce substrat partagé de valeurs et de normes, qui implique que chaque individu a beaucoup moins besoin qu'ailleurs, dans d'autres cultures plus hétérogènes, de développer des capacités d'adaptation aux autres, que ce soit pour analyser leurs pensées, leurs conceptions du monde, de la vie, des rapports sociaux, voire leurs intentions et leurs préjugés. Cette culture du « cela va sans dire », de la conversation sans aspérité, toujours préférée à la communication 'confrontationnelle', et aux risques de dérapage qui y sont liés[97], est du coup, peu encline à l'interprétation et à l'interpellation (Daun, op.cit., : 102[98]), au questionnement direct et ostensible du différent, rappel de cette « indifférence aux autres » déjà évoquée par E. Todd, voire à toute remise en cause des conventions. Il faut y voir selon l'auteur, qui cite un de ses collègues (Hannerz, 1983 : 21), le peu d'appétence des Suédois pour les différentes formes du rire : « l'humour est subversif. C'est un anti-rituel. Il

---

[97] Le silence, les cris et chuchotements, les non-dits, les dialogues confinant au mutisme, les mensonges, la difficulté de dire les choses autrement que par la violence et la souffrance des corps, sont autant de thèmes de l'œuvre d'Ingmar Bergman qui questionnent avec froideur et crudité le gâchis des relations humaines. Comme le dit M. Gullestad (1992 :125-146) : « dans une étude importante et novatrice portant sur une église suédoise, l'anthropologue américain Peter Stromberg (1986), quant à lui, compare les symboles et l'expérience de la grâce chez les paroissiens de cette église avec les films d'Ingmar Bergman. Il identifie des schémas culturels semblables dans les deux et établit que la tension entre l'individu et la communauté est au cœur de la culture suédoise. Selon lui, de nombreuses représentations culturelles s'élaborent sur le thème d'une lutte entre l'individuel et le social, lutte qui se traduit par des oscillations violentes entre la retenue et l'abandon, l'isolement et le contact social ».

[98] Extrait : « Cela explique en grande partie le modèle suédois de communication : la réticence à formuler une opinion sur des questions délicates devant des personnes que l'on ne connaît pas bien, la prudence, confinant à la passivité, qui est de mise lorsque l'on ne sait pas où se situe la partie adverse ».

ébranle les idées et les perceptions dominantes de la réalité. Mais en Suède, à quelques exceptions près, nous manquons d'une tradition comique »[99]. À travers deux exemples, les mouvements populaires de tempérance (Sutton, 1998) et la politique eugéniste, nous démontrerons cette prégnance d'un système de contrôle social des individus au service d'un intérêt général, symptomatique de cette forme d'homogénéité socioculturelle[100].

LES MOUVEMENTS DE TEMPÉRANCE

La société suédoise s'est historiquement construite dans un pays au sein duquel les groupements collectifs ont été les plus formalisés. Selon Åke Daun, « durant des centaines d'années, le '*byalag*' (conseil ou comité villageois), composé de fermiers propriétaires indépendants - dont les activités et les déclarations obéissaient à certaines procédures ('*byordning*', sorte d'ordonnances villageoises) - se présentait, dans la Suède rurale, comme une sorte de parlement miniature. Les mouvements populaires du XIXe siècle, le mouvement des Églises libres, le mouvement de tempérance, et plus tard une grande partie du mouvement ouvrier, ont servi de modèle aux activités collectives en général. L'organisation des réunions, avec un ordre du jour, des minutes, une présidence de séance qui détermine l'ordre strict de prise de parole s'est profondément enracinée dans les mouvements populaires et reste considérée de nos jours comme allant de soi. Les mouvements populaires[101] ont eu un énorme impact sur la société suédoise

---

[99] En écho à ce constat, celui d'E. Todd dans l'entretien accordé à l'auteur déjà cité : « L'utilisation du Japon pour mieux comprendre la famille souche en général, mais aussi la comparaison avec la suède est très intéressante. Dans un premier temps, j'étais fasciné par leurs ressemblances : sociétés d'ordre, le caractère conservateur des zones périphériques, les gens se tiennent, la violence est beaucoup moins apparente (contrairement à l'Allemagne), et les Japonais comme les Suédois sont plus dans l'autocontrôle, mais aujourd'hui je suis plus sur l'analyse des différences. En fait, il y a deux êtres japonais : l'être social appartenant à un monde formaliste, insupportable, patrilinéaire, oppresseur pour les femmes et puis l'autre, la personnalité cachée privée, pleine d'humour. Ce qui est frappant en Suède et en Allemagne, c'est qu'il n'y a pas de personnalité cachée. Dans ces pays, l'éradication du sens de l'humour a été jusqu'au fond. Je fais l'hypothèse que le sens de l'humour est naturel chez les humains et qu'on le trouve dans des zones périphériques peu transformées psychiquement ou socialement, et que là où les gens n'étaient pas drôles, c'était le résultat d'une violente éradication, d'une transformation fondamentale. De ce point de vue, les Suédois et les Allemands sont allés très loin ».

[100] Nous définissons le contrôle social comme l'ensemble de pratiques sociales, de moyens, de « dispositifs » qu'élabore une société pour amener ses membres à adopter des conduites conformes aux règles prescrites, aux normes établies, et qui permettent d'assurer une cohésion sociale en écartant/minimisant tous les types de déviances.

[101] Sundin & Willner. 2007. p. 228 : "The emerging popular movements provided new social networks for the working class, offering a sense of coherence and collective social protection. Trade unions can of course be seen as producers of bonding social capital. *'Free churches'* and the temperance movements could create *'bridging social capital'* between the lower-middle classes and the workers. Philanthropic associations and public authorities, to a certain

dans laquelle les organisations et les groupements formalisés tendent à être forts et influents, au contraire des individus qui sont considérés comme faibles et souvent ignorés, sauf précisément s'ils représentent une organisation ». Précisément, la Suède au XIXe siècle, a vu se développer des mouvements sociaux dits de tempérance, prônant l'abstinence complète en matière de consommation d'alcool et utilisant leurs forces de mobilisation collective pour pousser le législateur à voter des lois et le gouvernement à mettre en place des réglementations visant à limiter, voire interdire, toute consommation d'alcool. Ces mouvements, très souvent structurés sur le modèle des organisations de franc-maçonnerie, étaient ouverts sur base égalitaire aux hommes et aux femmes[102].

Ce qui importe, c'est le fait qu'au-delà d'un discours médical sur les conséquences de l'abus d'alcool que l'on trouve dans tous les pays du monde, il y a eu en Suède la construction d'une appréciation[103] collective (conglomérat de faits scientifiques, de prescriptions morales, de « discours » historiques et de leur interprétation), qui a fait de la consommation d'alcool *en soi* (et non pas uniquement son « abus »), un enjeu social et de santé publique majeur jusqu'à aujourd'hui. En suivant Åke Daun, il apparaît, que la permanence de l'alcool est l'enjeu révélateur d'un système de valeurs plus large qu'une simple habitude de consommation. « Le lien entre la vie privée et le reste de la vie est illustré par le rapport entretenu avec la consommation d'alcool. Une des fonctions sociale et psychologique de la consommation d'alcool dans la culture suédoise est de diminuer l'appréhension que chaque personne (homme ou femme) peut avoir de se ridiculiser et de limiter la crainte que les gens peuvent ressentir de ne pas dire les choses correctement. Au contraire, sous l'influence de l'alcool, il est permis/accepté d'être 'trop' agressif, 'trop' sentimental, 'trop' bruyant, 'trop' joyeux. L'individu n'est pas alors (ou rarement) tenu pour responsable d'avoir contrevenu à la norme… Les effets physiologiques de l'alcool importent moins à la personne qui boit que 'le laissez-passer culturel' vers une structure d'interaction sociale plus libre et plus irresponsable » (Daun, op.cit., : 50). Le discours et tous les dispositifs depuis le 19e siècle jusqu'à aujourd'hui, relatifs à l'encadrement de la consommation d'alcool, trouvent leur raison d'être dans la défense constante d'une vérité et d'une rationalité collectives au détriment de « plaisirs » individuels et, comme le dit l'auteur, « dans les débats publics

---

extent, initiated activities, which could be seen as emerging forms of vertically produced, *'linking social capital'* ".

102 La première loge suédoise de l'International Organisation of Good Templars est créée le 5 novembre 1879.

103 Le mot appréciation est préféré à celui de perception, car il renvoie à la notion d'intériorisation d'une norme collective dominante et d'une adhésion de fait à cette norme.

sur l'alcool en Suède, il serait impensable de mentionner que l'alcool donne aussi du plaisir » (ibid : 141).[104]

C'est cette « appréciation » collective qui a permis de légitimer un contrôle très fort de l'État sur la consommation d'alcool *via* la production (dont le monopole est aujourd'hui abandonné) et la distribution (monopole étatique encore en vigueur sous le nom de *systembolaget* dont l'objet est de « minimiser les problèmes liés à l'alcool par la vente d'alcool de manière responsable et sans but lucratif »)[105]. Ce qui est en question en Suède, ce n'est pas tant la consommation excessive ou l'abus chronique d'alcool, que la consommation elle-même, fût-elle légère ou épisodique, dans la mesure où, en soi, elle représente un danger social pour l'individu et la société. C'est donc tout légitimement que l'État-providence social-démocrate dans la continuité des gouvernements agrariens/libéraux précédents a pris des mesures législatives et réglementaires concernant la consommation d'alcool. Cependant, il lui revenait de permettre à tous les individus de bénéficier de façon la plus égalitaire possible, des avancées sociales dans les secteurs de l'éducation et de la santé[106]. De fait, les mouvements de tempérance et leur influence ont constitué (et continuent de constituer) les facteurs déterminants d'un contrôle social lui-même vecteur d'une forte cohésion sociale en retour. Dans les années 1830, les mouvements de tempérance sont d'abord nés d'un constat alarmiste sur l'indéniable emprise sociale et économique de l'alcool et le niveau extrêmement élevé de consommation (Lindqvist, op.cit., : 597)[107]. Sous l'impulsion d'un pasteur, Peter Wieselgren (1800-1877), le mouvement organise dans un premier temps une offensive d'envergure contre « l'offre » et la production en s'attaquant aux distilleries, mais c'est surtout en pesant sur la « demande » que le mouvement va s'installer et prendre de l'ampleur. Ce qui frappe, c'est la radicalité du positionnement car la norme nouvelle qui est proposée n'est pas de modérer, de limiter sa

---

[104] Toujours sur cette même page, cette remarque du journaliste danois : "*pleasure is a very serious matter in Sweden*".

[105] http:://www.systembolaget.se/English/.

[106] Un des présupposés du discours de et sur l'État-providence, c'est que l'extrême imbrication vie privée/vie sociale des individus peut être facilitée, harmonisée, régulée et planifiée de façon rationnelle et efficace par les politiques conçues et mises en œuvre par l'État. Cette ingénierie sociale qui allie technicité, modernité, rationalité peut être aussi analysée (et vécue et acceptée) comme un contrôle social souhaitable, voire nécessaire.

[107] Extrait : « En ce temps-là, la promotion de la tempérance était une réelle nécessité. Les Suédois buvaient alors jusqu'à en mourir. Alors qu'aujourd'hui, un Suédois a une consommation moyenne de 8 litres d'alcool pur par an, la consommation était alors de 40 litres, femmes et enfant compris… Beaucoup recevaient leur salaire sous forme d'alcool ».
Comment expliquer cette caractéristique à une si forte alcoolisation ? Du côté de l'offre, c'est à partir de l'introduction de la pomme de terre en Suède que les distilleries ont pu accroître de façon spectaculaire la production d'alcool fort, jusque-là produit à partir de céréales. Il semble ne pas y avoir beaucoup de véritable littérature scientifique sur les raisons de cette addiction massive du côté de la demande...

consommation, mais de s'en abstenir totalement. Afin de créer et de soutenir l'enracinement de cette demande nouvelle furent développés des mécanismes alternatifs aux lieux de socialisation traditionnels (tavernes, estaminets et autres lieux de perdition) tels que conférences dînatoires, rassemblements ludiques, cours du soir et soirées dansantes (*"arranged course and sober dance evenings"*). E. Lindqvist poursuit : « Il en résulta que des milliers de membres de la classe ouvrière, mais aussi des petits employés cols blancs, des artisans et des gérants de petites entreprises rejoignirent les loges de tempérance pour y rencontrer leurs semblables et apprendre des choses nouvelles et enrichissantes... Les femmes aussi ont pris une part dans le mouvement de tempérance ainsi que dans le mouvement rassembleur de l'Église Libre, et qu'elles le firent aux mêmes conditions que les hommes ».

À travers l'engagement des pasteurs et la coexistence/connivence avec l'Église luthérienne officielle et installée ainsi que la multitude des Églises « libres » des mouvements du Réveil, les mouvements de tempérance ont perpétué et consolidé sur le corps social, non seulement l'emprise des valeurs luthériennes, mais aussi de ce que l'on peut appeler des techniques d'emprise sociale. Ainsi grâce à l'alphabétisation massive des hommes et des femmes d'abord au service des Écritures puis dans un cadre plus scolaire, il a été possible de constituer un capital social et humain réceptif ayant des capacités individuelles et collectives de mobilisation sur d'autres objets, politiques et sociétaux en particulier : « L'Église Libre ainsi que le mouvement de tempérance, au tout début, voulaient améliorer les conditions d'existence des personnes, mais ils ont commencé aussi à demander que des changements sociaux soient mis en œuvre, surtout des changements politiques. Parce que parmi leurs membres, seuls quelques hommes (et aucune femme) avaient le droit de vote, ces mouvements populaires s'engagèrent dans une campagne pour élargir la base de la citoyenneté politique. Un certain nombre des premiers élus du mouvement ouvrier et de l'Église Libre firent leur éducation politique au sein du mouvement de tempérance » (Lindqvist, op.cit.,).

Il est essentiel de relever, à partir des deux extraits précédents combien les femmes ont pu tirer parti de ces espaces associatifs et collectifs de mobilisation : la légitimité de leur présence n'est pas discutée et leur capacité à participer à la « demande politique » est reconnue et mise en avant. Ceci ne signifie pas pour autant que tout était acquis pour elles à la fin du XIXe siècle, loin de là, et le chemin était encore long avant de les voir occuper des positions de responsabilité ou d'autorité, y compris au sein de ces mêmes mouvements, dans les partis politiques et au Parlement.

L'EUGÉNISME SUÉDOIS : UN PASSÉ QUI PASSE MAL

Il convient de partir d'un évènement médiatique révélateur pour aborder, comme la société suédoise de l'époque, ce non-dit sociétal qu'a constitué la politique suédoise de l'eugénisme. Nous questionnerons cette politique à partir du rapprochement troublant entre deux faits objectifs : il y a eu en Suède près de 63 000 stérilisations volontaires ou forcées entre 1935 et 1975 (Broberg & Tyden, 1996 : 109-110), et cette période historique est à quelques mois près, celle qui a vu l'installation et le déploiement de la social-démocratie (1932-1976). Certes déjà en 1915[108], la Suède avait déjà mis en place une forme d'eugénisme positif hygiéniste à travers le certificat préalable au mariage, mais c'est une politique assumée d'eugénisme négatif - stérilisation et ou castration des criminels, des malades et déficients mentaux - qui est ensuite mise en œuvre[109].

En 1935, entre en vigueur une première loi qui prévoit la stérilisation sans le consentement des patient(e)s dans le cas des aliénés, arriérés et autres handicapés mentaux incapables majeurs, s'il(elle)s présentent un danger de transmission de leurs handicaps ou s'il(elle)s se trouvent dans l'incapacité d'élever des enfants. Cette loi sera renforcée en 1941 (!) en s'étendant à certains handicaps physiques et maladies héréditaires ainsi qu'aux « asociaux » (Broberg & Tyden, op.cit., : 101-108). Au-delà des raisons « objectives » présidant à la mise en place et au développement de cette politique, qui peuvent en partie se résumer par l'inquiétude démographique des Suédois devant la chute de la fertilité entre 1900 et 1930 et l'augmentation du nombre de familles monoparentales (entendre par là, « femmes mères célibataires »), il faut insister surtout sur l'influence majeure des époux Myrdal dans la justification d'une telle politique.

Les 20 et 21 août 1997, le quotidien suédois Dagens Nyheter publie une enquête signée Macie Zaremba[110], qui révèle (mais est-ce vraiment une

---

[108] Ce n'est qu'après les élections générales de 1919 que les sociaux-démocrates parviennent au pouvoir, mais au sein d'une coalition dirigée alors par les libéraux. Il est cependant à remarquer que ce sont tous les partis politiques suédois de l'époque (exprimant en cela une idée largement « intégrée » par l'opinion publique) qui avaient unanimement salué la création en 1909 d'une société pour l'hygiène raciale et en 1922, à Uppsala d'un Institut de biologie raciale (*Statens Rasbiologiska Institut*).

[109] L'eugénisme négatif consiste à prévenir, limiter ou empêcher les « mauvaises » naissances du point de vue racial ou social par toute mesure visant à décourager la reproduction parmi les individus jugés « inaptes » (physiquement, moralement ou d'un point de vue économique). Ces mesures coercitives, empêchant ces individus dits «inférieurs» de procréer, sont la stérilisation, la castration, l'enfermement et, dans sa configuration extrême, l'extermination.

[110] Cette enquête (Maciej Zaremba : "Rasren i välfärden"/"Racial Purity in the welfare State", first published in Dagens Nyheter, August 20, 1997) a débouché sur la production d'un rapport remis au ministère des Affaires sociales en 2000 (non traduit en anglais).

découverte ?) qu'entre 1935 et 1976, la Suède a mis en place un eugénisme d'État, et que près de 63 000 personnes, dont 93 % de femmes, ont été stérilisées dont un tiers contre leur volonté. Extrait : « On pourrait dire les choses plus brutalement : en Suède, c'est uniquement sous le régime de la social-démocratie, et en Allemagne sous le nazisme, que les citoyens/citoyennes ont été privé(e)s de leurs fonctions reproductives en lien avec leur origine ou leur handicap. Le portrait n'est pas plus flatteur, loin s'en faut, lorsqu'on apprend que les lois eugénistes suédoises ont été votées à l'unanimité au Parlement, en respectant l'ordre démocratique et, plus ou moins, avec la bénédiction de l'Église de Suède. Les circonstances furent relativement similaires dans les autres pays nordiques ». Il est un fait qu'à partir de la fin des années 1920, plusieurs États européens se mettent à légiférer sur le sujet : la Suisse (1928), le Danemark (1929), la Norvège, la Finlande et la Suède (1934/1935) sans parler de l'Allemagne nazie (1933/1935). Très majoritairement, il s'agit de pays protestants, l'Église catholique ayant officiellement condamné l'eugénisme en 1935, et l'on est frappé par la prédominance des pays de l'arc germano-scandinave à structure anthropologique de famille souche[111]. Plus particulièrement, la concomitance dans l'espace scandinave entre des législations eugénistes et l'installation de l'État-providence ont conduit à insister sur les facteurs communs à l'émergence de ces législations au détriment des différences, non seulement de formes, mais de contenu entre des pratiques eugénistes pourtant très diverses[112]. Afin de bien tracer ces différences et sans ignorer le cas norvégien (plus proche du cas suédois *via* la revendication d'appartenance au modèle « racial » nordique), nous nous intéresserons respectivement aux cas extrêmes du Danemark et de la Suède.

---

http:://www.regeringen.se/content/1/c4/28/64/212fc81a.pdf

[111] Il faut noter que la Finlande, dans la classification Le Play/Todd appartient au type anthropologique de la famille communautaire et semblerait représenter une exception. En fait, selon Alain Drouard « l'eugénisme fut précisément une revendication de la minorité suédophone qui avait peur de perdre l'influence qu'elle avait eu non seulement lorsque la Finlande faisait partie de la Suède, mais après lorsqu'elle était devenue un grand-duché de l'empire russe ». (Drouard, 1998 : 633-642).

[112] Ces facteurs existent bel et bien, et l'on peut les présenter sous la forme de deux grands principes : d'abord, le principe d'organisation sociale selon lequel les intérêts de la collectivité doivent prévaloir sur les seuls intérêts individuels, ensuite le principe de rationalisation économique du capitalisme par une allocation optimale des ressources et une meilleure gestion du capital humain. C'est de la combinaison de ces principes que « logiquement » les promoteurs de l'État-providence en viennent à traiter de l'eugénisme dans leur « ingénierie sociale » et ce, à partir des questions très concrètes que sont le coût en soi de la prise en charge des inadaptés sociaux (dépenses qui pèsent sur le système présent) d'une part, et la perpétuation de ses coûts sur le long terme d'autre part, qui sont autant d'investissements perdus pour l'amélioration du système pour le bénéfice de la société tout entière.

Le Danemark est le premier pays nordique à se doter d'une législation sur la stérilisation comme politique publique d'envergure en 1929 et la Suède en 1934. Et pourtant, la forme et la nature de cet engagement du Danemark apparaît singulier : pour être plus précoce, il est paradoxalement moins ancré dans l'histoire, et aussi bien moins radical, et si l'on considère une longue période, il apparaît beaucoup moins institutionnalisé qu'ailleurs et surtout, le nombre de stérilisations y est très nettement inférieur (Drouard, op.cit.,). En effet, même si depuis la fin du XIXe siècle, le Danemark, comme tous les pays développés de l'époque, n'échappe pas aux mouvements des idées et aux vagues combinées de l'hygiénisme, de la psychiatrie, de la génétique, du darwinisme social, de l'anthropologie physique, de l'anthropomorphologie, de l'étude des lois de l'hérédité et de la sélection naturelle et la dégénérescence des espèces, il ne voit pas émerger, contrairement à la Suède, un aussi fort mouvement eugéniste, ni sous forme de sociétés savantes privées ou associatives, ni d'institutions officielles promues par l'État. La Suède en effet, voit l'existence d'un mouvement historique eugéniste hygiéniste très structuré qui s'articule, comme en Norvège, avec le concept anthropologique (et idéologique) de « race nordique » et des valeurs, voire des vertus (supposées supérieures) qui lui sont propres. Trois dates sont à retenir de ce point de vue : 1909 voit la création de la Société suédoise d'hygiène raciale ; en 1918, le médecin psychiatre et neurologue, Herman Bernhard Lundborg présente son ouvrage « La nation suédoise en mots et en images, accompagnés de résumés succincts des contributions de Suédois dans les domaines de l'anthropologie, de la biologie raciale, de la génétique et de l'eugénisme ; un livre de jubilé dévoilé au public avec la coopération d'experts habilités par la Société suédoise de l'hygiène raciale » et le publie en 1921[113]. Ensuite, il organise en parallèle, et avec un grand succès, une exposition itinérante et des conférences dans tout le pays en mai 1921, le parlement suédois vote à l'unanimité la création du premier Institut de biologie raciale au monde… D'après Alain Drouard, « la première grande publication de l'Institut fut en 1926 "*The Racial Character of the Swedish Nation*", suivie l'année suivante par une édition populaire qui se vendit très bien. À la même époque, Lundborg entreprit une étude des Lapons, destinée à éclairer les conséquences du métissage, et qui aboutit à la publication en allemand d'une bibliographie commentée : "*Die Rassenmischung beim Menschen*" (1931). Toutefois, ce ne sont pas ces hommes qui mirent en œuvre la politique eugéniste de la Suède. D'une part, dans les années trente, l'Institut traversa une crise : Gunnar Dahlberg, soutenu par Gunnar Myrdal et les sociaux-démocrates, devient directeur de l'Institut en remplacement de Lundborg, et avec lui d'autres orientations prévalent qui donnent un nouveau

---

[113]https://archive.org/stream/swedishnationinw00lunduoft/swedishnationinw00lunduoft _djvu.txt.

cours à l'eugénisme, plus tourné désormais vers les études statistiques et moins vers l'anthropologie physique » (Drouard, op.cit., : 638).

Les facteurs spécifiques au développement de l'eugénisme danois ne font que faire ressortir par contraste le caractère prédominant et structurant du concept de race en Suède. Face à une sorte de « politique de l'offre » des scientifiques suédois relayés par les politiques qui proposent une vision, une conception et une organisation de la vie collective nationale, c'est plutôt la « demande » qui est le facteur explicatif au Danemark, une demande pratique et concrète des responsables de maisons d'aliénés ou d'institutions spécialisées dans les maladies mentales, qui sont confrontés au problème de la sexualité de leurs pensionnaires, mais aussi demande provenant de nombreuses organisations féministes qui revendiquent la castration ou la stérilisation des auteurs d'actes (viols, violences) et de crimes sexuels, non seulement pour les punir, mais pour empêcher tout risque de récidive. La « demande » d'eugénisme au Danemark fait dès le départ, partie d'un projet social de prévention (traiter avec humanité les déficients mentaux en faisant en sorte d'éviter leur reproduction) et de sanction (traiter avec rigueur les délinquants sexuels) alors que « l'offre » suédoise renvoie, du moins initialement, à un projet et un environnement ouvertement dominés par les thèmes raciaux[114]. Cependant, comme le souligne Patrick Zylberman (Zylberman, 1999 : 99-125) le « leadership suédois » en matière d'eugénisme peut aussi s'expliquer par l'augmentation du nombre de famille monoparentales (un tiers des femmes en moyenne élèvent seules leurs enfants à Stockholm), mais surtout par une sorte « d'inquiétude démographique des Suédois » devant la chute de la fertilité entre 1900 et 1930.

Alva et Gunnar Myrdal (les théoriciens de la gouvernementalité sociale-démocrate) ont même parlé de « suicide national » (Le Bouteillec 2010 :

---

114 L'historien Mattias Gardell dans "Sweden's dirty little secret", *(Site Open Democracy.*https://www.opendemocracy.net/can-europe-make-it/mattias-gardell/swedens-dirty-little-secret. (9-10-2013)) écrit : « Dans un rapport officiel du gouvernement de 1923 (Tatars et Bohémiens), le rapporteur posait l'intégration des Rom comme un 'problème insoluble'. Ainsi, la 'seule solution est de les maintenir hors du pays, d'une façon ou d'une autre', peut-être en 'leur imposant de telles restrictions à leur liberté de mouvement qu'ils en viennent d'eux-mêmes à penser qu'il est de leur intérêt de quitter le pays'. Pendant les années 1930, les gros titres de la presse évoquaient la terreur tatare, la peste tatare, la solution finale du problème tatar, et des éditoriaux appelaient les autorités à 'libérer le pays de ces éléments asociaux', et à 'l'élimination humaine de la race tatare'. Des gouvernements suédois successifs ont considéré que le problème rom devait être répertorié, enregistré, suivi et contrôlé. Des recensements systématiques du 'stock' de Rom furent effectués en 1907, 1922, 1943, 1954-55, 1962-63 et 1965-66. La méthode de recensement était la même que celle utilisée en Allemagne sous la République de Weimar, dont les données furent plus tard utilisées par l'administration nazie dans le projet d'extermination des Rom ».

143-148) dans leur livre « Crise de la démographie », *Kris i befolkningsfrågan* (1934). Dans ce livre, ils se positionnent en faveur d'une réforme sociale ayant, notamment, pour objectif la hausse de fécondité. Le point de départ de leur analyse est que la société suédoise, et particulièrement l'institution familiale, étaient en pleine crise, que près d'un enfant sur deux n'était pas désiré, que la population était vieillissante et que la proportion d'immigrants dans la société augmentait progressivement. Pour revigorer à la fois le dynamisme démographique et économique et permettre aux familles de vivre pleinement les joies de la procréation, tout en limitant les risques sociaux handicapant et freinant le développement de l'État-providence, les Myrdal préconisaient un équilibre entre la prise en compte des aspirations féministes, l'accroissement des naissances et la limitation des « déperditions » représentées par les cibles de la politique eugéniste. Même s'il est important de rappeler que l'engagement philosophique ou anthropologique des Myrdal n'avait rien de racial et qu'il reposait au contraire sur la conviction qu'il était possible de développer et d'améliorer une ingénierie sociale capable d'accompagner les réformes économiques et sociales en faveur des individus et des familles[115], il n'en reste pas moins qu'ils ont clairement positionné les stérilisations forcées comme un moyen de politique publique en matière de populations, un « processus sociologique d'ajustement », condition d'une société industrielle harmonieuse et moderne. Ainsi s'exprimait Alva Myrdal en 1941 : « En ces jours de grandes avancées en matière de réformes sociales, les besoins en stérilisations sur des critères sociaux connaissent un nouvel élan. Des réformes sociales généreuses permettent de rendre plus faciles qu'avant les travaux domestiques et la maternité pour les parents aussi bien souhaitables que ceux qui le sont moins. Cela ne doit pas être critiqué en soi dans la mesure où le bonheur de ces personnes ainsi que les gains en termes d'éducation pour leurs enfants déjà nés ne doivent pas être négligés. Mais le fait que ces interventions communautaires s'accompagnent d'une fécondité accrue dans certains groupes héréditairement déficients ou déficients sous d'autres aspects et le fait que la mortalité infantile parmi ces déficients soit en baisse requièrent des actions correctives correspondantes » (Myrdal, 1968, (1941) : 215).

Dans les années 1930, trois facteurs permettent à la Commission sur la Population de légitimer la politique de stérilisation : (1) le groupe cible est étendu de façon substantielle aux prostituées et aux vagabonds par exemple ; (2) puisqu'il y a un niveau faible de naissances, autant que ces dernières

[115] L'argument développé par Alva Myrdal est à la fois concret et précis : dans le cadre de la mise en place et du développement du système d'allocations familiales déjà coûteux en soi, l'État-providence ne peut se permettre de laisser naître et d'entretenir des individus dont le poids en limiterait les bénéfices présents et futurs (en cumulé) pour la collectivité. Un autre éclairage de l'ingénierie sociale promue par les Myrdal en relation avec le développement d'une technostructure d'État peu à peu influencée par des féministes est développée plus loin.

soient qualitatives et qu'il n'y ait plus de naissances de débiles et d'arriérés mentaux ; (3) enfin, l'État-providence avait commencé à démontrer son efficience, et de là découlait sa légitimité à décider pour le bien-être et la santé de la collectivité. Le renouveau de la natalité passe par la mise en place d'un système de transferts sociaux dans lequel les charges des familles et des ménages sont socialisées. Mais il y a un corollaire à cette position, c'est « l'amélioration de la qualité du matériel humain » (Carlson, 1990 : 86-88). De façon explicite, les Myrdal vont proposer des mesures dans les domaines de l'éducation-scolarisation, de l'hygiène et des cantines scolaires et du logement afin de limiter les facteurs héréditaires des composantes inférieures (*mindervärdiga*) de la population que sont les aliénés, les débiles, les déséquilibrés mentaux, les criminels, les alcooliques, les syphilitiques, les indigents asociaux, les vagabonds, certains étrangers et ... les prostituées.

En ligne avec la conception éthique de l'État-providence qui fait que c'est le devoir (moins qu'un droit comme dans d'autres pays) des individus que de contribuer au bien commun, c'est l'utilité sociale du matériel humain qui doit donc être valorisée. En fait, la stérilisation des personnes, victimes sociales autant que « fardeau » pour la société, représente à la fois une réponse éthique (n'est-il pas charitable en effet, d'éviter la survenance de situations difficiles et difficilement supportables, comme par exemple des internements douloureux autant que dégradants, pour les individus malheureusement affligés de telles tares ?) et une réponse technocratique consistant à transférer la charge financière d'un système d'assistance coûteux, mal adapté, inutile, vers un système de redistribution permettant d'optimiser l'amélioration de l'état sanitaire général de la population et des services sociaux qui doivent y concourir. D'évidence (c'est-à-dire, sans avoir recours à un argumentaire biologique et racial) la législation eugéniste de stérilisation (lois de 1935 et 1941) apparaît d'emblée comme un des instruments efficaces d'une politique publique de santé (Tydén, 2002 : 584-590). Enfin, en suivant P. Zylberman, « l'État-providence eugéniste pouvait représenter la défense d'un mode de vie perçue comme une manière de protéger les intérêts suédois. Et à son tour, cet État-providence eugéniste rétroagit sur la social-démocratie, renouvelée dans sa base (non plus seulement ouvrière, mais élargie aux classes moyennes), sa doctrine (fortement centralisatrice), ses leaders (des experts plus que des chefs ouvriers), et dans sa politique (autoritaire pour sauvegarder la solidarité nationale) ».Votée en 1934, la loi met en place des mécanismes de stérilisation sous contrainte ainsi que l'imposition forcée de l'avortement sous condition de stérilisation - en clair l'avortement n'était autorisé/pratiqué que si la femme acceptait au même moment d'être stérilisée. L'avortement qui est aujourd'hui revendiqué et promu comme l'expression la plus achevée de la liberté des femmes de pouvoir décider sans contrainte de leur sexualité, a été précisément le moyen initial de leur assujettissement. Priorité était ainsi donnée aux intérêts collectifs au détriment des droits humains et en particulier ceux des femmes qui, en Suède, beaucoup plus qu'ailleurs ont payé un lourd tribut à cette politique comme le montre ci-après le tableau comparé des stérilisations en Scandinavie (1929-1977).

Population (1960)	Nombre de stérilisations	**dont % de femmes**
Suède (*7.5 millions*)	62 888 (1934-1975)	93 %
Norvège (*3.6 millions*)	40 891 (1934-1977)	75 %
Danemark (*4.6 millions*)	11 000 (1929-1960)	82 % (statistiques 1929-34)

Source : "Tableau 1 : STERILISATIONS EN SCANDINAVIE, 1929-1976 (toutes lois) in Broberg & Roll-Hansen, 1996 : 110.

Avec cette législation sur l'eugénisme (législation qui sera modulée dans le temps vers une « déracialisation », la question « Rom » restant néanmoins toujours brûlante[116]) se met en place un dispositif qui servira d'anti-modèle aux politiques publiques mises en œuvre à partir des années 1950. Dans son rapport de 2000[117], la commission d'enquête parlementaire installée après les révélations médiatiques situe vers la fin des années 1950 les changements majeurs de la politique eugéniste, passant d'une majorité de stérilisations forcées à une majorité de stérilisations consenties et de l'application des théories eugénistes et de « préservation de la race » à un programme de planification familiale et de cohésion sociale fondé sur les droits humains. Ce n'est toutefois qu'en 1976 (!) qu'une sous-commission parlementaire vote, sans publicité, une modification radicale de la loi rendant obligatoire l'accord des intéressé-e-s en cas de stérilisation.

Comment interpréter cette volonté ambivalente de changer la loi tout en lui gardant un caractère quasi-confidentiel dans un pays réputé pour sa culture intransigeante de la transparence ? Cela ne signifiait-il pas en fait que publiciser le changement de la loi revenait du même coup à admettre qu'une loi scélérate avait perduré jusque-là ? Comment interpréter, qu'au pays de la transparence érigée en principe clé de la démocratie, les parlementaires

[116] En septembre 2013, la presse fait état de la possession par les autorités policières d'une base de données secrète (et donc illégale) concernant les Rom, logée dans un programme d'opérations antiterroristes...

[117] http:://www.regeringen.se/content/1/c4/28/64/212fc81a.pdf.

Le document n'existe qu'en suédois. Seul un résumé existe en anglais. Les remarques formulées ici sont donc des commentaires à partir d'articles et de communiqués de presse de médias suédois en langue anglaise.

n'aient pas jugé essentiel de porter ces enjeux sur la place publique comme si, au-delà d'une solidarité intergénérationnelle entre membres d'une même institution et de la classe politique dans son ensemble, c'était en définitive le peuple suédois qui était révélé à lui-même dans sa part la plus sombre ?

L'existence de cet anti-modèle est particulièrement significatif dans la politique d'aide publique au développement, comme si dans ce renversement des valeurs, ce qui avait été à la fois mis en œuvre et caché/non-dit à l'intérieur pendant plus de quarante ans (et qui reste encore un motif de gêne, d'embarras, voire de dénégation), était le miroir inversé d'une entreprise assumée ou inconsciente de rénovation, de valorisation et de promotion extérieure d'un modèle suédois en la matière. Dans une démarche de purification de la culpabilité, le discours et la pratique de l'aide publique au développement ont, dès le milieu des années 1990 remplacé ce passé fait de « sales secrets » par une croisade en faveur des droits humains, et en particulier, ce qui constituait le cœur de la politique eugéniste, les droits sexuels et reproductifs.

Nous faisons l'hypothèse que cette face sombre que représente la politique eugéniste suédoise, des formes et des étapes spécifiques qu'elle a prises, sont une sorte de refoulé national, qui s'est retrouvé sous deux formes opposées, mais s'originant en définitive à la même source :
- dans l'appui massif à la planification familiale comme « produit d'exportation » *made in Sweden* dans la première phase de sa politique d'aide au développement jusque dans les années 1980,
- dans le rejet tout aussi massif, et du concept et des mots mêmes, de planification familiale un peu avant et après la Conférence du Caire sur la population et le développement (1994) jusqu'à nos jours, ce concept étant jugé historiquement trop *'chargé'* et idéologiquement réducteur. À partir du tableau suivant décrivant l'évolution des enjeux de santé et de droits sexuels et reproductifs dans leur dimensions nationale (colonne 1) et internationale (colonne 2), nous visualiserons ce basculement d'un dispositif dominé par les considérations eugénistes (à l'intérieur) et démographistes (à l'extérieur) vers des politiques publiques à l'intérieur *et* à l'extérieur marquées par l'approche par les droits humains, le moment clé de ce basculement se situant lors des grandes conférences onusiennes du Caire et de Pékin des années 1990.

Ainsi, la planification familiale originellement issue d'un environnement eugéniste a-t-elle permis à la Suède (en plus de son traditionnel principe de neutralisme), de définir le nouveau paradigme de son positionnement international après la Seconde Guerre mondiale. Mais, paradoxalement, pour que ce nouveau positionnement international trouve sa pleine dimension à partir des années 1990, il lui a fallu rompre avec les origines ambiguës de la planification familiale et instaurer le modèle de l'approche par les droits.

Chronologie des enjeux de santé et de droits sexuels et reproductifs (1934 -2014)

1934. Loi eugéniste instaurant le principe des stérilisations sous contrainte ---> **1960.** Avortement sous condition de stérilisation ---> **1970.** Stérilisations avec consentement (pratique médicale et début de procès individuels) **1972.** Loi sur l'identité sexuelle. Maintien de la stérilisation comme condition du mariage des transsexuels **1974.** Loi légalisant l'avortement sans conditions préalable dans la limite de 18 semaines **1976.** Loi rectificative instaurant, sans publicité le consentement préalable à la stérilisation ----> **1980.** Lois anti-homophobie	**1960---->1993.** La planification familiale comme un déterminant fondamental de la croissance et du développement est le principe constitutif et structurant de l'aide extérieure suédoise aux pays du Tiers-Monde
	1993. Publication de *Population Policies reconsidered* (Sida) **1994.** CIPD. Le Caire **1995.** 4e Conférence mondiale sur les femmes. Pékin
1997. Publication de l'article de Maciej Zaremba **1999/2000.** Loi d'indemnisation aux victimes des stérilisations forcées et publication du rapport de la commission parlementaire	**1997.** Publication de *Sexual and Reproductive Health and Rights Strategy for Development Cooperation* (Sida) ---->**2014.** Suède, porte drapeau de la SDSR dans les enceintes et conférences internationales avec les autres pays nordiques, plus les Pays Bas
2009. Loi autorisant le mariage homosexuel et approbation par le synode des Évêques du mariage homosexuel consacré par l'Église	**2010.** Publication de *Sexual Rights for all* (Sida)
2013. Loi mettant fin à la stérilisation forcée lors de changement de sexe	**2013.** Publication de *From population issues to SRHR - Swedish global engagement in sexual and reproductive health and rights* par le ministère des Affaires étrangères **2014.** Suspension de l'aide à l'Ouganda en raison de la nouvelle législation du pays instaurant notamment la prison à vie pour les homosexuels, bisexuels et transsexuels

CHAPITRE 5

DES POLITIQUES PUBLIQUES AUDACIEUSES ET EXEMPLAIRES

Dans les chapitres précédents, nous avons vu comment, d'un point de vue anthropologique et historique, se sont mis en place des éléments qui ont contribué au XXe siècle, lors de la longue période de domination de la social-démocratie à partir des années 1930, à atteindre un modèle parmi les plus avancés en matière d'égalité de genre. Ainsi, les politiques publiques visant à instaurer/développer l'égalité femmes-hommes sont-elles la conséquence d'une combinaison de trois facteurs : une adhésion à la tradition, une capacité d'adaptation et d'innovation et une volonté de changement avec une mobilisation massive et cohérente de moyens appropriés à la fois humains, financiers et organisationnels. De nombreuses études ont démontré les liens étroits entre l'État-providence tel qu'il a été institué en Suède au cours du XXe siècle jusqu'à nos jours et le rôle de plus en plus affirmé des femmes dans les institutions (Kjeldstad, op.cit.,), la société et l'économie suédoises, en particulier à travers la structuration spécifique du marché du travail. Les facteurs, qui pouvaient exister dans d'autres pays, mais qui n'ont pas trouvé de tel catalyseur, ont trouvé dans le *'logiciel'* de la social-démocratie suédoise de quoi se réaliser pleinement (Earles, op.cit.,) : premièrement, le modèle politique social-démocrate et les valeurs qu'il a su syncrétiser ont été intégrées par les partis centristes et conservateurs eux-mêmes, en particulier les normes et les acquis en termes d'égalité de genre, que l'on retrouve au plan politique par un haut niveau de représentativité des femmes au gouvernement et au parlement ; deuxièmement, si les crises successives, à partir des années 1980, ont un peu érodé à la marge la spécificité du modèle économique dont le moteur était le plein emploi, elles n'ont pas fondamentalement remis en cause son corollaire social, c'est-à-dire l'incitation à faire entrer les femmes sur le marché du travail, à travers la mise en place de mécanismes de garde d'enfant et de congé parental dans la perspective d'égalité de genre ; troisièmement, les modes d'intervention des composantes du féminisme suédois qui ont été dominés par ce que l'on a appelé le « féminisme d'État », c'est-à-dire comment les institutions gouvernementales se sont officiellement chargées de promouvoir les intérêts des femmes dans tous les domaines en définissant, en organisant et surtout en finançant le secteur public de l'économie (Rune & Kuhnle, op.cit.,).

L'INGÉNIERIE SOCIALE ET LE FÉMINISME D'ÉTAT

Dans sa biographie consacrée à Alva Myrdal (Hirdman, 2006 : 167-191), une des personnalités (avec son mari, Gunnar), parmi les plus influentes de la Suède contemporaine, Yvonne Hirdman a démonté les mécanismes de cette innovation fondamentale qu'est le *social engineering*, innovation à la fois conceptuelle, pragmatique dans ces effets et (re)fondatrice d'un système de valeurs et de normes, qui constitue encore aujourd'hui une composante essentielle du modèle idéologique dominant.

Prise dans le contexte politique, économique et social des années 1930, l'ingénierie sociale est avant tout une réponse cohérente et pragmatique à divers défis : défi économique posé par les conséquences en Suède de la grande récession de 1929 combinant une chute des exportations et une explosion du chômage et de la paupérisation ; défis politiques et sociétaux posés par la faiblesse des libéraux à répondre à la crise de « leur » système d'une part, et par la radicalité d'une partie du mouvement ouvrier attiré par le communisme soviétique, d'autre part. Avec les Myrdal et quelques autres[118], la notion de « foyer du peuple » déjà évoquée, exaltant une vision générale du « vivre ensemble », va s'enrichir de principes économiques, de dispositifs technocratiques et de pratiques sociales innovantes qu'Y. Hirdman appelle *"prophylactic social policy"*. Derrière cet adjectif qui est à prendre dans son acception technique, il y a une conception de la société comme corps social dont les « maladies » qu'il convient de prévenir tout autant que de traiter, sont « la pauvreté, la criminalité et les autres problèmes dégénératifs » (Hirdman, op.cit., : 172).

Si, comme nous l'avons déjà souligné à travers le cas de l'eugénisme, il y a matière à questionner, d'un point de vue éthique, un certain nombre de pratiques qui, d'ailleurs seront peu à peu modifiées et enfin abandonnées, il est en revanche, deux aspects de ce dispositif qui ont marqué profondément la société suédoise, cette « maisonnée » chère à Albin Hansson. Y. Hirdman les résume ainsi « la maison, le foyer devinrent véritablement la métaphore d'une nouvelle ère, une ère d'urbanisation, de nouvelles relations entre les hommes et les femmes, d'une vie moderne nouvelle et pleine de possibilités ». En effet, selon les tenants de l'ingénierie sociale, la question

---

[118] Parmi les fondateurs de l'État-providence proches des Myrdal, il convient aussi de citer aussi bien des économistes comme Gustav Möller, Erik Lindahl, Ernst Wigforss, Alf Johansson que des architectes comme Uno Åhren, Sven Wallander et Olle Engkvist.

du logement est un enjeu sociétal majeur qui suppose de rassembler de façon cohérente, harmonieuse et rationnelle des expertises complémentaires : urbanistes et architectes radicaux qui remettent en question l'aménagement purement privatif de l'espace social au profit d'une « socialisation » des constructions nouvelles ; économistes qui mettent au premier plan la planification comme moyen de réalisation du plein emploi et *ipso facto,* la génération de meilleures conditions d'accès au logement pour les travailleurs[119] ; enfin, sociologues (comme Alva Myrdal) pour lesquels la famille « ne fonctionnait plus, mais était une institution inadaptée structurée sur la base d'une société agraire obsolète. La famille devait être accordée à l'évolution des temps ».

Ces profondes réformes que ces « experts » appelaient de leurs vœux ont été présentées comme une réponse concrète, non seulement à la crise économique, mais surtout à une crise beaucoup plus profonde qui, selon eux, minait la Suède, une crise avant tout démographique. Il n'est pas inutile de rappeler brièvement en préalable le « précédent » démographique fondamental dans l'histoire de la construction du modèle suédois : l'émigration massive vers les États-Unis qui, entre 1840 et la fin des années 1930 vit 1,3 million de Suédois et de Suédoises quitter le pays, représentant plus de 20 % de la population totale du pays (Barton. op.cit.,).

La première vague jusqu'à la veille de la Première Guerre mondiale est une émigration massive très majoritairement jeune (femmes et hommes confondus), collective, économique, rurale et assez peu politique ou religieuse. Elle survient très largement avant la période d'industrialisation (alors que les campagnes sont le lieu à la fois d'un fort accroissement démographique et de crises agricoles cycliques et répétées), et aussi avant l'apparition d'idéologies aussi diverses que le nationalisme culturel, le socialisme et les mouvements liés aux conflits sociaux de l'ère industrielle. Cette vague d'émigration, dont le pic se situe entre 1870 et 1900, a vu partir plus de 850 000 personnes a été très fortement stigmatisée par les élites conservatrices qui considéraient ces départs comme une atteinte à l'unité nationale et comme une remise en cause de leurs intérêts économiques. Les libéraux, quant à eux, en comprenaient les ressorts (morgue des possédants terriens, salaires très faibles dans les campagnes, promiscuité démographique, alcoolisme profond), voire soutenaient le mouvement, avant de réaliser, au tournant du siècle, que cet exode massif de la force de travail pouvait remettre en cause l'émergence du nouveau modèle de développement industriel dont ils étaient les promoteurs.

---

[119] Le type de planification promu par Gunnar Myrdal n'est pas synonyme d'étatisation et de nationalisation, mais avec un niveau de bureaucratie minimum, repose sur la négociation et l'adoption de règles entre l'État, les entreprises et les syndicats.

La deuxième vague jusqu'à la fin des années 1930 ne renvoie plus à une émigration aussi massive[120] dans la mesure où la prise de conscience des causes sociales, révélées par une commission parlementaire sur l'émigration (1907-1913), et surtout les réformes mises en œuvre pour y répondre en matière de logement, d'éducation populaire et d'extension des droits civiques commençaient à donner l'avantage aux libéraux dans l'organisation politique, économique et sociale du pays. Dans leur livre *Kris i befolkningsfrågan,* les auteurs réinvestissent la thématique démographique et mettent en avant l'urgence d'agir car il va de la survie de la nation. Cependant, cette crise démographique est pour eux fondamentalement la partie visible d'un problème sociologique sous-jacent. Comme le souligne Örjan Appelqvist (Appelqvist, 2007[121]), « ils considéraient la baisse de la natalité comme une réponse rationnelle des individus aux problèmes créés par l'industrialisation et l'urbanisation : les enfants n'étaient plus une source de main-d'œuvre supplémentaire comme dans une exploitation agricole, mais un surcoût pour un foyer à ressources limitées et déjà mal logé. Pour relancer la fécondité, objectif revendiqué par les Myrdal, il fallait donc agir d'une manière dite prophylactique, en renforçant les soutiens aux familles et en créant un système de financement des logements à destination des ménages défavorisés ». Les Myrdal ont emporté l'adhésion des conservateurs, réticents par nature aux réformes sociales, en « instrumentalisant » l'argument démographique au service de leur vision de ce que devait être l'évolution de la société suédoise, en particulier les normes qui la structurent, au premier rang desquelles la situation des femmes. Y. Hirdman le souligne, en citant les auteurs : « il n'y a pas d'autre moyen pour limiter la baisse du nombre d'enfants que de créer un changement de paradigme concernant la totalité de l'argumentaire psychologique en faveur d'une théorie de contrôle des naissances encourageant l'infécondité. La charge supplémentaire liée au fait d'avoir des enfants doit être réduite afin que les enfants ne soient plus un obstacle aux efforts que les familles font pour améliorer leur niveau de vie. Et dans la mesure du possible, les enfants ne doivent pas être considérés par les femmes comme des entraves à leur nouvelle situation dans la société » (Appelqvist, op.cit., : 177).

---

[120] Durant cette période, ce sera un mouvement inverse de ré-émigration suédoise vers la Suède essentiellement le fait d'hommes urbains travailleurs de l'industrie…

[121] Extrait : « Le problème du 'dépeuplement' fut pour sa part temporairement mis en retrait pendant les années 1920. Dans le mouvement ouvrier, et parmi les libéraux, beaucoup étaient influencés par les théories néomalthusiennes de Knut Wicksell, selon lesquelles, la population en Suède, et en Europe en général, serait plutôt trop nombreuse que l'inverse. Pourtant, avec la diminution continue des taux de natalité, ce souci réapparaissait au début des années 1930. Les statistiques officielles recensaient des taux de natalité inférieurs à 14 ‰, soit plus de deux fois inférieurs à ceux de la fin du XIXe siècle. Le taux net de reproduction, indicateur de prédilection des démographes de l'époque, était alors parmi les plus faibles d'Europe ». http:://www.cairn.info/zen.php?ID_ARTICLE=VING_095_0015#pa3

Comme le montre Örjan Appelqvist, la mise en œuvre des mesures s'est étalée dans le temps, et ce n'est véritablement qu'après la Seconde Guerre mondiale que la plupart des politiques sociales et familiales ont été effectives[122]. Cependant, l'approche des Myrdal, ne doit pas être perçue uniquement comme purement instrumentale, mais au contraire, comme l'expression du caractère homogène de cette culture du consensus dont ils sont à la fois détenteurs et acteurs. C'est en cela que leur contribution est capitale tant elle réunit ce qui en apparence semble contradictoire : d'une part, une approche démographique 'quantitative' visant à accroître la population car « la Suède peut disparaître » et d'autre part, une conception visionnaire 'qualitative' cherchant à permettre aux individus de réaliser le meilleur d'eux/d'elles-mêmes et de constituer ainsi un capital humain optimum pour les réformes radicales à engager au service du bien-être collectif.

La contribution d'Alva Myrdal à l'architecture conceptuelle de cette ingénierie sociale est majeure, d'une part, parce que plusieurs chapitres du livre sont de sa plume et d'autre part, parce que ce sont précisément ces derniers qui ont déclenché le plus de débats, car ils soulevaient des questions fondamentales autour de la question de la dé-sanctuarisation de la famille traditionnelle comme perpétuation des rôles sociaux attribués aux femmes et aux hommes. En bousculant l'intimité des foyers, et en posant le problème des responsabilités respectives du choix et de l'éducation des enfants, Alva Myrdal voulait soulever le seul enjeu qui lui semblait devoir être remis en cause, la « liberté » des enfants et au-delà, le pouvoir et l'autorité du chef de famille, c'est-à-dire en fait, d'un ordre social resté fondamentalement patriarcal. Cela dit, la liberté des enfants ne signifiait pas uniquement un affranchissement total et une libération absolue des règles traditionnelles d'obéissance, au nom d'un individualisme radical, mais elle supposait d'être repensée en fonction d'une nouvelle solidarité, d'un nouvel ordre social. De fait, tous les cadres nécessaires à cette combinaison nouvelle entre liberté et solidarité (secteurs de la santé et de l'éducation, marché de l'emploi) devaient être réformés afin de permettre à tous et toutes (toutes classes sociales confondues) d'être et de devenir « mieux socialement ajustés » (Hirdman, op.cit., : 184). Au-delà du remplacement d'un dispositif normatif par un autre, ce qui frappe dans cette notion d'ajustement social, c'est là encore, la recherche du primat de la cohésion et du bien-être du groupe sur les aspirations et les dispositions individuelles.

---

[122] « Avec la guerre, les nécessités du jour occupèrent bien sûr l'avant-scène. Mais au début du conflit, les velléités pro-allemandes imprégnèrent la société suédoise, renforçant les tendances conservatrices et autoritaires. Cette période sombre de l'histoire de la politique suédoise explique en partie la libération des énergies sociales durant les années suivantes. Au moment où la défaite du Reich se profila, la prédominance corporatiste et conservatrice fit place aux idées libérales et socialistes ».

De ce point de vue, comme le disent les auteurs, les ajustements touchant à la famille sont les plus fondamentaux : « Nous abordons un problème sensible, mais important, relatif à la structure globale de la famille dans une société des plus entièrement industrialisées où les femmes mariées, privées de leur rôle dans le secteur productif, ont été claquemurées dans leurs appartements miniatures dans lesquels elles deviennent grosses, paresseuses et égoïstes [...] Au sein de la famille nouvelle [...] la femme au foyer se tiendra comme une camarade au côté de son époux même si elle travaille au dehors... Habitat commun, loisirs communs et cette relation personnelle subtile et insaisissable qui, croyons nous, est l'élément constitutif de la famille, tout cela doit perdurer. Ce qui ne devra pas perdurer d'un autre côté, c'est le fonctionnement privé du ménage, l'autorité parentale individualiste et la vie cloîtrée de la ménagère. Tout cela devra s'effacer du paysage grâce au développement social aussi longtemps que l'adaptation de la famille à la vie le nécessitera » (Hirdman, op.cit., : 187-188). Au-delà de leur côté prescriptif très affirmé, ces extraits de « La Crise de la démographie » montrent bien que l'ingénierie sociale présuppose de repenser l'articulation du privé et du public comme condition fondamentale à l'établissement de nouvelles normes et de nouvelles politiques publiques qui permettent aux femmes de trouver leur juste et légitime place dans la société. Avec Alva Myrdal est clairement posée la question de la combinaison de la vie familiale et professionnelle dans une optique d'égalité des sexes (Morel, 2001 :65-79)[123]. L'État-providence s'attachera à prendre des mesures concrètes (services publics gratuits de garde d'enfants, de crèches et de maternelles, centre de loisirs après les classes, hébergements de vacances pour les travailleurs et leur famille), afin de permettre aux femmes d'être à la fois mères de famille et de travailler hors du ménage en ayant une carrière professionnelle hors du foyer (travail à temps plein, également rémunéré, sans rupture autre que celle librement consentie, congé parental).

À cette composante idéologique de l'ingénierie sociale qu'a représenté l'apport théorique des Myrdal, il est important d'ajouter la composante institutionnelle, ce qu'il est convenu d'appeler le féminisme d'État, et de présenter comment s'est opérée l'installation des femmes dans la sphère du public, de la citoyenneté et de la représentation politique, et d'analyser quel a été leur rôle dans la conception et la construction effective de l'État social sous la forme suédoise du Welfare State (Revillard. 2006)[124].

---

[123] Voir aussi Alva Myrdal and Viola Klein. 1956. Women's Two Roles, Home and Work. *Routledge and Kegan Paul. London.*

[124] Dans le recensement des définitions opéré par A. Revillard, nous retiendrons ici plus particulièrement l'approche du féminisme d'État au regard de la promotion pratique des intérêts des femmes à la fois par des individualités et par des interventions institutionnelles et des politiques publiques (statuts des femmes et droits réels comme l'égalité professionnelle) plutôt que « la dimension doctrinaire ou idéologique ».

Depuis le XIXe siècle tout particulièrement, il y a eu des évolutions différenciées des modes de luttes féministes selon les contextes historiques, politiques et anthropologiques nationaux : il n'est pas dans l'objet de la présente recherche de les rappeler toutes tant entre le suffragisme des premières militantes britanniques du début du XXe siècle et le radicalisme anticapitaliste de certains mouvements féministes d'Amérique du Sud, les luttes ont pris des options et de chemins différents.

En Suède, les conquêtes féministes ont pris la forme dominante d'un « féminisme d'État », c'est-à-dire de dispositifs particuliers de revendications, de mobilisations et d'investissements dans et de l'appareil d'État et de ses structures-relais au sein du parti social-démocrate en particulier (mais aussi dans le Parti Libéral et les Verts), des syndicats et des mouvements associatifs et de jeunesse[125].

En analysant comment et par qui ont été formulées les revendications, comment se sont organisées les luttes pour mettre concrètement ces revendications « à l'agenda », et enfin comment les « fémocrates »[126] ont investi les lieux de pouvoir afin d'influer sur l'évolution de la société dans toutes ses composantes, en particulier les politiques publiques, nous remarquons que les deux facteurs majeurs qui ont présidé aux origines du féminisme d'État en Suède sont l'accession, parmi les tous premiers pays au monde, des femmes au suffrage universel (1919) et à la création de sections féminines dans les principaux partis politiques (le parti social-démocrate en 1920, le parti libéral - parti du Peuple en 1935)[127].

En effet, avant d'apparaître comme une action positive de politique publique, la « question féminine » a été en Suède (avant et plus qu'ailleurs) présentée comme un enjeu de société à la fois par des individualités[128], des

---

[125] La notion renvoie « aux structures de l'appareil d'état qui sont formellement chargées de promouvoir et réaliser (*furthering*) le statut et les droits des femmes », dans Dorothy McBride Stetson & Amy G. Mazur. 1995. *Comparative State Feminism. Sage Publications London.*

[126] Le mot « fémocrates » ("*feminists in the bureaucracy*") créé et popularisé par des chercheures australiennes (dont Hester Eisenstein avec son *Inside Agitators. Australian Femocrats and the State*. 1996. *Temple University Press*) désigne des féministes travaillant au sein de l'appareil d'état (fonction publique d'État et des collectivités locales, entreprises du secteur public ou semi-public), et qui représentent des relais entre lui et les mouvements de femmes. Le terme fémocrates a aussi pu très vite apparaître comme une forme d'insulte utilisée par les activistes féministes qui entendaient dénoncer la collusion et la compromission de leurs « sœurs » avec le système patriarcal. Il n'est pas inutile de préciser ici que la référence faite à ce terme ne vise pas sa dimension affective ou polémique, mais entend qualifier un moment objectif et spécifique de l'implication des femmes dans la sphère publique.

[127] http:://liberalakvinnor.se/

[128] Libérales, comme Selma Lagerlöf, Kerstin Hesselgren, Elisabeth Tamm et Anna Whitlock ou sociales-démocrates, comme Alva Myrdal, Ulla Gunilla Lindström et Inga Thorsson...

théoriciennes, des intellectuelles, des femmes politiques, mais aussi par des anonymes au sein d'organisations caritatives, religieuses, sociales, communautaires ou philanthropiques, sans sous-estimer toutefois son « instrumentalisation » par les dirigeants (masculins) des partis politiques qui visaient, *via* une plus grande participation des femmes, à apaiser les tensions sociales et de classes tout en renforçant leurs bases politiques (Lindholm, 1991 : 121-142). Il ne faudrait pas cependant céder à une vision lénifiante, unanimiste, progressive et linéaire du développement de l'agenda « égalité femmes-hommes » comme le montre l'exemple du réseau "*Support Stockings*"[129], qu'il nous paraît important de rappeler ici. À l'issue des élections générales de 1991, le nombre de femmes parlementaires diminua jusqu'à 34 %, faisant écho à un certain nombre de reflux similaires en matière de différences salariales, de diminution du pourcentage des femmes sur le marché du travail, de réductions de certains services à l'enfance et aux personnes âgées, conséquences des mesures drastiques prises par le gouvernement pour résoudre la crise bancaire et économique. Face à cette situation, un groupe informel de femmes recouvrant tout l'éventail politique s'est constitué avec l'objectif de créer un parti des femmes si les partis traditionnels ne s'engageaient pas à augmenter la représentation des femmes lors des échéances électorales suivantes. Des sondages montraient qu'entre 30 % et 40 % des électeurs/électrices voteraient pour un tel parti. L'irruption possible d'une nouvelle formation politique venant de l'extérieur des partis, et sur un positionnement radical allant jusqu'au chantage, installait une nouvelle dimension, plus confrontationnelle dans l'ordre du politique. Cette forme d'intervention extérieure a montré sinon ses limites, du moins la complémentarité que le féminisme d'État pouvait attendre d'engagements plus radicaux (les médias parlèrent même d'un « mouvement de guérilla ») afin de maintenir au plus haut l'agenda de l'égalité politique[130]. Le résultat fut spectaculaire puisque en 1994, les femmes représentent plus de 40 % des membres du Parlement (45 % en 2005). Les « vagues » successives du féminisme suédois, en particulier la vague « radicale » des années 1970/1980, vont marquer fortement de leur empreinte l'agenda du développement que la Suède va porter et mettre en œuvre (d'autant que cette vague s'accompagne de l'arrivée significative des femmes dans la vie

---

[129] Expression peu traduisible qui renvoie aux luttes des femmes pour leurs droits au XIXe siècle ("*Blue Stockings*"), et dans les années 1970 ("*Red Stockings*").

[130] Cet exemple n'est pas unique : aux élections générales de septembre 2014, c'est Initiative Féministe ('*Feministiskt Initiativ*') qui a failli entrer au Parlement (3,7 % des suffrages alors qu'il faut 4 % pour obtenir des sièges). Lancée en 2005 sur une provocation (Gudrun Schyman, fondatrice du mouvement avait alors brûlé l'équivalent de 10 000 € pour dénoncer les différences salariales entre les femmes et les hommes) IF s'installe dans l'espace politique qu'elle tend, du coup, à modifier. Seule la longue durée permettra de juger de la radicalité de son programme et de ses modes d'intervention, ainsi que du niveau d'interaction avec la culture dominante réticente à la confrontation.

politique et la haute administration) : au-delà des enjeux domestiques (moyens de garde pour les enfants, journée de six heures, violences à l'encontre des femmes), ce sera l'inscription, à l'agenda des engagements internationaux de la Suède, des droits à la contraception, à l'avortement et des droits sexuels liés à l'orientation et à l'identité de genre.

LA RÉVOLUTION FÉMININE AU SEIN DE L'ÉTAT-PROVIDENCE

La social-démocratie suédoise en particulier après la Seconde Guerre mondiale, a été la formation politique la plus massivement engagée, au-delà des engagements idéologiques et des incantations politiques, à promouvoir l'égalité des sexes dans une approche pragmatique et globale[131]. Elle a en effet, suscité et accompagné par des incitations et des contraintes le plus grand bouleversement social et sociétal des quatre-vingt dernières années : l'installation de plus en plus massive des femmes sur le marché du travail. Historiquement, les Myrdal ont été les promoteurs de cette révolution féminine qui possède deux caractéristiques liées à la personnalité de chacune de ces deux individualités d'exception : d'une part, les conditions du plein emploi comme priorité fondamentale de l'économie[132], et d'autre part, la revendication à l'égalité femmes - hommes par l'autonomisation financière des femmes.

Concrètement, cette révolution féminine s'est installée grâce à la conjonction de deux mouvements « inversés », mais encore inégaux dans leur degré de réalisation : la « masculinisation » des parcours professionnels

[131] Il est en effet essentiel d'ajouter, signe là encore d'une « homogénéité » culturelle déjà évoquée, que les libéraux n'étaient pas en reste et leurs brèves périodes d'exercice du pouvoir jusque dans les années 1990 ont été l'occasion de démontrer leur engagement en matière d'égalité femmes-hommes en matière politique, comme le souligne Catriona Burness, « au début des années 70, l'égalité était largement acceptée comme objectif par tous les partis politiques en Suède et des demandes furent formulées en matière de représentation accrue des femmes. Depuis 1972, le parti libéral initia l'utilisation de procédures informelles à l'intérieur du parti, introduisant une règle selon laquelle ses bureaux et ses comités devaient avoir au moins 40 % des représentants de chaque sexe. Westerberg se souvient : c'était accepté dans le parti, mais il y a eu des difficultés au départ. Quand la règle fut introduite, 80 à 90 % du Comité directeur du parti était masculin. Donc, au départ, il a fallu réellement partir à la recherche de femmes, mais après quelques années, ce problème a plus ou moins disparu. Le parti libéral a fait adopter, après avoir vaincu les résistances du parti social-démocrate, la loi sur l'égalité en 1979. Au début des années 80, les sociaux-démocrates suivirent les libéraux en adoptant la règle des 40 %, puis se fut au tour du parti des Verts de l'adopter dès sa création en 1981 » (Burness. 1999.).

[132] G. Myrdal a reçu le prix Nobel d'économie en 1974 pour ses travaux sur les enjeux stratégiques liés au protectionnisme des industries naissantes, à la protection sociale, au rôle régulateur de l'État, et plus largement, sur l'importance de la prise en compte des facteurs institutionnels dans le processus de développement économique. A. Myrdal obtient le prix Nobel de la Paix en 1982 pour son engagement en faveur du désarmement.

des femmes (a) et la « féminisation » des parcours de vie des hommes (b)[133]. L'arrivée des femmes sur le marché du travail est la conséquence, non seulement d'une aspiration à l'égalité entre les sexes, mais aussi de la mise en place et du développement d'un système d'ingénierie sociale qui, en prenant en charge les enfants, a permis aux femmes d'envisager d'avoir une activité hors du foyer. Historiquement, conçue comme une démarche fortement teintée de 'natalisme', cette approche, qui a permis de mettre en place les conditions d'une plus grande compatibilité entre vie familiale et vie professionnelle, a accéléré l'autonomisation financière des femmes et de fait, a augmenté leur capacité à devenir les égales des hommes[134].

« MASCULINISATION » DES PARCOURS PROFESSIONNELS DES FEMMES

Les femmes sont parvenues à rentrer sur le marché du travail salarié, ce qui n'était pas (et n'est toujours pas) neutre du point de vue du « genre » : en effet, l'univers professionnel dans lequel les femmes ont amorcé, puis développé, leur insertion, était un univers masculin, c'est-à-dire dominé par les présupposés, les préjugés, les stéréotypes, les habitudes, les comportements, les aspirations, les rationalités conscientes et les mécanismes inconscients des hommes. Les femmes ont dû (et doivent toujours) faire l'apprentissage des conditions et des codes d'entrée sur le marché de travail (acquérir un niveau d'instruction égal, sinon supérieur, à celui des hommes), les risques encourus (déconsidération, procès en illégitimité, concurrence sociale jugée « déloyale » sur un marché du travail tendu, harcèlements de tous ordres) et les perspectives à en attendre (rémunération moindre pour un travail équivalent, phénomène du plafond de verre). C'est un changement radical du modèle familial traditionnel qui s'est

---

133 L'utilisation des guillemets rappelle que les identités et les rôles du masculin et du féminin sont construits socialement et qu'ils évoluent et s'interprètent constamment. C'est le rapport à des références biologiques et « naturelles », au substrat anatomique incontournable à partir duquel s'est construit, selon F. Héritier, cet alphabet symbolique universel, que ces guillemets entendent souligner. Enfin, ces guillemets renvoient à la situation, à un moment donné, d'une société donnée, qui a ses propres normes sur ce qui ressort du féminin et du masculin.

134 « Avec 71,8 % en 2012, le taux d'emploi des femmes était proche de celui des hommes (75,6 %), et nettement supérieur à l'Objectif de Lisbonne pour l'emploi des femmes (60 %). Mesuré à 76,8 % en 2012, le taux d'emploi des mères ayant des enfants de moins de 6 ans se classe troisième dans l'UE. En même temps, avec 1,9 enfant par femme en 2012, le taux de fertilité est relativement élevé, par rapport aux autres pays de l'UE. Une forte proportion de femmes utilise des formules souples de travail. Les taux d'emploi partiel pour les femmes et les hommes sont respectivement de 39,6 % et 14,6 %, par rapport à des moyennes UE de 32,5 % pour les femmes et 9,4 % pour les hommes. En moyenne, les femmes travaillent 5 heures de moins par semaine que les hommes, une différence plus petite qu'ailleurs dans l'UE. Avec 15,8 %, l'écart de rémunération entre hommes et femmes en Suède est inférieur à la moyenne de l'UE qui est 16,2 % ».
http::/europa.eu/epic/countries/sweden/index_fr.htm

mis en œuvre, et a remis en cause la dualité fondamentale entre l'homme-mari-ayant-un-travail-extérieur-rémunéré et la femme-épouse-restant-à-l'intérieur-du-foyer[135].

Au niveau de la société suédoise dans son ensemble, la révolution féminine a produit des changements radicaux : report de la première naissance (Bernhardt, 1990 : 1013-1036), taux de fécondité en baisse (baisse déjà amorcée au début de la deuxième phase de la transition démographique à la fin du XIXe siècle et de la forte vague d'émigration[136] vers les États-Unis. Le Bouteillec, op.cit., : 143-148), augmentation des divorces (Festy, 1983 : 113-120)[137] et diversification des modèles de parentalité et de structure familiale, accroissement du recours à des services sociaux externalisés, homogénéisation des mariages et appariements au sein des mêmes catégories sociales.

Le grand enjeu de la « masculinisation » des parcours professionnels des femmes, très tôt perçu par Alva Myrdal en particulier (et présenté dans une optique « instrumentalisante » plutôt nataliste), c'est de concilier l'autonomisation professionnelle et financière avec le désir d'enfant. Toutefois, restent deux écueils qui limitent cette évolution vers l'égalité femmes-hommes : d'une part, le fait que la révolution féminine n'est que *partiellement* en voie d'achèvement dans la mesure où elle ne s'est réalisée que dans les couches supérieures de la stratification sociale, c'est-à-dire pour les femmes éduquées-qualifiées des classes moyennes[138] et, d'autre part, le rythme encore lent, même en Suède pays pourtant pionnier en la matière, de la « féminisation » des parcours de vie des hommes.

---

[135] Voir Françoise Héritier *La fabrique de filles, ouvrage collectif édité par Amnesty International.* http://bf.15actionjuste.free.fr/15heritier.htm

[136] Arnold H. Barton. 1994. A Folk Divided. Homeland Swedes and Swedish Americans, 1840-1940. Southern Illinois University Press,

[137] Extrait : « En 65 ans, l'accroissement est prodigieux. L'indice passe de 2 % à 52 % entre 1910 et 1974 ». Cependant, il convient de signaler qu'après 1974, l'évolution du taux de divorces réduits (nombre annuel de divorces pour 100 mariage) a marqué un reflux en se stabilisant aujourd'hui autour de 45 %, ce qui représente encore un des taux les plus élevés au monde.

[138] La Suède reste encore actuellement aux avant-postes de cette évolution qui, après 70 ans de politique économique de plein emploi alliée à une politique d'ingénierie sociale centrée sur la promotion volontariste de l'emploi féminin, débouche sur un resserrement très marqué des écarts entre les femmes les plus et les moins qualifiées (Esping-Andersen, 2008 : 22 et suivantes).

Cette évolution inversée, mais non concomitante des parcours de vie familiale et professionnelle des hommes et des femmes, a reposé en Suède sur l'évolution « dirigée » des cadres généraux de la société, en particulier ceux qui touchent aux assignations de genre touchant les deux sexes. Les gouvernements successifs ont pesé sur l'évolution de la société à travers une incitation constante à une gestion nouvelle des emplois du temps des hommes suédois, en particulier sur les congés parentaux[139]. Ainsi, les expressions congés maternité et congés paternité ont-elles laissé la place à l'expression congé parental (1974) qui, au fil du temps, a défini que la mère et le père ont droit ensemble à un total cumulé de seize mois de congés payés par enfant. Sur ces seize mois, chaque parent a un droit personnel, non-transférable, de deux mois. Les douze mois restants peuvent être partagés librement entre les parents. Depuis 2008, il existe un bonus d'égalité des sexes pour les parents qui utilisent à part égale le congé parental. L'implication des pères dans la garde des enfants a progressé : le nombre total de jours de congé parental passant de 0,5 % en 1974 à 22 % en 2011 (Carlson, 2013). La Suède, de ce point de vue, reste très avancée par rapport à la plupart des autres États-membres de l'Union européenne. Cette évolution reste toutefois très biaisée puisque sont très majoritairement concernées les familles au sein desquelles les hommes sont les plus diplômés et les femmes (du fait de leur éducation et de leur activité professionnelle) les plus en position de négocier. « La féminisation du parcours de vie des hommes concerne principalement le sommet de la pyramide sociale » (Esping-Andersen, op.cit., : 45). Cependant, ce sont les mères qui continuent de prendre la plus grande part des jours de congé parental, démontrant ainsi que les politiques incitatives et les réglementations ne sont qu'un des facteurs d'évolution des normes de genre qui sont encore très prégnantes dans la société en général et le monde du travail plus particulièrement[140].

Les deux évolutions non simultanées, encore inégales et toujours inachevées des parcours de vie des femmes et des hommes révèlent l'inachèvement de la révolution féminine, en particulier dans sa dimension sociale, c'est-à-dire son extension vers toutes les composantes de la société. Les deux piliers communément affichés par l'État-providence, et à l'aune

[139] « La politique familiale de ce pays vise à soutenir le modèle familial où les deux conjoints travaillent et à assurer que les femmes et les hommes ont les mêmes droits et obligations en ce qui concerne la famille et le travail. Les dépenses généreuses en prestations familiales, des heures de travail et de congés flexibles pour les parents avec de jeunes enfants et des structures d'accueil et de garde d'enfants abordables et de haute qualité, représentent les principaux facteurs de ce succès ». http:://europa.eu/epic/countries/sweden/index_fr.htm.

[140] Voir Sara Brachet. 2007. Les résistances des hommes à la double émancipation. *Pratiques autour du congé parental en Suède,* in Sociétés contemporaines. *Presses de Science Po.*

desquels il entendait être mis en œuvre et jugé, ont toujours été l'efficacité et l'égalité. Inga Persson (Persson, 1990 : 223-244) montre que si la notion d'égalité ne traite pas « spécifiquement » et explicitement de l'égalité de statut entre les hommes et les femmes (en Suède), alors elle risque de rester formelle en ne questionnant pas les deux structures fondamentales du système de genre, d'une part la différenciation sexuelle et d'autre part, la hiérarchisation du masculin et du féminin[141]. C'est particulièrement éclairant en ce qui concerne l'égalité de statut économique entre les hommes et les femmes. D'un côté, il est indéniable que les avancées en termes d'égalité pour les femmes sur le marché du travail apparaissent comme les plus importantes au monde grâce à un volontarisme institutionnel (incitations fiscales, sociales, économiques) qui a fortement favorisé l'ouverture du marché du travail aux femmes. Cependant, au-delà de *l'accès* au marché du travail qui est un acquis (et un préalable) majeur, la question essentielle qui reste à aborder est celle *du rôle* (désiré/subi) des femmes sur ce marché du travail, et si les possibilités d'emploi renvoient bien à une égalité de statut. De ce point de vue, il convient de regarder les politiques et les stratégies mises en place en Suède pour réduire les inégalités genrées en matière salariale (Sultan, 2010). Parmi l'arsenal des interventions, ce sont deux perspectives qui sont présentement analysées : celle du cadre législatif d'une part, et celle des politiques publiques proprement dites d'autre part.

L'appellation du cadre législatif - *"Equal Pay Act"* (1980) - renvoie en théorie à une approche genre, mais en fait vise à favoriser les femmes dans l'accès au marché du travail et dans leur maintien sur ce même marché. La loi possède deux volets complémentaires : la première partie de la loi entend favoriser les mesures vers plus d'égalité, en particulier en mettant en place (1) une réglementation imposant aux employeurs de prendre des mesures concrètes pour promouvoir l'égalité sur le lieu de travail (répartition équilibrée entre les différents types de travail, les catégories professionnelles mise en place de mesures facilitant l'équilibre entre travail rémunéré et parentalité ; réduction des différences salariales entre les femmes et les hommes qui occupent des postes similaires et ont des compétences équivalentes ; mécanismes de surveillance et de sanction relatifs au harcèlement sexuel), (2) des outils de planification et de suivi dans les entreprises de plus de dix personnes : un plan annuel de promotion de l'égalité femmes-hommes comprenant en particulier, les mesures prioritaires à mettre en œuvre, un rapport annuel d'avancement, les étapes clé pour l'année suivante. Ce dispositif est renforcé par la signature d'accords collectifs en la matière au niveau des branches. La deuxième partie de la loi

[141] Cette question du fondement de la hiérarchie entre les sexes est au cœur des travaux de Françoise Héritier, en particulier dans son ouvrage, Masculin, Féminin (1996). La pensée de la différence. *Odile Jacob, Paris.*

vise à empêcher les actes générateurs d'inégalités à travers une réglementation sur la discrimination à base sexuelle en ce qui concerne le recrutement, la promotion, l'évolution du salaire, le lieu du travail et les conditions de fin du contrat de travail. Contrairement à la première partie de la loi, il n'y a pas de possibilité de signature d'accords collectifs tant les situations peuvent varier d'une personne à l'autre.

À partir du cadre général cité précédemment, tout un ensemble d'interventions publiques et de moyens sont déclinés dans le but d'atteindre concrètement à l'objectif d'égalité sur le marché du travail par la combinaison optimale entre activité professionnelle et parentalité[142]. Ce sont par exemple, l'existence d'un *"pool of gender equality"* qui finance des compléments de rémunération pour les personnes percevant des bas salaires. Les compléments de rémunération proviennent d'une contribution centralisée des employeurs et sont distribués sur la base de négociations collectives qui peuvent être décentralisées, mais aussi toute une batterie de mesures concrètes combinées les unes aux autres afin de former un continuum cohérent et homogène : présentations sur l'égalité salariale dans les établissements scolaires ; cycle de formations sur l'égalité salariale dans les entreprises ; mesures de soutien aux femmes entrepreneures. D'autres déterminants clé à l'égalité femmes-hommes, en plus des inégalités salariales, tiennent à l'articulation entre la vie professionnelle et la vie familiale, entre travail salarié et parentalité à la fois pour les femmes et les hommes, comme dans l'exemple du congé parental.

Dans l'*"Equal Opportunities Act"* (1992), le législateur s'est assuré que des mécanismes de contrôle sont bien mis en place afin de vérifier que les entreprises soutiennent bien le dispositif du congé parental comme nouvelle pratique/norme sociale qui vise la reconnaissance par la société que les pères peuvent et doivent être parties prenantes du système global des services aux

[142] Nous considérons comme faisant partie des politiques publiques, les interventions des partenaires sociaux tant, dans la culture suédoise de la négociation collective, les syndicats et les organisations patronales coconstruisent ces politiques publiques (comme d'ailleurs les Organisations de la Société Civile contribuent à l'élaboration et à la mise en œuvre de la politique publique d'aide au développement). Les 2 exemples suivants en sont l'illustration :
- le syndicat des employés du secteur public a créé un prix (*"The Golden Dummy"* (*Guldnappen*)) récompensant les entreprises qui ont un plan d'égalité salariale négocié collectivement et effectivement mis en œuvre. L'attribution du prix est largement médiatisée. Pour en savoir plus sur les critères d'attribution,
http:://ec.europa.eu/social/main.jsp?catId=370&langId=en&featuresId=123&furtherFeatures=yes
- L'organisation patronale du secteur financier et bancaire est aussi engagée dans un processus similaire à travers son *"Anna's Equal Opportunity Prize"*, in *The current situation of gender equality in Sweden–Country Profile* 2013.
http:://ec.europa.eu/justice/gender-equality/files/epo_campaign/131006_country-profile_sweden.pdf

personnes (“*care*”), historiquement et sociologiquement « surinvesti » par les mères. Cette imbrication forte entre politique familiale et politique d'égalité femmes-hommes au cœur du dispositif législatif a produit des résultats visibles quant au niveau d'égalité femmes-hommes dont rendent compte les statistiques nationales[143] et de l'Union européenne, tout en assurant des prestations universelles de haut niveau (Bernhardt, 2005 : 239-256). Déjà évoqué, le service public d'accueil à la petite enfance, l'un des piliers historiques de l'État-providence suédois, mis en place dès les années trente, a eu un double effet en termes d'égalité : non seulement la promotion de l'égalité femmes-hommes en permettant aux femmes de travailler à l'extérieur du foyer, mais aussi la réduction des inégalités sociales et ethniques.

Malgré les avancées normatives et juridiques importantes (en comparaison de la plupart des autres pays du monde, pays nordiques non compris), l'objectif d'égalité est loin d'être atteint. En effet, le marché du travail est encore très marqué par les inégalités de genre dans le secteur privé où les femmes occupent encore très majoritairement les emplois les moins bien rémunérés. Pour apparaître meilleure, leur situation dans le secteur public qui, historiquement, a été le lieu de leur implantation sur le marché du travail, n'est pas parfaite. Certes, le secteur public d'État et des collectivités locales a permis aux femmes d'intégrer le marché du travail - ce qu'elles ont fait massivement en Suède[144] - , et d'être les premières bénéficiaires des prestations familiales, sociales et de santé, mais cette intégration s'est faite, comme le montre le recours important au travail à temps partiel, au prix du maintien des inégalités de revenus et d'un questionnement moins radical qu'il n'y paraît de leur assignation à la norme du “*care*” et du « prendre soin » dans la sphère familiale et, *in fine*, de la perpétuation des ségrégations professionnelles et des stéréotypes qui y sont attachés.

Ce n'est pas parce que les femmes ont accédé massivement à l'égalité d'accès au marché du travail que les conditions de possibilités d'exercer cette égalité sont réunies dans les faits : les nombres d'heures travaillées par les femmes sont encore très dépendants de leur cycle de vie, et se retrouvent dans les chiffres relatifs au travail partiel[145]. En d'autres termes, la division

---

[143] *Statistics Sweden 2012. Women and Men in Sweden* (www.scb.se.)

[144] « Pendant les années 1970 et 1980, le nombre de femmes sur le marché du travail a augmenté. Lors de ces deux décennies, le nombre de femmes dans le secteur public a doublé… Aujourd'hui, un peu plus de femmes travaillent dans le secteur privé que dans le secteur public ». In *Statistics Sweden 2012*. p. 60.

[145] C'est là aussi un signe de la complexité de la situation, car le recours massif des femmes suédoises au temps partiel tient précisément au haut degré d'incitations financières mises en place par l'État-providence (fiscalité très progressive, transferts sociaux, système de soutien à la garde des enfants) qui ne rend pas un travail à temps plein forcément plus rémunérateur ni

sexuelle du travail est un élément qui continue de marquer la vie des femmes suédoises, ces dernières continuant à prendre majoritairement en charge les responsabilités domestiques[146]. Même s'il existe des compensations financières dans le cadre du congé parental (*"parental insurance"*), les revenus moyens des femmes dans le secteur privé restent encore de 15,9 % inférieurs à ceux des hommes[147].

Ainsi, si le féminisme d'État a contribué à aussi fortement façonner les politiques publiques, c'est parce qu'il a été le catalyseur d'une triple continuité : continuité thématique des valeurs d'égalité dans le champ du politique ; continuité qui voit sur un temps long la promotion de l'égalité commencer avant la Seconde Guerre mondiale et se réaliser au-delà jusqu'à nos jours ; continuité enfin de l'engagement des femmes elles-mêmes au-delà des idéologies politiques et des différentes « vagues », libérale puis radicale, du féminisme. Sans minimiser les blocages, les limites et ce qui reste à faire, - tant une société patriarcale possède de mécanismes de résistance aux changements des relations de genre - la Suède, au cours des dernières décennies a démontré qu'il est possible, non seulement aux femmes d'accéder en toute égalité aux mêmes droits fondamentaux et politiques (première vague formelle du féminisme), ainsi qu'aux droits économiques et sociaux (deuxième vague radicale des droits réels), mais qu'en parallèle, il faut engager des actions et des politiques visant à l'émancipation des hommes, à la remise en cause des assignations traditionnelles de masculinité. C'est un nouveau pas qui a été franchi : passer d'une approche égalité femmes-hommes à une approche genre qui questionne et met en perspective les conceptions respectives des hommes et des femmes ainsi que leurs rôles sociaux.

LE MODÉLE DE LUTTE CONTRE LE SYSTÈME PROSTITUTIONNEL

Deuxième exemple de politique publique genrée audacieuse et symbolisant l'accent mis sur les droits réels : la législation suédoise en matière de prostitution.

---

pour les femmes, ni d'ailleurs pour les ménages...

[146] « L'étude budget-temps la plus récente montre que les femmes et les hommes âgé(e)s de 20 à 64 ans passent le même nombre d'heures au travail, soit 7,5 heures par jour (chaque jour de la semaine). Cependant, des différences significatives entre les femmes et les hommes persistent, en particulier en ce qui concerne le travail rémunéré versus le travail non rémunéré. Les hommes sont, plus que les femmes payés pour le travail qu'ils effectuent, parce que les femmes passent plus de temps à des tâches ménagères non rémunérées », in *Statistics Sweden 2012. p. 38-39.*

[147]http:://ec.europa.eu/eurostat/statistics/explained/index.php/File :Gender_pay_gap,_2012_

Le propos ici n'est pas de porter un jugement de valeur (est-elle plus juste, plus efficace qu'ailleurs ?), mais, en la comparant, comme dans le tableau suivant avec des législations de deux autres pays d'Europe du Nord, Danemark et Pays Bas, de déterminer les fondements de son caractère novateur et radical et d'en montrer ainsi la cohérence et la spécificité en tant que « modèle suédois » en la matière[148].

Suède **loi de janvier 1999** Empêcher la demande de prostitution en sanctionnant les acheteurs sans pénaliser les prostituées	**Danemark** **loi de mars 1999** Dépénaliser et réglementer la prostitution sans sanction à l'encontre du client	**Pays Bas** **loi d'octobre 1999** Légaliser et encadrer l'offre de prostitution en protégeant les travailleuses du sexe

L'analyse des dispositions relatives au régime juridique de la prostitution en Suède fait apparaître des points communs avec ses voisins : non seulement, la prostitution individuelle ne constitue pas une infraction pénalement sanctionnable, et les revenus qui en sont tirés sont imposables sans que toutefois les prostituées bénéficient d'une couverture sociale complète faute d'une reconnaissance juridique de la profession (sauf au Pays-Bas où précisément, la reconnaissance du statut de salariée ou de travailleuse indépendante permet aux prostituées d'avoir une couverture sociale complète). Par ailleurs, il existe une condamnation « princeps » du proxénétisme (comme incitation à la prostitution, exploitation et contraintes sur des personnes en état de faiblesse) et là encore les Pays-Bas font radicalement exception. Cela dit, la Suède est le pays pionnier où l'achat de services sexuels est interdit quelle que soit sa forme et quelles que soient les circonstances et ainsi, au-delà de l'apparente similitude des dispositifs suédois et danois, c'est ce principe d'interdiction générale et absolu qui marque leur différence irréductible[149]. En effet, la démarche du législateur suédois en la matière n'est pas de traiter isolément de la prostitution, mais trouve sa justification dans une démarche éthico-juridique plus globale : la lutte contre toutes les formes de violences de genre. De ce point de vue, le législateur a considéré que le système prostitutionnel (et non plus seulement l'acte de se prostituer considéré individuellement, et c'est là une différence fondamentale) est un moteur et un marqueur de la violation de l'égalité femmes-hommes : en clair, il n'est éthiquement et juridiquement pas acceptable que l'exploitation sexuelle (très majoritairement des hommes sur

[148] La pénalisation de la prostitution et du racolage. Note de synthèse réalisée à la demande de la sénatrice Esther Benbassa. Les extraits de l'étude comparative du Sénat figurent en italique dans le tableau. www.senat.fr/lc/lc233/lc233_mono.html
Etudes de législation comparée n°233 - mars 2013.

[149] C'est à partir de 2009, que la Norvège, l'Islande et l'Écosse se dotent d'une législation d'inspiration abolitionniste.

les femmes) ne soit pas incluse dans un cadre juridique visant précisément à lutter contre les inégalités de genre, aussi bien au plan national que sur le plan international, en particulier la traite des êtres humains et les migrations forcées.

Dans une publication de l'Institut suédois, l'agence publique de promotion de la Suède, on peut lire : « La loi suédoise sur l'achat de services sexuels, une première mondiale... En 1999, la Suède a promulgué une loi qui était à l'époque unique en son genre... Au moment de son adoption en 1999, la loi suédoise était contestée parce qu'elle réprimait et pénalisait un droit masculin ancestral de considérer le corps de la femme comme une marchandise qui s'achète et se vend. Elle ne peut être comprise sans référence à la politique d'égalité entre femmes et hommes menée ces dernières années en Suède » (Kajsa, 2011). À cette conception qui met le principe d'égalité femmes-hommes au centre du dispositif juridique de la prostitution féminine s'oppose une conception qui fait primer la liberté de choix des individus comme entités autonomes. Le premier dispositif part d'une réalité concrète (les rapports inégalitaires entre femmes et les hommes sont comme surdéterminés dans l'acte prostitutionnel), pour affirmer le principe nécessaire de l'abolition alors que le deuxième dispositif part du principe de la liberté ontologique des individus et vise à en limiter les excès par la réglementation et la sécurisation de l'acte prostitutionnel (Yttergren, 2012).

Ce sont deux visions irréductibles qui se font face : d'une part, une vision des personnes considérées du point de vue des rapports d'aliénation, de domination, de contraintes, vision qui questionne fortement la possibilité qu'une personne, et dans le cas précis une prostituée, choisisse en pleine conscience et en pleine liberté d'entrer dans la prostitution et d'autre part, une vision libérale supposant des personnes autonomes et en capacité de définir par elles-mêmes leurs aspirations et leur choix pratiques de vie, y compris sexuelles. Ce qui est en jeu dans cette opposition, ce sont en fait deux conceptions, deux philosophies des droits humains souvent masquées par l'expression générique de « l'approche par les droits » qui depuis près de vingt ans, est à la base et au cœur de l'architecture des politiques de développement : celle des droits formels (les droits « de »), des droits « libertés » qui, bien que « naturels » n'en sont devenus effectifs que lorsqu'ils ont fait l'objet d'une déclaration sous une forme générique et abstraite et dont la régulation des effets indésirables inévitables reste la condition d'un fonctionnement correct, équilibré et acceptable des sociétés ; et celle des droits réels (les droits « à »), des droits « créances », conception critique de la première initiée par Marx au plan des droits économiques et sociaux, puis relayée par une partie du mouvement féministe, en particulier le féminisme radical matérialiste qui considère que l'énoncé formel ne peut créer à soi seul les conditions d'une organisation sociale juste dès lors que les bases concrètes de cette société (en l'occurrence, les inégalités constitutives de l'ordre patriarcal) ne sont pas questionnées.

Ce que montre l'opposition entre ces deux conceptions des droits, c'est que le passage aux droits réels n'est pas qu'une question *adaptative et évolutive* (rendre les droits abstraits des individus, plus réels, concrets, effectifs), c'est une question *transformative et radicale* (les droits dans la réalité des sociétés humaines sont les outils de la transformation de ces dernières vers plus de justice et d'égalité). De ce point de vue, au-delà de la décision libre ou non de se prostituer, la pénalisation des clients donne à voir et à réfléchir l'impensé, le refoulé de l'approche libérale : le masquage des rapports concrets de domination, voire de violence physique, psychologique ou verbale entre les hommes et les femmes qui structurent profondément toutes les sociétés humaines.

La perspective de genre engage un au-delà du libéralisme politique qui, malgré la reconnaissance des droits formels des personnes s'interdit, en fait, de reconnaître le caractère matériel et concret des inégalités entre les femmes et les hommes, et ce faisant, s'interdit du même coup de penser les conditions de leur apparition et les solutions à leur suppression. Pour Sophie Jacquot résumant cette critique, « la limite principale de cette approche réside dans l'écart qui peut se creuser entre égalité *de jure* et égalité *de facto*. L'accent est en effet, mis sur les procédures plutôt que sur les résultats, et c'est finalement le *statu quo* de la domination qui est maintenu » (Jacquot, op.cit.,). Enfin, tout en reconnaissant l'apport essentiel des féminismes[150], c'est aussi une contribution de l'approche genre que d'aborder le problème des inégalités entre les femmes et les hommes aussi bien à travers les perspectives et les revendications légitimes des femmes dans leurs diversités de conditions (dans une optique d'affirmation des droits et d'élimination des inégalités) qu'à travers leur « partenariat » incontournable avec les hommes dans la transformation des normes existantes.

---

[150] Il est communément admis de parler de plusieurs « vagues » du féminisme : la première, au tournant du XXe siècle jusqu'à la Seconde Guerre mondiale, a vu les luttes des femmes se concentrer sur la reconnaissance formelle de l'égalité des droits fondamentaux entre les femmes et les hommes (droit de propriété, de vote, à l'éducation...) sans remise en cause fondamentale des rôles sociaux de sexe, la seconde, qui a connu son apogée dans les années 1960/1970 en dénonçant l'oppression masculine, et qui fait de la sphère privée une affaire publique, et de la maîtrise du corps des femmes par elles-mêmes un enjeu des politiques publiques visant à reconstruire les rapports sociaux de sexe. La troisième vague, à partir des années 1980-1990, affirme des revendications prenant en compte la double oppression des femmes au sein de minorités sexuelles, ethniques, raciales, de handicap, *via* une critique radicale d'une pseudo identité « femme » et la promotion des combats communs entre tous types de mouvements ayant pour objet de contester et de renverser normes et valeurs dominantes.

À partir de l'examen de la mise en œuvre de l'approche genre ainsi comprise, il est clair que même en Suède, des tensions persistent entre des avancées en termes de sensibilisation du public et de mobilisation politique en faveur de l'égalité de genre et des effets encore trop insuffisants et trop lents dans bien des secteurs, en particulier dans le monde du travail. En effet, selon Sandrine Dauphin et Réjane Sénac-Sławiński, qui citent les travaux de Diane Sainsbury et Christina Bergqvist (Sainsbury & Bergqvist, 2008 : 117-138), le cas suédois a valeur d'exemple : « Cette expérience nationale, dans un pays plutôt favorable à l'égalité des sexes, montre l'importance de maintenir une double approche. Malgré des conditions propices, les sociaux-démocrates ont mis douze ans pour inscrire le *gender mainstreaming* dans les faits (il fait aujourd'hui partie du quotidien des ministères). Il a renforcé les institutions des droits des femmes et contribué à des réorientations dans l'agenda politique. Toutefois, son introduction n'a modifié ni l'analyse ni les objectifs des politiques. Il n'a pas transformé les principaux obstacles à l'égalité des sexes : ségrégation du marché de travail, écarts de salaire, violences contre les femmes. Ainsi, le maintien des actions positives est d'autant plus nécessaire que le *gender mainstreaming* vise principalement les processus des politiques publiques et non les origines économiques et sociales des inégalités » (Dauphin et Sénac-Sławiński, 2008 : 14). Cette vision un peu sévère montre en tout cas combien il est complexe et long de pouvoir transformer réellement les rapports sociaux de sexe. Il n'en reste pas moins que la Suède reste, malgré les limites rencontrées, un modèle opératoire qu'il est intéressant d'analyser.

À travers les analyses de déterminants du modèle suédois de l'égalité femmes-hommes que sont, à des degrés divers, le marché du travail et le système prostitutionnel, il est donné à voir une conception radicale du féminisme (MacKinnon, 1987) qui sert de référentiel aux politiques publiques. En ne reniant pas les acquis de féminisme libéral (visible essentiellement comme nous l'avons souligné, dans l'ordre du politique), mais en y ajoutant une perspective nouvelle, celle des violences envers les femmes (viol, avortement, harcèlement sexuel et psychologique sur le lieu du travail et dans la sphère domestique, prostitution), les politiques publiques (dont l'aide publique au développement abordée dans les chapitres suivants) assument l'hypothèse que les inégalités de genre affectant tous les secteurs de la société sont fondamentalement ancrées dans ces formes d'oppression, et que c'est la mise en œuvre de dispositifs visant à les supprimer (et non à les atténuer), qui permettra de rendre l'égalité femmes-hommes effective dans tous ces secteurs de la société.

L'acceptation, la mise en place et le développement de l'idéologie sociale-démocrate en Suède apparaissent comme le résultat d'un faisceau de déterminants tels que :

- la prégnance de la structure anthropologique de la famille souche (même questionnée et évolutive) ;
- l'importance du rôle sociologique unique joué par la paysannerie dans l'histoire moderne et contemporaine et dont les valeurs diverses, libérales ou autoritaires, égalitaires ou inégalitaires ont été recyclées, digérées, reformatées au cours de période de modernisation industrielle ;
- l'influence contradictoire, mais décisive, du luthéranisme (niveau d'éducation élevé ET très fort contrôle social) ; la pratique de « l'ingénierie sociale » (Gaulejac, Bonetti, Fraisse, 1989) et (Marklund, 2009 : 264-285) comme technique d'adaptation rationnelle à grande échelle des comportements des individus et des groupes sociaux et de réduction au maximum des risques liés aux comportements hors normes[151] ;
- enfin le rôle déterminant joué par les femmes à l'intérieur des mouvements associatifs, syndicaux et politiques et au sein de l'appareil d'État.

Nous avons vu comment la société suédoise très majoritairement agraire jusqu'au début du XXe siècle, longtemps aux marges de la révolution industrielle[152], et à l'écart de deux guerres mondiales a pu construire un des

---

[151] Il est apparu en particulier que l'angoisse comme formation mentale structurale semble être un des liens fondamentaux commun à toutes les descriptions qu'Åke Daun fait des modes relationnels entre individus (op.cit., : 31-109). Ainsi la timidité, l'évitement du conflit dans les sphères privée, politique et sociale, la recherche de l'indépendance, de l'autonomie et de la solitude, le niveau élevé des divorces et de la cohabitation hors mariage, la séparation stricte entre privé et public, le rejet de la violence et de toute forme d'agressivité, la recherche du consensus et de l'homogénéité sociale, voire du conformisme, la valorisation de l'honnêteté et de la transparence constituent une entreprise de maîtrise de soi tout autant qu'un mécanisme de gestion collective. De ce point de vue, le dispositif à la fois conceptuel et pratique de l'ingénierie sociale dont on a vu qu'elle a tellement marqué de son empreinte la naissance et le développement de l'État-providence en Suède, est aussi l'expression, le dépassement, et en quelque sorte, la gestion de cette angoisse. Cette angoisse « sociale » (à la fois individuelle et socialisée) n'est cependant pas sans lien avec le luthéranisme qui se constitue comme réponse (tout en l'entretenant de fait) à l'angoisse existentielle et métaphysique liée à la question du péché, du salut et de la damnation (op.cit., : 211). "*Lutheranism still permeates Swedish thinking to a considerable degree*").
Ces deux modalités d'angoisses, en se matérialisant dans l'omniprésence du regard des Autres d'une part, et du regard de Dieu d'autre part, sont parmi les explications de la mentalité suédoise à la transparence absolue érigée en principe constitutif de la vie publique. Site officiel du gouvernement suédois. https://sweden.se/society/openness-shapes-swedish-society/ Extrait : *"Open aid. In an effort to create further trust for government aid and humanitarian activities, the Ministry for Foreign Affairs together with Sida (the Swedish International Devel-opment Cooperation Agency) launched in 2011* www.openaid.se. *The site collates official government data so it can be accessed and studied easily by individuals, NGOs, aid recipients and officials. The aim is to further transparency and openness in humanitarian efforts and to inspire other institutions to increase their transparency and openness towards the public. This initiative is part of a larger movement where Swedish government agencies provide more open interfaces to their data".*
[152] Lars G. Sandberg. 1979. The case of the impoverished sophisticate: human capital and Swedish economic growth before World War I. *Journal of Economic History* pp. 225-241.

modèles sociaux parmi les plus élaborés, si l'on en juge par le niveau de vie des habitants, la cohésion des institutions et l'ancrage fort des mécanismes démocratiques en faveur de l'égalité. En parallèle, le pays s'est construit une forte image internationale à partir de sa position de neutralité qui, comme miroir inversé du militarisme suédois des XVIIe et XVIIIe siècles a été tout à la fois un choix contraint et une adaptation réaliste et volontaire à son environnement.

Ces caractéristiques majeures de l'identité[153]suédoise qui s'étaient déjà manifestées à travers la promotion de la paix, du désarmement, de la décolonisation et de l'agenda du développement des pays du tiers monde vont trouver à partir de la dernière décennie du XXe siècle un nouveau champ d'expression et une nouvelle dynamique pour son positionnement international : la perspective des droits humains et en particulier celle de l'égalité femmes-hommes.

Pour Sandberg, le processus d'industrialisation est relativement tardif en Suède, mais il a connu par la suite un rythme très accéléré soutenu par les exportations, le développement des chemins de fer, un capital humain, institutionnel et financier de qualité favorisant la croissance du marché intérieur. Voir aussi Lennart Schön. 2000. En modern svensk ekonomisk historia. Tillväxt och omvandling under två sekel [A modern Swedish economic history: Growth and change during two centuries]. *Stockholm : SNS förlag*.

[153] Le concept d'identité, enjeu de définitions, de conceptions, d'interprétations, d'instrumentalisations diverses et contradictoires ne saurait, par l'existence même de ces diversités et de ces contradictions, être évacué d'une démarche réflexive en tant qu'outil méthodologique et instance révélatrice de mécanismes anthropologiques, sociaux, politiques ou idéologiques. Nous nous bornerons donc à expliciter que par identité, nous entendons un ensemble commun de particularités, de comportements et de représentations pouvant créer une cohésion, et une perception de cohésion, au sein de groupements humains divers, et qui sont à analyser dans leurs dynamiques et leurs déploiements spatio-temporels.

TROISIÈME PARTIE

LE CONTEXTE INTERNATIONAL DEPUIS 1994

À partir du milieu des années 1990, aussi bien par le portage systématique et volontariste des thématiques que par la dynamique et le positionnement stratégiques de son activité diplomatique, la Suède devient une partie prenante majeure du changement de référentiel qui voit l'émergence et la consolidation des enjeux de genre et de droits qui deviennent centraux dans les problématiques du développement.

CHAPITRE 6

LES ORIGINES DE L'AIDE PUBLIQUE AU DÉVELOPPEMENT

En amont et au cours des Conférences de Vienne (1993), du Caire (1994) et de Pékin (1995), la Suède s'est fortement appliquée à trouver sa place comme puissance « normative », en influençant profondément le contenu et la direction de l'agenda international du développement en travaillant à l'intégration du genre et de la santé et des droits sexuels et reproductifs[154].

GUERRE FROIDE, ÈRE NUCLÉAIRE ET NOUVEAUX ACTEURS

Dans l'après-guerre très vite marqué par l'affrontement Est-Ouest, les processus de décolonisation et la redistribution des enjeux politiques, économiques et sécuritaires, la Suède pose les bases diplomatico-économiques de son positionnement international. Intégrant les contraintes d'un petit pays tout en tirant parti des opportunités du nouvel ordre mondial qui s'installe après 1945, le pays définit les éléments qui constituent son avantage comparatif[155] : l'initiative, l'imposition et le soutien à la création des normes internationales à travers une stratégie d'influence, structurée sur trois éléments déterminants caractéristiques d'une *'soft power'* : l'exemplarité d'une réussite économique et sociale qui se pense modélisable, l'utilisation d'un discours, d'une rhétorique des valeurs (indépendance, développement, désarmement, droits humains) visant à convaincre plus qu'à imposer, et enfin le positionnement stratégique d'experts au sein d'organisations internationales afin de créer des effets leviers (coopération nordique, organisation des Nations unies, puis Union européenne). Les

---

[154] From population issues to SRHR, 2013, *Regeringskansliet. Government Offices of Sweden,*

[155] La petite taille du pays et ses supposées contraintes répétées à l'envi, ne nous semblent pas être réellement décisives, au contraire : ce ne sont pas une situation géographique « décentrée », un poids démographique limité dans un pays immense, et pour une grande part inhospitalier, qui ont empêché la Suède d'être une puissance impériale pendant plus d'un siècle. C'est au contraire sa capacité à structurer un tel espace, et à y répartir une population, par ailleurs très homogène ethniquement et culturellement, que le pays a très vite su mettre en œuvre.

décennies d'après-guerre sont, selon les termes de Raymond Aron, marquées par l'improbabilité de la survenance d'une guerre qui signifierait la destruction de l'humanité, mais aussi par l'impossibilité de la paix et la persistance anxiogène du risque nucléaire. Dans ce contexte, la Suède, sortie économiquement et militairement indemne de la guerre, va reprendre en l'adaptant en permanence au contexte instable de la période son principe de neutralité en temps de guerre et de refus d'alliance en temps de paix.

La neutralité suédoise, comme évoquée précédemment, a des racines particulièrement profondes. C'est le sentiment ambivalent des compromis permanents, certes nécessaires à sa sécurité, mais confinant à la compromission résultant d'une pratique opportuniste de sa neutralité pendant la Première et la Seconde Guerre mondiales, qui a contribué à faire évoluer ce principe de neutralité vers l'affirmation des principes internationalistes. Durant la guerre froide, le statut officiel de neutralité militaire symbolisé par le refus d'intégrer l'Organisation du Traité de l'Atlantique Nord (1949), et ainsi ne pas provoquer le grand voisin soviétique, a servi ses intérêts sécuritaires et économiques de la même manière que durant la Seconde Guerre mondiale[156]. Cependant, plus encore qu'auparavant, cet environnement géostratégique nouveau, en particulier l'exacerbation des relations entre les deux superpuissances et le développement de leurs arsenaux nucléaires, a pesé de façon encore plus forte sur les orientations de la politique étrangère du pays qui prennent deux formes principales : le renforcement des critiques de plus en plus affirmées envers les deux Grands, et le relais/soutien des revendications des nouveaux pays indépendants désireux de trouver leur propre voie de développement, sans devoir s'aligner sur les superpuissances. Ainsi, de 1950 à 1961, les relations avec l'URSS se détériorent à l'occasion de deux évènements majeurs : la guerre de Corée (juin 1950 - juillet 1953) et l'insurrection de Budapest (automne 1956), ainsi que d'une série de rapprochements, d'une part avec les États-Unis à travers un programme conjoint secret de surveillance électromagnétique, révélé par la disparition/destruction d'un avion suédois (qu'en 1991, Moscou reconnaîtra avoir abattu après presque quatre décennies de dénégations) et d'autre part, avec les voisins danois et norvégiens dans le cadre d'une coopération militaire en cas de crise, auxquels les Britanniques et les

[156] Dès la fin de la guerre, et le début des années 1950, la Suède s'engage dans une politique d'apaisement très marquée vis-à-vis de l'Union soviétique, à qui les gouvernements successifs veulent donner des gages de bonne entente afin de garantir la sécurité du pays. Deux de ces gages sont à cet égard significatifs : l'épisode de la double extradition de militaires baltes ayant collaboré avec l'armée allemande, ainsi que de militaires allemands (janvier 1946), et la tentative suédoise de création d'une alliance nordique indépendante des deux blocs qui, de fait, échouera par la décision norvégienne d'intégrer l'OTAN en 1949.

Américains sont invités à participer[157]. Ce rapprochement amorcé avec les États-Unis va, à partir du milieu des années 1960, se détériorer à son tour en se cristallisant sur deux situations dans lesquelles, selon les dirigeants suédois, les États-Unis compromettent leurs valeurs éthiques fondamentales et ce faisant, la légitimité démocratique et politique de leurs actions internationales : il s'agit d'une part, du soutien au régime de l'apartheid en Afrique du Sud et d'autre part, de l'engagement de plus en plus massif au Vietnam. Commencée en 1968, cette crise entre les deux pays culmine en décembre 1972 avec un quasi gel des relations diplomatiques qui ne seront normalisées qu'en mars 1974. Les années 1980 verront d'autres motifs de critique des États-Unis, en particulier la politique qui est menée en Amérique centrale, alors que l'invasion de l'Afghanistan par l'URSS est elle aussi sévèrement critiquée.

Il est un autre domaine que la Suède a investi et dont elle est devenue un des promoteurs les plus engagés, celui du désarmement, de la paix et de la lutte contre la course aux armements nucléaires. Comme le souligne Benjamin Hautecouverture (Hautecouverture, 2007), « le pays, membre de la Société des Nations dès 1920, n'avait participé ni au premier ni au second conflit mondial. Son positionnement d'État non-aligné, *'leader'* en matière de maintien de la paix et de désarmement, trouvait donc un prolongement logique à travers un investissement marqué dans le débat international sur le nucléaire militaire dès le début de la guerre froide ». Sans décrire les interventions qui furent constantes au sein de l'ONU, il est important de souligner, là encore, la continuité et l'homogénéité du dispositif suédois symbolisé par le rôle prédominant joué dans ce domaine par... Alva Myrdal.

Nous avons déjà décrit l'influence capitale d'A. Myrdal dès avant la Seconde Guerre mondiale dans la constitution des bases égalitaires de l'État-providence, en particulier la nécessaire prise en compte de la conciliation des droits des femmes à la maternité choisie et à l'indépendance assurée par un travail rémunéré en dehors du foyer familial, et plus largement sa contribution au modèle suédois d'ingénierie sociale. Après un poste d'ambassadrice en Inde, et dans d'autres pays du sous continent (Sri Lanka, Birmanie de 1956 à 1961), elle rejoint Genève entre 1962 et 1973, où, en tant que ministre du désarmement, elle dirige la délégation suédoise à la Conférence des Nations unies sur le désarmement, puis à la Commission des dix-huit puissances sur le désarmement et anime de fait avec l'Inde en particulier, le groupe des Nations non alignées qui plaident sans relâche pour l'arrêt et le démantèlement des arsenaux nucléaires. Le chapitre suivant montrera que le Sri Lanka, l'Inde et le Pakistan seront précisément le terrain

[157] Politique totalement cachée à l'ensemble de la population et dont il conviendrait de cerner les raisons...

des tous premiers programmes d'aide au développement initiés par la Suède en faveur des politiques de planification des naissances. La concomitance des lieux, des thématiques et des experts est de ce point de vue assez éloquente. Alva Myrdal publie en 1982, année où elle reçoit le prix Nobel de la paix, un livre (Myrdal, 1982) dans lequel elle retrace avec objectivité et amertume, les efforts déployés pour parvenir à un Traité de Non Prolifération (1968) qui, n'ayant pas été ratifié par la plupart des pays, consacre l'échec final de sa mission. Cependant, comme dans le cas des rapports avec l'Otan et les États-Unis, le rapport à la question du nucléaire n'est pas exempt d'ambiguïtés, voire de double jeu, qui écornent un peu (comme on l'a vu avec l'eugénisme) l'image auto-entretenue de transparence, au profit du secret comme principe de réalisme. En effet, la posture claire prise sur la scène internationale est en décalage certain par rapport à la façon dont est traitée la question nucléaire comme enjeu politique national. À partir de 1945 et pendant près de vingt ans (dans le plus grand secret au moins pendant les cinq à six premières années), le gouvernement suédois, en accord avec la communauté scientifique et l'industrie de la défense pose les bases d'un programme nucléaire militaire. Créé essentiellement pour des raisons technologiques et économiques, afin de ne pas se trouver marginalisé dans le mouvement des avancées scientifiques et techniques, le programme nucléaire militaire, sous l'influence politique de la gauche du parti social-démocrate est néanmoins stoppé au cours des années 1960. Selon B. Hautecouverture, trois raisons expliquent cet arrêt : une raison politique tenant au changement de position de l'opinion publique convertie aux thèses des sociaux-démocrates de gauche, une raison d'ordre financier (« Il apparut impossible de mener de front l'ambition de créer un État-providence fort, la volonté de doter le pays d'une architecture de défense conventionnelle complète et la réalisation d'un programme crédible d'acquisition/déploiement d'armes nucléaires »), et enfin une raison d'ordre stratégique : la possession d'armes nucléaires remettrait *de facto* inévitablement en cause (du moins aux yeux des soviétiques) le statut de neutralité de la Suède et « le pays risque(rait) d'être désigné comme cible prioritaire pour des frappes préemptives soviétiques ».

Quoi qu'il en soit, l'on ne peut que constater qu'à travers ce combat pour la paix, le désarmement et la lutte contre la prolifération nucléaire, la Suède a défini et valorisé son rôle, sa légitimité et son image de médiatrice/animatrice d'un réseau de pays non alignés, petits et grands, au service d'une cause internationale 'pilote', dont elle se pensait la cheffe de file. La fin de l'affrontement Est-Ouest symbolisée par la chute du mur de Berlin qui confirme l'effondrement de l'Union soviétique, les accords START 1&2 qui prévoient la réduction massive des arsenaux nucléaires stratégiques soviétique et américain, rendent la mobilisation internationale que la Suède a longtemps animée moins centrale dans l'agenda international, et peut en partie expliquer le redéploiement du référentiel vers celui des droits humains (égalité de genre et SDSR) à partir des années 1990. Pendant les années de guerre froide, au nom de sa position de neutralité et de sa politique de non alignement, la Suède a joué un rôle d'intermédiation par une participation constante aux missions internationales de maintien de la paix dans le cadre des Nations unies d'une part, et d'autre part, par une fonction de médiation plus ou moins formelle. C'est aussi au cours de cette période (durant laquelle la figure d'Olof Palme a dominé la scène politique suédoise, en particulier comme Premier ministre de 1969 à 1976 et de 1982 à 1986) que des tensions sont apparues entre la fonction de médiation, supposant une impartialité vis-à-vis des belligérants et celle d'un pays engagé dans ce que le chercheur Ulf Bjereld (Bjereld, 1995 : 23-35) appelle "*international opinion-building*" (structuration de l'opinion internationale) qui se traduit dans la critique de plus en plus marquée des politiques menées par d'autres nations.

Expression de neutralité et formulation d'un discours idéologique radical peuvent apparaître comme des termes contradictoires d'un point de vue théorique et pourtant, comme nous le verrons plus loin, la Suède a réussi à les dépasser de façon pratique sous la forme renouvelée de son aide publique au développement à partir de la refondation du cadre général des relations internationales dans les années 1990. En effet, le nouveau contexte international marqué par l'imposition à l'agenda du consensus autour des valeurs libérales (démocratie politique et libéralisme économique de marché), va permettre à la Suède de définir les axes nouveaux de son positionnement comme acteur d'influence et puissance normative.

Ainsi, rendue possible par la théorie libérale dont elle est depuis le XVIIIe siècle le fondement philosophique, la thématique des droits humains, ancrée sur tout un cycle de conférences internationales, va servir de cadre nouveau à la reformulation de la politique internationale de la Suède.

UNE PRIORITÉ : LES POLITIQUES DE POPULATION UN OUTIL : LA PLANIFICATION FAMILIALE

Qu'est-ce qu'une politique de population ?

Les interactions qui existent entre la science des nombres et les techniques de quantification des populations d'une part, et les interventions de l'État et de sa bureaucratie d'autre part, sont au cœur d'une littérature abondante (Greenhalgh, 1996 : 26-66 ; Grimes, 1998 : 375-393 ; Connelly, 2003 : 122-147) qui a questionné l'importance de la construction sociale et idéologique des politiques publiques sur les enjeux de populations. Ces travaux ont beaucoup insisté sur le rôle joué par la communauté philantropo-épistémo-politique des États-Unis dans la mise à l'agenda de l'explosion démographique du Tiers-Monde, comme on disait alors, et les « solutions » qui pouvaient être proposées pour la limiter, au nombre desquelles en particulier, la planification familiale. Il est vrai que la puissance d'imposition d'un tel agenda a bénéficié de facteurs déterminants : capacité financière des fondations privées Rockefeller et Ford, plus tard rejointes par d'autres, dont la William and Flora Hewlett Foundation et la David and Lucile Packard Foundation, et à partir des années 2000, la Bill and Melinda Gates Foundation, implication d'universités et d'institutions scientifiques privées, parmi lesquelles le Population Reference Bureau, le Population Council, et plus tard, le Guttmacher Institute et enfin, bien que plus tardivement, les financements institutionnels massifs *via* l'Agence américaine pour le développement international (United States Agency for International Development - USAID).

L'analyse historique permet toutefois de situer le rôle pionnier que la Suède a joué dans la mise en œuvre pratique de cet agenda, avant même que les États-Unis ainsi que le système des Nations unies ne deviennent des intervenants majeurs dans ce domaine. Comme le souligne Sunniva Engh, « en 1958, la Suède est devenue le premier pays au monde à fournir une aide bilatérale en matière de population à un pays en développement après que des activistes suédois de la planification familiale ont développé une coopération depuis la fin des années 1940 avec l'organisation de planification familiale de Ceylan » (Engh. 2006).

Comment expliquer que dès les années 1950, un petit pays comme la Suède décide de se positionner sur la scène du monde sur une thématique à la fois innovante, mais controversée ? Il nous faut revenir sur quelques facteurs propres à l'évolution interne du pays à partir de l'entre-deux-guerres (l'ingénierie sociale comme base de l'État-providence) avant de voir comment la nouvelle architecture des relations internationales après la Seconde Guerre mondiale (décolonisation, émergence du Tiers Monde, théorie du développement économique en lien avec la « surpopulation », mise en place du système des Nations unies) a été perçue par les gouvernements suédois successifs comme une opportunité légitime de 'peser' positivement sur l'évolution vers un monde meilleur.

Entre des puissances coloniales que le deuxième conflit mondial a définitivement engagées dans la voie du déclin impérial, rendu visible par la crise de Suez (1956), et les impérialismes émergents et concurrentiels des États-Unis et de l'Union soviétique, la Suède va trouver une légitimité d'intervention aux côtés de pays représentatifs de cette catégorie nouvelle porteuse des aspirations des peuples pauvres et opprimés : le Tiers-Monde. En rappelant sans cesse jusqu'à aujourd'hui, qu'il y a cent cinquante ans, la Suède était un des pays les plus pauvres d'Europe, et qu'elle est devenue un pays ayant un niveau de vie parmi les plus élevés au monde, les gouvernements renvoient à la valeur d'exemplarité de leur expérience et de leur modèle de développement.

Première composante de ce modèle : l'ingénierie sociale. Reposant sur une conception technocratique et fonctionnaliste, et sur une confiance fondamentale dans la rationalité des comportements individuels et sociaux qui justifiaient le rôle central des « experts » (sociologues, médecins, économistes, planificateurs, urbanistes) comme garants du bien-être collectif, l'État-providence qui se met en place dès les années 1930 et se développe à l'écart du cataclysme de la Seconde Guerre mondiale, pour atteindre son statut de modèle dès les années 1960, s'est construit sur une référence marquée aux enjeux/dynamiques de population. L'amélioration des conditions de vie des gens, en reformulant en profondeur la plupart des politiques publiques, devait se retrouver non seulement dans un accroissement de la population suédoise, mais aussi dans la « qualité » de cette même population. À ce dyptique quantité/qualité en était associé un autre articulant deux tendances complémentaires : la protection (redistribution des richesses, régulation et atténuation des risques sociaux) et la « discipline » dans les choix reproductifs (et dont le point extrême fut la politique eugéniste).

Deuxième composante de ce modèle : la tradition de neutralité et de non-engagement colonial. Forte de ses choix historiques, la Suède se pense comme légitime à jouer un rôle particulier dans le nouvel ordre international qui émerge après la guerre, marqué en particulier par l'ébranlement des empires coloniaux. En se différenciant des anciennes puissances du continent à peine sorties ou peinant à sortir du système colonial, la Suède revendique une posture originale dénuée de toute mauvaise conscience et d'intérêts néocoloniaux habillés sous le label des communautés d'intérêts[158] et autres *"Commonwealth of Nations"*, tout en se situant hors de l'affrontement entre l'Est et l'Ouest. C'est la raison pour laquelle, elle va très vite développer des affinités idéologiques avec les pays du Tiers-Monde,[159] qui eux aussi, cherchent dans le non-alignement une voie originale à la souveraineté politique et au développement socio-économique.

---

[158] Voir le Titre XII 'De la Communauté' de la Constitution française initiale du 4 octobre 1958. Articles 77 - 87.

[159] Expression d'Alfred Sauvy dès les années 1950, et dont il a vite renié la valeur de scientificité tant la notion, dans les années 1970, ne correspondait plus à la diversité des évolutions des pays qui s'en étaient revendiqués.

Dès le tout début des années 1960, le parti social-démocrate suédois inscrit le concept de solidarité avec le Tiers-Monde dans son programme officiel au nom d'un altruisme à la fois compassionnel et très idéologique avec les pauvres du monde sous-développé. Il reste une constante du discours officiel au fil des ans, comme en atteste un extrait d'un discours d'Olof Palme tenu en 1975[160] : « Nous savons avec certitude que nous n'aurons jamais un monde en sécurité et en paix aussi longtemps que les injustices s'accroissent et que le sous-développement persiste. Il faut instaurer un nouvel ordre économique mondial. Les pays riches doivent alors aller au-devant des pays pauvres. Les pays riches doivent alors être capables de bâtir leurs sociétés sur une assise de solidarité et de justice, sinon ils se condamneront chaque fois qu'ils parleront de justice et de solidarité internationales… Le capitalisme ne représente pas un rêve de liberté. À notre propre jeunesse qui s'est engagée dans le soutien des mouvements de libération nationale et sociale, il est apparu que le capitalisme s'appuyait sur des régimes d'oppression avec lesquels il trouvait assez fréquemment de nombreuses affinités. Dans le Tiers-Monde, il n'y a guère d'exemple de capitalisme indigène. On n'y rencontre qu'un capitalisme étranger protégé par les militaires et les oppresseurs nationaux ». En février 1970, dans une conférence consacrée à la politique étrangère et à la défense nationale, Olof Palme déclarait déjà : « à bon droit il a été signalé que notre position en tant que nation neutre nous ouvre des opportunités particulières d'exprimer librement et sans restrictions une solidarité internationale plus large. Nous ne sommes pas mieux informés ou plus sages que les autres nations. Mais nous n'avons pas de passé colonial. Nous n'aspirons à aucune politique de puissance ni n'avons d'intérêts stratégiques dans le monde. Notre politique de non-alignement ne nous attache à personne par des liens de loyauté. Les rêves et les espoirs qui poussent les peuples du monde à exiger leur libération nationale et la justice sociale ne nous sont pas inconnus. Les peuples qui ont été libérés après la Seconde Guerre mondiale sont, comme nous, des petites nations. Comme nous, ils veulent s'affranchir de la division du monde en deux blocs, une division qui peut nuire aux attitudes (?) et porter préjudice à la coopération internationale »[161]. Ces deux textes traduisent la volonté politique de transformer une contrainte de l'existant (une « petite » nation engagée dans la neutralité pour ses besoins, son indépendance, et sa sécurité), en une force et une liberté d'action au service

[160] Le projet de la commission du programme pour un nouveau programme de parti. 28/09/1975. pp. 25-26. Document en français.
http:://www.olofpalme.org/wp-content/dokument/750928c_sap.pdf

[161] Foreign Policy and National Defence : address given by Prime Minister Olof Palme at the "People and Defence" Conference at Storlien on February 2, 1970.

des valeurs d'entraide et de solidarité qui inscrivent l'aide au développement dans une conception idéologique et une critique radicale du capitalisme[162].

Le modèle sous-jacent au discours international de la Suède est ici celui de la démocratie sociale précisément mis en œuvre à l'intérieur des frontières du pays depuis 1934, marquant ainsi une continuité dans cette cohérence des valeurs qui se retrouvent dans les politiques publiques, tant intérieures qu'extérieures. Reprenons les mots de Nathalie Blanc-Noël (Blanc-Noël, op.cit., : 369) : « Prise dans la logique de son idéologie valorisant le modèle suédois et plaçant la solidarité au-dessus de toutes les autres valeurs, la Suède a mené une politique d'exportation idéologique ressemblant *in fine* à une politique de grandeur. Car les idéologies, qui ont pour vocation de fournir une réponse globale et complète aux questions que pose le monde, sont par essence messianiques ». Comment ce projet idéologico-politique global a-t-il trouvé à s'exprimer dès l'origine, par quelle thématique d'intervention, par quels moyens humains et financiers ?

Le point d'ancrage initial de l'aide suédoise combine deux éléments principaux : un élément thématique qui fait de la surpopulation (ou plutôt ce qui apprécié/dénoncé comme tel) un frein majeur au développement du Tiers Monde[163] et de fait, à la sécurité et à la paix mondiales ; un élément géographique, qui considère que l'Asie du Sud-Est est le lieu même où cette « explosion » de la population constitue pour reprendre la terminologie de l'époque, un « problème », une « question », une « menace », un « défi », une « bombe », où doivent être appliquées des politiques spécifiques de « contrôle » et « d'assistance », en particulier en matière de planification des naissances. Cependant, là encore, le parallélisme avec la situation qui prévalait au début des années 1930 en Suède même, est frappant : même « instrumentalisation » de concepts démographiques (ramenés aux termes générique de population) par des non-démographes ; même type de réponse technocratique par des experts en santé publique, en sciences sociales, par des administrateurs et des diplomates, et surtout le même engagement d'activistes féministes aussi bien sociales-démocrates (Alva Myrdal) que

---

[162] De fait, la très grande majorité des pays récipiendaires de l'aide à partir de la fin des années 1950 (Inde, Pakistan, Kenya) jusqu'au début des années 1980, furent des pays engagés dans des luttes et des combats de libération ou des changements structurels de l'organisation économique et sociale d'inspiration marxiste ou socialiste : Cuba, Tanzanie, Vietnam, Angola, Nicaragua, Zambie, Mozambique... La dimension idéologique fortement critique vis-à-vis des États-Unis et de ses alliés se retrouve dans le soutien ostensible apporté à trois pays symbolisant l'impérialisme américain : le Vietnam, le Nicaragua et Cuba. De fait, après un discours d'Olof Palme en décembre 1972 comparant les bombardements sur Hanoi aux pires atrocités de la Seconde Guerre mondiale, les relations diplomatiques entre les deux pays furent quasiment gelées jusqu'en mai 1974.

[163] Charbit & Gaimard, 2015. Les auteurs rejetant cette approche globalisante et mono-causale proposent au contraire une lecture historique et socio-politique qui concourt à éclairer les positions suédoises d'alors.

libérales (Hanna Rydh) ou engagées auprès de mouvements syndicalistes (Elise Ottesen-Jensen) qui voyaient les enjeux de population aussi sous l'angle des droits des femmes à faire des choix non contraints en matière de reproduction[164].

Il est essentiel insister sur l'importance qu'a pu constituer une telle concentration d'engagements individuels, d'expertise, de capacité de mobilisation des décideurs politiques et des responsables administratifs, de présences croisées ou simultanées dans cette partie du monde, et dans un laps de temps lui-même très ramassé, comme le souligne Sunniva Engh : « le projet suédo-cingalais était le résultat de réseaux privés, d'initiatives et des centres d'intérêts d'Ottesen-Jensen, Rydh et Myrdal. En 1949, Ottesen-Jensen fit des conférences sur la planification familiale au Sri Lanka et elle, ainsi que Rydh, avaient noué des contacts avec l'association du planning familial du pays. Les deux femmes transmirent une proposition formelle de lancement d'un projet de planification familiale pour le Sri Lanka à l'administration en charge de l'aide au développement en 1954. Alva Myrdal fut associée aux préparatifs quand elle fut nommée ambassadrice en Inde en 1955, particulièrement au moment de la discussion entre Ottesen-Jensen, Rydh et les représentants cingalais à la conférence de Delhi la même année. Myrdal participa aussi à la planification du projet au cours de plusieurs voyages au Sri Lanka en 1956. Le projet fut lancé en 1958 et la coopération suédo-cingalaise dura jusqu'en 1983 » (Engh, op.cit., : 10-11).

À l'aide de la définition donnée par John May (May, 2012 : 22 et suivantes[165]), il nous est possible de dresser les principales caractéristiques de ce que la Suède a voulu promouvoir/soutenir comme politique de population dans les pays récipiendaires de son aide :

---

[164] Hanna Rydh (1891-1964). Première suédoise à obtenir un doctorat en archéologie, H. Rydh milita pour le droit de vote des femmes qui fut instauré en 1921. Elle représenta le parti libéral au Parlement en 1943-1944. Elle fut élue troisième présidente de l'Alliance Internationale des Femmes (1946-1952). C'est en Inde qu'elle effectua la plupart de ses expériences de terrain. Elise Ottesen-Jensen (1886-1973). Écrivaine et journaliste, membre du syndicat anarcho-syndicaliste *Sveriges Arbetares Centralorganisation* (SAC), elle milite pour la diffusion de la contraception, la légalisation de l'avortement, la reconnaissance des droits des homosexuels, et fonde en 1933 la *Fédération pour l'Éducation Sexuelle* (RFSU) qu'elle préside jusqu'en 1959. Après avoir activement contribué à la création de l'IPPF (*International Planned Parenthood Federation*), elle en devient la deuxième présidente de 1959 à 1963.

[165] Pour J. May, les politiques de population sont définies « comme des actions prises explicitement ou implicitement par des autorités publiques afin d'empêcher, décaler ou prendre en compte les déséquilibres entre les changements démographiques d'une part, et les objectifs sociaux, économiques et politiques, d'autre part [...] Les actions proposées [...] peuvent être axées sur un ou plusieurs facteurs de la croissance économique, c'est-à-dire la fécondité, la mortalité et les migrations. De telles interventions sont soit directes, c'est-à-dire des programmes de planification familiale pour faire baisser la fécondité, ou indirectes, c'est-à-dire des incitations de nature fiscale pour convaincre les ménages à faire plus d'enfants... ».

(a) une approche *"top-down"*, dans laquelle les objectifs étaient définis au niveau politique le plus élevé, puis mis en œuvre par des experts au niveau technique, organisationnel et administratif, le soutien suédois initial prenant la forme quasi intégralement d'assistance technique et dont les conditions de réalisation sont les suivantes : une vision claire des résultats à atteindre, un soutien de toutes les parties prenantes (y compris les bénéficiaires finales/finaux, au prix très souvent d'incitations très directives), un engagement et une expertise des intervenants de terrain, une « transparence » dans la communication ;

(b) une approche visant à limiter les « externalités négatives » liées à une trop forte croissance démographique, elle-même le résultat de la somme des décisions procréatives individuelles qui mettent en péril le développement économique et social des pays pauvres. Pour J. May, « la présence de telles externalités représentait un argument clé qui a amené... les agences de développement à promouvoir des politiques de populations dont le but était de réduire les taux de fécondité dans les pays pauvres » ;

(c) une approche macro-démographique initialement orientée vers l'atteinte d'objectifs quantitatifs, d'un bon rapport coûts/efficacité au détriment des besoins, des droits et des souhaits des personnes et des ménages, même si l'influence des « fémocrates » dans l'appareil étatique a contribué à intégrer dans l'architecture de l'aide suédoise les droits des femmes y compris en matière de politique de population, et en particulier de planification familiale. Il n'en reste pas moins que l'approche à l'œuvre dans la première phase de l'aide suédoise renvoie à une conception où l'État possède la légitimité et la responsabilité d'interférer directement dans les choix reproductifs des individus, sur les conditions de la parentalité, de la formation et de développement du modèle familial, et par voie de conséquence sur la sexualité elle-même.

Comme dans un miroir inversé, mais structuralement identiques, les objectifs pro-nataliste et de limitation des naissances restent au cœur de politiques publiques reposant sur une idéologie technocratique de contrôle des populations/des naissances, alliant rationalité bureaucratique et réduction de la fécondité comme moyens d'amélioration des conditions socio-économiques du développement. Le passage d'un agenda local à un agenda international a donc été rendu possible par la combinaison de trois déterminants essentiels : la permanence de la thématique démographique, la continuité dans le temps des experts sociaux valorisant la rationalité technicienne, et l'adaptation rapide d'une tradition de neutralité aux nouveaux paradigmes de l'environnement international.

La planification familiale comme politique publique de l'agenda global (1955-1994)

La question de la planification familiale considérée sous l'angle d'un instrument au service d'une politique démographique (« politique de populations ») a été au cœur de la contribution de la Suède sur le développement à partir de sa propre histoire, et elle a déterminé la nature des interventions de son aide publique internationale depuis son origine. Reprenant la périodisation et la typologie des interventions en matière de politiques de population évoquée par J. May (May, op.cit., : 93-99) entre la fin des années 1950 et le tournant de 1994-1995, il convient d'analyser de façon plus concrète les modalités d'intervention de l'aide suédoise en matière de planification familiale en fonction de cette périodisation/typologie. Selon cette grille typologique, ce sont trois phases distinctes qui peuvent être identifiées : la première phase dite *"population control approach"* (1965-1974), caractérisée par les objectifs quantitatifs de réduction 'dirigée', quotas à l'appui, de la croissance de la population ; la deuxième phase dite *"population planning approach"* (1974-1981), visant à clairement intégrer les besoins des individus, leur capacités à accepter et accompagner le changement social et de comportement ainsi que la mise en place d'approches multisectorielles, et la provision de services de qualité en matière de planification familiale ; enfin, la troisième phase dite *"competitive pluralism in population policy approaches"* (1981-1994), combinant la critique de la modernisation à marche forcée comme condition de la baisse de la fécondité, le bilan très mitigé des incitations monétaires alliés à un certain nombre de principes nouveaux : la prise en compte des valeurs et des référents culturels et sociaux des populations, la décentralisation des processus de décision, la promotion de la participation des communautés dans toutes les étapes de mise en œuvre des interventions, et enfin, la reconnaissance du rôle d'acteurs nouveaux, les organisations de la société civile et du secteur privé dans le changement des normes et des comportements en matière de planification familiale. Comme déjà souligné, la Suède est le premier pays occidental à avoir soutenu, par son aide bilatérale, les tous premiers pays ayant mis en place une politique affichée de contrôle de la fécondité : d'abord avec le Sri Lanka en 1955[166], l'Inde en 1958[167], puis le Pakistan en 1961[168].

---

[166] The Sweden/Ceylon Family Planning Pilot Project. *Studies in Family Planning. Vol. 1. 1963. Population Council.* Le projet démarra à l'automne 1958 (recensement et enquêtes de comportement), les activités de planification familiale commencèrent à la mi-1959.

[167] Les grandes dates de la mise à l'agenda gouvernemental de la planification familiale sont : 1952, création du programme national de planification familiale ; 1956, création de la commission pour la planification familiale au niveau du gouvernement central, puis 1958, création de commissions similaires au niveau de chaque État de l'Union jusqu'à la création en 1966 du ministère de la planification familiale (Engh, op.cit., *: 21*).

À partir de l'article que Sunniva Engh a consacré à l'expérience indienne, dont nous rappellerons les principales caractéristiques, il sera intéressant d'identifier la nature du soutien apporté par la coopération suédoise, et les raisons pour lesquelles ce soutien fut peu à peu atténué jusqu'à cesser définitivement. Entre le début et la fin des années 1950, deux approches furent particulièrement privilégiées dans les interventions en matière de planification familiale en Inde : le soutien à la méthode dite des « rythmes naturels », puis la promotion de la stérilisation masculine[169]. C'est au cours du premier plan quinquennal (1951-1956) que furent créées les cliniques de planification familiale. Après l'introduction ratée du stérilet au milieu des années 1960, due à de mauvaises anticipations et réponses aux effets secondaires indirects, et à de mauvaises campagnes d'information, on vit dans les années 1970, le renforcement des campagnes de stérilisation masculine conjuguées à une politique officielle d'encouragement à l'avortement qui fut légalisé en 1971, et surtout avec la montée en puissance massive des stérilisations féminines par ligature des trompes[170]. Ces méthodes et ces programmes ne furent pas mis en œuvre de façon aussi linéaire, successive ou chronologique, mais compte-tenu des contraintes géographiques, des strates sociales touchées, des expériences différenciées de décentralisation administrative, des acceptations variables selon les valeurs culturelles et sociales (forte appétence traditionnelle pour les familles élargies), elles se superposèrent le plus souvent, et de ce fait rendirent difficile leurs évaluations. Enfin, l'état d'urgence instauré entre 1975 et 1977 légitima l'aggravation à la fois des mesures coercitives et de la politique des quotas qui furent, par la suite, très largement remises en cause par les gouvernements successifs qui réaffirmèrent le caractère fondamental du choix volontaire comme principe essentiel devant structurer les politiques de planification familiale.

Comment la Suède s'est-elle positionnée pendant cette période ? Les textes officiels récents accessibles, cités dans ce chapitre sont en fait peu détaillés. En 2013, dans une présentation de Sida sur les relations historiques bilatérales avec l'État indien, la planification familiale, thématique initiale et centrale de l'aide, n'est tout simplement pas mentionnée : « l'Inde a été un des pays les plus largement financés parmi les pays récipiendaires de l'aide

---

[168] From Population Issues to SRHR. Swedish Global Engagement in Sexual and Reproductive Health and Rights. 2013. *Regeringskansliet. Government Offices of Sweden.*

[169] Définition extraite du site internet d'information du Mouvement Français du Planning Familial : dans « *la méthode du calendrier dite 'Ogino-Knauss',* il s'agit de repérer la période fertile pendant laquelle se produit l'ovulation (entre le 8ème et le 18ème jour), et de s'abstenir de rapports sexuels durant cette période ».

[170] Engh, op.cit., : 22. « Selon la Banque mondiale, 80 % de toutes les stérilisations effectuées dans le cadre des programmes de planification familiale étaient des vasectomies au début des années 1970, et dix ans plus tard, près de 80 % étaient les ligatures des trompes ».

suédoise depuis la création de Sida en 1960. Lorsque l'Inde a procédé aux essais de son arsenal nucléaire en 1998, le gouvernement suédois a décidé de mettre un terme à l'accord bilatéral de coopération au développement. La coopération s'est poursuivie à travers le soutien aux organisations multilatérales et à la société civile indienne. Pendant la période relative à la stratégie 2009/2013, le dispositif traditionnel s'est arrêté et la priorité a été donnée à une coopération animée par les partenaires »[171]. Il est intéressant de noter cependant, à ne s'en tenir qu'à ce texte, que ce ne sont pas les excès - inacceptables du point de vue des droits humains, en particulier les nombreuses campagnes de stérilisations forcées et leurs conséquences médicales et psychologiques - de la politique de population qui justifient l'arrêt des programmes de coopération avec le gouvernement indien, mais sa politique nucléaire. On ne peut pas imaginer que le gouvernement suédois n'ait pas été au courant des aspects très critiquables des politiques de population qu'elle soutenait, mais politiquement, il lui était plus facile de cesser cette coopération (et de le faire savoir) au nom d'une position anti-nucléaire, dont il s'était fait le héraut, plutôt que d'un constat qui renvoyait le pays à un passé ambivalent vis-à-vis de ces questions. D'autres documents officiels aussi récents[172] amorcent une analyse plus détaillée et permettent de compenser un peu cette mémoire sélective. Diffusée dans le cadre de la préparation de la Conférence internationale des parlementaires pour le suivi de la CIPD (23/25 avril 2014), la publication officielle du gouvernement suédois, « Des questions démographiques aux droits en matière de santé sexuelle et reproductive », dévoile ainsi la dimension clair-obscur du regard posé sur cette période de son aide publique au développement. Il y a la reconnaissance qu'un certain nombre de présupposés à la fois « ethnocentristes » et « technicistes » avaient empêché une analyse objective des conditions de l'environnement local, au nombre desquels : (a) la survalorisation des techniques contraceptives nouvelles face à une

---

[171] http:://www.sida.se/English/where-we-work/terminated-development-cooperation/India/Our-work-in-India/

Même balancement entre informations et omissions dans un autre document de Sida.

http:://www.sida.se/globalassets/global/aktsam/india-sweden-health-cooperation-1960-2013.pdf

Extrait : « L'aide suédoise au développement pour l'Inde dans le secteur de la santé remonte aux années 60, quand l'aide était fournie principalement par les agences des Nations unies. À partir des années 70, la Suède initia un soutien bilatéral à des programmes gouvernementaux, et dans les années 90 inclut un soutien direct aux ONG. Le travail international de la Suède en matière de santé et droits sexuels et reproductifs (SDSR) était la résultante des conférences internationales des NU du milieu des années 90 et du projet de loi 'Responsabilité partagée - La politique suédoise en faveur du développement global'. Lorsque la Suède mit fin à son aide bilatérale, en 1998 à la suite des essais nucléaires de l'Inde, la plupart des projets de Sida furent établis en soutien aux ONG et aux agences multilatérales qui se focalisaient sur la SDSR. En 2009, un protocole d'accord sur les soins de santé et la santé publique a été signé entre le gouvernement de Suède, l'Inde et Sida en se fondant sur sa stratégie de coopération portée par les partenaires... »

[172] From Population Issues to SRHR

« demande » potentielle elle-même très surestimée (« le modèle d'assistance au développement qui était promu présentait une confiance exagérée dans la technologie - dans ce cas particulier, les moyens contraceptifs modernes. On pensait que le simple accès aux contraceptifs générerait leur utilisation par celles qui étaient censées en avoir besoin ») ; (b) la croyance dans la capacité des techniques du marketing à influencer les comportements (« Des experts en marketing furent engagés. On essaya de déterminer quelles couleurs étaient les plus attirantes, comment les images devaient être conçues et quels arguments serviraient au mieux le message. Cette stratégie échoua de la même manière que l'approche précédente étroitement centrée sur les seuls contraceptifs. Les solutions techniques n'étaient pas suffisamment adaptées aux situations et aux besoins des personnes ») ; (c) l'excès d'optimisme mis dans les expérimentations basées sur les objectifs quantitatifs et le système de récompenses (*incentives*), voire de sanctions (*disincentives*), appliqués aux personnels travaillant dans les programmes de planification familiale. Il y eut surtout la nécessité de couper toute aide bilatérale dès lors que les critiques de plus en plus virulentes, y compris dans les média suédois, se développaient contre les campagnes de stérilisations forcées - « Des critiques s'élevèrent en Suède, et au sein même de Sida, quant à la perception de la planification familiale comme l'instrument principal de réduction du taux de croissance démographique. Cette évolution fut accélérée par la gestion désastreuse de la planification familiale en Inde, où le gouvernement au milieu des années 70 mit en œuvre des mesures sévères, incluant un programme de stérilisations forcées. Un débat animé dans les media éclata alors en Suède, et les critiques furent si vives qu'en 1980, le pays décida d'arrêter de soutenir la planification familiale en Inde » - . Quelques mois plus tard, ce fut l'aide bilatérale en matière de planification familiale avec le Bangladesh qui fut arrêtée pour le même motif. Reconnaissant une décennie d'hésitations à cesser son soutien aux politiques de contrôle des populations, sans véritablement donner d'explication de fonds, le document insiste alors sur les éléments marquants qui vont préparer le changement de paradigme vers l'approche par les droits humains.

C'est tout d'abord la Convention sur l'élimination de toutes les formes de discrimination à l'égard des femmes (CEDEF) adoptée en décembre 1979. Elle définit, dans son Article 1, comme discrimination à l'égard des femmes « toute distinction, exclusion ou restriction fondée sur le sexe qui a pour effet ou pour but de compromettre ou de détruire la reconnaissance, la jouissance ou l'exercice par les femmes, quel que soit leur état matrimonial, sur la base de l'égalité de l'homme et de la femme, des droits de l'homme et des libertés fondamentales dans les domaines politique, économique, social, culturel et civil ou dans tout autre domaine », et qui énonce, de façon précise, les critères et les moyens en vertu desquels les gouvernements sont tenus de mettre fin à la discrimination et aux violences sexuelles. Premier traité international exclusivement dédié aux questions d'égalité des sexes, le texte commande aux États de prendre des mesures pour corriger certains déséquilibres au nombre desquels les relations inégales de pouvoir dans le cadre familial[173]. La grande avancée a été de mettre en lumière qu'un des lieux majeurs de relégation/négation des droits des femmes était la sphère privée et qu'il revenait à l'État d'intervenir afin de définir et de mettre en œuvre des politiques publiques visant à la réduction des inégalités et des discriminations dans ce domaine. En inscrivant à la fois dans les normes nationales et internationales les droits en matière de procréation, c'est leur fonction sociale et collective impliquant une responsabilité partagée des hommes et des femmes qui est mise en avant, et qui justifie l'intervention corrective et émancipatrice des États[174].

Si les Conférences internationales sur la population de Bucarest (1974) et Mexico (1984) contribuèrent à la prise de distance vis-à-vis de l'approche quantitative, et insistèrent sur la planification familiale, non plus comme une technique macro-démographique, mais comme partie intégrante des soins de santé maternelle et infantile qui posait explicitement la question de la planification familiale comme un droit humain, en revanche elles furent pour la Suède, qui exprima avec le plus de force sa déception, une occasion manquée de faire progresser la question de la légalisation et de la sécurisation de l'avortement. Cette question depuis lors, reste un des marqueurs récurrents des positions prises par la Suède sur l'agenda international en matière de santé et de droits en matière de sexualité et de reproduction, et plus largement des droits des femmes.

De fait, les années précédant la conférence du Caire voient s'accélérer la cristallisation d'un agenda du développement de plus en plus marqué par les droits humains, et l'approche genre en matière de santé sexuelle et reproductive : « Le début des années 1990 vit l'influence croissante des groupes féministes suédois et internationaux, ainsi que des ONG et ceci eut un impact sur le débat autour du développement en Suède, en particulier les droits et le rôle des femmes. Avec le temps, il devint clair que les principes et les cadres d'intervention datant des années 1990 devaient être réécrits

[173] Le préambule souligne que « le rôle traditionnel de l'homme dans la famille et dans la société doit évoluer autant que celui de la femme, si on veut parvenir à une réelle égalité de l'homme et de la femme ».

[174] « Ayant à l'esprit l'importance de la contribution des femmes au bien-être de la famille et au progrès de la société, qui jusqu'à présent n'a pas été pleinement reconnue, de l'importance sociale de la maternité et du rôle des parents dans la famille et dans l'éducation des enfants, et conscients du fait que le rôle de la femme dans la procréation ne doit pas être une cause de discrimination, et que l'éducation des enfants exige le partage des responsabilités entre les hommes, les femmes et la société dans son ensemble... » http:://www.un.org/fr/women/cedaw/convention.shtml.

pour insister sur la perspective de genre de façon plus appuyée et de redéfinir l'expression 'planification familiale' qui avait traditionnellement exclu du ciblage des services contraceptifs les célibataires ou ceux/celles qui songeaient à construire une famille »[175]. Durant la période 1955-1994, outre le canal de son aide bilatérale, la Suède s'est positionnée comme un des soutiens et des contributeurs les plus précoces, les plus importants et les plus constants des deux organisations multilatérales qui ont marqué l'agenda de la planification familiale : l'UNFPA et l'IPPF.

UNFPA (United Nations Fund for Population)

Au-delà du tropisme « population » de ses politiques publiques déjà évoquées, la Suède a joué un rôle déterminant dans la création et l'installation de l'UNFPA dans le paysage institutionnel et programmatique onusien ainsi que dans les grandes étapes de son évolution vers l'intégration de l'égalité de genre dans son agenda, comme le montre le soutien financier apporté au Fonds dès son lancement[176]. Selon les travaux de Klaus Hüfner (Hüfner, 1983 : 299-343. Les tableaux chiffrés (6a-7d), dont sont extraits les données figurent aux pages 315-321), avec 10,4 % du total des contributions volontaires, la Suède est le deuxième bailleur après les États-Unis (52,52 %) entre 1967 et 1971, loin devant le Japon (7,25 %), la République fédérale d'Allemagne (6,37 %), le Canada (6,21 %), et le Royaume-Uni (5,25 %). À partir de 1972, tout en restant stable (elle est toujours deuxième avec 9,99 %), la position de la Suède se voit modifiée par la montée en puissance de ses voisins, sans doute stimulés par son leadership en la matière, notamment les Pays-Bas (9,11 % contre 2,23 % dans la période précédente) et la Norvège (7,22 % contre 4,14 % entre 1967 et 1971). Entre 1975 et 1994, malgré les reclassements internes au sein de la liste, en particulier les contributions croissantes du Japon, des Pays-Bas, de la Norvège, de la République fédérale d'Allemagne et du Danemark et qui font par conséquent baisser sa part relative, la Suède reste, selon les années, entre les quatrième et sixième rangs des pays donateurs pour l'UNFPA. À partir des années 2000, le Fonds a, sous l'influence en particulier de la Suède, opéré une évolution marquée (*paradigm shift*) vers la centralité de la Santé et des Droits Sexuels et Reproductifs et des droits des individus (avec un focus femmes, jeunes, LGBT) à choisir librement leur vie sexuelle et reproductive. Cette évolution des interventions du Fonds a justifié en retour

---

[175] From population issues to SRHR

[176] Outre l'analyse et la diffusion des données, et des recherches dans le domaine des politiques et des dynamiques de population (*population assistance*), l'UNFPA, *via* ses représentations pays, a constamment fourni expertise technique, soutien financier et logistique aux politiques de santé reproductive, de planification familiale et de lutte contre les maladies sexuellement transmissibles incluant le VIH, et a assuré la fourniture de produits contraceptifs dans les pays où il est présent.

l'augmentation massive des contributions de la Suède qui, en 2004, devient le quatrième donateur, puis à partir de 2006 redevient deuxième contributeur sans discontinuité jusqu'en 2013, avec 142 millions de dollars US et 17 % des ressources juste derrière le Royaume-Uni (174 millions de dollars US et 21 % des ressources)[177]. Faut-il voir dans cet engagement, la résurgence d'une forme de « zèle missionnaire » d'essence protestante ? L'analyse de la liste des dix premiers donateurs à l'UNFPA en 2013 est de ce point de vue instructive : en effet, le Royaume-Uni, la Suède, la Norvège, les Pays-Bas, la Finlande, le Danemark, les États-Unis, le Canada, la Suisse, l'Allemagne, qui totalisent 82 % des ressources, sont tous majoritairement protestants ou fortement protestants... Les positions prises par le Vatican sur la contraception, l'avortement, et depuis la Conférence du Caire, sur l'égalité femmes-hommes et l'approche générale des droits humains y compris les droits sexuels et reproductifs, sont en tous points à l'opposé de l'agenda promu avec force et constance par la Suède dans les processus, les conférences et les institutions internationales.

Autre exemple, quoique plus récent, mais qu'il est intéressant de mentionner ici, représentatif de l'engagement de la Suède en faveur des droits des femmes dans le cadre multilatéral, comme le montre le tableau ci-après : les contributions de base et complémentaires à l'agence ONU Femmes (*UN Women*). En 2012, la Suède est le deuxième pays contributeur (US$ 19 969 328) derrière la Norvège (US$ 25 193 281), mais devant le Royaume-Uni (US$ 18 847 919), l'Australie, les Pays-Bas, le Canada, la Suisse, la Finlande, les États-Unis et le Danemark. À part l'Australie, qui figure dans ce groupe de donateurs, alors que l'Allemagne arrive onzième, nous retrouvons les mêmes contributeurs '*like-minded*' que pour l'UNFPA. En 2014, la Suède reprend la première place avec plus de 24 millions de dollars US[178].

---

[177] Les contributions pays sont listées dans les rapports annuels accessibles sur le site http:://www.unfpa.org.

[178]http:://www.unwomen.org/fr/partnerships/donor-countries/top-contributions

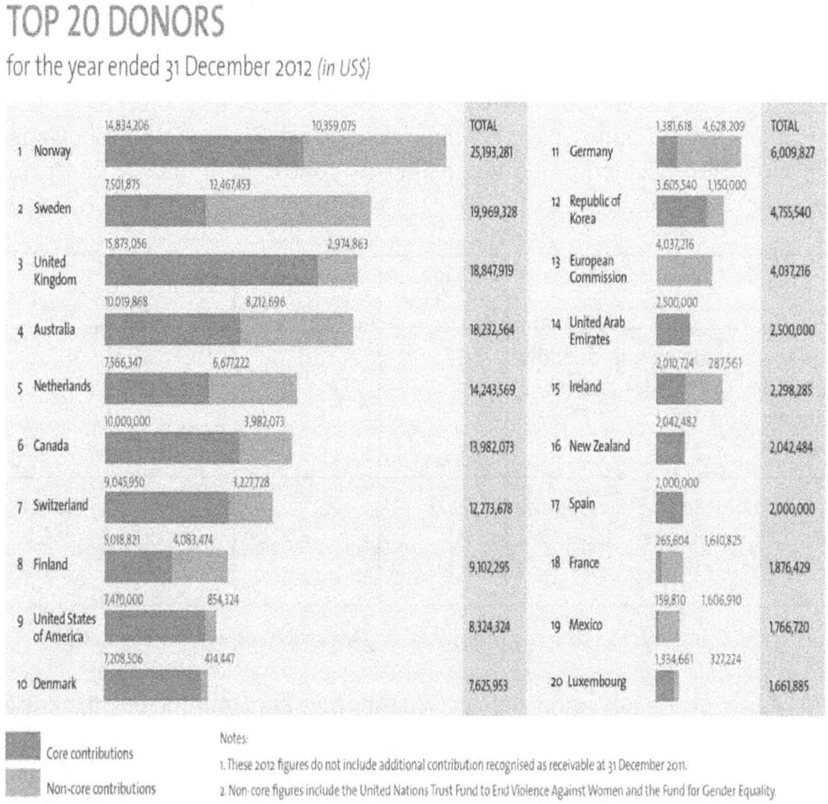

*Source.*http://www.unwomen.org/~/media/headquarters/attachments/sections/partnerships/donor %20countries/barchart-fin %20jpg.jpg

IPPF (International Planned Parenthood Federation)

C'est en 1952 à Bombay (actuelle Mumbai), lors de la Troisième Conférence sur la Planification Familiale, que l'IPPF a été créée par huit associations de planification familiale des États-Unis, d'Allemagne fédérale, du Royaume-Uni, des Pays Bas, d'Inde, de Hong Kong, de Singapour et de Suède[179]. C'est à Stockholm que l'année suivante, l'acte ratifiant la création de l'IPPF, est signé. En 1959, lors de la Sixième Conférence Internationale, la suédoise Elise Ottesen-Jensen, fondatrice de RFSU, est élue présidente de l'IPPF. En 1966, l'IPPF reçoit du gouvernement suédois la première subvention publique jamais obtenue, qui de fait, amorce une dynamique de financement, bientôt suivie par les gouvernements britanniques et danois (1967), puis américain (1968)[180]. Dernier exemple de l'implication de la

[179] Il s'agit de RFSU ("*Riksförbundet för sexuell upplysning*"), l'Association Suédoise pour l'Éducation Sexuelle. http::/www.rfsu.se/en/Engelska/About-rfsu/Our-History/

[180] www.tiki-toki.com/timeline/entry/38075/The-history-of-IPPF/

Suède pour assurer le positionnement de l'IPPF : lors de la mise en place par l'administration de Ronald Reagan en 1984, de la politique du « bâillon mondial » - *Global Gag Rule*[181]-, l'IPPF se voit supprimer l'intégralité des subventions de la part de l'USAID, soit 25 % de ses ressources. La Suède, dès 1986, (avec d'autres pays comme le Japon, le Royaume-Uni, le Canada et la Norvège) décide alors d'augmenter sa contribution afin de compenser cette baisse des dotations de l'IPPF.

	1960	1980	2000	2014
% des financements suédois dans le total des revenus annuels de l'IPPF (*IPPF total grant income*)	0 %	18,5 %	10,7 %	14,3 %
Classement de la Suède parmi les dix premiers donateurs publics à l'IPPF	N/A	2	4	1

Source : M. Lindsey, Ressources Mobilisation Département. IPPF. April 2015

À partir de l'analyse de Steven W. Sinding, ancien directeur général de l'IPPF (2002-2006) (Sinding, 2003 : 363-371) sur les différents courants qui contribuèrent au développement du mouvement de planification familiale au cours de cette période, il est possible de conclure que le positionnement de la Suède est la résultante de trois facteurs : le poids des néomalthusiens inquiets des risques, selon eux liés à l'explosion démographique dans les pays du Tiers Monde, l'influence diffuse, peu revendiquée comme telle, mais bien réelle des eugénistes, et enfin le rôle des planificateurs sociaux. À la différence des États-Unis qui ont inscrit leur politique de population dans un cadre géostratégique que leur nouveau statut de « super puissance » leur imposait[182], la spécificité suédoise tient à des éléments inscrits dans son

[181] Dite aussi politique de Mexico, car énoncée par les États-Unis lors de la Conférence mondiale sur la population de Mexico (1984), il s'agissait pour le gouvernement américain de cesser de subventionner les organisations travaillant dans le domaine de la planification familiale hors des États-Unis, si elles pouvaient être considérées comme faisant la promotion de l'avortement, mettant en œuvre des actions d'information ou de plaidoyer sur l'avortement, que ce dernier ait ou non un statut légal.

[182] Dans le Quatrième point de son discours d'investiture du 20 janvier 1949, H. Truman présente la nécessité d'un « programme nouveau et courageux pour rendre accessible les résultats bénéfiques de nos avancées scientifiques et de notre progrès industriel en vue des progrès et de la croissance dans les nations sous-développées ». Derrière l'importance accordée à la lutte contre « l'ignorance, la maladie et la misère », il était clair que ce programme était une composante majeure de la politique étrangère des États-Unis visant à contrer la menace croissante de l'Union soviétique.

histoire nationale récente, en particulier au fait que la plupart de ses experts, décideurs politiques et agents de l'administration ont travaillé dans un environnement homogène à la construction d'un modèle de développement, l'État-providence, au sein duquel normes et valeurs telles que la cohésion sociale et l'égalité femmes-hommes, étaient massivement partagées ; que ce personnel académique, politique et administratif a pu se constituer sur la durée (sans que la Seconde Guerre mondiale, qui ailleurs sur le continent, a totalement bouleversé les institutions et les modes sociaux, ne l'affecte réellement) comme une force de proposition structurée, dynamique, rationnelle et sécularisée contribuant à l'établissement du nouvel ordre politico-économique de l'après-guerre.

CHAPITRE 7

LE CHANGEMENT DE PARADIGME DE L'ENVIRONNEMENT INTERNATIONAL

Il s'agit maintenant de décrire comment la Suède a contribué à la préparation et à la mise en forme de cet agenda international. À regarder le nombre de documents et de stratégies produits par les gouvernements conservateurs et de centre droit qui dirigent la Suède depuis 2006, il apparaît très clairement que la politique extérieure de la Suède reste toujours marquée par les valeurs que la social-démocratie a portées sur la scène internationale depuis son arrivée au pouvoir : neutralisme, non alignement et tiers-mondisme, multilatéralisme, et de façon de plus en plus englobante, la perspective des droits humains.

TROIS RÉFÉRENCES MAJEURES : LES CONFÉRENCES DE VIENNE, DU CAIRE ET DE PÉKIN LES OBJECTIFS DU MILLÉNAIRE POUR LE DÉVELOPPEMENT

La décennie 1990 est marquée par des conférences qui, après la fin de la guerre froide, inaugurent une nouvelle ère pour la communauté internationale : l'ère des droits humains.

Aux droits civils et politiques, économiques et sociaux que l'affrontement des blocs avait artificiellement opposés les uns aux autres sont agrégés les droits des femmes, des enfants, des peuples indigènes et des minorités en général. Même si ces conférences laissent toutes percer, à des degrés divers, l'antagonisme qui ira croissant jusqu'à aujourd'hui entre l'universalisme de tous ces droits et une interprétation culturaliste/relativiste de ces droits, elles rassemblent néanmoins des majorités de consensus qui rappellent l'adhésion de la communauté internationale aux valeurs intrinsèquement corrélées de démocratie, de développement, de droits humains.

La Conférence de Vienne, en posant que les *"women's rights are human rights"*[183] est la résultante du développement accéléré dans les années 1980-1990 d'un « mouvement féministe global » (Petchesky, 2003 : 33-35[184]) qui s'est construit sur deux axes stratégiques essentiels : d'une part, la nécessité de faire converger les intérêts, les luttes et les méthodes d'action des mouvements de femmes des pays du monde développé, et de ceux des pays en développement et d'autre part, de se servir des enceintes internationales, au premier chef, l'organisation des Nations unies, pour porter leurs messages et leurs revendications en termes de droits. À travers l'activisme reconnu et la légitimité accordée aux mouvements sociaux des femmes, et la reconnaissance que les organisations de la société civile sont porteuses d'une partie de l'intérêt général, un certain nombre d'avancées ont pu être réalisées à Vienne. C'est tout d'abord le fait que les femmes ne sont plus considérées sous l'angle essentialiste de leur « vulnérabilité »[185], mais au contraire, de leur capacité d'exprimer leurs droits et de les défendre de façon « active » ; c'est ensuite la reconnaissance que les droits des femmes, comme tous les droits, sont légitimement et naturellement universels ; c'est enfin par voie de conséquence, l'acceptation que les droits des femmes sont indivisibles et indissociables de tous les autres droits humains comme les droits économiques et sociaux et, pour la première fois dans un document des Nations unies, *via* le terme de sexualité, le début du long et contrasté processus de définition et de référencement des droits reproductifs et sexuels

---

[183] L'expression officielle, en anglais, ne fait que faire ressortir la difficulté, pour ne pas dire plus, de continuer à utiliser l'expression droits de l'Homme en France. La traduction littérale en français (les droits des femmes sont des droits de l'Homme) confine au ridicule. Pour de multiples raisons (invisibilisation des femmes et de leurs intérêts, disparition de plus en plus fréquente du H majuscule censé pourtant rappeler l'universalité englobante des droits, inanité de l'argument d'autorité linguistique et grammatical qui affiche même son origine patriarcale lorsque « le masculin l'emporte sur le féminin ») qui nous semblent exprimer des résistances et des dénégations de tous ordres, que nous ne pouvons développer ici, nous n'emploierons pas dans notre présent travail cette expression sacralisée en France. Nous lui préférerons en revanche l'expression droits humains, à l'instar des autres francophones (belges, suisses, québécois), hispanophones ('*derechos humanos*'), et des italiens ('*diritti umani*').

[184] Extrait : « [...] Le modèle du Caucus des femmes a permis d'influer avec succès sur l'issue de toutes les conférences onusiennes des années 1990, et ce, pour deux raisons. Premièrement, il était bien structuré/organisé, et était dirigé de façon ciblée et par des personnes réputées pour leurs compétences à fournir des orientations stratégiques, et des capacités de plaidoyer à des femmes moins au fait des processus onusiens. Deuxièmement, les ONG de femmes ont apporté des ressources qui manquaient aux délégations officielles : connaissances et expériences fines des enjeux Traités ». Parmi ces mouvements transnationaux, il convient de citer en particulier *Isis International* (1974), le *Global Network for Reproductive Rights (*1979*)*, *International Women's Health Coalition (*1984*)*, *Development Alternatives with Women for a New Era* -DAWN (1984).

[185] Même si dans les faits, les femmes ont été « assignées » par la contrainte à cette vulnérabilité de nature, qui a donc fini par être intériorisée et, *in fine* universellement admise.

(Petchesky, op.cit., : 34)[186]. Dans la mesure où ces droits n'ont pas été énoncés, reconnus ni même intégrés aux textes onusiens aux mêmes moments et qu'ils font l'objet de réserves récurrentes par encore beaucoup d'États qui en donnent des versions variables, il est difficile d'en donner une définition stable. C'est pourquoi, à ce stade, il semble important de définir leur articulation. Les droits reproductifs ressortent du droit fondamental de toutes les personnes, célibataires ou en couple, de décider librement, sans coercition et de manière responsable, d'avoir ou non un/des enfants, du nombre, du moment et du rythme pour le/les avoir. Les droits sexuels renvoient, eux, au droit fondamental de chaque personne d'exprimer et de satisfaire sa sexualité dans toutes ses composantes librement et sans coercition, ni jugement, ni discrimination.

La Suède, dans ce processus d'élargissement des droits a joué un rôle de premier plan, tant elle considère comme prioritaire le soutien à ces droits considérés comme le socle préalable à tout autre dispositif de politique publique, en particulier les politiques d'égalité de genre et d'autonomisation des femmes.

Se référant à la Conférence de Vienne, le gouvernement suédois a défini les lignes directrices de ses interventions internationales : « La Suède travaille à inciter les autres États à respecter les droits humains, à faire que le respect des droits humains se diffuse dans le travail des organisations globales et régionales, à faire que les normes internationales relatives aux droits humains soient plus profondément ancrées et plus largement acceptées, et à améliorer l'efficacité des mécanismes garantissant que les normes acceptées sont bien respectées. Dans le cadre de ces objectifs et du principe primordial de la coopération au développement qui est la lutte contre la pauvreté, les actions en faveur des droits humains visent à promouvoir le respect des droits humains dans les pays partenaires et faciliter leur mise en œuvre et à réduire la pauvreté de façon encore plus efficace en incluant une perspective de droits dans la coopération au développement »[187]. En partageant et en relayant les revendications des organisations féministes en matière de droits humains et en soutenant leur intégration dans les Traités internationaux, la Suède a contribué de façon

[186] Extrait : « La Déclaration de Vienne est le premier document onusien de l'Histoire qui fait une référence explicite à la sexualité (en opposition aux sexes biologiques), et qui, de façon implicite, pose le principe de l'intégrité corporelle en rapport aux questions sexuelles [...] Vienne a permis de bâtir les fondations d'une codification internationale des crimes contre les femmes [...] reconnaissance du viol, esclavage sexuel, grossesses forcées, stérilisations forcées, trafic et autres formes de violences sexuelles et reproductives, comme autant de crimes contre l'humanité.... »

[187] Written communication (to the Riksdag). A National Human Rights Action Plan – A summary Skr. 2001/02 : 83 http:://www.ohchr.org/Documents/Issues/NHRA/swedish.pdf

décisive, comme nous allons le voir plus précisément encore avec Le Caire, à faire évoluer concomitamment le référentiel juridique et celui du développement, *via* la remise en question de la distinction public/privé et l'intégration des concepts de santé reproductive et d'égalité de genre[188].

La Conférence internationale sur la population et le développement (CIPD) (Le Caire, 5-13 septembre 1994).

La Suède a considéré que la préparation de la Conférence du Caire devait, tout autant que la conférence elle-même, contribuer à mettre ses engagements à l'agenda international.

Pendant les trois années qui ont précédé la Conférence du Caire, elle a conduit un véritable exercice de planification de son plaidoyer international comprenant trois phases bien définies : (a) information, (b) constitution d'alliances et (c) mobilisation politique. Dans le cadre des mécanismes et des processus constituant la vie politique et démocratique suédoises, il y eut d'abord la constitution d'une commission d'enquête préparatoire composée de parlementaires, d'experts, de chercheurs et de représentants d'Organisations non gouvernementales, afin de s'assurer de la cohérence et du portage le plus large possible du message que le pays allait présenter lors de la Conférence[189]. De fait, « le comité national avait précédemment (c'est nous qui soulignons) acté que la Suède mettrait l'accent sur les enjeux de sexualité, les relations et le pouvoir des femmes en rapport à leur fécondité, à la conférence du Caire » et qu'il (le comité national) produirait un document

---

188 Thématiques que l'on retrouve dans la déclaration et le Programme d'action de Vienne. Partie II. Para 41. « La Conférence mondiale sur les droits de l'homme reconnaît qu'il importe que les femmes jouissent tout au long de leur vie du niveau de santé physique et mentale le meilleur possible. Ayant à l'esprit la Conférence mondiale sur les femmes, la Convention sur l'élimination de toutes les formes de discrimination à l'égard des femmes, ainsi que la Proclamation de Téhéran de 1968, elle réaffirme, en se fondant sur le principe de l'égalité de l'homme et de la femme, le droit de la femme à des soins de santé accessibles et suffisants et à la gamme la plus large possible de services de planification familiale, ainsi qu'à l'égalité d'accès à l'éducation à tous les niveaux ».
http:://www.ohchr.org/Documents/Events/OHCHR20/VDPA_booklet_fr.pdf

189 Le rôle des commissions de tous ordres dans la « fabrication » du consensus politique suédois est primordial, comme le souligne l'OCDE : « L'attachement viscéral de la Suède à la transparence est un aspect très positif qui caractérise l'ensemble de son approche de la consultation. De manière générale, les parties prenantes se montrent coopératives avec le système, qui repose de longue date sur la création de commissions d'enquête pour l'élaboration des grandes politiques et des principales législations ».
http:://www.oecd.org/fr/gouvernance/politique-reglementaire/45419502.pdf. Le souci de transparence ne touche pas uniquement le résultat des travaux de la Commission, qui prend la forme d'un rapport, mais aussi les termes de références, les modalités de fonctionnement, ainsi que les noms et coordonnées des membres de la commission, toutes informations figurant sur les sites et bases de données gouvernementales.

cadre de positionnement devant servir de référence aux futurs négociateurs présents à la Conférence.

(a) Information.

Afin de sensibiliser, et surtout de convaincre ses cibles, futures parties prenantes à la Conférence à venir, la Commission propose de produire et de faire produire, puis de distribuer des publications de deux sortes : d'une part, des documents d'autopromotion sur les réussites suédoises en matière d'évolution du statut et des droits des femmes suédoises depuis le XIXe siècle, de prévention des grossesses non désirées et des maladies sexuellement transmissibles, ainsi que sur les campagnes d'information « relatives à la sexualité et à la vie des jeunes en Suède à ce moment-là », et d'autre part, des publications scientifiques menées, pour certaines, par des chercheurs internationaux *"Reproductive Heath Revisited"* et *"Human Rights in Population Policies"*[190], et surtout *"Population Policies Reconsidered"*[191].

(b) Constitution d'Alliances.

Sida a noué des rapprochements stratégiques avec des réseaux internationaux d'organisations féministes très structurés et organisés et ce, de deux façons : en participant activement à des conférences avec le *Women's Caucus*[192], et en finançant directement des réseaux tels que *l'International Women's Health Coalition.*

(c) Mobilisation politique.

Enfin, un an avant la tenue de la Conférence du Caire, Sida et SAREC (*Swedish Agency for Research Cooperation with Developing Countries*) organisent une conférence sous-régionale en Afrique australe, sorte d'avant-première qui permet aux parlementaires qui y participent de cosigner une déclaration politique reprenant les thématiques suédoises, et en particulier, le soutien à la légalisation de l'avortement[193]. Cette conférence a été pour le pays l'occasion de se présenter avec détermination comme un des promoteurs du changement de paradigme des enjeux de population : en plaidant pour un équilibre entre enjeux démographiques et dynamiques de population d'une part, et d'autre part, l'intégration des droits humains (en particulier les droits sexuels et reproductifs, l'éducation à la sexualité, les

[190] Ces deux publications pourtant citées dans le document officiel déjà cité *From Population issues to SRHR* n'ont pu être consultées.

[191] Gita Sen, Adrienne Germain, Lincoln C. Chen. 2004. Population Policies Reconsidered. Health. Empowerment and Rights. *Harvard University Press, March 2004.*

[192] Encore en 2015, on lit sur le site du Women's Caucus database (http:://w3.ipu.org/) que "*The database on women's caucuses is produced with the financial support from USAID, Irish Aid and the Swedish International Development Cooperation Agency (Sida)*".

[193] C'est toujours la Suède qui, entre le 23 et le 25 avril 2014 a accueilli, pour fêter les vingt ans du Caire, *International Parliamentarians' Conference on the Implementation of the ICPD Programme of Action* (IPCI/ICPD) marquant une fois encore la continuité de son engagement et des modalités de cet engagement.

droits des femmes et l'égalité de genre de façon plus globale), la Suède propose une conception du développement qui doit se fonder sur les aspirations et les besoins des individus (et des femmes en particulier), tout autant que sur l'atteinte d'objectifs démographiques.

Cette double aspiration est présentée sous forme synthétique dans le tableau suivant, « Les enjeux de la Santé et des Droits Sexuels et Reproductifs (SDSR) dans le débat entre l'approche démographique et l'approche par les droits ».

Approche démographique	Approche par les droits
La construction de la SDSR repose sur un constat des **dynamiques démographiques existantes** et sur l'articulation entre ces dynamiques et la réduction de la pauvreté.	La construction de la SDSR repose sur les **droits humains universels,** la jouissance d'une sexualité consentie, informée et épanouie.
Marquée par son origine malthusienne, réduction du nombre d'enfant(s) par famille, ralentissement de la croissance démographique et moindre pression sur les ressources naturelles.	Marquée par l'élaboration dans la deuxième moitié du XXe siècle, d'un corpus de droit international valorisant l'égalité des droits de tous les êtres humains (sexe, âge, race, handicap, orientation sexuelle, identité de genre)
La SDSR est l'instrument d'une stratégie du/ pour le développement, fondée sur une meilleure gestion des dynamiques démographiques.	La SDSR est le révélateur d'un processus inachevé : les droits sont 'déclarés' (CEDEF, CRC, Vienne, CIPD), puis 'connus' et enfin 'exercés'. Pour que ces instruments juridiques ne restent pas que des droits formels, il faut passer par une étape de transformation des systèmes de valeurs sous-jacents qui ont créé, entretenu et perpétué la domination, la coercition, les discriminations et les violences, et qui font que les filles et les femmes n'ont pas conscience/connaissance de leurs droits et de ce fait, ne sont pas en mesure de les exercer pleinement.
Approche utilitariste et positionnement stratégique et géopolitique. **Démarche de puissance**	**Positionnement idéologique et normatif** **Posture d'influence**

Point d'orgue de cette phase de préparation, qui a duré près de trois ans, la déclaration inaugurale à la Conférence faite, au nom de la Suède, par Inger Davidson, ministre de la Fonction publique et de la Jeunesse, mérite une analyse détaillée tant l'économie du texte est éclairante[194].

[194] 94-09-07: Statement of Sweden, H.E. Mrs. Inger Davidsson. www.un.org/popin/icpd/conference/gov/940908163229.html

Le préambule de l'intervention situe les termes de la problématique générale que la Suède veut porter[195] : les défis à relever, que la Conférence devra prendre en compte, ne sont pas tant liés à l'évolution démographique mondiale en soi qu'aux modalités du développement, en particulier la soutenabilité d'un modèle de production-consommation générateur des plus grandes inégalités, démontrant par avance l'articulation logique, systémique avec le modèle global, économique et de développement[196]. En rappelant d'emblée que « un cinquième de l'humanité est responsable des quatre cinquièmes de la consommation d'énergie, de l'utilisation des ressources et de la production des déchets au niveau mondial », la représentante suédoise situe les responsabilités fondamentales, non sur le plan démographique, mais sur le plan économico-éthique : « La famille type en Suède a deux enfants. En comparaison avec une famille pauvre dans un pays en développement, cela correspond du point de vue de l'utilisation des ressources, à une famille ayant vingt enfants. Dans une perspective de long terme, les modes actuels de production et de consommation ne sont pas soutenables. En conséquence, les segments les plus riches de la population mondiale ont une responsabilité particulière à opérer des changements en termes de production et de consommation qui puissent conduire à un développement durable dans leurs pays mêmes ». Tout en reconnaissant l'augmentation marquante de la population mondiale, en particulier dans « les sociétés les plus pauvres », ce sont ses effets, en termes de limitation des capacités offertes par le marché du travail et de services sociaux, qui méritent d'être abordées. Dès lors, la priorité pour la Suède n'est pas tant d'aider à contrôler les tendances démographiques que d'aider les sociétés pauvres à renforcer leurs capacités à se développer : « Est-ce que les sociétés les plus pauvres pourront faire face aux défis uniquement en comptant sur elles-mêmes ? En toute probabilité, la réponse est non. Un effort international massif en faveur du développement est nécessaire ». C'est donc tout logiquement que le troisième point de ce préambule insiste sur l'importance (et, au passage, la ministre rappelle l'exemplarité suédoise qui dépasse l'objectif onusien des 0,7 % du revenu national brut consacré à l'aide au développement) de la coopération au développement, et en particulier dans les domaines prioritaires de la santé sexuelle et reproductive et du soutien aux organisations de femmes.

Le corps principal du discours de la représentante suédoise vise ensuite « l'autonomisation des femmes comme l'une des plus importantes politiques figurant à l'ordre du jour de cette conférence » et l'argumentation avancée par la ministre s'organise autour de cinq points principaux :

---

[195] Par préambule, nous signifions la partie introductive avant l'adresse directe au président, qui intervient en page deux de la déclaration ministérielle.

[196] La dernière partie reprend plus en détail cette articulation avec la thématique du développement durable, autre pilier fondamental du 'logiciel' de l'APD suédoise.

(1) l'autonomisation des femmes n'est pas uniquement un moyen, un levier de mise en œuvre des politiques de populations, c'est en soi un droit fondamental qu'il faut promouvoir en tant que tel, car c'est en lui que s'originent tous les autres : droit à l'éducation, droit à l'indépendance économique, droit à la propriété de la terre, droit au crédit, reconnaissance des « droits sexuels et reproductifs pour ce qu'ils représentent par eux-mêmes » ;

(2) les hommes doivent eux-mêmes participer à ce mouvement de « partage » des responsabilités en questionnant et changeant leurs comportements et leurs attitudes, en particulier au lieu même de la naissance et du développement des inégalités, c'est-à-dire, la structuration distinctive entre sphère professionnelle et sphère familiale : « L'autonomisation des femmes ne pourra de toute façon pas survenir sans des changements correspondants dans les attitudes et le comportement des hommes ; les hommes doivent être préparés à abandonner partie de leur pouvoir afin que celui-ci soit véritablement réparti. Les hommes doivent aussi prendre leur part dans les travaux domestiques et le soin des enfants » ;

(3) « Ce partenariat entre les hommes et les femmes sur pied d'égalité » doit être l'expression de valeurs démocratiques qui se trouvent aussi bien dans l'espace de la famille que dans la société tout entière. « Une culture démocratique et des valeurs démocratiques au sein d'une société, une gouvernance responsable si vous préférez, sont liées à une culture démocratique au sein de la famille. Le respect pour les autres, les droits et les devoirs mutuels et une capacité à régler les intérêts conflictuels doivent aussi être appris et pratiqués au sein de la famille. Il est essentiel que les valeurs familiales encouragent les droits humains, la dignité humaine, la démocratie et l'égalité entre les hommes et les femmes ». Ce passage est particulièrement significatif car, par une sorte de renversement à la fois radical et subtil, il pose (contrairement au Vatican et autres pays conservateurs qui considèrent la famille comme l'expression parfaite de l'ordre « naturel » voulu par Dieu), que la famille doit être au contraire, le lieu d'expression, d'apprentissage et d'exercice des droits humains fondamentaux ;

(4) L'avant-dernière partie de l'intervention de la ministre suédoise est ensuite consacrée à la question spécifique des « droits humains dans une perspective de genre » sous l'angle des violences de genre comme expressions les plus inacceptables de la « relation inégale de pouvoir » entre les hommes et les femmes. Si les fœticides, les infanticides des filles, les mutilations génitales féminines sont expressément condamné/es comme des violences de genre, la question de l'avortement, qui symbolise le déni le plus radical du droit des femmes à disposer de leurs corps, n'est pas formulée

aussi frontalement, mais fait l'objet d'un déplacement tactique très subtil du champ du droit vers le terrain à la fois rationnel et compassionnel de la santé des femmes. Ce n'est pas la liberté de disposer de son corps qui est mise en avant afin de ne pas, d'emblée, rentrer dans une confrontation stérile avec les opposants à l'avortement, mais c'est l'affirmation de l'urgence qu'il y a de reconnaître la dimension inacceptable, d'un point de vue sanitaire, qu'il y aurait à ignorer les conséquences des avortements clandestins et à risques (mortalité, morbidité, stérilité définitive sans parler des séquelles psychologiques et mentales). Comme le souligne I. Davidson, « mon appel est tout simple : considérons cette question avec détermination et reconnaissons-la pour ce qu'elle est - une menace majeure pour la santé des femmes - et agissons en conséquence ». D'autres arguments viennent conforter la logique démonstrative du plaidoyer présenté par la représentante suédoise. L'argument psychosociologique tout d'abord, selon lequel rendre illégal l'avortement n'empêche aucunement les femmes qui y ont recours (très majoritairement pauvres et jeunes) de s'exposer à des pratiques aux conséquences les plus dangereuses. Puis l'argument de l'anticipation rationnelle de favoriser, en particulier pour les adolescents et les jeunes, les pratiques préventives à la décision de recourir à l'avortement (information et éducation à la sexualité ; accès aux produits et services en matière de contraception) revient précisément à réduire le recours à l'avortement. En se référant à l'histoire récente de son pays, la ministre rappelle qu' « un objectif principal de notre politique en cette matière, a toujours été et continue d'être, l'accent mis sur les mesures de prévention. Disponibilité des services, information et éducation peuvent réduire significativement le taux d'avortements » ;

(5) enfin, la dernière partie du discours est consacrée à la promotion d'un « nouveau concept » : la santé sexuelle et reproductive, qui élargit la notion de santé reproductive officiellement définie par l'Organisation Mondiale de la Santé. Venant en conclusion, ce nouveau concept ne saurait avoir valeur programmatique, car il n'est ni clairement défini, ni véritablement explicité : « Le projet de texte de la conférence évoque le concept de santé reproductive. Mon gouvernement s'en réjouit et se tient prêt à appuyer la définition large de cette expression avancée par le directeur général de l'Organisation mondiale de la santé (OMS). Notre vœu le plus cher est que cette conférence approuve cette approche large implicitement exprimée dans l'expression santé sexuelle et reproductive. Dans la conception suédoise, il importe de prendre en compte tous les éléments, dont la planification familiale, comme faisant partie de ce nouveau concept ». Comment expliquer qu'une telle prise de position soit tout à la fois en quelque sorte affichée et occultée ? En effet, d'un côté, ce nouveau concept élargi est l'aboutissement logique de l'argumentation développée dans le discours de la ministre, et à ce titre, il est légitime qu'il soit mentionné et d'un autre côté,

il ne fait pas l'objet d'un développement plus détaillé, tant il est certain que la très grande majorité des États présents au Caire ne pouvaient ou ne voulaient absolument pas en entendre parler[197]. C'est indéniablement une façon pour la Suède de « prendre date » en marquant qu'il devra « nécessairement » être un élément incontournable de l'agenda futur du développement.

En comparaison avec la position française, il apparaît nettement que la Suède entend donner aux enjeux de santé et droits sexuels et reproductifs un statut de problème public universel ne relevant plus d'un quelconque ordre naturel et d'une fatalité incontournable contenue dans la sphère privée qui justifierait un « laissez faire », mais au contraire, qui appelle une intervention des parlementaires et des gouvernements du monde entier. Cette mise à l'agenda ("*agenda setting*"), qui recouvre aussi bien la définition, la construction et la mise en œuvre de nouvelles normes, la Suède s'en est faite la championne, avant et pendant la Conférence du Caire, en combinant certaines des démarches spécifiques évoquées par Philippe Garaud : d'une part, « *le modèle de mobilisation externe*, lorsque des groupes organisés parviennent à transformer leur problème en question d'intérêt public, en constituant une coalition autour de leur cause », d'autre part «... *le modèle de*

[197] La déclaration de Simone Veil, alors ministre d'État, ministre des Affaires sociales, de la Santé et de la Ville, représentant la France à la Conférence du Caire est, de ce point de vue, particulièrement instructive. www.un.org/popin/icpd/conference/gov/940907213159.html
Bien que n'exprimant pas de positions conservatrices, en particulier sur l'avortement, le discours apparaît très en retrait de celui de la Suède, pourtant porté lui aussi par une ministre démocrate-chrétienne d'un gouvernement de centre droit. S'inscrivant pleinement dans la problématique démographique qui dominait l'après guerre (« *À Mexico, un consensus s'était dégagé pour privilégier un objectif de croissance modérée, ce qui conduisait à préconiser une politique volontariste de population... Cette orientation générale reste plus que jamais pertinente...L'accroissement anarchique de la population empêche un développement durable et équilibré... Il convient donc d'aller plus vite dans la voie d'un ralentissement de cette croissance et c'est l'objet de cette conférence d'en rechercher les modalités et les moyens* »), le discours de la ministre, qui rappelle toutefois l'importance des droits de l'Homme (*sic*), reste de nature formel, et les droits qui sont explicitement mentionnés le sont de façon très générale, sans prise réelle sur leurs conditions de réalisation : les sociétés qui composent la communauté internationale peuvent se retrouver sur des valeurs essentielles, voire essentialisées (« *la liberté et la responsabilité y figurent en bonne place : ces deux valeurs sont inséparables, car il n'y a pas de responsabilité sans liberté, pas de liberté sans responsabilité* »). Et lorsque Simone Veil présente les « thèmes qui constituent les priorités » pour la France, il n'en reste pas moins que ces priorités sont sur le fonds et la forme à front renversé avec celles de la Suède, voire ne sont pas du tout mentionnées à l'instar des "*sexual and reproductive rights*", de la "*sexual et reproductive health*", du "*gender context*", des "*violence against women*", et de la "*sexuality of adolescents and youth*". Même lorsqu'un plaidoyer est amorcé en faveur des droits de la femme (c'est nous qui soulignons), c'est pour l'inscrire dans un mouvement de rattrapage pour que « *l'ensemble du statut de la femme soit aligné sur celui de l'homme* ». Position radicalement essentialiste, différente de la dialectique, et des interactions permanentes que supposent les rapports de genre, soutenue par la Suède...

l'anticipation, lorsque les autorités publiques ou gouvernementales jouent un rôle initiateur et moteur dans le processus de mise à l'agenda », enfin « *le modèle de la médiatisation*, quand les médias jouent un rôle central dans la définition, la légitimation et l'imposition d'un problème » (Garaud, 2014 : 58-66). De fait, la capacité d'influence de la Suède sur l'agenda et sur les résultats de la Conférence du Caire apparaît donc comme la résultante de quatre facteurs : la construction d'un fort consensus politique interne sur la SDSR en Suède, le long travail de préparation au sein des Nations unies, et en particulier, la mobilisation de la communauté scientifique, des parlementaires et le soutien appuyé avant et durant la Conférence aux organisations de la société civile tant au niveau national (RFSU) qu'international (IPPF, Women's caucus), et enfin la valorisation de la coopération nordique qui a constitué un bloc soudé et homogène[198].

Le document ci-après, même s'il renvoie à la Conférence de Pékin, témoigne de cette capacité de mobilisation de toutes les parties prenantes à ce nouvel agenda. Il s'agit d'un document d'invitation à un séminaire parallèle organisé par le gouvernement suédois lors de la Commission sur le Statut de la Femme qui s'est tenue au siège des Nations unies à New York, du 09 au 20 mars 2015, dans le cadre des célébrations du XXe anniversaire de la Conférence et de la Plateforme d'Action de Pékin.

---

[198] Voir la déclaration de la Finlande, au nom des pays nordiques, lors de la Troisième Session de la Commission Préparatoire de la CIPD, New York, 4-22 avril 1994.
http:://www.un.org/popin/icpd/prepcomm/govern/940406225945.html

Sweden, the Swedish Women's Lobby, on behalf of Feminist Nordic Network and UN Women invites you to:

New Action on Women's Rights

shared responsibilities for a sustainable future

Wednesday, 11 March 2015 at 10:00–11:15
Conference Room CR-11 General Assembly building

Human rights principles, power sharing among women and men, overcoming oppressive structures and stereotypes, are corner-stones in the Beijing Platform of Action. Reviewing progress and set-backs over the past 20 years united the Nordic women's movement at the Nordiskt Forum Malmö 2014. The forum resulted in common »Feminist Agreements and Demands« directed at the Nordic Governments. Full text: nf2014.org.

This seminar will focus on critical issues in transforming women's economic dependence, equal access to decision-making and justice, and the shared responsibilities of women and men as parents and care givers as well as women's right to a life without violence.

KEY NOTE:
Åsa Regnér, Minister for Gender Equality, Sweden
PANELISTS:
Lakshmi Puri, Deputy Executive Director, UN Women
Gudrùn Jónsdóttir, Spokesperson, Stígamót Iceland, Counseling Centre for Survivors of Sexual Abuse and Violence
Nanna Höjlund, Vice president, Danish Women's Council, and trade union delegate
Clara Berglund, Vice president, Swedish Women's Lobby
MODERATOR:
Joanna Maycock, Secretary General, European Women's Lobby (EWL)

Language: English
Contact: info@sverigeskvinnolobby.se / 004672 853 35 90
The seminar will be webcasted at: webtv.un.org

SWEDISH WOMEN'S LOBBY
REGERINGSKANSLIET
Government Offices of Sweden
UN WOMEN

Lors de la Commission, la Suède a été très présente en organisant ou co-organisant de nombreux évènements parallèles sur des thématiques qui démontrent la cohérence et la continuité de son engagement : « 1/ Pourquoi les droits reproductifs sont-ils importants ? ; 2/ Des déclarations à l'action : le financement de l'égalité de genre dans l'Agenda post-2015 ; 3/ Nouvelle action en faveur des droits des femmes - des responsabilités partagées ; 4/ Autonomisation économique des femmes et entreprenariat ; 5/ Impliquer les hommes et les garçons : le temps est venu d'avancer sur l'implication des hommes et des garçons en faveur de l'égalité de genre et de la santé sexuelle et reproductive vers une nouvelle étape ». Ce dépliant révèle cette cohérence-continuité dans trois dimensions particulières :

- *la continuité des valeurs*. Une partie du libellé (*"shared responsibilities"*) reprend exactement le même titre et met en avant la même valeur éthique de responsabilité que le document politique de 2003 avec une évolution toutefois, le passage du singulier au pluriel qui marque l'évolution d'un positionnement unique (la responsabilité suédoise) vers un positionnement multiple (les responsabilités collectives de toutes les parties prenantes pour un développement durable).

- *la continuité du leadership*. La capacité historique d'entraînement et de mobilisation de la Suède parmi les pays nordiques s'affiche encore clairement puisque l'ONG « le Lobby des Femmes suédoises » intervient « au nom *du* Réseau des Féministes Nordiques » et qu'il est rappelé dans le dépliant que le mouvement des femmes nordiques avait préparé l'anniversaire de Pékin au *Nordiskt Forum* qui s'était tenu en 2014 à... Malmö.

- *la cohérence du dispositif opératoire*. La liste des partenaires organisant l'évènement est particulièrement représentative du modèle opératoire de l'aide publique au développement suédoise, en particulier la mise en avant d'une promotion collective et combinée de l'agenda du développement par (a) le gouvernement (*"Sweden, Government Offices of Sweden"*), (b) des organisations de la société civile nationale (*"The Swedish Women's Lobby"*) et internationale (*"Danish Women's Council", "Stigamot Iceland"*) ainsi qu'une agence internationale, ONU Femmes.

Les engagements concrétisés dans le Programme d'Action figurant en Annexe du rapport de la conférence[199], reprennent une grande partie des demandes de la Suède en ce qui concerne les droits des femmes par le renforcement de « la contribution des femmes au développement durable en les associant pleinement au processus d'élaboration de politiques et de prise de décisions à tous les stades et veiller à les faire participer à tous les aspects de la production, de l'emploi, de la création de revenus, de l'éducation, de la santé, de la science et de la technique, des sports, de la culture et des activités relatives à la population et à d'autres domaines, en tant que responsables, partenaires et bénéficiaires actives ; [...] à doter toutes les femmes, de même que tous les hommes, d'une éducation qui leur permette de satisfaire leurs besoins humains fondamentaux et d'exercer les droits fondamentaux de la personne humaine [...] la promotion d'une sexualité responsable permettant des relations d'égalité et de respect mutuel entre les sexes et contribuant à améliorer la qualité de la vie des individus ; [...] l'accès à l'information, à l'éducation et aux services nécessaires pour jouir d'une bonne santé sexuelle et exercer leurs droits et responsabilités en matière de procréation ». Une autre grande innovation est la prise en compte

[199] Rapport de la Conférence internationale sur la population et le développement Le Caire, 5-13 septembre 1994.*A/CONF.171/13/Rev.1 Publication des Nations unies, numéro de vente 95.XIII.18 ISNB92-1-251103-1*

des besoins et des droits des adolescent(e)s en termes d'information, d'éducation sexuelle et de maîtrise de leur sexualité. En revanche, un des thèmes majeurs portés par la Suède (et les autres pays nordiques), l'adoption du droit à l'avortement, y compris la notion d'avortement sécurisé (*safe abortion*) fut très largement combattu par une majorité de pays. Néanmoins, les partisans de l'avortement légal et sécurisé ont travaillé à ce que le document final, adopté par consensus, n'évacue pas le sujet[200].

Le maintien de la notion s'est fait au prix d'une concession définissant l'avortement comme un « enjeu de santé publique » et non pas comme l'affirmation d'un droit humain avec tous les attributs de promotion et de protection qui y sont attachés.

Même si sur ce sujet jugé par elle représentatif des enjeux de droits humains au sein de la santé sexuelle et reproductive, la Suède n'a pu obtenir gain de cause, elle considère que la Conférence du Caire marque une évolution majeure dans la reconnaissance des droits des femmes vers plus d'égalité avec les hommes, et surtout, elle rompt définitivement avec l'approche « démographiste » des conférences antérieures consacrées à la population mondiale. Comme le résume un document de Sida, « le Plan d'Action définit la santé reproductive de façon large, et dans une perspective du cycle de vie. Il contient aussi des cibles spécifiques pour les différentes composantes de la santé reproductive, telle que la cible très ambitieuse de réduction de la mortalité maternelle - incluant les décès post-avortement, dus principalement aux pratiques d'avortements non sécurisés - [...] des sections sur la réduction des cas de VIH, et des infections sexuellement transmissibles classiques, l'élimination des pratiques traditionnelles néfastes comme les mutilations génitales féminines, les trafics et les violences. Le Plan d'Action situe la santé sexuelle et reproductive et les droits reproductifs

---

[200] Chapitre VIII. C. 8.25 : « L'avortement ne devrait, en aucun cas, être promu en tant que méthode de planification familiale. Tous les gouvernements et les organisations intergouvernementales et non gouvernementales intéressés sont vivement invités à renforcer leur engagement en faveur de la santé de la femme, à traiter les conséquences des avortements pratiqués dans de mauvaises conditions de sécurité en tant que problème majeur de santé publique et à réduire le recours à l'avortement en étendant et en améliorant les services de planification familiale. La plus haute priorité doit toujours être accordée à la prévention des grossesses non désirées et tout devrait être fait pour éliminer la nécessité de recourir à l'avortement. Les femmes qui ont des grossesses non désirées devraient avoir facilement accès à une information fiable et à des conseils empreints de compréhension. Toute mesure ou toute modification relative à l'avortement au sein du système de santé ne peuvent être arrêtées qu'à l'échelon national ou local conformément aux procédures législatives nationales. *Dans les cas où il n'est pas interdit par la loi, l'avortement devrait être pratiqué dans de bonnes conditions de sécurité*. Dans tous les cas, les femmes devraient avoir accès à des services de qualité pour remédier aux complications découlant d'un avortement. Après un avortement, des services de conseil, d'éducation et de planification familiale devraient être offerts rapidement, ce qui contribuera également à éviter des avortements répétés ».

dans un contexte plus large, dans lequel les préoccupations de genre sont importantes et le droit à l'éducation réaffirmé »[201].

La Quatrième Conférence mondiale sur les femmes (Pékin, 4-15 septembre 1995)[202]

La Suède a aussi marqué de son empreinte la Conférence de Pékin qui a représenté une nouvelle étape dans la lutte pour l'égalité entre les sexes dans une perspective de genre, c'est-à-dire l'affirmation que l'égalité ne saurait être réellement atteinte sans repenser et faire évoluer radicalement et en profondeur les structures et les représentations mentales et sociales des rapports de sexes, ainsi que les institutions qui en sont les manifestations concrètes.

Comme lors de la Conférence du Caire, la déclaration de la représentante suédoise tranche sur le reste des discours, par son caractère à la fois direct et concret[203]. Tout en rappelant avec fierté que la Suède est « le seul gouvernement au monde à avoir un nombre égal de ministres femmes et de ministres hommes » et qu'elle est « classée numéro un dans les index genre/développement et genre/autonomisation par le PNUD dans son Rapport sur le développement humain de 1995 », Mona Sahlin, Vice Première ministre et ministre de l'Égalité (*Equality Affairs*), entend donner les raisons d'une telle situation : une volonté forte, et un engagement politique constant soutenu par une pression exigeante des femmes à tous les niveaux (individualités, organisations de femmes, et associations féministes), et par la participation des hommes eux-mêmes, en particulier au sein du ménage et vis-à-vis des enfants ainsi que dans la prise de conscience et le rejet des violences de genre dont ils sont très majoritairement à l'origine[204].

---

[201] *Sida's Work Related to Sexual and Reproductive Health and Rights 1994–2003. Sida Evaluation. 04-14. Department for Democracy and Social Development*
http:://www.sida.se/contentassets/55294bb0b758484cb38299ccfc6fd46a/sidas-work-related-to-sexual-and-reproductive-health-and-rights-1994-2003_2137.pdf
[202] http:://www.un.org/womenwatch/daw/beijing/pdf/BDPfA %20F.pdf
[203] Statement by Mrs Mona Sahlin. Deputy Prime Minister, Minister for Equality Affairs. http:://www.un.org/esa/gopher-data/conf/fwcw/conf/gov/950908160408.txt
[204] Violence-Masculinity-Peace. Four conferences. A New Vision CD-ROM: *EuroPRO-Fem. European Profeminist Men's Network, City & Shelter, Brussels,* 1998. Extrait : « Pendant longtemps, la Suède a joué un rôle exaltant et efficace dans le processus en faveur d'une nouvelle vision concernant les violences faites aux femmes. 1975 était déclarée l'année internationale des femmes par les Nations unies et il s'avéra que la publication suédoise la plus importante de cette année thématique était un livret intitulé '*le Droit d'être Humain*' à propos du modèle masculin, des peurs et des angoisses qu'il génère, insistant sur l'étroitesse du rôle que notre culture a pré-formaté pour les hommes. Ainsi, ce n'était pas par hasard si le gouvernement suédois présenta à Pékin un livre intitulé « les hommes par les hommes » comprenant huit témoignages d'hommes sur l'égalité, la masculinité et la parentalité. Le

De fait, tout autant que la Conférence du Caire, la Conférence de Pékin a permis à la Suède de mettre en avant sa conception et son engagement sur le concept englobant de sexualité (*"human rights and sexual and reproductive health"*- deuxième paragraphe - et *"the issue of sexual rights"*[205] - 16e paragraphe - *via* l'autonomisation des femmes (*"women's empowerment"*) par la promotion du partage des pouvoirs et des responsabilités entre les femmes et les hommes tant dans la sphère privée et familiale que dans la sphère publique, nationale et internationale, ainsi que *via* l'intégration d'une perspective de genre (*"gender mainstreaming"*) dans l'élaboration des politiques publiques qui doit prendre en considération les besoins et les contributions des femmes et des hommes, ainsi que les rapports sexués de pouvoirs. Cette autonomisation des femmes et l'intégration globale d'une perspective de genre se retrouvent dans la formulation de la Déclaration et du Programme d'Action de Pékin qui rappellent clairement la centralité de la sexualité comme condition préalable à la pleine et entière participation des femmes dans toutes les composantes de la société[206].

Françoise Girard (Girard, 2007 : 329-341) a très bien montré comment la sexualité comprise comme droits sexuels (droits à la sexualité) et orientation sexuelle, a été présentée par les mouvements féministes (pour la plupart européens et nord-américains) comme la pièce manquante (*"unfinished business"*) du Caire et a fait l'objet de stratégies différenciées, voire concurrentielles, selon les catégories de mouvements féministes impliqués (« militantes pour la santé des femmes », « activistes du VIH Sida », « activistes lesbiennes ») (Girard, op.cit., : 332)[207]. Ce moment de l'histoire

---

gouvernement suédois fut aussi l'inspirateur du séminaire mentionné ci-dessus qui eut lieu au Conseil de l'Europe et dont le programme fut, dans une large mesure, élaboré en Suède ». www.hilkkapietila.net/articles/en/peace_culture/violence_report2.doc

[205] La Conférence du Caire n'était pas parvenue à un consensus sur l'expression « droits sexuels » qui de fait, ne figure pas dans son Plan d'Action. En effet, pour beaucoup de pays, les droits sexuels en renvoyant aux préférences sexuelles telles que l'homosexualité ou toutes autres formes de pratiques sexuelles en dehors du mariage, n'étaient pas acceptables du point de vue de leur culture et de leurs traditions.

[206] « Les droits fondamentaux des femmes comprennent le droit d'être maîtresses de leur sexualité, y compris leur santé en matière de sexualité et de procréation, sans aucune contrainte, discrimination ou violence, et de prendre librement et de manière responsable des décisions dans ce domaine. L'égalité entre les femmes et les hommes en ce qui concerne la sexualité et la procréation, y compris le respect total de l'intégrité de la personne, exige le respect mutuel, le consentement et le partage de la responsabilité des comportements sexuels et de leurs conséquences ». Déclaration et du Programme d'Action de Pékin, paragraphe 96.

[207] Extrait : « À la PrepCom III, les « droits sexuels et l'orientation sexuelle » ont été poussés par les groupes de femmes comme partie intégrante d'une stratégie commune rodée à partir de l'expérience du Caire. Les activistes lesbiennes voulaient de la visibilité et organisèrent un Caucus séparé des lesbiennes. Mais les féministes, les activistes des droits humains et les activistes lesbiennes ont travaillé ensemble dans un esprit d'alliance, et les tensions vécues au Caire, bien que n'ayant pas toutes disparues, étaient bien moindres. Les groupes d'activistes en santé (qui comprenaient des lesbiennes) se sont chargés des droits sexuels et le Caucus des

du mouvement féministe au sein des Nations unies, pour passionnant qu'il soit, ne rentre pas directement dans l'objet de notre recherche. Cependant, il est important de noter que parmi les gouvernements sensibilisés à cet agenda des droits sexuels et reproductifs, celui de la Suède a été un plus réceptifs/coopératifs et l'a tout de suite intégré dans son propre plaidoyer politique international. Même si les deux appels de la ministre suédoise en faveur des droits sexuels ne se sont pas concrétisés dans le texte final de Pékin et que toute référence à l'implication des hommes pour atteindre l'égalité de genre a été écartée, le paragraphe 96 déjà cité marque une grande avancée tant les oppositions ont été fortes. Gerd Johnsson-Latham, membre de la délégation suédoise à Pékin, explique : « Je regrette de ne pas avoir pris des photographies des mollahs et des prêtres du Vatican dans les couloirs des Nations unies et des hôtels, assis et préparant ensemble leurs textes communs » (Girard, op.cit., : 337).

Alors qu'il n'a qu'un statut d'observateur permanent auprès des Nations unies (ce n'est pas l'État du Vatican qui est représenté, mais le Saint-Siège, en qualité d'autorité spirituelle et morale, ce qui ne lui permet pas de prendre part aux votes), le Saint-Siège utilise tous les moyens d'influence possibles au sein de la « famille » des Nations unies : prendre part à tous les cycles préparatoires des conférences et aux conférences elles-mêmes, y présenter des mémoires, des articles, des recommandations, des interventions orales, des suggestions de (re) formulation lors de la rédaction des déclarations finales et des plans d'action des dites conférences, des contributions reprises par les nombreux réseaux d'ONG catholiques ayant le statut consultatif accordé par le Conseil économique et social des Nations unies[208]. Par ses modes d'implication au service des valeurs spécifiques qu'il porte, le Saint-Siège à travers les Conférences du Caire et de Pékin (en ce qu'elles remettent en cause précisément un certain nombre des ces valeurs) a participé, comme la Suède, à ce processus d'influence normative[209]. Malgré l'établissement de relations diplomatiques entre le Saint-Siège et la Suède en 1982[210], qui freine une concurrence messianique historique, les enceintes internationales sont le lieu d'une compétition pacifique, mais ouverte et radicale, sur les valeurs : santé sexuelle et reproductive, droits sexuels et reproductifs, identité de genre et orientation sexuelle, égalité de genre,

---

lesbiennes avec le groupe d'activistes des droits humains ont pris en charge la thématique de l'orientation sexuelle, d'autres activistes faisant le lien entre les différents groupes ».

[208] http:://csonet.org/index.php?menu=132

[209] "To promote Women's Equal Dignity". Position officielle du Saint-Siège pour la Conférence de Pékin. http:://www.its.caltech.edu/~nmcenter/women-cp/beijing1.html

[210] Mais aussi avec le Danemark et la Norvège. Il est intéressant de noter que le nonce apostolique accrédité auprès de ces trois pays en même temps (plus la Finlande et l'Islande) réside à Stockholm, le Vatican reconnaissant par là-même à la Suède son statut de "référent" historique et politique au-delà de sa centralité géographique...

famille, autonomisation des femmes, sexualité, droits humains. Ce sont en fait deux « agendas » foncièrement antagonistes qui se sont constitués, et autour desquels se cristallisent les campagnes de plaidoyer et de mobilisation des décideurs internationaux. Les enjeux fondamentaux renvoient à la « biologisation » des différences de genre, la surmédicalisation (et donc le contrôle) du corps des femmes, l'essentialisation de « la » femme en tant que « complémentaire » de l'homme, par la réduction à ses besoins, à sa fonction reproductive, et son confinement à l'espace magnifié de la famille. Enfin, par son soutien massif, comme nous le verrons plus loin, aux Organisations non gouvernementales à l'intérieur de ses frontières et dans le monde, la Suède a mis au service de cet agenda, une capacité d'intervention et de mobilisation afin de contribuer à contrer celle que le Vatican peut mettre en œuvre par la couverture mondiale de l'Église catholique, doublé de son réseau diplomatique.

Ainsi, avec les processus initiés au Caire et à Pékin, et qui vont en retour justifier ses plans d'action en matière de santé sexuelle et reproductive[211]/[212], la Suède a-t-elle opéré un changement radical de positionnement en rompant avec l'agenda des politiques de populations - qu'elles soient pro ou antinatalistes[213] - pour déplacer les enjeux d'une part, vers la promotion de la liberté des femmes, en tant que personnes, à décider si et quand elles veulent avoir un enfant et à pouvoir accéder à des services/soins de santé de qualité en ce domaine (santé et droits reproductifs incluant droit à la contraception et à l'avortement) et d'autre part, vers l'affirmation du contrôle par les femmes de leur corps et de la liberté de décider sans contrainte, discrimination ou violence de tout ce qui touche beaucoup plus généralement à leur sexualité (santé et droits sexuels).

D'une façon plus globale encore, il apparaît que pour la Suède, la décennie quatre-vingt-dix témoigne du passage d'un message de solidarité politique avec les pays et les peuples du Tiers-Monde (puissance d'influence idéologique) vers un message de responsabilité éthique/partagée en faveur des pauvres[214], des plus vulnérables et des plus marginalisés (femmes,

---

[211] The relevance of the Beijing Conference to Sida's Action Plan on Sexual and Reproductive Health *(Sida), Department for Democracy and Social Development, Health Division. December 1995.*
http:://www.sida.se/English/publications/Publication_database/publications-by-year1/2004/march/the-relevance-of-the-beijing-conference-to-sidas-action-plan-on-sexual-and-reproductive-health/

[212] Breaking Through : A Guide to Sexual and Reproductive Health and Rights. *RFSU.*

[213] On a vu que les deux « référentiels » ont été présents dans l'élaboration des politiques publiques de la Suède, tant en interne, que sur la première période de sa coopération au développement.

[214] Dès 1996-1997, dans un document princeps ("The Rights of the Poor – our Common Responsibility, Combating Poverty in Sweden's Development Cooperation". *Government*

jeunes, populations indigènes, minorités ethniques et sexuelles ou souffrant de handicaps...) dans tous les pays du monde (puissance d'influence normative), en d'autres termes, du soutien politique à une idéologie existante vers la promotion « militante » de normes nouvelles[215].

Sommet du Millénaire et Objectifs du Millénaire pour le Développement (2000)

Dans le processus international qui, de Vienne à Pékin *via* le Caire, a permis la progressive mise à l'agenda des droits sexuels et reproductifs, le Sommet du Millénaire marque un coup d'arrêt. Si les huit Objectifs du Millénaire pour le Développement[216] ont le mérite d'être clairs, simples et (apparemment) mobilisateurs, ils ne font pas référence directement et explicitement aux droits sexuels et reproductifs, aux violences sexuelles, à la traite des êtres humains, à l'exploitation des enfants et des femmes, ainsi qu'à la féminisation des migrations internationales.

Comme le souligne Rosalind P. Petchesky, « en d'autres termes, contrairement aux documents des conférences des années 1990, les OMD ont été produits en l'absence totale de participation de la société civile ; les groupes de femmes et de défenseurs des droits humains n'ont pas été invités

---

Report 1996/97:169.), le gouvernement suédois souligne que toute analyse des causes de la pauvreté, et les conditions à réunir pour lutter contre elle, doivent prioritairement prendre en compte les différences/inégalités dans les statuts, les rôles sexués et sociaux, les responsabilités et les priorités respectives des femmes et des hommes. Ce document constitue aussi une référence essentielle à la définition multidimensionnelle de la pauvreté abordée dans les chapitres suivants.
http:://www.government.se/content/1/c6/02/04/08/ab9600e5.pdf)

[215] Un exemple illustrant concrètement cette idée d'un modèle normatif, « objet d'exportation », se trouve dans un document du ministère des Affaires étrangères de 1998, "*Gender Equality between Women and Men in Development Co-operation- a manual*" dont voici un extrait, p.30 : « Au Chili - depuis son retour à la démocratie - la Suède a soutenu des dispositifs afin d'augmenter la participation des femmes dans le processus de démocratisation. La Suède a soutenu la création d'une agence pour l'égalité (qui), entre autres projets, a travaillé à l'élaboration et à l'adoption d'un plan national pour l'égalité, a permis l'intégration de l'égalité dans les secteurs de l'éducation, de la santé et du marché du travail, a amendé le droit de la famille afin de renforcer les droits des femmes ». Le succès de cette entreprise (qui démontre à la fois la légitimité et l'efficacité de ce modèle) est mis en avant, le pays récipiendaire devenant lui-même une sorte de VRP : « L'égalité est en train de devenir partie intégrante du profil international du Chili et il y a des demandes émanant d'autres pays pour mieux connaître l'expérience du Chili ».

[216] Le Sommet du Millénaire adopte la Déclaration du Millénaire, dans laquelle sont réaffirmés les 8 objectifs suivants :1/ Réduire l'extrême pauvreté et la faim, 2/ Assurer l'éducation primaire pour tous, 3/ Promouvoir l'égalité des sexes et l'autonomisation des femmes, 4/ Réduire la mortalité des enfants de moins de 5 ans, 5/ Améliorer la santé maternelle, 6/ Combattre le VIH/Sida, le paludisme et d'autres maladies, 7/ Assurer un environnement durable, 8/ Mettre en place un partenariat mondial pour le développement.

à la table [...] De plus, plutôt qu'un cadre d'intégration des droits humains, les objectifs à atteindre et les cibles de la 'feuille de route' rappellent les paramètres étroits, verticaux et supposément quantifiables, chers aux macro-économistes » (Petchesky, op.cit., : 68-69). Moins radicale dans son analyse des Objectifs du Millénaire pour le Développement qu'elle considère comme un pas de plus vers la constitution d'une « fondation commune de valeurs et d'un agenda pour le développement global », la Suède souligne néanmoins qu'il reste des enjeux importants sur lesquels il n'y a pas de consensus global, et « qu'il y a de profondes divergences de vue en ce qui concerne la démocratie, les droits humains et l'égalité de genre. Un sujet particulièrement controversé est la santé et des droits sexuels et reproductifs des femmes et des jeunes, ainsi que les droits des personnes homosexuelles, bisexuelles et transsexuelles [...] La Suède continuera de parler et de prendre des initiatives au regard de ces thèmes difficiles et controversés. L'expérience montre que des progrès peuvent être faits, si nous nous plaçons sur le long terme et travaillons ensemble de manière résolue avec les groupes et les pays qui pensent comme nous »[217].

VERS UN CONCEPT MULTIDIMENSIONNEL DU DÉVELOPPEMENT : LES « CAPABILITÉS »

En 1998, l'Académie Royale des Sciences remet le prix Nobel d'économie à Amartya Sen pour sa contribution sur l'articulation entre les droits humains, les inégalités et la pauvreté qui réévalue la dimension éthique des problèmes économiques fondamentaux. Le communiqué de presse de l'Académie renvoie aux thèmes essentiels de ses travaux[218] : sa position critique vis-à-vis de la définition de la pauvreté quasi-uniquement en termes monétaires et surtout la mise en avant de la dimension des fonctionnements (*"functionnings"*) et des capabilités (*"capabilities"*) (Reboud, 2008 : 45 et suivantes[219]) ou « libertés substantielles » des individus (réalisées ou non) dans le domaine des droits humains, de la santé, de l'éducation, des transports et plus largement du bien-être. Cette économie

[217] Shared Responsibility: Sweden's Policy for Global Development. *Government Bill 2002/03:122.* p.15

[218] http:://www.nobelprize.org/nobel_prizes/economicsciences/laureates/1998/press.html.

[219] Extrait : « Les fonctionnements de la personne reflètent ainsi les caractéristiques de la personne : ce qu'elle fait ou est. En revanche, les capabilités de fonctionner reflètent ce qu'une personne peut faire ou peut être. Un fonctionnement est une réalisation tandis qu'une capabilité est une aptitude à la réalisation. Un fonctionnement est, en ce sens, plus directement lié aux conditions de vie dans la mesure où il constitue différents aspects des conditions de vie. Les capabilités, au contraire, sont des notions de liberté, dans le sens positif : de quelles opportunités réelles disposez-vous au regard de la vie que vous pouvez mener."
http:://www.afd.fr/webdav/site/afd/shared/PUBLICATIONS/RECHERCHE/Archives/Notes-et-documents/30-notes-documents.pdf

du bien-être (*"welfare economics"*) rappelle que l'économie est d'abord une science morale et sociale qui sert à tout autant à expliquer et contribuer à la création des richesses, qu'à poser les termes concrets de la réalisation des potentialités (*"assets"*) des individus par la justice, la réduction des inégalités, les dispositifs redistributifs et qu'elle repose sur la remise en cause de l'hégémonie du concept classique d'utilité et la valorisation de la liberté individuelle dans sa double composante : liberté d'être, de choisir et de faire d'une part et liberté d'accéder aux conditions de réalisation de son être, de ses choix et de ses actions d'autre part. Dès lors, le processus de développement, tout en reconnaissant l'importance de la production des richesses est avant tout présenté par A. Sen comme le processus nécessaire de réalisation des libertés individuelles. Comme le souligne V. Reboud, « l'approche par les capabilités offre ainsi un cadre d'analyse nouveau pour évaluer le bien-être individuel et par conséquent la pauvreté, en accordant une place centrale à la liberté individuelle » (Reboud, op.cit., : 60). Cette dimension des capabilités revient pour A. Sen, non à nier les mécanismes macro économiques, mais à les ancrer dans ce que les individus sont capables d'être et de faire, et des possibilités de choisir et d'agir, c'est-à-dire qu'elle suppose que la mesure du bien-être individuel et collectif n'est pas l'utilité, mais la réalisation des libertés individuelles substantielles et, *in fine*, à une certaine vision de ce qu'est une société juste.

L'apport de cette réflexion sur les capabilités est essentiel quant au formatage et au contenu thématique des politiques publiques d'aide au développement. Dans le cas de la Suède, les choix qui ont été faits illustrent de façon concrète l'influence de cette approche par exemple, sur le soutien aux interventions favorisant l'autonomisation des individus, en particulier des femmes et des filles afin d'ouvrir et d'augmenter le nombre de choses qu'ils/elles peuvent réellement (et non plus formellement) décider ou faire et en systématisant sans discrimination l'accès aux biens et services (entrée et maintien dans le système scolaire, entrée et traitement dans le système de soins en particulier en matière de santé sexuelle et reproductive...). Outre le rappel du primat des valeurs et de l'exigence éthique - ou plus précisément qu'une rationalité économique régulée par l'éthique est possible[220] -, un autre concept est au cœur des travaux d'A. Sen (et qui constitue un leitmotiv de l'APD suédoise), celui de la pauvreté définie comme « privation de

[220] A. Sen ne remet pas radicalement en cause les principes de l'économie de marché, la concurrence, l'ouverture internationale et l'intégration globalisée, mais ce qui l'intéresse, c'est la régulation de ces mécanismes qui génèrent des dysfonctionnements sociétaux et environnementaux de moins en moins acceptables (pour les premiers), et soutenables (pour les seconds). Le concept de développement humain durable est au cœur de cette réflexion sur la régulation qui, de fait, ne doit pas seulement viser une équité horizontale pour toutes les composantes d'une population à un moment donné, mais aussi une équité verticale de la distribution/transfert des acquis et des potentialités dans une perspective intergénérationnelle.

capabilités ». Ce concept déplace l'agenda des politiques publiques du développement jusque-là centré sur les indicateurs de croissance et de revenu monétaire vers les réalisations des potentialités et des finalités des individus. Par voie de conséquence, ce qui est réévalué, c'est la prise en compte des besoins différenciés des individus et des communautés qu'ils/elles constituent. C'est pourquoi dans l'esprit d'A. Sen, les politiques de lutte contre la pauvreté s'appuient sur un double mécanisme à la fois local et collectif. Loin de rejeter le rôle de l'État central dans le processus du développement, A. Sen considère néanmoins que toutes les structures communautaires, les organisations de la société civile et les acteurs/actrices du terrain, doivent devenir les parties prenantes clés de la mise en œuvre des programmes de développement par le truchement des mécanismes de mobilisation et de processus participatifs. Enfin, en corollaire de ces deux approches (réévaluation de l'éthique et approche complexe de la pauvreté qui ne se réduit pas au revenu ou à la consommation, mais comprend aussi la pauvreté des potentialités, des opportunités et des libertés), A. Sen pose les bases conceptuelles d'une analyse des interdépendances sociales qui, elles-mêmes renvoient à la seule question qui compte, celle de l'équité et de la distribution/redistribution des ressources et en définitive, celle des inégalités.

Causalités, rétroactions, superpositions, accumulations, interdépendances spatiales et temporelles, effets cumulatifs constituent la chaîne complexe des inégalités à la fois politiques, sociales, juridiques, économiques, culturelles et des inégalités de genre dont parle Jean-Luc Dubois (Dubois, 2000), et qui expliquent avec acuité le caractère multidimensionnel de la pauvreté. Éthique, pauvreté et inégalités représentent le triptyque du référentiel conceptuel qui, sans être mentionné comme tel, sert de point d'ancrage fondamental à l'aide publique au développement suédoise. En 2002, Sida a matérialisé sa doctrine dans un document *"Perspectives on Poverty"*[221] s'inscrivant aussi dans cette perspective pro-pauvre dans laquelle le manque de pouvoir(s), de liberté(s) et de ressources, la pauvreté matérielle, et le non-respect des droits humains se nourrissent les uns les autres et se combinent pour empêcher les individus, les femmes en particulier, de décider de leur propre vie. Les femmes et les filles en étant doublement discriminées parce qu'elles sont les plus pauvres des pauvres, et parce qu'elles sont du sexe considéré comme inférieur, sont la forme la plus visible et la plus répandue de la pauvreté. Le cœur d'une démarche de lutte contre la pauvreté et en faveur du développement global doit donc inclure « des analyses spécifiques de la pauvreté sur la discrimination et l'oppression des femmes et des filles, et aussi sur les relations de pouvoir et les normes sociales concernant l'orientation sexuelle, l'âge, l'ethnicité, la religion ou le handicap ».

[221]http:://sidapublications.citat.se/interface/stream/mabstream.asp?filetype=1&orderlistmainid=2588&printfileid=2588&filex=3499262952264 pp. 23-28.

QUATRIÈME PARTIE

UN CORPUS DOCTRINAL STABLE ET PARTAGÉ

CHAPITRE 8

LE CADRE INSTITUTIONNEL ET LES DONNÉES STATISTIQUES

DÉFINITION ET ENJEUX GLOBAUX

L'aide publique au développement (APD) est constituée par « tous les apports de ressources qui sont fournis aux pays et territoires sur la liste des bénéficiaires d'aide publique au développement, ou à des institutions multilatérales, et qui répondent aux critères suivants : *émaner d'organismes publics*, y compris les États et les collectivités locales, ou d'organismes agissant pour le compte d'organismes publics ; et sachant que chaque opération doit en outre, avoir pour but essentiel de favoriser le *développement économique et l'amélioration du niveau de vie des pays en développement* ; et être assortie de conditions favorables et comporter un *élément de libéralité* au moins égal à 25 % (sur la base d'un taux d'actualisation de 10 %) »[222]. En d'autres termes, l'aide publique au développement peut se définir comme l'ensemble des flux financiers publics à destination des pays en développement avec comme objectif initial d'aider au développement économique, de soutenir le développement de secteurs privilégiés comme la santé, le bien-être, l'éducation, la production économique, l'allègement de la dette ou encore l'aide humanitaire, et ainsi de contribuer au bien-être des pays et des populations des pays en développement. En plus des flux bilatéraux, le financement des organismes et des agences multilatérales par les bailleurs nationaux est considéré aussi comme de l'APD. Au-delà de cette définition technique, de la permanence et de l'utilisation mécanique de l'expression, qui en masquent les enjeux fondamentaux et les contradictions, l'aide publique au développement apparaît comme un concept « rhétorique » (Servet, 2010)[223]. La présente étude n'a pas pour objet de dresser un historique du concept, mais plutôt de

---

[222] Définition du Comité d'Aide au Développement de l'OCDE (1972).

[223] Extrait « Nous ferons l'hypothèse que la constance de la désignation d'un ensemble de pratiques de fait diversifiées, sous le vocable commun 'd'aide au développement' a perduré en raison du poids croissant des institutions publiques et privées qui en ont la charge et qui ont constitué un puissant groupe de pression en sa faveur… »

présenter comment la Suède s'est emparé de cette coquille conceptuelle pour y intégrer sa vision du développement.

Dans le débat entre ceux qui voient l'APD comme un facteur de distorsion et d'entrave au bon fonctionnement des marchés (biens, services, capitaux, information), et dont les interventions renforcent la dépendance des, et la corruption dans, les pays en développement (Moyo, 2009), et ceux qui pensent que l'APD n'est qu'un accélérateur/adjuvant de la mondialisation, sorte de justification éthique au néo-libéralisme, la Suède a été l'un des premiers pays à appréhender le développement sous l'angle éthique de la lutte contre la pauvreté et les inégalités, et donc à concevoir son dispositif d'aide publique au développement comme une politique publique de redistribution au niveau mondial devant bénéficier en priorité aux plus pauvres et aux personnes en situation de vulnérabilité.

Tout en n'ignorant pas les enjeux géopolitiques du développement - les conflits, les migrations forcées[224]- ni sa composante économique (les conditions de la croissance), la Suède prend, très ouvertement, une position fondamentalement politique (en liant le développement et le progrès de la démocratie à leur corollaire, la bonne gouvernance) et juridique (en posant que les droits humains sont la base du développement social, et donc de la richesse des sociétés). Elle entend rappeler que la finalité propre de l'aide telle qu'elle la conçoit, est de cibler en priorité les pays les moins avancés (PMA), les pays en crise ou en sortie de crise afin de créer et d'assurer les bases du processus de développement ; qu'elle ne doit pas être « détournée » au profit d'intérêts commerciaux ou des impératifs de la « diplomatie économique »[225]. En clair, alors que les flux d'investissements issus de

---

[224] La question est régulièrement débattue à l'OCDE de savoir si les dépenses liées aux interventions militaires (hors celles sous mandat/tutelle des Nations unies), et directement assumées financièrement et militairement par des pays bailleurs du CAD, doivent être incluses ou non dans les statistiques de leur APD comme le sont déjà, de façon controversée, l'accueil des réfugiés (Suède) ou des étudiants étrangers/écolage (France).

[225] Ces tensions entre solidarité avec les pays partenaires de l'aide, cohérence avec le référentiel éthique sur la scène internationale et intégration dans l'économie globalisée sont toujours vives en Suède et débouchent sur des « crises » politiques récurrentes : alors que la Suède est le troisième plus gros exportateur d'armes au monde par habitant, derrière Israël et la Russie, le ministre libéral-conservateur de la Défense a dû démissionner en 2012 suite à la révélation de l'existence d'un contrat technique pour une usine de missiles en Arabie Saoudite. En 2014, quelques semaines après leur retour au pouvoir, les sociaux-démocrates sont confrontés à leur première crise diplomatique à propos de l'annulation d'un contrat de coopération militaire, toujours avec l'Arabie Saoudite, au nom de leur « crédibilité féministe ». Extrait de *Courrier International. 13/03/2015 :* « Une chroniqueuse du quotidien *Aftonbladet* rappelle que les exportations vers l'Arabie Saoudite ne sont pas compatibles avec la 'politique étrangère féministe' du gouvernement Löfven : 'Les femmes saoudiennes ont moins de droits que les Noirs pendant l'apartheid en Afrique du Sud, un système que la

l'épargne mondiale doivent être mobilisés pour le secteur privé, les flux financiers publics doivent servir à assumer un mandat de solidarité au profit de ces pays afin de financer la mobilisation et l'orientation des ressources nationales vers la bonne gouvernance, en particulier la gouvernance financière des finances publiques, le civisme fiscal et la culture démocratique du consentement à l'impôt, et enfin la gestion des biens publics tels que la santé et l'éducation.

LES INSTITUTIONS

L'évolution des thématiques et les modalités d'interventions de l'aide publique au développement suédoise reposent sur un cadre institutionnel qui mérite d'être préalablement présenté. Le choix s'est volontairement limité à trois types d'institutions directement impliquées dans la politique publique d'aide au développement : une institution politique démocratique, le parlement gouvernement, et deux organes de l'appareil bureaucratique, le ministère de la Coopération pour le Développement international - et son ministère de tutelle, le ministère des Affaires étrangères-, et l'Agence du développement international (Sida).

Il est clair que la production d'idées est aussi le fait d'une part, du milieu scientifique et des experts (dans ce cas, ce seront des « savoirs » et des connaissances techniques), comme souligné dans le chapitre précédent, et d'autre part, des Organisations non gouvernementales qui plaident pour faire prévaloir telle ou telle conception ou vision de la société (on parlera alors des « représentations » et des engagements éthiques). Bien qu'inscrites dans des logiques spécifiques et des méthodes de « production » de discours sur le développement, toutes ces organisations/institutions (et les individus qui les composent) s'influencent les unes les autres, et se nourrissent d'échanges constants.

Le Riksdag ('Diète des États du Royaume')

Le parlement suédois[226], monocaméral depuis la réforme constitutionnelle de 1974 comprend 349 membres élu-e-s au scrutin proportionnel

---

social-démocratie suédoise condamnait fortement à l'époque. Mais l'apartheid des sexes n'est peut-être pas si grave ? '».

[226] C'est en 1660, sous un gouvernement fragile de Régence durant la minorité de Charles XI que sont établies des règles marquant une évolution majeure dans le fonctionnement du Riksdag et dans l'établissement des éléments fondamentaux d'un '*référentiel*' démocratique : assemblée régulière sur base triennale, et non convoquée au bon vouloir du souverain, par opposition aux États généraux français ; examen annuel par les États du rapport écrit produit par le gouvernement présentant ses décisions et ses activités ; participation au choix des fonctionnaires les plus compétents pour les hauts postes de l'administration. Toutefois, ce

plurinominal selon la méthode dite de Sainte Laguë modifiée (O' Neal. 1993)[227]. Cette dernière assure une meilleure représentation des petites listes dans la mesure où les sièges sont d'abord attribués aux différents partis proportionnellement au nombre de voix qu'ils ont obtenu dans chaque circonscription (310 sièges), puis les partis ayant obtenu au moins 4 % des suffrages sur l'ensemble du territoire se voient attribuer les 39 sièges restant dits mandats compensatoires. La parité femme-homme est un critère de constitution des listes : en conséquence, avec 47 % de femmes y siégeant, le Riksdag fait partie des parlements mondiaux au sein desquels les femmes sont les mieux représentées. La fonction primordiale du Riksdag est de légiférer, c'est-à-dire d'adopter de nouvelles lois et/ou de modifier celles qui sont déjà en vigueur, soit en fonction des projets de lois (*"government bills"*) provenant du gouvernement, soit à l'initiative d'un ou plusieurs membres du parlement (*"private member's motion"*). La deuxième responsabilité essentielle du Riksdag est de statuer sur le budget de l'État central dont l'exécution est laissée au gouvernement. La troisième activité est un travail de contrôle des interventions du gouvernement et de ses agences publiques. Il est à noter que les citoyens/citoyennes peuvent toujours interpeller l'Ombudsman du Parlement à propos du fonctionnement de l'appareil du gouvernement et de ses agences[228]. Enfin, le Riksdag est, avec le gouvernement, le promoteur de la politique étrangère de la Suède avec le concours du « Conseil consultatif des Affaires étrangères ». Les aspects de la politique étrangère qui font l'objet d'une attention particulière sont la

---

n'est qu'au tout début du XIXe siècle (1809), après moult reculs et avancées, que seront définitivement établies les lois fondamentales et organiques constitutionnelles qui seront régulièrement amendées jusqu'à une réforme constitutionnelle d'envergure qui, en 1974, établit le monocaméralisme.

227 Extrait : « Dans les systèmes de Sainte-Laguë et de Sainte-Laguë modifié, les diviseurs sont différents de ceux utilisés dans le système de Hondt. Dans le système de Sainte-Laguë, on divise les votes que recueille un parti par 1, 3, 5, 7 etc., plutôt que par 1, 2, 3, 4, etc. Plusieurs pays scandinaves ont recours à une version modifiée de ce système, dans laquelle le premier diviseur est établi à 1,4 au lieu de 1 (si bien que les diviseurs sont alors 1.4, 3, 5, 7, etc.). Dans un système multipartite, les formations de taille moyenne ont alors tendance à être favorisées ». http:://publications.gc.ca/Collection-R/LoPBdP/BP/bp334-f.htm

228 « L'institution de l'Ombudsman, qui a servi de modèle à bon nombre d'autres pays, est une fonction importante pour garantir la transparence du secteur public. Une loi sur la discrimination (2008 :567) qui est entrée en vigueur au 1er janvier 2009 a pour objet de combattre la discrimination et de promouvoir par tout autre moyen l'égalité des droits et des chances quels que soient le sexe, l'identité transsexuelle ou les manifestations de transsexualisme, l'appartenance ethnique, la religion ou autres croyances, le handicap, l'orientation sexuelle ou l'âge. À la même date a été créée une nouvelle instance, l'Ombudsman contre la discrimination, chargé de veiller au respect de la nouvelle loi. Les services des quatre précédents ombudsman anti-discrimination – l'Ombudsman à l'égalité des chances, l'Ombudsman contre la discrimination ethnique, l'Ombudsman des handicapés et l'Ombudsman contre la discrimination fondée sur l'orientation sexuelle - ont été supprimés ». Extrait du site officiel du gouvernement.
http:://www.government.se/sb/d/9838/a/92932

politique européenne, la coopération nordique[229], les interventions au titre du maintien de la paix dans le monde et l'aide publique au développement.

L'administration centrale de l'État et l'administration gouvernementale et les ministères des Affaires étrangères et de la Coopération pour le Développement International

L'administration d'État (Lambert & Migaud, 2006) est double : d'une part, l'administration gouvernementale qui conçoit, définit et propose les stratégies et les politiques et, d'autre part, les agences techniques administratives qui les mettent en œuvre d'un point de vue opérationnel. Un trait marquant du système suédois est d'avoir, dans un système très administré et bureaucratique (10 % de la population active travaille dans la fonction publique d'État, 37 % si l'on ajoute la fonction publique territoriale), un faible niveau de fonctionnaires dans les administrations centrales des ministères, avec en revanche, un nombre d'agents publics à contrats plus flexibles ailleurs, en particulier dans les agences techniques[230]. Les services du gouvernement comprennent le Cabinet du Premier ministre[231], les douze ministères et le Département administratif général qui, comme ressource commune des Services du gouvernement, est responsable des questions administratives d'ordre général. À la fois du point de vue juridique et de communication, c'est le label *"Regeringskansliet"* (Chancellerie du gouvernement) qui sert de référence, et qui apparaît le plus souvent sur les documents ministériels cités dans cette étude. Rattaché au Ministère des Affaires étrangères, le Ministère de la Coopération pour le

[229] The Nordic model in a new era: Summary of the Swedish Presidency of the Nordic Council of Ministers. 2013.http:://www.government.se/content/1/c6/23/11/65/e165e564.pdf
[230] Lambert & Migaud, op.cit., : 5. « La notion de corps de la fonction publique, les concours d'entrée et la stabilité de l'emploi ont disparu. La tendance qui s'est affirmée pour les personnels du secteur public est un quasi alignement, sur les droits et obligations des employés du secteur privé, par des conventions collectives. Ce rapprochement est facilité par l'existence d'un seul régime général de retraite, géré par l'État pour l'ensemble des salariés et par une pratique du dialogue social très structurée. L'État poursuit ainsi une double ambition : rapprocher les statuts du secteur public et du secteur privé et éviter, autant que possible, l'adoption de lois spécifiques à l'ensemble du secteur public. Il s'agit d'augmenter la flexibilité et d'éviter l'uniformité tout en ouvrant la voie à des solutions individuelles, selon les secteurs et les administrations concernées… La modification complète de l'administration suédoise s'est faite sans heurts sociaux. Les Suédois sont syndiqués à 80 % et les syndicats, riches, forts et bien organisés, comptent sur leur capacité de négociations, et sur la collégialité pour obtenir des avancées globales (salaires). Il faut cependant souligner que, tout en faisant fondre les structures étatiques, le gouvernement a renforcé fortement la protection sociale individuelle. Les Suédois disposent donc aujourd'hui, d'un État « poids léger » et de communes « poids lourds », d'une forte protection, mais acquittent le taux de prélèvements obligatoires le plus élevé d'Europe (52 %) ».
[231] Le Cabinet du Premier ministre est chargé d'une part, de piloter et coordonner les activités des services du gouvernement, et de l'autre, de coordonner l'action de la Suède en matière de politique européenne.

Développement International possède deux attributions précises : mettre en œuvre une coopération au développement « d'une grande qualité si la Suède veut contribuer à l'existence d'un environnement en faveur des efforts que les pauvres font pour améliorer leur qualité de vie[232]» et « la politique du développement global qui s'occupe de questions à caractère multi-facettes qui ont un impact international ». Le ministère est en outre responsable de l'aide publique au développement distribuée par les canaux multilatéraux, essentiellement des agences des Nations unies, des banques de développement multilatérales comme la Banque mondiale, les institutions de l'Union européenne, et qui représentent, selon les périodes, entre 30 % et 50 % de l'aide publique au développement globale de la Suède.

Sida (Swedish International Development Cooperation Agency)

« Sida est une agence gouvernementale qui, au nom du parlement et du gouvernement suédois, a pour mission de réduire la pauvreté dans le monde. Par nos actions et en collaboration avec d'autres, nous contribuons à la mise en œuvre de la politique suédoise pour un développement global »[233]. Créée en 1965, ce qui s'appelait alors *Swedish International Development Authority (SIDA* en majuscules*)*, est réorganisée en 1995 sous le nom actuel de *Swedish International Development Cooperation Agency (Sida* en minuscules*)* afin de permettre à la Suède d'amorcer une nouvelle phase de son aide au développement à la fois plus « coopérative » (entendre moins dirigée par le bailleur de fonds) et plus « holistique », c'est-à-dire dépassant le seul cadre de la croissance économique, pour intégrer l'approche par les capabilités et couvrant tous les déterminants de l'aide au développement (recherche, formation, programmation des dons, prêts bonifiés, soutien au capital risque, et au secteur privé plus largement)[234]. Cette réforme de fonds coïncide avec le changement de paradigme du développement lors des grandes conférences des années 1990 déjà évoquées, moments clés où la Suède décide de s'ancrer fermement sur ce socle nouveau, après en avoir été un des artisans majeurs. Placée sous la tutelle du Ministère qui lui octroie son budget et sa lettre de cadrage annuelle, elle est constitutionnellement soumise au contrôle du gouvernement, du Parlement et de la Cour des comptes. Cependant, comme les autres agences, son degré d'autonomie est très affirmé à la fois dans l'interprétation de sa mission et dans

---

[232] http:://www.government.se/sb/d/3102.

[233] http:://www.sida.se

[234] Outre la redéfinition de sa mission, l'Agence a été le lieu d'un recentrage institutionnel fusionnant SIDA avec quatre autres agences opérant dans le domaine du développement : SAREC (*Department for Research Cooperation*), the SANDO Training Centre, BITS (*Bureau of Investment and Technology of Sweden* en charges des prêts concessionnels, des aspects techniques de l'aide), et SWEDCORP (*Swedish International Enterprise Development Corporation*).

l'opérationnalisation de sa mise en œuvre : en effet, le gouvernement ne peut, d'un point de vue constitutionnel, aller au-delà de sa lettre de cadrage générale et s'immiscer dans le fonctionnement de l'institution. Son autonomie s'affirme aussi sur un autre plan : sa capacité à alimenter, voire faire évoluer, la réflexion stratégique des décideurs en matière de développement. Toutefois, il ne faut pas concevoir une totale séparation des pouvoirs dans la mesure où en amont, les lettres de cadrage du gouvernement sont très détaillées et qu'elles sont elles-mêmes très inspirées/contrôlées par le Parlement, mais aussi en aval par la présence de parlementaires de tous les partis politiques comme membres du Conseil d'Administration de l'Agence[235]. Ainsi, les processus décisionnels généraux montrent des flux multiples de positions, de rationalités et d'analyses qui font que la décision est co-construite dans la mesure où elle rassemble les positions des divers acteurs politiques et techniques du développement. Contrairement à la France qui, depuis la Cinquième République a vu se concentrer la politique étrangère (y compris et surtout la politique « africaine », longtemps confondue avec la politique de coopération au développement), dans les mains du président de la République, en Suède, c'est une dynamique collective qui définit et met en œuvre la politique étrangère et de l'aide publique au développement.

Il est toutefois un signe fort qu'il convient aussi de rappeler ici, celui de la forte symbiose entre la réalité du rôle des femmes dans l'appareil gouvernemental et le portage/leadership à la fois symboliques et effectifs de l'égalité de genre et des droits humains, en particulier sexuels et reproductifs dans la politique extérieure, et plus particulièrement dans l'aide publique au développement. En effet, pendant les vingt années de référence de notre étude (1994/2014) sur les cinq titulaires (hors intérimaires) du poste de

---

[235] Pendant des années cependant, il y a eu des flottements, voire des tensions entre le Ministère et l'Agence, comme en atteste un extrait de la *"Strategy of Multilateral Development Cooperation"* (2007 : 14) : « Le partage des responsabilités entre le Ministère et Sida n'est pas très clair actuellement, et la gestion des ressources financières n'est pas répartie de façon rationnelle. Il est donc suggéré qu'en urgence, une évaluation spéciale soit faite de la division du travail entre le Ministère et Sida, se fondant comme point de départ sur les recommandations de principes déjà mentionnées. Cette évaluation devrait prendre en considération les conclusions du rapport de l'Agence suédoise de gestion publique sur la coopération au développement international de la Suède. Le Ministère doit se concentrer sur les questions générales et stratégiques et Sida sur les enjeux opérationnels. Le résultat de cette évaluation devrait présenter des orientations en termes de crédits ainsi que sur leur répartition ». http:://www.government.se/content/1/c6/09/76/80/4a7cef2b.pdf
L'évaluation par les pairs de 2013 de l'OCDE mentionne les progrès réalisés et que « la division du travail entre ces deux institutions a été clarifiée depuis 2009 et la coordination entre elles et les autres agences gouvernementales concernées est bonne ».
http:://www.oecd.org/dac/peer-reviews/sweden-peer-review-2013.pdf. p. 19.

ministre des Affaires étrangères, quatre ont été des femmes[236], et sur les sept ministres (délégués) de la Coopération pour le Développement International, cinq ont été des femmes (trois sociales-démocrates et deux conservatrices du Parti Moderaterna). En 2013, près de 80 % de l'aide publique au développement de la Suède passe par le ministère des Affaires étrangères/ministère du Développement international (30 %) et par Sida (48 %). Les quelques 20 % restants passent par d'autres agences spécialisées (*the Nordic Africa Institute, the Folke Bernadotte Academy, the National Audit office, the Swedish Agency for Development Evaluation*). Il faut enfin mentionner qu'une partie croissante de l'aide (5 % en 2000 ; 11 % en 2012 ; 14 % en 2013) qui est utilisée pour couvrir les frais d'accueil et d'installation des réfugiés en Suède, est sous la responsabilité du Ministère de la justice et de l'immigration[237].

Comme le souligne la revue par les pairs de l'OCDE, « depuis 1975, la Suède a maintenu son volume d'aide au-dessus de l'objectif des Nations unies de 0,7 % du revenu national brut. De fait, la Suède a été le premier pays à atteindre cet objectif ». Elle a même, dès les années 2000, constamment dépassé cet engagement (en 2000 : 0,80 % ; en 2006 : 1,02 % ; et en 2012 : 1 %). Cet effort constant en volume d'aide s'est accompagné dans le temps d'un resserrement des interventions, à la fois géographique et thématique. Malgré ces efforts, l'OCDE constate que l'aide suédoise reste trop fragmentée du point de vue géographique (dans 109 pays en 2011), comparée à la moyenne des autres bailleurs[238], et qu'elle ne concourt donc pas comme elle le pourrait à ses engagements internationaux en termes d'efficacité de l'aide. Toutefois, les données récentes relatives aux mécanismes globaux d'allocation de l'aide publique au développement suédoise au niveau multilatéral démontrent que la Suède a constamment augmenté la part de ses engagements *via* les organisations multilatérales (Union européenne, système des Nations unies, groupe Banque Mondiale et banques régionales de développement) pour atteindre 35 % du total de l'aide en 2011 (30 % au début des années 2000), très au-dessus de la moyenne des autres bailleurs (27 %), démontrant ainsi l'importance stratégique qu'elle accorde aux mécanismes institutionnels et programmatiques multilatéraux qui lui permettent, en outre, d'avoir plus de poids et d'influence que par le

---

[236] Successivement, les sociales-démocrates Lena Hjelm-Wallén (1994/1998), Anna Lindh (1998/2003), Laila Freivalds (2003/2006) puis Margot Wallström (2014/….). Le seul homme titulaire du poste de 2006 à 2014, Carl Bildt, est issu quant à lui du parti conservateur *Moderaterna*.

[237] Comme les frais d'écolage pour l'APD française, l'intégration de coûts liés aux réfugiés dans l'APD suédoise est sujette à controverse car, selon certaines critiques, ces dépenses ne seraient pas directement en lien avec le développement dans les pays récipiendaires de l'aide.

[238] En outre, 34 % de son aide se concentre sur vingt pays prioritaires contre 52 % pour les autres bailleurs membres du CAD.

seul canal bilatéral ainsi que le souligne la *Peer Review* : « la Suède apporte une contribution appréciable à l'architecture de l'aide internationale ».

Les données statistiques de l'APD suédoise sur les quatre secteurs les plus représentatifs de notre étude : santé (*health*), gouvernance, démocratie, droits humains et égalité de genre (*governance, democracy, human rights and gender equality*), politiques/programmes de population et de santé reproductive (*population policies/programmes and reproductive health*) et aide humanitaire (*humanitarian aid*) synthétisées dans les trois tableaux suivants montrent clairement la matérialisation des engagements dans ces quatre secteurs pour les années 2000, 2006 et 2012[239].

[239] Nous avons pris le parti de ne pas inclure dans notre appareil statistique le secteur prévention et solution des conflits, paix et sécurité (*conflict prevention and resolution, peace and security*) car la plupart des programmes financés, s'ils ne manquent pas d'avoir des composantes humanitaires, sanitaires et juridiques affectant les personnes (et les femmes en particulier, dans le cas des viols comme arme de guerre par exemple) restent très majoritairement des programmes de soutien institutionnel. Il n'en reste pas moins que leur importance démontre la continuité de l'implication de la Suède sur la thématique de la paix et de la sécurité depuis les années d'après-guerre.

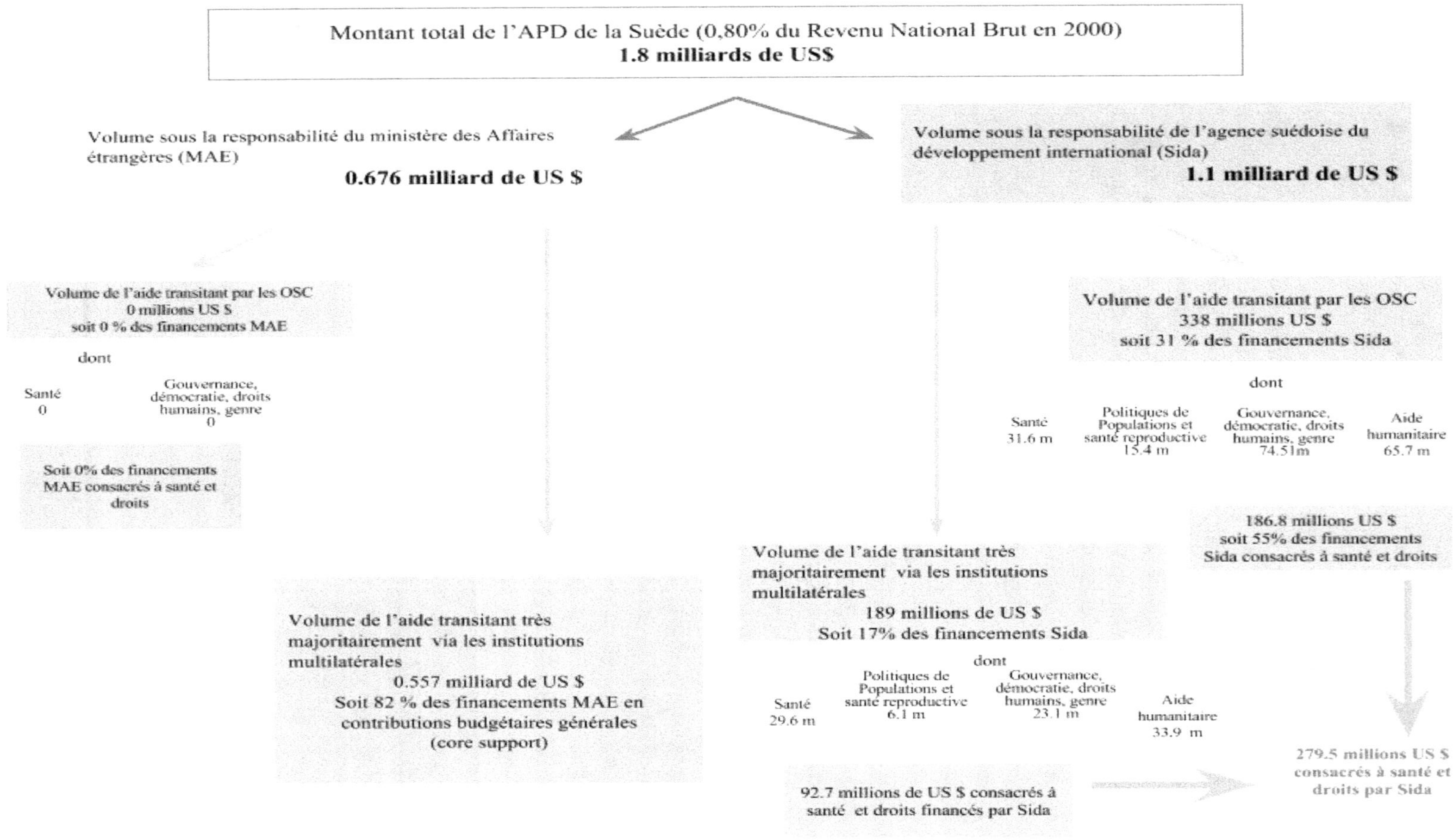

source: http://www.openaid.se/aid/2012/

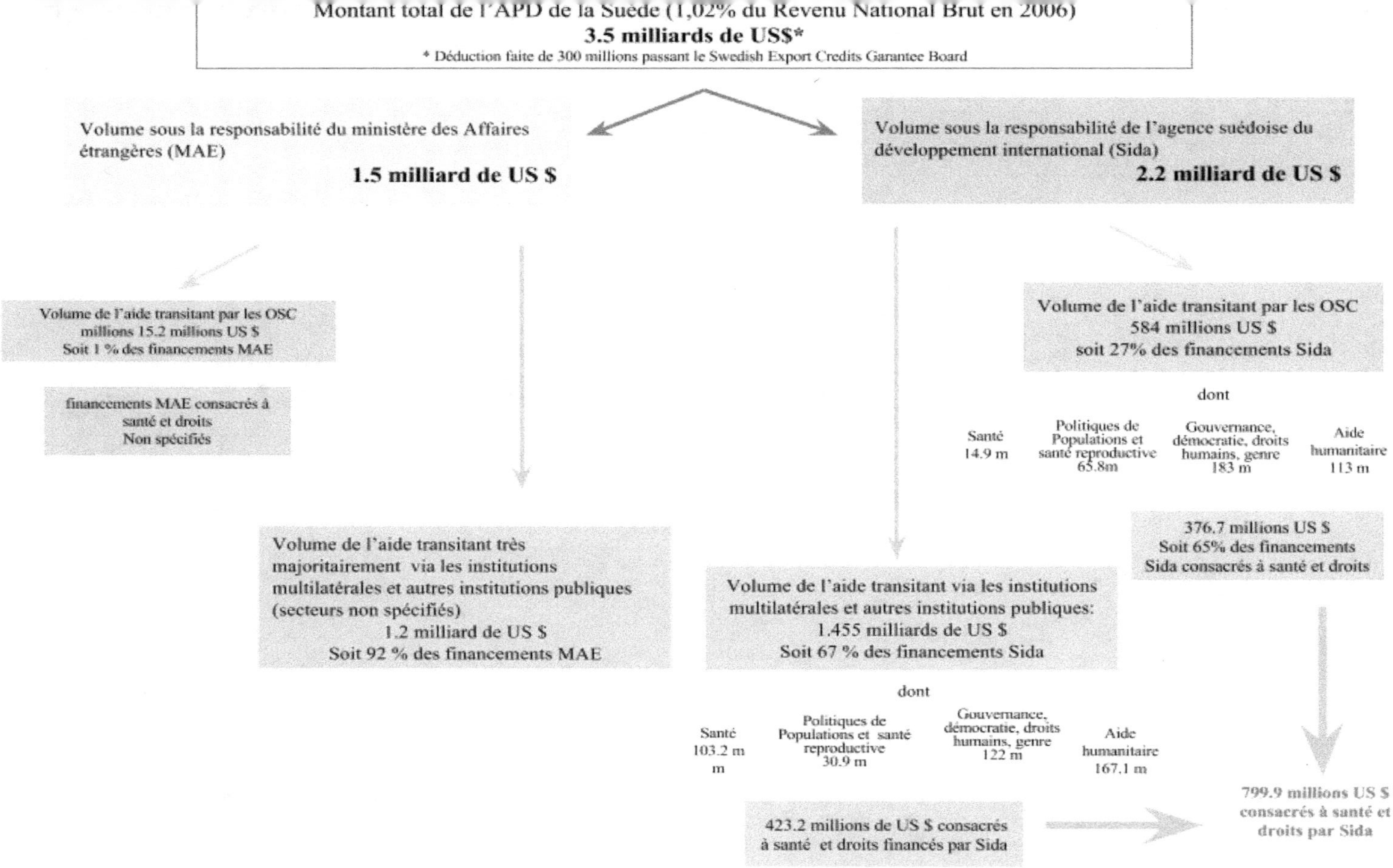

source: http://www.openaid.se/aid/2012/

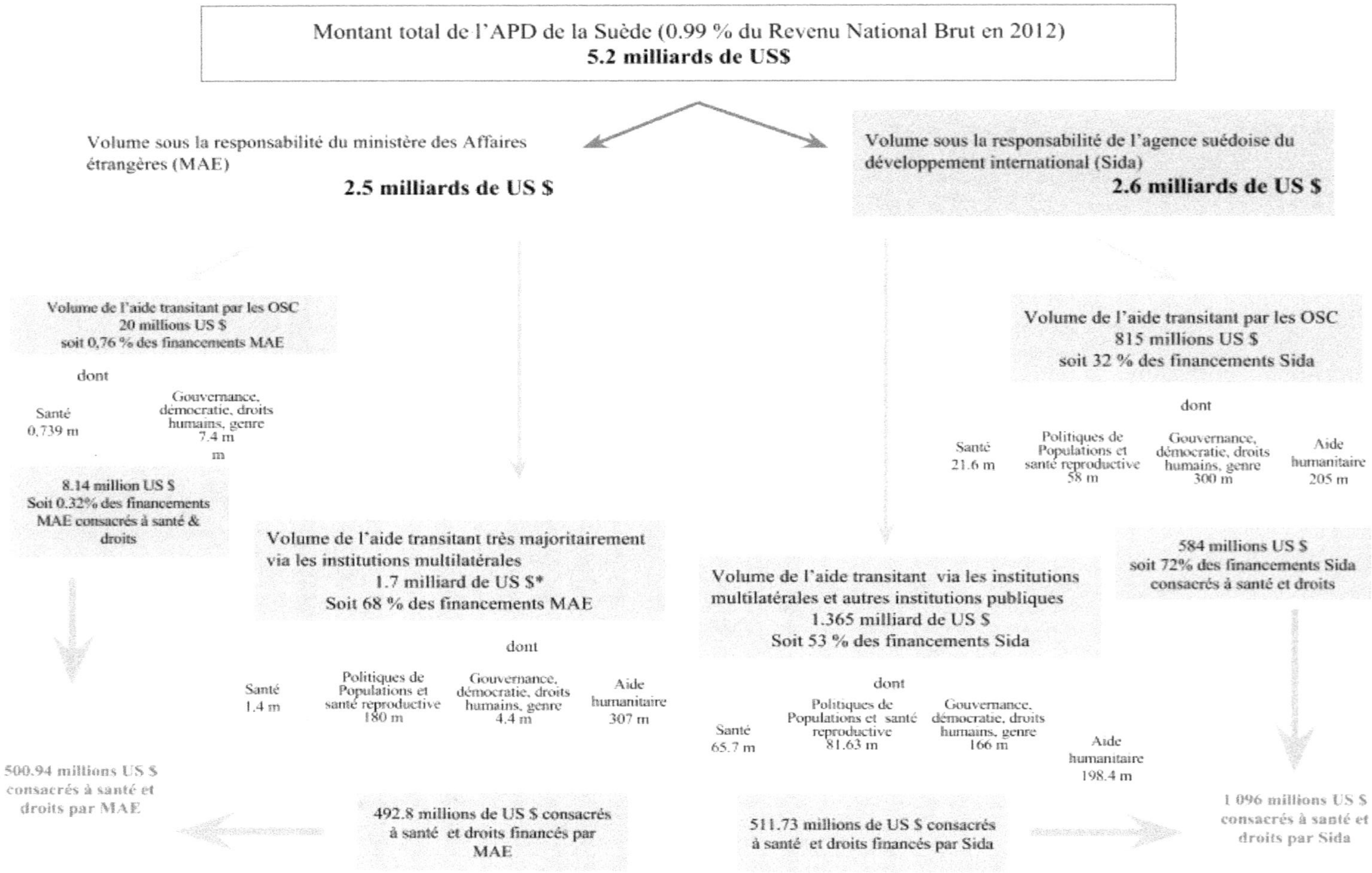

- non compris 600 m de US $ couvrant les dépenses des réfugiés en Suède

source: http://www.openaid.se/aid/2012/

Si les données statistiques concernant les volumes sous la responsabilité du ministère des Affaires étrangères ne sont pas disponibles à ce degré de détail pour les années 2000 et 2006 (elles ne le sont que depuis 2011/2012), et qu'il n'est dès lors pas possible de s'y référer pour une analyse dans une perspective longue, en revanche, les données relatives à Sida peuvent être synthétiquement présentées comme suit[240] :

	2000	**2006**	**2012**
Volume total de l'APD Sida *via* les organisations et les institutions multilatérales (en millions de $)	92	423	501
1/ Pourcentage total de l'APD Sida *via* les organisations et les institutions multilatérales	**17 %**	**67 %***	**53 %***
Volume total de l'APD Sida *via* les Organisations non gouvernementales (en millions de $)	187	377	584
2/ Pourcentage total de l'APD Sida *via* les Organisations non gouvernementales	**31 %**	**27 %**	**32 %**
3/ Pourcentage de l'APD Sida en cumulé sur les 4 thématiques	**26 %**	**37 %**	**43 %**

Ce tableau fait ressortir trois traits majeurs des modalités de l'aide au développement suédoise :

1/ la très forte augmentation des financements, *via* les organisations et les institutions multilatérales (2006 et au-delà*), par le recours au mécanisme de l'aide dite « multi-bi », c'est-à-dire de l'aide bilatérale canalisée *via* des organisations multilatérales[241]. Sans discuter en détail les raisons du recours

[240] http:://www.openaid.se/aid/.Toutes les données utilisées pour confectionner les tableaux de synthèse présentés ci-après, sont extraites de cette base statistique officielle en accès libre. Certaines données et analyses seront aussi extraites de la revue par les pairs de la Suède effectuée dans le cadre de l'OCDE. *OECD Development Cooperation Peer Review. Sweden 2013*. http:://www.oecd.org/dac/peer-reviews/sweden-peer-review-2013.pdf

[241] Portfolio Overview Sida's Multi-Bi Support 2013 (2014). « La Suède est un des plus gros bailleurs des Nations unies et des Institutions financières internationales. Dans les années récentes, l'APD suédoise passant par les organisations multilatérales a augmenté de plus de

à ce mécanisme par beaucoup de bailleurs dès la fin des années 2000, ni les critiques qui ont pu être énoncées à leur endroit (Coste, 2008 : 40-50), il est possible de retenir que dans le cas de la Suède, il s'agit tout à la fois de diversifier ses contributions multilatérales (qui, de toute façon sont en augmentation) en ajoutant des contributions « affectées » aux contributions régulières couvrant le fonctionnement et l'autonomie de décision et de gestion des programmes mis en œuvre par les organismes multilatéraux, et par la même, de s'assurer que les dits organismes « délivrent » sur des thématiques spécifiques qui, sans cela ne seraient pas forcément couvertes. Sans écarter l'hypothèse d'une volonté de contrôle plus fort de la part de la Suède sur les financements passant par le canal multilatéral, on peut aussi considérer cette tendance comme une volonté pratique de réduire la logique binaire d'opposition entre les deux canaux de distribution. Il est important ici de citer l'importance accordée par la Suède à la santé sexuelle et reproductive *via* le canal de l'UNFPA à partir de l'étude de 2014 de l'EBA (Swedish Expert Group for Aid Studies)[242]. « La priorité de l'aide bilatérale suédoise en matière de santé pour 2012 était sur les soins de santé reproductive (36 %), les soins de santé primaire (23 %) et les infections sexuellement transmissibles incluant le VIH-SIDA (21 %). En matière de soins de santé reproductive, la Suède partage son expérience dans la réduction des forts taux de mortalité maternelle à travers le développement de soins en matière d'accouchement par les sages-femmes. Les sages-femmes ont joué en Suède un rôle central dans les soins de santé maternelle »[243]. Il est important de mentionner aussi le rôle à la fois sanitaire, institutionnel et *in fine*, socio-anthropologique des infirmières de district mises en place à la toute fin du XIXe siècle : « Par opposition aux infirmières rurales d'avant, les infirmières de district étaient directement rattachées aux médecins provinciaux, ce qui leur procurait une plus grande

---

60 % du budget total. Le soutien de Sida en bi-multi est passé de 20 à 36 % de son portefeuille total entre 2005 et 2013. De toutes les régions, le continent africain est le plus important récipiendaire ».
http:://www.sida.se/contentassets/aa104fb86b8b46ab9036072207c9816d/sida8217s-multi-bi-support-2013_3867.pdf

[242] "*Sweden's Development Assistance for Health. Policy options to support the Global Health 2035 Goals.*" http:://eba.se/wp-content/uploads/2014/11/891866_EBA_WEB_LR.pdf
Pour une connaissance plus détaillée des financements Sida pour l'UNFPA, voir aussi "*Portfolio Overview Sida's support to United Nations Population Fund (UNFPA) 2013*".
http:://www.sida.se/contentassets/7e03da30fda343f8abb901668ea3094c/10ac7b99-cec4-401a-8cca-50b03ab9fd7c.pdf

[243] Comme le montrent Tobias Andersson, Ulf Högberg et Stig Bergström (Community-based prevention of perinatal deaths : lessons from nineteenth-century Sweden. *Journal of Epidemiology,* 2000, 29 pp. 542-548), c'est dans les dernières années du XIXe siècle que les accouchements à la maison assistés par des sages-femmes, ainsi que l'imposition généralisée des règles d'asepsie sont devenus la référence en la matière, faisant chuter à moins de 5 % le taux de mortalité maternelle des femmes de 15-49 ans au tournant du XXe siècle, alors qu'il était encore de 10 % quelques décennies auparavant.

autonomie, et qui, par exemple, leur permettait d'exprimer leurs convictions réformatrices aux politiciens locaux. Portant uniforme et fortes de leur statut lui-même renforcé par leur niveau d'éducation, ce groupe professionnel devint – permettez le paradoxe – un matriarcat paternaliste ». (Sundin et Willner, 2007. p.156). À travers son soutien à l'UNFPA, la Suède soutient particulièrement cette thématique : le Cambodge, la Zambie, et l'Ethiopie ont été les principaux pays bénéficiaires de l'aide en ce domaine. La Suède apporte aussi un éclairage à partir de la santé et des droits sexuels et reproductifs sur les soins de santé maternelle et l'égalité de genre, éclairage spécifique et peut-être plus fermement affirmé que beaucoup d'autres bailleurs. Au Bangladesh, les financements visent à soutenir les services/soins de régulation menstruelle (avortement sécurisé) dans le programme gouvernemental sectoriel 'santé, nutrition et population' et au sein de ce programme une composante d'approche globale de la santé sexuelle et reproductive. En Tanzanie et en Afrique du Sud, la priorité est donnée à la lutte contre le VIH-SIDA. Ainsi, la Suède soutient des thématiques qui sont essentielles pour atteindre la « grande convergence » entre les environnements des infections et de la santé reproductive, maternelle, néonatale et de l'enfant.

2/ la confirmation du niveau particulièrement élevé (par rapport aux autres bailleurs) des financements pour et *via* les organisations de la société civile.

3/ enfin, la nette montée en puissance programmatique des quatre thématiques de santé, populations, droits humains et aide humanitaire correspondant aux axes stratégiques et opérationnels énoncés par les décideurs politiques.

Comme toute politique publique, l'aide publique au développement suédoise a évolué depuis sa formulation initiale. Il n'est pas dans notre objectif d'évaluer la performance ou l'efficacité des stratégies et des politiques publiques de façon exhaustive sur une aussi longue période, ni de juger du degré de réalisation et de suivi des recommandations des évaluations précédentes (ce qui est l'objet des *"Peer Reviews"* par le Comité d'Aide au Développement de l'OCDE), mais, en se référant au tableau '*Textes & publications relatifs à l'aide publique au développement*', d'en présenter le panorama, d'en dresser les enjeux, les lignes de forces et les principes dynamiques de production. Il sera toutefois fait référence de temps à autre à des exemples programmatiques concrets.

Vue d'ensemble (1ére partie)

	1993	1994	1995	1996	1997	1998	2000	2000	2001	2002	2003	2004	2005
	GOUVERNEMENTS SOCIAUX DEMOCRATES												
Ministère des Affaires étrangères		Conférence internationale sur la Population et le Développement du Caire	Quatrième Conférence Mondiale sur les Femmes dite Conférence de Pékin	The Rights of the Poor – our Common Responsibility Combating Poverty in Sweden's Development Cooperation Government Report 1996/97:169		Gender Equality between Women and Men in Development Co-operation. A manual	Sommet du Millénaire & Objectifs du Millénaire pour le Développement	Sweden's International Development Cooperation. Yearbook 2000		Shared Responsibility: Sweden's Policy for Global Development Projet de loi du gouvernement N° 03 :122 (2002)	Human Rights in Swedish foreign policy Communication écrite 2003/04 :19		Sweden's Global Development Policy Government communication 2005/06:204
Agence suédoise de Coopération au Développement (Sida)	Sponsored publication by Sida of " Population Policies Reconsidered"				Strategy for Development Cooperation Sexual and Reproductive Health and Rights Position Paper Population, Development and Cooperation					Perspectives on Poverty. A Mind Map	Health is Wealth Policy Paper	Sida's Work Related to Sexual and Reproductive Health and Rights 1994–2003 * Sida Evaluation 04/14 Policy for the Civil Society	Turning Policy into Practice: Sida's implementation of the Swedish HIV/AIDS strategy Promoting Gender Equality in Development Cooperation . Policy paper
OCDE				Examen par les Pairs				Examen par les Pairs					Examen par les Pairs

Vue d'ensemble (2e partie)

	2006	2007	2008	2009	2010	2011	2012	2013
	COALITIONS CONSERVATRICES CENTRE DROIT							
Ministère des Affaires étrangères	Sweden's International policy on Sexual and Reproductive Health and Rights (2006)	Global Challenges- Our Responsibility Communication on Sweden's policy for global development N°2007/ 08 :89		Meeting Global Challenges Communication on Policy Coherence in Development Communication écrite du gouvernement au Riksdag N° 10 :129	Change for Freedom – Policy for Democratic Development and Human Rights in Swedish development cooperation 2010/2014	The results of aid – the theme of gender equality and the role of women in development (Communication du gouvernement 2010/11:167)		From population issues to SRHR - Swedish global engagement in sexual and reproductive health and rights (summarized booklet)
		Human Rights in Swedish foreign policy Communication écrite 2007/2008 :109		The Right to a Future Policy for International HIV and AIDS Efforts Human Rights in Swedish foreign Policy (updated factsheet)	On Equal footing: Policy for Gender Equality and the Rights and Role of women in Sweden's international development cooperation 2010-2015			Aid policy framework Government Communication 2013/14:131
		Strategy for Multilateral Development Cooperation		Pluralism - New policy for Sweden's support to civil society in developing countries within Swedish development cooperation Factsheet - 2009				
Agence suédoise de Coopération au Développement (Sida)	Action Plan on Sexual Orientation and Gender Identity (2007–2009)	Action Plan for Sida's Work Against Gender-Based Violence, 2008-2010	Sexuality: a missing dimension in development Concept paper 2008	Gender Equality in Practice: A Manual for Sida	Sexual Rights for All Brochure 2010 and Evaluation of Sida's Action Plan on Sexual Orientation and Gender Identity in Swedish Development Cooperation 2007–2009			Study on Sida's work on Human Rights of Lesbian, Gay, Bisexuaal, Transgender and Intersex Persons
		Sida's support to civil society in development cooperation		Rights and Responsibilities; The Environment of Young People's Sexual and Reproductive Health Evaluation	Gender Equality in Swedish Development Cooperation Final Report 2010			
OCDE				Peer Review				Peer Review

Ce tableau n'est pas exhaustif tant la production, pour ne citer que le Ministère et Sida, est importante. N'ont été mentionnés que les documents considérés comme les plus représentatifs des engagements de la Suède en matière d'APD. Outre les documents stratégiques et de positionnement politiques ou thématiques, le tableau mentionne des documents d'évaluation et de communication, particulièrement significatifs qui éclairent, complètent, expliquent ou critiquent les politiques énoncées ainsi que leurs évolutions. Il est important de souligner ici que la base documentaire ayant servi à notre étude est, dans l'esprit de transparence caractéristique de la Suède, très exhaustive et pratique d'accès, qu'elle est pour sa très grande majorité en langue anglaise et qu'elle couvre une période de plus de quinze ans. Ce sont des conditions qui ne permettent pas seules de juger du contenu de la base documentaire ni de ce qui peut ne pas y figurer, mais ce souci de mise à disposition (qui n'est pas aussi développé dans bien des pays dispensateurs d'APD) d'un nombre important de références, rend indéniablement la tâche d'investigation des chercheurs et des contribuables, beaucoup plus aisée.

Afin de rendre la « circulation » plus fluide dans ce tableau, plusieurs « parcours » sont présentés qui visent à cerner successivement : les valeurs et déterminants du développement global, en particulier l'approche par les droits et l'approche pro-pauvres ; les deux piliers structurants de la santé et des droits sexuels et reproductifs et de l'intégration du genre, enfin le partenariat avec les Organisations non gouvernementales.

CHAPITRE 9

VALEURS ET DÉTERMINANTS DU DÉVELOPPEMENT GLOBAL

L'APPROCHE PAR LES DROITS ET L'APPROCHE PRO-PAUVRES

2003. Shared Responsibility : Sweden's Policy for Global Development. Government Bill n° 122. Regeringskansliet[244] 2007. Global Challenges- Our Responsibility. Government Communication on Sweden's Policy for Global Development. n° 08 : 89. Regeringskansliet[245] 2013. Aid policy framework. The direction of Swedish aid. Government Communication n°14 : 131. Regeringskansliet[246]

Notre attention se portera sur les dispositifs discursifs, en premier lieu à travers l'analyse de l'économie du texte princeps de la politique publique d'aide au développement présenté en mai 2003 par le gouvernement devant le Parlement intitulé « Responsabilité Partagée : la Politique Suédoise pour un Développement Global ».

Le document s'ouvre sur une injonction au « partage de responsabilité » marquant ainsi, outre la valeur normative de cadrage du document, la dimension éthique fondamentale qui préside à l'aide publique au développement en lui conférant d'emblée une dimension politique, morale et sociale[247]. Les deux termes qui figurent dès le premier paragraphe du

[244] http:://www.government.se/legal-documents/2003/05/200203122/

[245] http:://www.government.se/sb/d/9807/a/113283

[246] http:://www.regeringen.se/content/1/c6/24/28/99/5718b7f6.pdf

[247] Le recours au mode singulier en anglais accentue encore plus cette dimension éthique, d'autant qu'un peu plus loin dans le texte, le terme est accolé à celui de solidarité, dont on a déjà vu à quel point c'est une valeur qui structuré la société suédoise. « 5.2 : Motivations : solidarité - responsabilité partagée. La politique menée doit se fonder sur la conception selon laquelle tous les êtres humains sont égaux en dignité et en droits, sur le sentiment de solidarité de la Suède avec les pauvres et les personnes vulnérables dans les autres pays et sur l'importance de reconnaître notre part de responsabilité dans le futur du monde ».

sommaire sont « la cohérence des politiques » et « la nouveauté dans le cours et les orientations de la coopération internationale pour le développement ». L'importance des valeurs de cohérence et d'homogénéité comme structurantes pour la mentalité et, partant pour toutes les composantes de la société et des institutions suédoises, a déjà été soulignée, et il n'est donc pas surprenant de les voir énoncées explicitement comme le thème chapeau de la politique publique d'aide au développement. Le terme de nouveauté quant à lui, pourrait apparaître de premier abord comme allant à l'encontre du principe de continuité étroitement lié à celui de cohérence. En fait, ce paradoxe n'est qu'apparent, tant l'innovation (plutôt la nécessité de l'innovation, de l'adaptation) représente la condition même de la continuité et de l'influence de ce « petit » pays[248].

Avant d'aborder les conditions et les défis mondialisés du développement, le gouvernement affirme son ambition de voir la Suède devenir « un des premiers pays au monde avec une politique cohérente pour un développement global », et énumère les raisons qui fondent sa légitimité à en être un acteur majeur : sa double crédibilité qui tient d'une part, à un ancrage solide dans l'adhésion de la société suédoise, et d'autre part à son soutien constant au système des Nations unies et à son absence de liens coloniaux (!) ; sa prospérité fondée sur une économie ouverte et le libre-échange ; sa connaissance approfondie de la coopération au développement issue de l'expérience depuis plus de 50 ans ; la grande confiance de ses partenaires ; son rayonnement mondial que l'appartenance à l'Union européenne a permis de renforcer ; sa position d'avant-garde dans les domaines de la justice, de la paix et de la sécurité internationales, du développement durable et surtout de l'égalité de genre[249].

Une fois abordée avec une « suffisante modestie » - à risquer un oxymore-, cette promotion des réalisations passées et présentes de la Suède, le document laisse ensuite place à un panorama du développement mondial dominé par l'extrême pauvreté touchant plus d'un milliard d'individus. Si le document insiste sur l'absence de revenu et de ressources matérielles comme problème fondamental, d'autres dimensions de la pauvreté sont mises en avant : « La malnutrition, le manque de soins de santé, le chômage, le travail des enfants et les conditions de travail dangereuses pour des salaires de misère [...] les abus de pouvoir, les violations des droits, les violences et les

---

[248] Shared Responsibility, op.cit., : 8. « La Suède est un petit pays. Cela ne devrait pas nous empêcher de jouer un rôle significatif... »

[249] Ibid., op.cit., : 8. « Les Nations unies classent la Suède parmi les tous premiers dans le monde en termes d'égalité de genre. L'égalité de genre n'est pas seulement une affaire de droit, c'est aussi une approche rationnelle [...] La Suède considère qu'il est important de poursuivre la lutte pour les droits et l'autonomisation des femmes et des filles sur la scène internationale ».

abus sexuels à la fois dans et en dehors de la famille ajoutent au manque de sécurité et à la précarité générale ». Tout en insistant sur l'aspect universel de cette « multi-dimensionnalité » de la pauvreté non seulement entre les pays, mais aussi à l'intérieur même des pays, y compris les plus développés, le document veut souligner combien les inégalités, en rendant les personnes plus vulnérables, sont un frein à une prospérité globale et au développement social.

Il est donc un certain nombre de défis à relever qui concernent « tous les individus dans tous les pays » : tout d'abord, *minimum minimorum*, leur assurer la paix et la sécurité, mises à mal par le terrorisme et la prolifération des armements lourds et légers ; puis créer les conditions macro-économiques de la croissance et de la redistribution (stabilité politique et institutionnelle, transparence, intégration et ouverture internationales, remise en cause des formes non durables et non soutenables de production et de consommation, renforcement des mécanismes de coopération internationale, « gestion concertée des migrations », éradication des grandes pandémies telles que le VIH-SIDA), enfin, renforcement d'un socle partagé des droits humains, contrepoids d'autant plus nécessaire que la mondialisation uniformise les économies et les circuits de l'information et accroît les mobilités. Cette nécessaire humanisation de la mondialisation, *via* la coopération internationale, ne renvoie pas uniquement à une conception éthique, mais à l'urgence environnementale, aux risques croissants liés à toutes les formes de trafics internationaux (blanchiment d'argent, drogue, armement, prostitution) et à l'impératif d'y répondre collectivement de manière responsable car « face à des défis tels que ceux-ci, il ne saurait y avoir de solutions durables sans une responsabilité partagée » (*ibid.*).

Ces considérations introductives débouchent sur la présentation d'un modèle hétérodoxe du développement, fondé sur un rééquilibrage des causalités de la croissance (« le développement est plus que la simple croissance économique. Les investissements dans l'éducation et la santé jouent un rôle primordial pour la croissance économique. La création d'une économie de marché qui fonctionne est importante, mais les marchés ne peuvent pas régler tous les problèmes »), et surtout la mise en avant d'un modèle déjà éprouvé, celui d'un capitalisme régulé, celui là même que la Suède a mis en œuvre à l'intérieur de ses frontières : « il y a un besoin d'interaction entre le gouvernement et les marchés afin d'atteindre une distribution équitable et garantir aux personnes l'accès aux services de base tels que l'éducation et les soins de santé ». Les autres facteurs de ce modèle de développement mis en avant par la Suède sont en décalage par rapport au libéralisme globalisé, avec des institutions et des finances publiques efficaces, en particulier un système performant de levée de l'impôt et s'inspirent directement des thèses d'A. Sen sur la croissance pro pauvre dans laquelle « la croissance doit exister de telle sorte qu'elle bénéficie aux pauvres. Cela signifie qu'il doit y avoir une économie de marché qui fonctionne et qui satisfait les besoins des pauvres à la fois comme producteurs et comme consommateurs », et surtout sur les nouvelles « perspectives » d'un développement juste et durable (« Les efforts précédents consacrés au développement n'insistaient pas suffisamment sur le respect des droits humains, la démocratie et la bonne gouvernance. La même critique concerne la consommation durable des ressources naturelles, la protection de l'environnement, la perspective des droits des enfants, des personnes vivant avec un handicap, l'égalité sociale et l'égalité de genre. De nos jours, nous considérons ces facteurs comme des conditions indispensables à un développement juste et durable. Ainsi, ces thématiques devraient être considérées non comme une fin en soi, mais aussi comme un moyen de réaliser le développement ». Signe de l'importance attachée à ces dimensions de capabilités : alors que les Objectifs du Millénaire pour le Développement sont évoqués dans une demi-page pour mentionner de façon neutre que la Suède s'inscrit naturellement dans leur dynamique, « l'approche par les droits en matière de développement » occupe deux pages et demie[250].

L'approche par les droits pour le développement s'appuie sur deux piliers fondamentaux qui interagissent : la démocratie et le respect des droits humains. La conception de la démocratie présentée dans ce texte rappelle que le principe premier qui la fonde est « l'égalité de tous les êtres humains en dignité et en droits ». Dans la tension constante entre les deux pôles qui définissent traditionnellement la démocratie, la liberté et l'égalité[251], c'est cette dernière (en conjonction avec un concept proche, l'équité[252]) qui est

---

[250] Shared Responsibility, op.cit., : 20-22

[251] La « passion de l'égalité » selon Alexis de Tocqueville, dans *De la Démocratie en Amérique* pouvant même porter à la servitude dans la mesure où « il y a en effet une passion mâle et légitime pour l'égalité qui excite les hommes à vouloir être tous forts et estimés. Cette passion tend à élever les petits au rang des grands, mais il se rencontre aussi dans le cœur humain un goût dépravé pour l'égalité, qui porte les faibles à vouloir attirer les forts à leur niveau, et qui réduit les hommes à préférer l'égalité dans la servitude à l'inégalité dans la liberté ».

[252] **Égalité de genre** : concept qui pose que les hommes et les femmes sont en capacité théorique et pratique de réaliser leurs besoins, leurs aspirations, leurs droits et leurs compétences personnelles en dehors de tout préjugé, de tout stéréotype et plus largement de toute assignation à des rôles sociaux liés au sexe. **Équité** : concept qui pose que les hommes et les femmes doivent être Traités de façon juste c'est-à-dire équivalent en termes de besoins, de droits, d'obligations et d'opportunités. C'est au nom de l'équité que seront décidées et mises en œuvre des mesures compensatrices des déséquilibres politiques, économiques et sociaux en particulier. Égalité de genre et équité ne sont pas des expressions synonymes parce que les concepts ne sont pas interchangeables, même s'ils sont le plus souvent très complémentaires. Ainsi, les mesures d'équité sont-elles un moyen pour parvenir à l'égalité de genre.

constamment privilégiée dans l'approche suédoise sur le développement, comme d'ailleurs dans toutes les autres politiques publiques. La nature de cette égalité démocratique mérite à son tour d'être cernée. Certes, s'il est bien mentionné qu'elle correspond à des principes juridiques formels : « une personne, une voix et égalité devant la loi », les paragraphes qui suivent, assignent à l'égalité démocratique la prise en compte du statut social (au sens large de vivant en société) de l'individu et non de l'individu en tant que tel, l'individu formel et « essentialisé » des grandes Déclarations du XVIIIe siècle. Successivement, sont donc convoquées les priorités à cibler:

(a) les discriminations, les exclusions et les marginalisations qui affectent les individus/groupes en rapport avec leur « sexe, âge, handicap, origine ethnique et orientation sexuelle » ;

(b) les inégalités de genre entre femmes et hommes, filles et garçons, au vu de leurs « conditions, de leurs intérêts, de leurs capacités et de leurs besoins », ce qui signifie en particulier pour les femmes, « le droit de décider librement de la maîtrise de leur corps, procréation et sexualité » ; (c) la non prise en compte des droits civils, politiques, sociaux, économiques et culturels des jeunes ainsi que les droits des enfants, leurs intérêts et leurs besoins ; (d) enfin, l'invisibilité des pauvres (femmes, hommes et enfants) afin de rendre « leurs voix et leurs perspectives d'avenir visibles et explicites ». Par voie de conséquence, ce sont toutes les structures des sociétés des pays récipiendaires de l'aide qui devront être impliquées, « les gouvernements, les autorités et les organisations dans les pays partenaires devront analyser les différentes dimensions et manifestations de la pauvreté afin de formuler des stratégies nationales pour la combattre ». Cependant, les pays riches eux-mêmes devront être parties prenantes à ces changements de paradigme de sorte que « l'intégration de l'approche pauvreté produira un rééquilibrage des pouvoirs des pays riches vers les pays pauvres et des gouvernements vers les individus et les groupes ».

Au-delà de l'aide publique au développement, ce document politique témoigne d'une vision particulière des relations internationales qui élève les enjeux du développement juste et durable au niveau des enjeux traditionnels de cette composante de l'action publique que sont les questions géopolitiques, stratégiques, ou encore d'économie et de finance internationales, vision qui indique l'ambition de la Suède à se penser et se positionner comme une "*soft power*". En effet, après avoir possédé tous les attributs de la puissance de contrainte ("*hard power*") du XVIIe au début du XVIIIe siècle, la Suède démontre ici son ambition d'accéder au rang de *puissance douce*[253] caractérisée, non par sa capacité de domination ou de nuisance politique, économique ou militaire, mais par sa capacité à promouvoir ses valeurs, à travers l'image positive de son système de gouvernement, du degré d'égalité et de transparence de sa société et de l'ouverture raisonnée de son économie. Sa capacité de persuasion est renforcée par l'exemplarité de ses politiques intérieures, son sens aigu de l'innovation technologique et de la communication, mais aussi l'originalité, le style et la cohérence de sa politique étrangère par le rôle qu'elle a su prendre aussi bien au sein de l'Organisation des Nations unies que de l'Union européenne.

Dans la problématique globale du développement ainsi reformulée, le document gouvernemental annonce en fait une refondation profonde de l'architecture même de l'aide publique au développement dont l'objectif revendiqué est « la contribution à un développement juste et durable » conditionnée à deux approches qui doivent imprégner tous les aspects de l'aide : « l'approche par les droits » et l'approche pro-pauvres (*"the perspectives of the poor"*) afin « de contribuer à un environnement favorisant les efforts des pauvres eux-mêmes à améliorer leur qualité de vie » et dont les éléments déterminants présentés dans un ordre[254] qui, ne devant rien au hasard, semblent une application pratique des thèses d'Amartya Sen. Quels sont-ils ?

(a) le respect des droits humains. Ce paragraphe, placé en premier, rappelle le caractère de principe fondamental sur lequel toute société doit se constituer afin de « réaliser la vision d'une vie digne pour tous ». Une fois cette mention faite, qui évoque le caractère déclaratif des premiers textes en la matière[255], le document affiche une position ferme d'opposition à la fois

[253] Ce qui pourrait apparaître comme le signe d'une décadence nous semble en fait, l'exemple le plus réussi d'une conservation/adaptation d'un même principe : valoriser, compte tenu d'un environnement changeant, les atouts de sa puissance/de son influence. Les bouleversements liés à la mondialisation ne peuvent plus trouver de réponses impériales, mais des réponses globales impliquant des acteurs locaux, nationaux et internationaux. Celles que la Suède entend promouvoir sont placées sous le double signe de la solidarité et de la responsabilité. « La solidarité est renforcée par la prise de conscience qu'un développement sûr, équitable et durable n'est pas un enjeu exclusivement national [...] Les défis majeurs de notre époque, et au-delà, touchent chacun d'entre nous [...] La responsabilité doit être partagée. Il est de la responsabilité de chaque pays de créer les conditions favorables au développement à l'intérieur de ses frontières [...] Conjointement, les pays riches, pour leur part, doivent assumer leur responsabilité en soutenant et complémentant les efforts des pays pauvres ... ».

[254] Shared Responsibility. op.cit., : 22-31

[255] Pour les grands textes fondateurs du XVIIIe siècle, qu'est-ce que « déclarer » veut dire ? Par opposition à la *révélation* (et à son corollaire, l'imposition) de la loi divine, la *déclaration* est un acte fondateur d'origine humaine qui affirme la capacité des hommes à se donner eux-mêmes leurs propres règles de gouvernement pour s'installer dans la citoyenneté et sortir de la sujétion sous toutes ses formes.

vis-à-vis du relativisme culturel et des commandements religieux : « Les pays qui violent les droits humains s'en défendent le plus souvent au nom de leurs traditions, de préceptes religieux ou du niveau faible d'éducation. Aucun de ces arguments n'est valide. Les droits humains concernent tous les êtres humains sans distinction ». Le choix des droits humains cités en exemple est significatif : la liberté d'association, de la négociation collective, d'un travail choisi en dehors de toute contrainte, l'accès à l'information « sur les questions de sexualité », le droit des enfants et des jeunes « d'avoir leur mot à dire dans la société ». Il n'est pas certain que d'autres pays mettraient ces mêmes droits en avant comme représentatifs de leur vision des droits humains...

(b) la démocratie et la bonne gouvernance. Une fois le socle fondamental des droits humains posé, le document définit l'espace démocratique comme le seul espace approprié à leur mise en œuvre. Cet espace garantit l'égalité des personnes en dignité et en droits grâce à un système judiciaire garantissant les règles de droit, grâce à un système politique d'élections libres et de partis politiques reconnus, grâce aussi à des media indépendants et des Organisations non gouvernementales pouvant agir sans entraves, grâce enfin à l'accès à l'éducation et à l'information. Participation, transparence, distribution équitable des pouvoirs et des ressources publiques et redevabilité définissent les règles de la bonne gouvernance et de la bonne administration des affaires publiques, et par contraste identifient « la corruption, le népotisme, la kleptocratie » comme les dangers principaux qui entravent la démocratie. Mais le point clé mis en avant dans ce paragraphe, la valeur suprême, et ce ne sera pas une surprise, ce sont « la stabilité et la cohésion de la société ». Le document entend démontrer combien les mécanismes de prévention, de gestion et de résolution des conflits, combien la volonté « de trouver un compromis entre différents groupes d'intérêt », qui est au cœur du modèle suédois (le texte, modestement, parle « des expériences que nous avons sur ces sujets ») peuvent être utiles à la mise en œuvre d'une politique de développement global.

(c) l'égalité de genre. Troisième dans l'ordre de présentation, l'égalité de genre est justifiée d'un quadruple point de vue : par sa nature éthique en soi (« combattre les discriminations fondées sur le genre et renforcer l'accès des femmes aux ressources et leur autonomisation de façon générale sont importants en eux-mêmes ») ; par ses effets pratiques « sur les efforts faits en matière de réduction de la pauvreté ») ; par sa fonction de redistribution des rapports de pouvoir au profit des plus pauvres, dont le plus souvent des femmes (« les différences entre les conditions des femmes et des hommes, leurs expériences et leur exercice du pouvoir tendent à être plus grandes dans les segments les plus pauvres et les plus marginalisés de la population »), et enfin par son potentiel émancipateur pour les hommes eux-mêmes, et la société dans son ensemble. Le seul exemple donné dans ce paragraphe concerne précisément le lieu même de l'origine et du maintien des inégalités de genre : le corps des femmes, les violences faites aux femmes et les difficultés à accepter leurs « droits sexuels et reproductifs, incluant l'accès à la contraception ».

(d) la consommation durable des ressources naturelles et la protection de l'environnement. La gestion raisonnée et durable de l'environnement et des ressources naturelles constitue la quatrième composante du développement, non seulement parce qu'elle doit empêcher la dissémination croissante des produits et des substances toxiques, la diminution de la diversité biologique et les effets du changement climatique induit par les activités humaines (au premier chef desquelles un certain mode de consommation), mais aussi pour des raisons d'équité sociale en ce que « les pauvres en milieu rural, en particulier les femmes, sont touchés très sévèrement lorsque les écosystèmes sont épuisés par la dégradation des sols, la pénurie d'eau, la pollution, la déforestation ou tout autre impact environnemental ». En rupture radicale avec le discours de la première phase de la coopération au développement de la Suède qui établissait un lien direct entre le facteur démographique et les dégradations environnementales, l'argument mis ici en avant, renvoie au mode de production et aux « conditions de vie qui se sont détériorées dans beaucoup de pays en développement à cause des processus industriels et de leurs effets », et au type de « surconsommation qui, avec pour résultat la perte d'espaces environnementaux, touche à la fois les pays riches et pauvres au détriment des ressources et des besoins des pauvres ».

(e) la croissance économique. Cinquième point '*seulement*' de l'argumentaire, la croissance n'en est pas moins reconnue comme nécessaire pour établir un cadre macro-économique stable. Tous les principes et les mécanismes de l'économie libérale classique sont convoqués (« des finances saines et transparentes, une inflation faible, un accès au financement et au crédit à des conditions raisonnables, des niveaux acceptables de déficits et une ouverture au commerce et à l'investissement »), mais pour être aussitôt « raisonnés » et contrebalancés par un vibrant plaidoyer en faveur du principe redistributif présenté comme une sorte d'impératif catégorique (« il doit y avoir un système pour redistribuer les ressources [...] Il n'est pas insensé de penser qu'une distribution équitable des revenus alimente la croissance et peut aussi réduire le risque de conflit ») mis en œuvre et soutenus par l'État-investisseur, « soit tout seul, soit en coopération avec le secteur privé » et par l'État organisateur du marché du travail, en particulier pour les femmes et des implications sociétales que cela suppose « dans beaucoup de cas, renforcer les droits reproductifs des femmes [...] pour qu'elles puissent obtenir des emplois salariés ».

(f) le développement social et protection sociale (*"social security"*). Très lié au précédent, comme on vient de le voir dans l'articulation entre croissance et redistribution, ce paragraphe entend montrer que les changements nécessaires pour vaincre la pauvreté sont sociaux, et que ces changements nécessitent des conditions matérielles et psychologiques appropriées. S'inscrivant dans la réflexion de J.K. Galbraith sur l'équilibre de la pauvreté et les « accommodations » (Galbraith, 1980 : 74[256]), le texte évoque les opportunités, mais aussi les risques pris pour sortir de la pauvreté. Afin de lutter contre les forces d'inertie individuelle ou les conditionnements culturels et religieux à l'acceptation de cet équilibre et d'aider les individus à prendre ces risques, le texte avance « qu'une politique du développement social et de protection sociale renforce les personnes dans leur lutte contre la pauvreté ». En développant la santé, l'éducation et la sécurité (au sens de travail générateur de revenu stable et de protection sociale), les individus sont « bien équipés pour saisir les opportunités disponibles, et ainsi améliorer leurs conditions de vie ». Ainsi, dans un renversement de l'approche libérale, c'est la sécurité et la protection sociale qui, au lieu de représenter des entraves à l'initiative individuelle, en sont au contraire les conditions et le lieu même d'exercice. De ce fait, les systèmes de développement social et de sécurité viseront tout à la fois à supprimer les conditions de l'accommodation et à mettre en place les mesures pratiques qui facilitent la sortie de la pauvreté : « la promotion du développement social et de la protection sociale repose sur l'idée que les personnes sont des agents avec des motivations et des ressources propres ainsi que du savoir et des compétences et la volonté d'aller vers le changement [...] Le développement durable, au sens social, économique et environnemental est mis en place et maintenu par des personnes en bonne santé, et qui ont accès à l'information et au savoir et aux services sociaux et aux opportunités de nourriture et d'emploi, et qui peuvent aussi prendre une part active aux processus décisionnels dans tous les secteurs de la société ». Enfin, comme dans les paragraphes précédents, le texte met en avant la légitimité et la modélisation de l'expérience suédoise adaptée aux contextes locaux : « Bien que des modèles tous prêts ne puissent être exportés tels quels, nous avons, au cours de notre histoire moderne, mis au point des programmes et acquis des expériences qui justifient l'engagement particulier et la participation active de la Suède dans ce domaine ».

---

[256] Extrait : « Étant donné l'emprise formidable de l'équilibre de la pauvreté sur la vie de ces gens, l'accommodation est la solution optimale. Si la pauvreté est cruelle, la lutte perpétuelle, et perpétuellement vaine, pour y échapper le serait plus encore. Se résigner à l'inévitable, au terme d'une expérience séculaire, est non seulement compréhensible : c'est aussi un trait de civilisation et d'intelligence ». Comme Alva Myrdal, J.K. Galbraith a été ambassadeur des États-Unis en Inde (1961-1963), et comme elle, a été très marqué par cette confrontation avec le sous-développement...

(g) la gestion des conflits et la sécurité des individus (*"human security"*). L'articulation entre la gestion des conflits (de leur prévention jusqu'à leur résolution), la sécurité des individus et le développement est présentée comme essentielle dans la mesure où les conflits armés touchent très majoritairement les pays et les populations pauvres, et de ce fait, représentent un obstacle majeur au développement, la pauvreté engendrée par la guerre et ses effets à court et long termes venant redoubler la pauvreté initiale. La logique de cette articulation se retrouve dans la mise en œuvre des programmes d'assistance humanitaire et la prise en compte des dimensions genrées des guerres et des conflits armés (viols comme armes de guerre, la prise en compte des violences de genre dans les camps de réfugié-e-s).

(h) les biens publics mondiaux. Certainement la plus grande critique faite au système capitaliste libéral et à la mondialisation, la perspective des biens publics mondiaux présentée dans le dernier paragraphe fait écho à la perspective des droits humains qui ouvrait ce chapitre : « En raison de la mondialisation, il y a un besoin croissant de cadres normatifs et réglementaires pour une coopération systématique entre les pays et les gens ». La responsabilité partagée, qui donne son titre au document, trouve sa raison d'être tant en matière de ressources halieutiques dans les océans, de stabilité financière, de prévention des grandes pandémies et de lutte contre le terrorisme pour ne prendre que ces exemples. Le processus du développement repose aussi sur la capacité des pays à prendre en compte collectivement les enjeux globaux transfrontaliers.

Cette revue des huit composants essentiels est enfin particulièrement représentative de l'importance accordée à l'égalité de genre (dans les paragraphes 'démocratie et gouvernance' et 'gestion des conflits et sécurité des individus') et aux droits en matière de sexualité et de reproduction (« questions sexuelles » et « orientations sexuelles » dans le paragraphe 'droits humains' ; « droits sexuels et reproductifs » dans 'égalité de genre', « droits reproductifs des femmes » dans 'croissance économique'. L'importance de ces enjeux est réaffirmée avec constance encore en 2006 : « Les droits sexuels et reproductifs sont universels et la jouissance de ces droits représente une part essentielle des efforts de lutte contre la pauvreté, de promotion du développement et de l'atteinte des Objectifs du Millénaire des Nations unies. Ainsi la priorité donnée par la Suède à la SDSR est une partie stratégique et logique du travail à faire pour promouvoir un développement global durable et juste »[257]. Depuis 2003, les gouvernements

[257] Sweden's International Policy on Sexual and Reproductive Health and Rights. 2006. *Strategic Policy Paper. Regeringskansliet.*

successifs, quelle que soit leur orientation politique, se reconnaissent dans cette référence commune : l'aide correspond à une responsabilité morale ambitieuse, ancrée dans un devoir de générosité envers les personnes « vivant sous des régimes d'oppression, en situation de vulnérabilité et de pauvreté ».

L'approche suédoise articule donc très clairement les concepts de pauvreté et de privation de liberté et de fait, renvoie à une conception multidimensionnelle de la pauvreté qui n'est pas uniquement économique, mais qui suppose une perspective morale et juridique : la référence aux droits humains fondamentaux, au nombre desquels, et au premier chef, les droits sexuels et reproductifs, en particulier ceux des filles et des femmes.

Le deuxième grand texte dessinant la stratégie suédoise en matière de développement global (*2007. Global Challenges - Our Responsibility - Government communication on Sweden's Policy for Global Development. n° 08 : 89, Regeringskansliet*) est produit par un gouvernement de coalition des quatre partis « bourgeois » traditionnels de la droite (modérés-conservateurs/centre/libéraux/chrétiens-démocrates réunis sous le label Alliance pour la Suède), issu des élections générales de 2006.

Présenté dès le titre du premier chapitre comme un « nouveau départ » puis, un peu plus avant, comme « une nouvelle approche », un changement fondamental semble s'opérer sur le fonds et sur la manière de faire (voir tableau suivant : *Tableau comparatif des priorités stratégiques pour le développement global*).

"Shared Responsibility. Sweden's Policy for Global Development". 2002	***"Global Challenges – Our Responsibility. Communication on Sweden's Policy for Global Development". 2007***
Titre Chap.5. 5.4 : Éléments de la composante centrale de la politique	**Titre Chap.2 : Coopération et Cohérence - Faire face aux défis globaux**
1/ Respect des droits humains	1/ Oppression
2/ Démocratie et bonne gouvernance	2/ Exclusion économique
3/ Égalité de genre	3/ Flux migratoires
4/ Consommation durable des ressources naturelles et protection de l'environnement	4/ Changement climatique et impacts environnementaux
5/ Croissance économique	5/ Conflits et situations des états fragiles
6/ Développement social et protection sociale	6/ Maladies transmissibles et autres menaces sanitaires
7/ Gestion des conflits et sécurité humaine	
8/ Biens publics globaux	

Si dans l'ordre « protocolaire » des priorités des deux documents stratégiques, l'architecture de l'agenda nouveau rappelle l'importance des droits humains[258], il apparaît que le dispositif de 2007 diffère assez radicalement du précédent par la hiérarchisation autre de la croissance/exclusion économique (l'importance de la croissance économique condition de la réduction de la pauvreté[259]) d'une part, par l'introduction de la thématique nouvelle des flux migratoires d'autre part, et enfin par la suppression (du moins dans l'annonce introductive) de l'égalité de genre, du développement social et de la protection sociale et des biens publics mondiaux. En replaçant au cœur d'une stratégie sur le développement les enjeux macro-économiques « les marché financiers, les échanges agricoles, les échanges commerciaux de la Suède avec les pays en développement ainsi que les investissements » ; la problématique des migrations, « l'immigration économique vers la Suède et l'Union européenne, les transferts de fonds, de compétences et de savoir vers les pays en développement, la protection des réfugiés et la pérennisation de leurs conditions de vie », et l'approche macro-sanitaire (« maladies transmissibles et autres menaces sanitaires, pérennisation des systèmes de santé et un meilleur accès aux médicaments »), le nouveau gouvernement retourne à une vision qui n'est plus marquée au coin des théories du développement humain et de la croissance pro-pauvres évoquées précédemment. En outre, le rappel des « intérêts suédois », de « nos propres intérêts » réinstalle le discours de la Suède dans une perspective plus utilitariste et « réaliste » qui consiste à appréhender les choses telles qu'elles sont en considérant que les États sont des entités égoïstes défendant leurs intérêts, et donc dans une approche beaucoup moins « idéaliste » que durant la période précédente où les sociaux-démocrates avaient eu une position plus morale avec une tendance à voir les choses telles qu'elles devraient être dans le cadre pacifié de la construction des règles de droit international, et d'un ordre de plus en plus multilatéral limitant les aspirations hégémoniques des puissances. De plus, ce réalisme géopolitique se double d'un réalisme gestionnaire qui n'est pas sans amorcer une critique du cadre d'intervention du gouvernement précédent : « Sur la base de l'évaluation des performances et des résultats des dernières années, le gouvernement a conclu que le grand nombre d'objectifs formulés précédemment, combiné avec l'attention limitée accordée aux enjeux de gestion, ont gêné la bonne mise en œuvre de la politique. Il est difficile d'avoir une vision claire sur comment les efforts pour renforcer la cohérence ont été mis en œuvre sur la période ou sur ce que les politiques visées ont réussi [...] Afin d'assurer une gestion claire et

---

[258] Priorité n°1 pour les deux documents, la notion recouvre en fait des différences notables.

[259] Global Challenges. op.cit., : 6 « La croissance économique est absolument nécessaire à la réduction de la pauvreté [...] L'objectif d'une politique moderne en faveur du développement global se doit, par conséquent, de promouvoir la croissance ».

cohérente et de fournir un périmètre pour le suivi des performances [...] les 18 objectifs thématiques prioritaires et cibles de mise en œuvre remplacent les 65 objectifs précédents de la politique du développement global ». Les paragraphes suivants viseront à déterminer les marqueurs et l'expression de ce changement de paradigme opéré par le nouveau gouvernement en ne gardant que les composantes directement en lien avec les approches genre et SDSR.

(a) l'oppression (*"oppression"*). Sous le terme d'oppression, ici mis en avant comme concept englobant les autres (contrairement au texte précédent où il figurait à égalité avec les termes vulnérabilité et pauvreté), c'est la conception politique libérale de la liberté « négative » qui réapparaît, la liberté définie comme l'absence d'obstacles et de contraintes extérieures, une liberté de non-ingérence théorisée par Isaiah Berlin (Berlin, 1988). C'est une rupture assez franche par rapport à la conception des libertés-capabilités-opportunités qui a inspiré l'approche précédente. La manifestation la plus forte mise en avant par le texte de 2007 est la liberté d'expression : « La Suède doit se tenir aux côtés des personnes dont les vies sont en danger à cause de leurs opinions. Chaque personne, soit seule, soit avec d'autres, doit être libre d'exprimer son opinion et de recevoir ou de disséminer de l'information et des idées. C'est une liberté fondamentale et une pré-condition essentielle à la lutte contre toutes les formes d'oppression [...] Une condition essentielle à la liberté d'expression est l'accès à l'information sans aucune interférence des autorités publiques »[260]. Le recentrage de l'approche revient à relier intrinsèquement la définition de la liberté à la question des institutions politiques, et plus largement des « autorités publiques ». Suivent les éléments qui concourent à, et confortent, cette liberté fondamentale : le droit à l'éducation (« d'importance aussi cruciale si les individus aspirent à être écoutés et à exercer démocratiquement une influence [...] à améliorer leurs conditions de vie »), des média indépendants et critiques qui remplissent « une partie de la fonction civile de 'sentinelle' qui caractérise les sociétés démocratiques [...], et enfin une société civile qui fonctionne bien avec une diversité d'acteurs indépendants [...] qui sont des critiques des autorités publiques ». Là encore, l'approche libérale largement inspirée par John Locke se fait sentir dans le contrepoids que représenterait la société civile par rapport à l'État. Instance d'observation et de critique des agissements de l'État, la société civile est pensée comme une sphère autonome différenciée de ce même État, lieu d'expression démocratique des citoyens dans leur sphère privée. La forte charge idéologique du concept alimentera un débat contradictoire sur le rôle des Organisations non gouvernementales dans le cadre de l'aide publique au développement[261].

260 Global Challenges, op.cit., : 14

261 Voir chapitre 11. Le partenariat avec les Organisations non gouvernementales.

La santé et les droits sexuels et reproductifs constituent le deuxième point mentionné dans le paragraphe *"oppression"*. Il convient là aussi d'en cerner la logique en termes de présence (pourquoi ce point est-il présenté à ce moment ?) et d'articulation (comment est-il relié à ce qui précède et ce qui suit ?). À la première lecture, la SDSR fait socle dans une sorte de bloc de consensus sur la nature des droits concernés (« des droits égaux et des opportunités pour toutes les personnes d'avoir une vie sexuelle sans risques et prendre des décisions concernant leur corps en dehors de toute coercition, violence ou discrimination ».) aussi bien que sur leur périmètre qui va au-delà des « notions conventionnelles d'identité de genre et de sexualité ». Autres références consensuelles, les droits des femmes (« le gouvernement en conséquence priorise et approfondit la question de la santé et des droits sexuels et reproductifs en général, et le droit des femmes de prendre les décisions relatives à leur propre corps en particulier »), des LGBT, le rappel de l'enjeu des avortements légaux et sécurisés (« les efforts pour garantir l'accès à l'avortement légal et sécurisé constituent une part des initiatives à large spectre dans lesquelles l'information et les mesures de prévention jouent un rôle clé »), et de l'information/éducation à la sexualité (« étendre le soutien à la SDSR sous la forme de services d'éducation, d'informations et de conseils [...] programme global dans lequel l'information et les mesures de prévention sont d'une importance particulière »). Cependant, au-delà de l'affichage, il y a lieu de penser que c'est là une sorte de service minimum, de référentiel obligé très ramassé dans un exposé liminaire qui ne renvoie qu'au concept de liberté négative déjà évoqué. En mettant l'accent sur la question de « l'accès à l'avortement sûr et sécurisé et de l'accès universel à de bons soins de santé », voire la notion très floue du « respect accru » pour les droits sexuels et reproductifs, il y aurait comme une sorte d'évacuation et de non prise en compte des conditions et de l'expression de la demande pour accéder aux soins et aux services : résurgence du débat constant entre les droits/libertés formelles et droits/libertés réelles! La reformulation de l'approche par les droits, en se focalisant sur les « droits civils et politiques », et en positionnant à la marge l'égalité de genre et les droits sexuels et reproductifs dans son agenda, met l'accent sur la conception libérale/négative de la liberté, alors que l'approche précédente avait priorisé les droits économiques et sociaux et le primat de l'égalité qu'ils impliquent. Il y a bien là deux conceptions qui sont remises en perspective, celle de la démocratie libérale et/ou celle de la démocratie sociale.

(b) l'exclusion économique (*"economic exclusion"*). Alors que l'introduction générale du document évoque « la croissance économique comme un facteur absolument essentiel pour lutter contre la pauvreté », ce paragraphe renvoie au concept d'exclusion économique en l'articulant toutefois avec le précédent. Par exclusion économique, il faut entendre l'exclusion de l'économie mondialisée (*"global economy"*) pour les pays en

développement, et pour les individus de ces pays. L'exclusion opère aussi bien au niveau mondial que régional, national et local : *au niveau mondial*, la contribution suédoise au développement visera à soutenir les accords et les règles juridiques (*"regulations and agreements"*) produites « dans/par les organisations et enceintes internationales » et qui constituent « un climat économique favorable » dans les domaines des mouvements de capitaux, du commerce international et de la stabilité macro-économique ; *au niveau régional*, la Suède soutiendra toutes les initiatives qui auront pour objectif de faciliter la constitution de relations privilégiées avec et entre les pays en développement par la convergence et l'harmonisation des environnements économiques et commerciaux en matière de « savoir-faire, de compétences et d'investissements » ; *le niveau national/local* représente l'élément le plus important dans l'approche suédoise, car il est considéré qu'il revient aux pays en développement :
- de mettre en œuvre leur capacité à accroitre leurs exportations, et ainsi être en mesure d'affronter « la compétition du marché mondial » ;
- de favoriser les potentialités de gains de productivité liés aux migrations ;
- d'améliorer les conditions d'épargne et d'investissement, en particulier pour les pauvres ;
- d'établir un système juridique juste, non discriminatoire et transparent au sein duquel « la protection des droits de propriété occupe une place particulièrement importante », favorisant ainsi un climat propre aux investissements et à la stabilité économique ;
- de permettre au secteur privé de jouer pleinement son rôle de vecteur (*"driver"*) de la croissance et du développement ;
- d'investir prioritairement dans les secteurs d'activités liés à la terre, au sous-sol et à la pêche.

Tous ces éléments (efficacité du marché, garantie de la propriété et développement du secteur privé comme moteur de la croissance économique, priorité à l'offre *via* l'épargne et les investissements dans les infrastructures, intégration internationale des capitaux et avantages comparatifs en matière de commerce international, globalisation) marquent le retour de la thématique du libéralisme économique sur/dans la lutte contre la pauvreté, qui prime sur l'approche redistributive qui prévalait jusqu'alors. Il n'y aura de développement humain que si les conditions macroéconomiques et intégrées de la croissance sont, au préalable, réellement opérationnalisées : ainsi l'égalité de genre ne sera t'elle atteinte que si sont en place « une gamme de domaines incluant la recherche et le développement technologique, la connaissance du fonctionnement des marchés comprenant la formation des prix, les changements institutionnels comprenant la réforme des droits fonciers et des droits des usagers, le développement des infrastructures et des liens efficaces avec le reste de l'économie ».

(c) « les maladies transmissibles et autres menaces sanitaires ». Le troisième des six piliers de la nouvelle stratégie qu'il est utile de détailler traite particulièrement des enjeux sanitaires globaux. En mettant l'accent sur les maladies infectieuses, mais aussi sur les facteurs aggravants des grands risques sanitaires touchant les pays en développement (accès à l'eau, traitement des eaux usées, accès à une nourriture suffisante et de bonne qualité, accès au système de santé pour les vaccinations et les médicaments de base), le document présente les trois axes d'intervention de la stratégie suédoise : la promotion de la santé et prévention, la viabilité/durabilité des systèmes de santé et les systèmes d'alerte rapide. L'égalité de genre et ses implications/relations avec la santé, en particulier la SDSR, qui constituait une partie essentielle de l'architecture de l'aide présentée dans le document de 2003, devient ici une référence *a minima* : dans les sept pages consacrées aux enjeux globalisés de la santé, quelques lignes seulement sont consacrées à cette composante alors que, renouant avec une thématique qui a marqué l'histoire nationale du pays, la lutte contre l'alcoolisme (la lutte contre le tabagisme lui est, pour l'occasion, associée) se voit érigée en grande cause sanitaire globale[262]/[263].

La communication du gouvernement de coalition en place depuis 2010 comprenant les Modérés, le Parti libéral populaire, le Parti du Centre et les Démocrates-chrétiens, marque un retour appuyé des thématiques (et du vocabulaire) présentes dans le document de 2003 *Aid policy framework -the direction of Swedish aid. Government Communication n°14: 131. Regeringskansliet.* Ne disposant toutefois plus d'une majorité au Parlement (contrairement à la période 2006-2010), ce gouvernement minoritaire a dû forger des alliances au gré des différents votes, et nous faisons l'hypothèse que la politique publique d'aide au développement a été l'enjeu de négociations dont le résultat est un renversement saisissant de l'architecture

[262] Global Challenges, op.cit., : 45. « La SDSR est une question particulièrement importante [...] De nombreux défis doivent encore être relevés, en lien de multiples façons avec quelques enjeux de développement parmi les plus difficiles. Ces derniers recouvrent les inégalités économiques et sociales et l'incapacité à traiter ouvertement des maladies, de leurs causes et des comportements à risques. Les relations de pouvoir entre les sexes, le droit personnel à sa sexualité, les discriminations, la santé reproductive et les conséquences des modes et des habitudes de vie en sont quelques exemples ».

[263] Idem. op.cit., : 51. « La Suède va continuer à contribuer activement aux efforts de l'OMS pour combattre les maladies non-transmissibles. La Suède continuera aussi à travailler à la réduction des effets nocifs, sur la santé et sur la société, de l'alcool au niveau mondial en soutenant activement l'adoption d'une stratégie mondiale par l'OMS. L'objectif d'une telle stratégie sera d'aider les pays membres à réduire le fardeau des maladies liées à l'alcool et alléger les conséquences économiques et sociales de la consommation nocive d'alcool. La Suède continuera à s'assurer que le travail de l'OMS dans la prévention du tabagisme et que la convention cadre globale de l'OMS sur la lutte anti-tabac intègrent bien le point de vue des pays en développement ».

de l'aide sous la forme d'un compromis subtil que montre le tableau suivant :

"Shared Responsibility: Sweden's Policy for Global Development" 2002	*"Global Challenges - our Responsibility. Communication on Sweden's Policy for Global Development" 2007*	*"Aid policy framework - the direction of Swedish aid" 2013*
Titre Chap.5. 5.4 **Eléments de la composante centrale de la politique**	Titre Chap.2 **Coopération et Cohérence. Faire face aux défis globaux**	Titre Chap.5 **Les six sous-objectifs la politique d'aide**
1/ Respect des droits humains	1/ Oppression	1/ Renforcer la démocratie et l'égalité de genre, assurer un plus grand respect des droits humains et s'affranchir de l'oppression
2/ Démocratie et bonne gouvernance	2/ Exclusion économique	2/ Accroître les opportunités des personnes vivant dans la pauvreté pour contribuer à et bénéficier de la croissance économique et bénéficier d'une meilleure éducation
3/ Égalité de genre	3/ Flux migratoires	3/ Un meilleur environnement, un impact climatique limité et une plus grande résilience aux impacts environnementaux, au changement climatique et aux désastres naturels.
4/ Consommation durable des ressources naturelles et protection de l'environnement	4/ Changement climatique et impacts environnementaux	4/ Améliorer la santé de base (dont la SDSR)
5/ Croissance économique	5/ Conflits et situations des états fragiles	5/ Sauvegarder la sécurité humaine et la liberté sans violence
6/ Développement social et protection sociale	6/ Maladies transmissibles et autres menaces sanitaires	6/ Sauver les vies, éviter les souffrances et maintenir la dignité humaine
7/ Gestion des Conflits et sécurité humaine		
8/ Biens publics globaux		

ANCRAGE DANS L'ORDRE LIBÉRAL MONDIALISÉ ET ÉTAT-PROVIDENCE

Un environnement aux multiples défis

C'est à partir d'une description de l'environnement qualifié de « monde en changement » qu'est pensée et mise en œuvre l'aide publique au développement suédoise. Parmi ces changements majeurs, il faut noter :

- l'émergence des pays à revenus intermédiaires qui connaissent de forts niveaux de croissance économique, et qui ont globalement vu une réduction du niveau de pauvreté, mais dont la tendance n'a toutefois pas affecté les pays les moins avancés qui sont toujours très dépendants de l'aide internationale ;
- la mondialisation des échanges, en particulier commerciaux, qui a permis à des millions d'individus de dépasser le niveau de la simple subsistance tout en mettant au jour leurs conditions de travail à la fois précaires et insalubres, et *in fine*, démontrant que la réduction marginale de la pauvreté s'accompagne d'un accroissement notable des inégalités ;
- les dynamiques de populations dont les effets sont particulièrement significatifs dans les pays en développement : l'accroissement démographique élevé avec prédominance d'une composante « jeunes » dont il faudra satisfaire les besoins en termes d'éducation, d'emploi et de santé, et qui seront de plus en plus en position de demander le respect et la réalisation effective de leurs droits fondamentaux ; l'accélération du phénomène d'urbanisation et des mouvements migratoires, tant nationaux qu'à l'échelle sous régionale et internationale ; la prise de conscience des défis liés au vieillissement des populations ;
- les défis sanitaires globaux qui conjuguent la persistance de grandes pandémies (paludisme, tuberculose, diarrhées, VIH-SIDA), morbi-mortalité maternelle et infantile encore très élevées dans les pays en développement avec le poids de plus en plus lourd et reconnu des maladies non transmissibles (notamment diabète, cancer et maladies cardio-vasculaires), et qui représentent une sorte de « double fardeau » pour les pays pauvres ;
- l'existence de nombreux conflits armés et de violences de toutes sortes (ethniques, politiques, religieuses) qui empêchent de satisfaire les besoins des populations en matière sanitaire et éducative et qui, de fait, « sur-affectent » les femmes et les enfants (viols comme arme de guerre, phénomène des enfants soldats) ;
- les effets de plus en plus visibles du changement climatique sur les écosystèmes et la réduction de la biodiversité, la production agricole et la sécurité alimentaire, l'accès à l'eau, les risques sanitaires liés aux catastrophes « naturelles » et l'accroissement induit des instabilités sociales. Là encore, ce sont les populations les plus pauvres vivant dans les pays les

plus pauvres qui sont les plus affectées dans la mesure où elles dépendent très directement des ressources naturelles de proximité pour leur subsistance.

Le recyclage des expériences passées

Forte de ses convictions et de ses réalisations depuis les années trente, la Suède « recycle » dans l'ordre international ce qu'elle a expérimenté au niveau national et qui, au plan économique, représente les quatre composantes essentielles du système suédois, à savoir : (a) la priorité donnée à la recherche et au développement du plein emploi avec une insistance particulière sur le travail des femmes ; (b) les facteurs correctifs des marchés pour les rendre plus inclusifs et plus efficaces, c'est-à-dire moins créateurs d'inégalités ; (c) le commerce comme modèle d'intégration internationale ; (d) la protection sociale comme facteur d'accompagnement des individus dans la réalisation de leur potentiel. Ces quatre points méritent une analyse plus détaillée.

Le document stratégique *Aid Policy Framework* présente quatre caractéristiques :

(1) Les principes conjoints du plein emploi et du travail des femmes. Le modèle de croissance économique qui est promu, même s'il a été infléchi en Suède même par les gouvernements de coalition libéraux/centristes/ conservateurs, en redonnant plus de place à la lutte contre l'inflation, en visant l'équilibre des finances publiques et en facilitant l'expansion du secteur privé, reste fondamentalement orienté vers la recherche et la satisfaction prioritaires du plein emploi, car exclure un grand nombre de personnes du marché du travail n'est pas seulement problématique du point de vue des droits humains, c'est aussi inefficace du point de vue économique (« exclure de larges proportions de la population du marché du travail n'est pas seulement critiquable dans une perspective des droits ; c'est aussi inefficace en termes économiques »)[264]. L'aide suédoise doit soutenir dans les pays récipiendaires les efforts du secteur privé dans la création de « plus d'emplois et plus qualifiés » et contribuer ainsi à l'élévation du niveau des revenus, en particulier ceux des femmes et des jeunes. Le modèle qui a permis à la Suède d'afficher les taux d'emplois féminins qualifiés (même si des différences de salaires persistent encore) parmi les plus élevés au monde est proposé comme duplicable à l'identique à l'échelle du monde en développement et donc, « l'aide apportée par la Suède doit en conséquence s'opposer aux marchés du travail dans lesquels existent des discriminations/ségrégations basées sur le genre et promouvoir un accès égal au travail pour les femmes et les hommes à des conditions décentes, incluant

[264] *Aid policy framework*. op.cit., : 25

la possibilité de combiner vie familiale et emploi rémunéré en conformité avec l'agenda pour un travail décent de l'Organisation Internationale du Travail ».

Là où les gouvernements sociaux-démocrates avaient facilité l'entrée massive des femmes suédoises sur le marché du travail *via* le secteur public (État, agences publiques, collectivités municipales et régionales), l'accent à l'international est mis plutôt sur le gisement potentiel d'emplois *via* le secteur privé, à la fois parce que cela correspond à l'option beaucoup plus « libérale » des gouvernements de coalition depuis sept ans (« l'aide doit promouvoir l'entrepreneuriat, l'innovation et un environnement favorable aux affaires, en partie *via* des services d'appui au développement des affaires, la promotion des systèmes financiers qui satisfont les besoins des auto-entrepreneurs et encouragent les entreprises »), mais aussi parce que les finances publiques des États récipiendaires ne sont pas en capacité de soutenir un tel effort, à la fois en volume, mais aussi à cause de la quasi inexistence d'un système fiscal efficient qui, de fait, ne permet pas de poser les bases d'un système redistributif « à la suédoise ».

(2) la régulation raisonnée des marchés. Non seulement le rôle du marché n'est pas remis en cause, mais la conception qui est présentée dans la communication du gouvernement vise à rendre ce dernier (en fait, le texte utilise le pluriel) « plus inclusif, ouvert et plus efficace », non pour être à lui-même sa propre finalité, mais afin de permettre aux femmes et aux hommes de se sortir de la pauvreté. Que veut dire inclusif et efficace ? Cela signifie que l'accès au marché, dans toutes ses déclinaisons (en particulier le marché du travail et le marché financier), doit être facilité pour le plus grand nombre, femmes et hommes également en leur assurant un environnement juridique protecteur des droits de la propriété et de la liberté d'investir et de disposer des fruits de ces investissements. Loin de revenir à une conception libertarienne, la valorisation du rôle du marché se fait en lien avec le soutien tout aussi nécessaire au renforcement de l'État (« soutenir et développer des institutions qui fonctionnent et les systèmes publics en faveur du droit de propriété »), à la mise en œuvre de politiques publiques correctrices des inégalités sociales et géographiques par « l'investissement dans les infrastructures, en particulier dans zones pauvres et excentrées » et à la lutte contre la corruption.

(3) la conception ricardienne des avantages comparatifs. La conception suédoise là aussi reste fondamentalement d'essence libérale, en retenant de la théorie de Ricardo que les pays en se spécialisant sur leur avantage comparatif sont toujours gagnants à l'intégration et aux échanges internationaux. Là encore, c'est l'expérience de l'ouverture du pays sur le marché international qui sert de référence et de cadre à la formulation que

l'aide doit prendre vis-à-vis des pays en développement car « la Suède doit contribuer à l'intégration des pays pauvres sur les marchés régionaux et internationaux les rendant capables de bénéficier des opportunités croissantes en matière commerciale et de marchés plus ouverts »[265].

(4) la protection sociale, moteur du développement. La protection sociale est présentée comme un ensemble de mécanismes permettant de combiner les composantes économique et humaine du développement : d'une part, elle constitue un investissement en capital humain qui permet aux individus de mieux saisir les opportunités offertes par le marché du travail et leur permet aussi de faire face aux fluctuations, voire de s'adapter aux conditions changeantes de ce même marché tout en contribuant à améliorer la productivité des agents économiques, d'autre part, plus largement, elle contribue à la réalisation d'un droit social fondamental : celui pour les individus de mieux être associés aux processus décisionnels qui affectent tous les secteurs de la société[266].

DROITS HUMAINS ET DÉNATURALISATION DES NORMES DE GENRE

La conjugaison de ces facteurs associée au manque de processus démocratiques, d'institutions sociales efficaces et de mécanismes de redevabilité politique rendent de plus en plus aiguë l'importance de l'aide, en particulier humanitaire, pour prendre en compte les besoins vitaux et les droits fondamentaux des populations les plus pauvres et les plus vulnérables. De ce point de vue, les plus grands défis à relever sont, pour la Suède, l'égalité de genre et la pleine reconnaissance et réalisation des droits des femmes et des filles qui, s'ils ne sont pas pris en compte compromettent le développement des sociétés lui-même. Où l'on voit que la mise en place de l'aide au développement de la Suède, en tant que politique publique, vise à rendre visible les rapports sociaux de sexe (et ce faisant, à rendre évident) que ces derniers ont été « naturalisés », c'est-à-dire définis, posés, considérés comme un fait de nature universel et de tous temps, et ont été inscrits dans une apparente et évidente nécessité, celle de l'ordre d'un monde sur lequel les individus n'ont pas prise. Où l'on voit précisément que la

---

[265] Le taux d'ouverture correspond à la somme des importations et les exportations rapportée au produit intérieur brut. Dans le cas de la Suède, il est de plus de 90 %, les exportations représentant plus de la moitié du produit intérieur brut, soit par comparaison, plus du double de celui de la France.

[266] *Aid policy framework*, op. cit., : 29 « Le gouvernement considère que le soutien au développement et à l'expansion d'une protection sociale de base dans les pays qui en manquent ou qui ne l'ont pas assez mise en œuvre, est un moyen efficace de contribuer au développement économique et social et de donner aux gens de meilleures opportunités pour prendre leur vie en main ».

dénaturalisation des normes de genre (identité, sexualité) n'est pas uniquement un enjeu théorique, mais qu'elle est au cœur des pratiques politiques et institutionnelles depuis que le « privé est politique », aussi bien au plan national qu'international. C'est bien la spécificité du cas suédois que d'avoir mis très tôt, et de façon centrale, la sphère privée à l'agenda des politiques publiques internationales, comme elle l'avait fait dans son espace national.

Cette dénaturalisation s'est manifestée en deux lieux distincts qui ont fini par se compléter et se renforcer l'un l'autre : l'appareil d'État au sens large d'une part, et la société civile d'autre part, qui a débouché sur « un arrangement institutionnel », un dispositif stratégique qui voit les institutions, en l'occurrence le ministère des Affaires étrangères et Sida, renforcées par les Organisations non gouvernementales qu'elles soutiennent.

Au sein des institutions d'État, deux facteurs concomitants ont contribué à la « fabrication » de l'aide publique au développement : d'une part, la féminisation de la bureaucratie gouvernementale (apport social-démocrate) et d'autre part, la quasi parité des femmes dans la représentation parlementaire (agenda libéral).

LES ENJEUX DE LA SANTÉ GLOBALE

Sous le titre 'Sous-objectif 4 : « améliorer la santé de base »', le document *Aid policy framework* présente l'importance des enjeux de santé pour l'agenda du développement sous un angle double : la santé des populations doit faire l'objet d'investissements importants afin d'assurer une meilleure productivité de la main d'œuvre d'une part, et plus largement de permettre un progrès sociétal d'ensemble (*"development of society as a whole"*), d'autre part. En préambule, il est rappelé que l'atteinte du meilleur état de santé possible est un droit humain fondamental, condition indispensable pour permettre aux personnes de réaliser leur potentiel et réduire la pauvreté. La définition de santé de base (*"basic health"*) met en avant cinq composantes fondamentales que la Suède veut soutenir ou renforcer par le canal de son aide au développement :

1/ l'accès à l'eau potable et aux équipements sanitaires. Ne pas pouvoir se procurer de l'eau potable et ne pas pouvoir bénéficier d'un accès à des services d'assainissement qui fonctionnent constituent des enjeux majeurs de santé publique pour un coût économique exorbitant[267]. Les conséquences en

[267] Selon une étude de la Banque mondiale de 2012, l'absence de toilettes et d'infrastructures d'hygiène coûte près de 54 milliards de dollars par an à l'Inde par les coûts induits en termes

sont particulièrement dramatiques pour les femmes et les filles : le simple fait de ne pouvoir aller en toute sécurité aux toilettes (quand elles existent !) constitue non seulement un risque sanitaire (infections des voies génito-urinaires) lié aux rétentions d'urine et de selles, mais aussi un risque accru de subir des violences, des humiliations et des atteintes graves à la vie privée. De façon plus générale, les facteurs tels que la distance, la localisation des services de santé, les horaires d'ouverture, le genre des personnels soignants (dont la règle reste la surreprésentation masculine dans les postes les plus élevés de la hiérarchie sanitaire) influencent la légitimité, l'accès et l'utilisation des services pour/par les femmes.

2/ les soins sanitaires de base pour « réduire les décès évitables et assurer une vie plus saine aux personnes ». Cette deuxième composante de la santé de base recouvre les autres conditions « matérielles » qui permettent l'amélioration du niveau sanitaire des populations, en particulier des femmes, des enfants et des personnes âgées : meilleur accès à des diagnostics rapides pour le paludisme et la tuberculose, aux vaccins et aux traitements, meilleur usage des antibiotiques, mais aussi lutte contre l'exposition aux substances et matières dangereuses. Les évolutions démographiques des pays en développement doivent aussi être prises en compte en particulier sous un angle sanitaire jusque-là ignoré/sous-estimé/non priorisé comme la prévention des maladies non transmissibles (maladies cardio-vasculaires, affections respiratoires chroniques, cancers et diabètes).

3/ « l'accès à la santé et aux droits sexuels et reproductifs et la réduction de la vulnérabilité au VIH-SIDA ». C'est toutefois cette troisième composante qui apparaît comme la plus significative dans le dispositif institutionnel de l'aide. Elle est une constante du positionnement suédois et a toujours fait l'objet de présentations exhaustives et détaillées, tant au niveau politique, que technique et opérationnel[268]. Ainsi, en 1997, Sida présente sa nouvelle stratégie de coopération au développement qui traduit et va bien au-delà des acquis de la Conférence du Caire[269]. La mention des droits qui ne figure pas

---

de maladies chroniques de la peau et des voies intestinales, morts prématurées, viols et agressions corporelles, sans évoquer les heures de travail et les recettes touristiques perdues. http:://documents.worldbank.org/curated/en/2012/01/16232166/inadequate-sanitation-costs-india-rs24-trillion-us538-billion

[268] Sida's Work Related to Sexual and Reproductive Health and Rights. 1994–2003 by Gisela Geisler, Berit Austveg, Tone Bleie, Johanne Sundby, Heidi Skramstad, Bawa C. Yamba. Sida Evaluation 04/14, Department for Democracy and Social Development http:://www.sida.se/contentassets/55294bb0b758484cb38299ccfc6fd46a/sidas-work-related-to-sexual-and-reproductive-health-and-rights-1994-2003_2137.pdf

[269] Sexual and Reproductive Health and Rights. Strategy for Development Cooperation, Sida, 1997. http:://www.sida.se/English/publications/Publication_database/publications-by-

le texte du Caire est expressément rajoutée à la notion de « santé sexuelle et reproductive » pour devenir Santé et Droits Sexuels et Reproductifs, traduction la moins imparfaite de *Sexual and Reproductive Health and Rights*. L'inclusion des droits sexuels, au-delà de son caractère controversé, faisait alors de la Suède un des pays pionniers en la matière. En effet, outre les thématiques déjà consacrées telles que les soins de santé pour les mères et les nouveaux nés, l'accès aux produits et aux services en matière de contraception, les mesures de prévention et de traitement du VIH-SIDA et des autres maladies sexuellement transmissibles, la nouvelle stratégie affichait comme priorités nouvelles, les droits humains et l'égalité de genre, l'avortement sécurisé, la santé des adolescent(e)s, les mesures contre les mutilations génitales féminines, les violences de genre et les discriminations sexuelles.

Dès la fin des années 1990 et devant l'extension de la pandémie du VIH-SIDA, en particulier sur le continent africain, l'approche suédoise avait été de viser systématiquement à l'intégration de la thématique VIH-SIDA dans tous les secteurs du développement, en particulier dans/avec celui de la santé et des droits sexuels et reproductifs. Dans ce dernier cas, cette intégration se justifiait d'abord du simple point de vue technique en termes d'interventions : la plupart des mesures de prévention visant soit à lutter contre le VIH-SIDA, soit à procurer des produits et services en matière de santé sexuelle, étaient structurellement identiques : éducation à la sexualité et apprentissage de l'égalité filles-garçons et femmes-hommes dans les choix sexuels et procréatifs, prévention des maladies sexuellement transmissibles et utilisation des préservatifs dans la perspective d'une double prévention (grossesses non désirées et VIH). Par l'intégration de ces deux secteurs, il devenait encore plus évident et nécessaire de mettre la sexualité et l'égalité de genre en relation avec la santé sexuelle et reproductive, tant il était de plus en plus clair que le dénominateur commun entre le mode de transmission très majoritairement hétérosexuel de la pandémie du VIH-SIDA, et la mortalité maternelle par exemple, était la situation de vulnérabilité des femmes, à la fois du point de vue physiologique, et des rapports de pouvoirs existants entre les sexes. C'est aussi cette intégration au nom d'une approche exhaustive de la sexualité (touchant à l'orientation sexuelle et à l'identité de genre) qui a permis tout logiquement à la Suède de mettre à l'agenda international (et donc du développement) les enjeux soulevés par les organisations de la communauté LGBT partout dans le monde, c'est-à-dire les représentations, les identités, les stéréotypes liés au genre.

---

year1/2002/october/19976-strategy-for-development-cooperation---sexual-and-reproductive-health-and-rights/

La Suède apparaît comme un des pays qui a le plus tôt travaillé à faire reconnaître que des droits fragmentés, « atomisés » (droit à l'éducation sexuelle ; droit à avoir des rapports sexuels librement consentis ; droit à un mariage librement consenti ; droit d'avoir ou non des enfants et droit à en choisir le nombre, ainsi que le rythme et le moment de leur naissance ; droit au respect de l'intégrité physique du corps) soient rassemblés dans un bloc dits *"Sexual and Reproductive Health and Rights"* puis agrégés, incorporés à l'ensemble du corpus des droits humains. Comme nous l'expliciterons plus loin, les droits sexuels ne constituent pas une nouvelle catégorie de droits humains, mais sont l'expression d'une manière nouvelle de penser le cadre des droits humains existants, afin que, comme tels, ces droits soient explicitement et universellement reconnus, assurés et protégés et à faire inscrire dans les instances onusiennes la question de l'orientation sexuelle et de l'identité de genre à travers les droits des personnes LGBT.

4/ l'importance de la question adolescente et le rôle de l'éducation à la sexualité. L'éducation à la sexualité est, avec la question de l'avortement, le sujet le plus controversé et le plus attaqué par les opposants à l'agenda du Caire. Dès la fin des années 1960, la Suède avait promu et soutenu des initiatives en faveur du droit des jeunes d'être informés et par conséquent, de décider de leur sexualité d'une part, et d'autre part, de leur donner les moyens de se protéger contre les grossesses non désirées et contre les maladies sexuellement transmissibles, et bien sûr aussi, contre le VIH-SIDA. Souvent présenté par ses détracteurs comme un encouragement au libertinage et au relâchement des mœurs[270], ce mouvement partait au contraire du constat que l'adolescence apparaît comme un moment privilégié pour aborder les questions liées aux valeurs et aux normes culturelles et donc sexuelles. Forte de son expérience nationale, la Suède a décidé de promouvoir cette thématique et d'en faire une composante majeure de son plaidoyer en vue de son intégration dans l'agenda international.

Il est essentiel de rappeler le rôle déterminant qu'a joué la Suède dans les négociations qui ont duré plus de cinq ans (!) pour obtenir que la cible 5b de l'Objectif du Millénaire pour le Développement n°5 (« atteindre en 2015 l'accès universel à la santé reproductive ») se voit dotée d'un indicateur 5.4 sur le taux de natalité chez les adolescentes. Enfin, pour rendre compte de l'implication de la Suède sur cette thématique de l'éducation à la sexualité des jeunes, il faut souligner combien elle a contribué à tracer le chemin pour une prise en compte de la nécessité de l'éducation à la sexualité pour les adolescentes (particulièrement exposées à la pandémie du VIH-SIDA en

---

[270] C'est aussi à partir de là que se sont installés dans les années soixante-dix, le mythe et le stéréotype des Suédoises très libres, et dont il serait intéressant de retracer l'origine et le cheminement genrés...

Afrique de l'Est), et a contribué plus globalement à faire intégrer des modules d'éducation à la sexualité (et plus largement des normes genrées qui sous tendent les pratiques sexuelles) dans les curriculum scolaires[271].

Si le cadre de l'aide au développement de 2013 se veut l'expression d'un modèle politique particulier désireux de rebattre les cartes idéologiques et les approches thématiques pour affirmer un agenda plus « libéral », en fait, les tendances lourdes sont maintenues, tout au plus sont-elles rééquilibrées et réorientées. Tout comme les sociaux-démocrates avaient, au gré des crises bancaire (1991/93), de change (1992) et économique (1991/93) au début des années 1990 infléchi leur politique économique au niveau national par une stratégie résolue et consensuelle de réformes centrées sur le cadrage budgétaire[272], l'ouverture à la concurrence de certains pans du secteur public[273] et la réforme des retraites[274], les libéraux-conservateurs ont fait de même dans le domaine de l'aide publique au développement. Comment expliquer ces continuités dans les différences ?

De 1994 à 2014, les gouvernements minoritaires sont devenus la norme : gouvernement minoritaire social-démocrate (1994-2006), gouvernement minoritaire de l'Alliance libérale-conservatrice (2010-2014), gouvernement minoritaire social-démocrate à nouveau (2014-...). Or, selon Michel Hastings, « dans un régime de gouvernement minoritaire, c'est l'opposition qui est majoritaire. De là, découle l'obligation pour le gouvernement de solliciter des soutiens dans l'opposition, qui en retour, se situeront dans un lieu paradoxal et hybride d'opposition contrôlée et autolimitée » (Hastings, 2011 : 45-58)[275].

---

[271] International Technical Guidance on Sexuality Education. *UNESCO* http:://www.unesco.org/new/fr/hiv-and-aids/our-priorities-in-hiv/sexuality-education/international-technical-guidance-on-sexuality-education/

[272] Le raffermissement des finances publiques s'est opéré par le plafonnement du montant des dépenses de l'État sur base triennale, la fixation d'un objectif d'excédent budgétaire à hauteur de 1 % du PIB sur la durée d'un cycle, et enfin l'équilibre des comptes des collectivités locales.

[273] La libéralisation de nombreux secteurs a touché successivement le marché des taxis (juillet 1990), les grands services collectifs, tels que le trafic aérien intérieur (juillet 1992), les postes (janvier 1993), les télécoms (juillet 1993), l'électricité (janvier 1996), le fret ferroviaire (1996), et enfin le secteur social et éducatif tel que les maisons de retraite (1991), les subventions aux centres de garde d'enfants à but lucratif (1991), les écoles maternelles (1992), les agences pour l'emploi (1992), les subventions aux écoles privées (1997).

[274] La réforme en profondeur des retraites reposait sur deux mesures phare : le remplacement du régime de retraite à prestations définies par un régime à cotisations définies, avec un volet par répartition (86 %), et un volet par capitalisation (14 %) ; la suppression d'un âge légal de départ à la retraite, la liquidation des droits pouvant se faire à partir de 61 ans, mais le montant de la pension augmentant avec l'âge à la liquidation.

[275] Extrait : « Le processus commença en 1995 avec un accord oral de coopération entre le gouvernement social-démocrate et le Parti du Centre. Accord limité à 2 ans qui permettait aux Libéraux de faire entrer quelques conseillers aux ministères des Finances et de la Défense et

Sans pouvoir parler de négociation véritablement institutionnalisée, mais plutôt comme le souligne M. Hastings, de « l'invention permanente de formules coalitionnelles » dans l'interdépendance et l'influence réciproques, ce qui est à l'œuvre pour la politique publique d'aide au développement, comme dans le cas des politiques publiques précitées dans les domaines de la politique budgétaire, de la privatisation d'une partie du secteur public, de la réforme des retraites, c'est la valorisation d'un compromis pragmatique, d'un accord global sur l'action et la visibilité de la Suède à l'extérieur. Comme le souligne l'OCDE, « les engagements internationaux et nationaux de la Suède, combinés avec un soutien politique fort, tous partis confondus, étayent sa générosité en tant que bailleur »[276].

L'aide publique au développement ne serait donc qu'une des expressions, une des traces, de ce socle inconscient d'une aspiration collective à la cohérence et à l'homogénéité d'un modèle civilisationnel ouvert.

---

aux Sociaux-démocrates d'obtenir une majorité nécessaire à la conduite d'une politique de rigueur en pleine période de crise économique. À la suite du scrutin de 1998, les Sociaux-démocrates se tournèrent vers les Verts et le parti de Gauche... »

[276] OECD Peer Review Sweden 2013, op.cit.,: 51

CHAPITRE 10

LES DEUX PILIERS STRUCTURANTS

Un rapport du CAD, *"Aid in support of gender equality in education and health"* de février 2013[277] présente un état de suivi de l'intégration du genre selon un marqueur dit OCDE[278]. La Suède se classe première pour les dépenses allouées à la prise en compte/promotion de l'égalité femmes-hommes dans les secteurs de l'éducation et de la santé, en particulier de la santé reproductive et du VIH-SIDA : « La Suède a affiché des performances particulièrement bonnes, notant 99 % (USD 162 millions) de son aide en santé comme visant principalement l'égalité de genre (Tableau 9). 100 % de l'aide suédoise en soins de santé reproductive et 99 % de son aide concernant le VIH-SIDA incluent des objectifs d'égalité de genre (Annexe 4). Ces engagements budgétaires sont en phase avec les engagements politiques du pays.

---

[277]http:://www.oecd.org/dac/genderdevelopment/aid %20in %20support %20of %20GE %20in %XXeducation %20and %20health.pdf
« Le Comité d'Aide au Développement a été créé au sein de l'OCDE par résolution ministérielle le 23 juillet 1961 [...] L'objectif général du CAD est de promouvoir des politiques, de coopération pour le développement et autres, qui contribuent à l'instauration d'un développement durable, y compris à une croissance économique pro-pauvres, à la lutte contre la pauvreté et à l'amélioration du niveau de vie dans les pays en développement, ainsi qu'à un avenir où plus aucun pays ne sera tributaire de l'aide ».

[278] Dans le cadre d'une déclaration annuelle, les pays membres de l'OCDE présentent le montant des dépenses dites « sensibles au genre », c'est-à-dire qui font de l'intégration de genre un objectif significatif ou principal (notés respectivement 1 et 2) des interventions et des programmes. Ce marqueur est non seulement un indicateur de suivi (procédure), mais il contribue à faire de l'intégration de genre un « automatisme » (réflexion) qui alimente toutes les étapes du cycle des interventions et des programmes des pays bailleurs.
Voir http:://www.oecd.org/fr/cad/stats/45256593.pdf. Extraits : « Exemples d'activité devant être classée comme *principale* : aide aux femmes et aux filles pour la connaissance de leurs droits ; soutien aux associations masculines qui luttent contre la violence envers les femmes ; projet de filet de sécurité sociale spécifiquement axé sur les femmes et les filles en tant que groupe particulièrement défavorisé de la société ; renforcement des capacités du Ministère des finances et de la planification afin d'incorporer les objectifs d'égalité homme-femme dans la stratégie nationale de réduction de la pauvreté ou autres stratégies comparables. Exemples d'activité devant être classée comme *significative* : activité dont l'objectif principal est d'assurer l'approvisionnement en eau potable d'un district ou d'une communauté locale tout en faisant en sorte que les femmes et les filles bénéficient d'un accès sûr et facile aux installations en question ; projet de filet de sécurité sociale s'étendant à la communauté toute entière et intégrant des dispositions destinées à garantir l'égalité de traitement entre les femmes et les hommes, les filles et les garçons ».

La stratégie suédoise 2010-2015 en matière d'égalité de genre inclut la santé et les droits sexuels et reproductifs comme l'une des ses quatre priorités, et la stratégie suédoise en matière de VIH-SIDA inclut des objectifs explicites de promotion des meilleures conditions de vie et des opportunités pour les femmes et les filles. L'égalité de genre est en fait la colonne vertébrale de tout le dispositif de l'aide publique suédoise en matière de santé sexuelle et reproductive et des droits qui y sont attachés, car c'est en effet, en travaillant à la réduction des inégalités entre les femmes et les hommes, elles-mêmes générées par les normes sociales et culturelles, que les interventions en santé seront les plus efficaces. Les deux axes principaux que la Suède a mis en avant pour ce faire sont : (a) le soutien aux initiatives visant à l'implication individuelle ou collective des hommes et des garçons en faveur de l'égalité femmes-hommes, et (b) la lutte contre les violences fondées sur le genre.

(a) pour la Suède, il faut très fortement impliquer les hommes et les garçons à travers une réflexion et un engagement autour de leur(s) rôle(s) et de leur(s) responsabilité(s) en faveur de l'égalité de genre à travers des thématiques aussi diverses que la sexualité, la parentalité, l'identité masculine et ses diverses assignations, comme le montrent, par exemple, le programme *MenEngage*[279], réseau de plus de quatre cents ONG d'hommes ayant reçu un financement de la Suède pendant plus de dix ans et travaillant à la promotion de l'égalité de genre, la prévention des violences contre les femmes, l'exploitation sexuelle des enfants et la prévention contre le VIH-SIDA, ou encore, le projet *Young Men as Equal partners*.

The Young Men as Equal Partners Project
http://www.rfsu.se/en/Engelska/International-Programmes/Implemented-Projects/YMEP-Tanzania-Kenya-Uganda-and-Zambia/
YMEP was a project …that aimed to reach out to boys and young men between the ages of 10-24 with information concerning sexual and reproductive health and rights. Young men play a deciding role in the spread of information about sexuality and the fight against HIV and AIDS. The goal of YMEP was to strengthen educational services in connection with equality and sexual and reproductive health, to get more people to seek advice, or get tested for HIV and to involve young men in HIV preventive work. An additional long-term goal was to decrease the occurrence of sexual violence. The final result was an increase in the demand for sexuality education in clinics, communication and relations between the sexes improved, the transmission of sexually transmitted diseases and teenage pregnancies decreased and fewer cases of rape were reported.

(b) un engagement fort contre les violences faites aux femmes est non seulement nécessaire en ce qu'elles représentent une atteinte aux droits humains fondamentaux, mais aussi parce qu'elles sont des enjeux de santé

[279] http:://menengage.org/about-us/

publique comme vecteur majeur de l'extension de la pandémie du VIH-SIDA, de l'exposition aux maladies sexuellement transmissibles et de l'accroissement de la morbidité-mortalité maternelles en relation avec les avortements non sécurisés et les grossesses non désirées[280].

LA SANTÉ ET LES DROITS SEXUELS ET REPRODUCTIFS

2006. Sweden's International Policy on Sexual and Reproductive Health and Rights. Strategic Policy Paper. Regeringskansliet[281]
2010. Evaluation of Sida's Action Plan on Sexual Orientation and Gender Identity in Swedish Development Cooperation (2007–2009)[282] et
2013. Study on Sida's work on human rights of lesbian, gay, bisexual, transgender and intersex persons[283]
2008. Sexuality : a missing dimension in development. Concept paper. Department of Democracy and Social Development. Sida[284] et 2010. Sexual Rights for All. Brochure[285]

La Santé et les Droits Sexuels et Reproductifs (SDSR) est la traduction française[286] d'une norme, à la fois thématique et linguistique, qui s'est imposée dès le milieu des années 1990, sous l'influence combinée des pays

[280] Action Plan for Sida's work against Gender-based violence 2008-2010. Chapter. 4. Tackling Gender-Based Violence is Essential in Order to Protect and Promote Sexual and Reproductive Health and Rights." pp. 13-15
http:://www.sida.se/globalassets/publications/import/pdf/en/action-plan-for-sidas-work-against-gender-based-violence-2008-2010_680.pdf

[281] http:://www.regeringen.se/contentassets/7a8ef48b033947e29cf3356ff8789720/swedens-international-policy-on-sexual-and-reproductive-health-and-rights

[282] http:://www.sida.se/globalassets/publications/import/pdf/en/evaluation-of-sida8217s-action-plan-on-sexual-orientation-and-gender-identity-in-swedish-development-cooperation-200782112009.pdf

[283] http:://www.sida.se/contentassets/608a15db0ab2487cbd816132dc4ab3f1/study-on-sida8217s-work-on-human-rights-of-lesbian-gay-bisexual-transgender-and-intersex-persons_3728.pdf

[284] http:://www.sida.se/contentassets/e1963XIXee29a413893dbd3a9bb20fd5f/sexuality-a-missing-dimension-in-development---brief-version_675.pdf

[285] https:://www.sida.se/globalassets/global/about-sida/sa-arbetar-vi/sexual-rights-for-all_webb.pdf

[286] C'est celle que nous choisissons parmi un grand nombre de traductions existantes : la santé sexuelle et reproductrice et les droits en découlant ; la santé sexuelle et reproductrice et les droits y étant liés ; la santé sexuelle et les droits en matière de procréation ; la santé en matière de sexualité et la santé et les droits en matière de procréation ; la santé génésique et sexuelle et les droits connexes, la santé reproductive et les droits sexuels... Ce choix tout en restant arbitraire renvoie à une traduction qui évite la lourdeur de la périphrase tout en rendant compte des enjeux sanitaires (santé) et juridiques (droits) du spectre élargi de la sexualité (sexualité, santé et procréation).

nordiques (de la Suède tout particulièrement) et anglo-saxons : *Sexual and Reproductive Health and Rights - SRHR*. Ce bloc normatif s'est articulé autour de quatre concepts : santé sexuelle, droits sexuels, santé reproductive, et droits reproductifs. Ils sont différentiables entre eux, et ils seront dans un premier temps présentés comme tels, mais c'est en définitive leur grande proximité et leurs points d'ancrage communs autour de la sexualité qui vont paradoxalement en faire un concept global qui, se faisant, va aussi poser les bases de sa remise en cause. Toute la difficulté est de faire tenir ensemble des concepts ayant une unité thématique évidente (en effet, tout est sexuel : faire ou ne pas faire des enfants, prendre du plaisir avec un/une, des partenaire(s) de son choix, affirmer et vivre son orientation sexuelle), mais qui tous marquent des territoires, et donc des limites, faisant l'objet d'assignations spécifiques, et de débats non encore clos du point de vue du droit international.

Alors qu'entre 1997 et 2006, seule Sida avait produit des documents stratégiques et de programmations/évaluations en matière de SDSR, « le document de positionnement stratégique de 2006 *(Sweden's International Policy on Sexual and Reproductive Health and Rights - Strategic Policy Paper)* émanant du ministère des Affaires étrangères concernant la stratégie internationale de la Suède en matière de SDSR est la première de ce type ». Ce document reprend à son compte et synthétise des engagements de fait depuis les grandes Conférences internationales déjà évoquées, plus qu'il ne trace des perspectives nouvelles. Il témoigne aussi du poids et du rôle que les « expert(e)s » ont eu, non seulement dans l'exécution des politiques, et des interventions publiques, mais dans leur définition et leur orientation mêmes. Les normes portées par les expert(e)s de Sida en matière de santé et de droits sexuels et reproductifs ont directement impacté l'aide au développement, en tant que politique publique, avant que cette dernière soit objectivement et stratégiquement montrée en tant que telle.

Dans la culture politique de la Suède abordée dans la deuxième partie, il avait été noté à quel point les expert(e)s avaient été associé(e)s à la création, puis à la consolidation de l'État-providence dès son origine, et comment, avec les décideurs politiques, ils/elles avaient contribué à informer/former l'opinion publique. Les évolutions de l'aide publique au développement suédoise s'inscrivent dans cette conception de l'expertise qui participe pour une part décisive à la construction/consolidation du consensus à la fois national et international[287]. De fait, loin d'être une instance neutre et

[287] *Sida's Work Related to Sexual and Reproductive Health and Rights (1994-2003)* : 9. « À partir des expériences réussies de l'ère pré-ICPD, la Suède devait chercher à bâtir des alliances entre bailleurs, activistes en faveur de la santé des femmes et autres agences du développement afin de prendre en compte et avancer sur, les enjeux actuels de l'avortement,

simplement technocratique, presque invisible, soumise aux décideurs démocratiquement élus, l'expertise de Sida, dont on a vu qu'elle représente une capacité en ressources humaines beaucoup plus grande que celle de son ministère de tutelle, semble avoir à la fois contribué à la formalisation de cet agenda politique, et servi de relais de gouvernance dans la mise en œuvre de ce même agenda[288].

Politiquement, ce document occupe une place particulière qu'il convient de rappeler : il exprime la position officielle du gouvernement suédois sur toutes les thématiques et les modalités et les canaux d'interventions de la Suède en matière de SDSR, quelques mois seulement avant les élections générales qui marquent l'arrivée au pouvoir de l'opposition de droite/centre droit. Etait-ce là une manière de lier les mains à une opposition aux marches du pouvoir, ce qui n'est pas dans la culture politique suédoise, faite de dialogue et de recherche du compromis, ou plutôt, l'expression d'une communauté d'approche partagée par la quasi-totalité de la classe politique, elle-même « homogénéisée » par la technostructure ? Quoi qu'il en soit, cette stratégie, tout à la fois synthèse des actions passées et appel/nécessité à poursuivre ces engagements sur le long terme, est totalement assumée par le nouveau pouvoir, et elle servira sans cesse de référentiel politique, en particulier aux expert(e)s de ... Sida, pour développer leurs interventions ultérieures. Ce texte rappelle à quel point l'aide publique au développement suédoise en matière de SDSR s'inscrit dans une double continuité : une continuité stratégique affirmée à la fois dans ses engagements internationaux et dans le cadre gouvernemental pour le développement global (*Shared Responsibility - Sweden's Policy for Global Development*) et continuité des pratiques institutionnelles et opérationnelles de Sida, comme l'indiquent les renvois constants aux deux textes suivants : *Strategy for Development Cooperation - Sexual and Reproductive Health and Rights. Health Division. Sida. 1997*[289]. *Sida's Work Related to Sexual and Reproductive Health and Rights 1994 - 2003. Department for Democracy and Social Development. Evaluation 04/14. Sida. 2004*[290]. Plutôt que de présenter successivement ces trois textes, et risquer redites et répétitions, c'est à ce document synthétique et consensuel de 2006, que notre analyse se référera le plus souvent. En rappelant les définitions des termes santé sexuelle, santé reproductive, droits

---

particulièrement dans le cadre d'un environnement politique hostile comme la politique du bâillon mondial en a donné l'exemple ».

[288] Nous verrons aussi ultérieurement comment cette expertise logée à Sida va elle-même trouver des relais d'expertise dans les Organisations non gouvernementales comme lieux de production et de légitimation des savoirs et des pratiques dans le domaine du développement.

[289] http:://www.sida.se/contentassets/3e536957287944feab436babaa831951/19976-strategy-for-development-cooperation---sexual-and-reproductive-health-and-rights_666.pdf

[290] http:://www.sida.se/contentassets/55294bb0b758484cb38299ccfc6fd46a/sidas-work-related-to-sexual-and-reproductive-health-and-rights-1994-2003_2137.pdf

reproductifs, droits sexuels, souvent utilisés ensemble, partiellement ensemble ou séparément, souvent interchangés, le texte reprend l'exigence de clarté déjà présente dans le texte de 1997, tout en y apportant des nuances d'interprétation qui fixent avec précision l'agenda dont il se fait le champion.

- santé reproductive (ou santé de la reproduction)

« Par santé en matière de reproduction, on entend le bien-être général, tant physique que mental et social, de la personne humaine, pour tout ce qui concerne l'appareil génital, ses fonctions et son fonctionnement, et non pas seulement l'absence de maladies ou d'infirmités. Cela suppose donc qu'une personne peut mener une vie sexuelle satisfaisante en toute sécurité, qu'elle est capable de procréer et libre de le faire aussi souvent ou aussi peu souvent qu'elle le désire… »

Programme d'Action de la CIPD. Paragraphe 7.2

Ce que suppose donc la santé reproductive telle que définie au Caire, ce sont des soins, produits et services en matière de procréation (en particulier de santé maternelle, de santé pré et post-natales, mais qui précisément, au même moment, entend dépasser l'approche de santé « mère-enfant »), en matière d'éducation à la sexualité et à la procréation, en matière enfin d'accès à la contraception. L'interprétation de la Suède, en reconnaissant la pertinence de ce paragraphe avance toutefois qu'une « santé reproductive optimale » devrait faire clairement « un pas en avant » en affirmant le droit des femmes à l'avortement sûr et légal « où qu'elles vivent ». Bien que non sujets à controverses, les soins visant à lutter contre la mortalité maternelle sont les plus négligés des investissements humains, matériels et financiers tant de la part des bailleurs internationaux que des pays récipiendaires de l'aide et l'Objectif du Millénaire pour le Développement N°5[291] est celui qui montre le plus faible taux de réalisation[292]. Ces faibles investissements renvoient à une situation sanitaire complexe dans les pays en développement et en particulier mettent en lumière les difficultés de fonctionnement des systèmes de santé dans leur ensemble. Or, la Suède met en avant une expertise dans ce domaine : historiquement, le pays qui, au milieu du XIXe

---

[291] « Objectif n°5 : Améliorer la santé maternelle. Cible 5.A : Réduire de trois quarts, entre 1990 et 2015, le taux de mortalité maternelle. Cible 5.B : Atteindre, d'ici à la fin 2015, l'accès universel aux soins de santé procréative ».

[292] « Malgré des progrès réalisés dans toutes les régions du monde, le taux de mortalité maternelle des régions en développement - 230 décès maternels pour 100 000 naissances vivantes en 2013 - est quatorze fois supérieur à celui des régions développées, qui ont enregistré uniquement 16 décès maternels pour 100 000 naissances vivantes en 2013 ». Extrait du Rapport 2014 Objectifs du Millénaire pour le développement des Nations unies. http:://www.undp.org/content/dam/undp/library/MDG/french/UNDP_MDGReport_FR_2014 Final1.pdf

siècle, avait des taux de mortalité maternelle comparables à ce qu'ils sont encore aujourd'hui dans les pays les moins avancés, est parvenu en moins de cinquante ans, à réduire très significativement ces décès maternels en favorisant le développement de l'association des sages-femmes dans les années 1880. C'est cet avantage comparatif, issu de son expérience, que la Suède affiche comme une des priorités de son aide au développement et ce, sous deux aspects complémentaires : permettre aux sages-femmes de devenir, au-delà de leurs compétences en matière de santé reproductive, des promotrices de l'éducation aux droits qui y sont attachés, et plus largement à l'éducation et au conseil en matière de sexualité ; et renforcer, dans les pays récipiendaires de son aide, la capacité d'intervention collective par le soutien à la création d'associations nationales de sages-femmes *via* des financements à la confédération internationale des sages-femmes et à l'UNFPA en particulier.

- droits reproductifs (droits de la reproduction/procréation)

« ... les droits en matière de procréation correspondent à certains droits de l'homme[293] déjà reconnus dans des législations nationales, des instruments internationaux relatifs aux droits de l'homme et d'autres documents pertinents des Nations unies qui sont le fruit d'un consensus. Ces droits reposent sur la reconnaissance du droit fondamental de tous les couples et des individus de décider librement et avec discernement du nombre de leurs enfants et de l'espacement de leurs naissances et de disposer des informations nécessaires pour ce faire, et du droit de tous d'accéder à la meilleure santé sexuelle et de la reproduction possible[294]. Ce droit repose aussi sur le droit de tous de prendre des décisions en matière de procréation sans être en butte à la discrimination, à la coercition ou à la violence, tel qu'exprimé dans des documents relatifs aux droits de l'homme ».

Programme d'Action de la CIPD. Paragraphe 7.3

Cette définition satisfait pleinement la Suède, non seulement parce que cette dernière a largement contribué à sa formulation, mais parce qu'elle valide et renforce l'article 16.e. de la Convention sur l'élimination de toutes les formes de discrimination à l'égard des femmes (1979) où, sur la base de l'égalité de l'homme et de la femme, ce sont bien « les mêmes droits de décider librement et en toute connaissance de cause du nombre et de l'espacement des naissances et d'avoir accès aux informations, à l'éducation et aux moyens nécessaires pour leur permettre d'exercer ces droits » qui sont visés. L'avortement est le symbole le plus fondamental et le plus visible de ces droits, celui de la liberté que les femmes doivent pouvoir exercer de disposer de leur corps comme elles le souhaitent. Comme le rappelle le texte

---

293 *"Human rights"* dans la version anglaise.
294 *"The highest standard of sexual and reproductive health"* dans la version anglaise.

de 2006, « le gouvernement suédois considère que le manque d'accès à un avortement sûr et légal, est un obstacle à la jouissance par les femmes de leurs droits humains. De plus, dans l'approche suédoise, l'avortement non sécurisé représente un problème majeur de santé publique qui peut entraîner de très graves conséquences pour les femmes et les filles. L'avortement à risque conduit le plus souvent à des maladies graves et à la stérilité, et dans beaucoup de pays en développement, c'est une cause fréquente de mortalité maternelle, ce qui en fait un problème social majeur »[295].

Au-delà de cette déclaration, c'est en fait un dispositif conceptuel et une stratégie argumentative qui sont mis en place combinant plusieurs niveaux d'argumentation : éthique, sanitaire et sociétal. Il s'agit en effet, d'une part, de prévenir la critique d'ingérence légale ou de pressions politiques extérieures en affirmant qu'il revient évidemment aux pays de légiférer sur ce sujet et que, dans le cas où une législation libéralisant l'accès à l'avortement pouvait être envisagée, la Suède pourrait soutenir cette démarche vers un environnement plus sûr, médicalement et juridiquement, pour les femmes souhaitant recourir à un avortement, et d'autre part, de rappeler que les avortements clandestins à risques sont une cause importante de mortalité/morbidité maternelles, de façon objective et statistique et que le sujet ne peut pas être ignoré des responsables des politiques de santé publique, dans la mesure où ils seront, de toute façon, obligés d'en traiter les conséquences[296].

- santé sexuelle

« On entend également par cette expression (NDLR, santé de la reproduction) la santé en matière de sexualité qui vise à améliorer la qualité de la vie et des relations interpersonnelles[297], et non à se borner à dispenser conseils et soins relatifs à la procréation et aux maladies sexuellement transmissibles ».

Programme d'action de la CIPD. Paragraphe 7.2

Contrairement à la formulation assez vague de la version française, la version en langue anglaise laisse entendre que la santé reproductive « comprend aussi la santé sexuelle », ce que les deux textes de 1997 et 2006 remettent en question. Pour la Suède, le concept de santé sexuelle ne saurait faire partie de la santé reproductive, mais au contraire, correspond à une vision plus large qui doit intégrer d'une part, les rapports de genre sur une

[295] *Sweden's international policy on Sexual and Reproductive Health and Rights*, op.cit., : 22

[296] Entre 13 % et 15 % des décès maternels selon les pays seraient directement liés à des avortements clandestins à risques et plus de 98 % de ces avortements ont lieu dans les pays en développement. http:://www.guttmacher.org/pubs/fb_IAW_fr.pdf

[297] *"Sexual health, the purpose of which is the enhancement of life and personal relations"* dans la version anglaise.

base d'égalité, de responsabilité et de respect mutuel, comme l'épidémie de VIH-SIDA en a démontré l'importance, et d'autre part, une approche de la sexualité qui ne se focalise pas, comme c'est le cas le plus souvent, sur les problèmes et « les effets négatifs », mais sur « les facteurs positifs axés sur l'affirmation de la vie et sur la qualité de la vie ». Au lieu d'être une sous-catégorie de la santé reproductive, le concept de santé sexuelle « à la suédoise » insiste sur l'égalité des chances, des droits et des conditions réelles donnant « les capacités à toutes les personnes d'accepter leur sexualité et d'avoir une attitude positive vis-à-vis de celle-ci » et, *in fine*, « de prendre des décisions autonomes en ce qui concerne leur propre corps ».

- droits sexuels

Alors que les définitions précédentes, même interprétées au-delà du texte lui-même proviennent directement du Programme d'action du Caire, celle relative aux droits sexuels apparaît comme le résultat d'un processus déductif dans la mesure où l'expression droits sexuels n'est pas juridiquement actée (reconnaissance formelle) par des accords ou des traités internationaux[298]. Pour l'OMS, les droits sexuels font corps avec les droits humains déjà reconnus par les législations nationales, les instruments internationaux et autres textes équivalents bénéficiant d'un large consensus. Ils incluent, entre autres droits accordés à toute personne, sans aucune contrainte, discrimination, violence, le droit de jouir du meilleur état de santé sexuelle possible grâce notamment à l'accès à des services médicaux spécialisés en matière de santé sexuelle et reproductive ; le droit de demander, d'obtenir et de transmettre des informations ayant trait à la sexualité ; le droit à une éducation sexuelle ; le droit au respect de son intégrité physique ; le droit au choix de son partenaire ; le droit de décider d'avoir une vie sexuelle active ou non ; le droit à des relations sexuelles consensuelles ; le droit à un mariage consensuel ; le droit de décider d'avoir ou de ne pas avoir des enfants, au moment de son choix ; le droit d'avoir une vie sexuelle satisfaisante, agréable et sans risque. Ce que révèle l'engagement de la Suède comme championne des droits sexuels, c'est

[298] Il existe des documents de travail à l'Organisation mondiale de la santé qui ont pu mentionner, voire se fonder, sur une définition extensive des droits sexuels à partir d'une conception large de la sexualité dépassant le cadre biologique pour intégrer sa dimension de construction sociale. À ce stade, et n'ayant pas été consacrés par une quelconque validation juridique au niveau international (accord, convention, traité, protocole), ils ne constituent pas à proprement parler une catégorie normative qui s'imposerait « de droit ». Ces définitions intégrant sexualité et genre, renvoient à un modèle de société, ou plus précisément à un type de questionnement du fonctionnement des sociétés, qui est potentiellement porteur de remises en cause radicales des normes dominantes existantes, et le droit, comme système de validation de normes témoigne de cette résistance à de tels changements.

précisément la reconnaissance juridique explicite et officielle de faire évoluer la manière d'interpréter l'architecture globale des droits humains, en particulier les articles 16, 19, 26 de la Déclaration universelle des droits de l'Homme. Le point d'ancrage initial de l'argument mis en avant par le document suédois se situe dans le paragraphe 96 de la Plateforme d'action de Pékin selon lequel « les droits fondamentaux des femmes comprennent le droit d'être maîtresses de leur sexualité, y compris leur santé en matière de sexualité et de procréation, sans aucune contrainte, discrimination ou violence, et de prendre librement et de manière responsable des décisions dans ce domaine. L'égalité entre les femmes et les hommes en ce qui concerne la sexualité et la procréation, y compris le respect total de l'intégrité de la personne, exige le respect mutuel, le consentement et le partage de la responsabilité des comportements sexuels et de leurs conséquences ». L'interprétation de ce paragraphe par la Suède (ainsi que de beaucoup d'autres pays engagés sur la même cause dits '*like-minded*'), revient à le considérer comme la définition même des droits sexuels des femmes, et par voie de conséquence, puisque les droits des femmes sont des droits humains (c'est le fameux *motto* de la Conférence de Vienne, *"women's rights are human rights"* / « les droits des femmes sont des droits humains »), des droits sexuels en général applicables à « toutes les personnes indépendamment de leur âge, sexe, origine ethnique, handicap, identité de genre ou orientation sexuelle qui les exercent par rapport à leur corps et leur sexualité ». Ce faisant, la Suède propose ici, ni plus ni moins, que soit reconnue de façon explicite et formelle, l'existence de l'universalité du critère sexuel comme constitutif des sujets de droits.

Une fois définis les concepts essentiels, le document présente ensuite les treize axes stratégiques en commençant pour chacun d'entre eux par les prérequis et les présupposés (*"points of departure and views"*), puis en décrivant les thématiques opérationnelles concrètes déjà en place ou qu'il conviendra d'aborder :

1/ renforcement de l'autonomisation des femmes et des filles en vue de « façonner la société et leurs propres vies » (une page).

2/ « santé et droits des jeunes femmes et des jeunes hommes » (une page).

3/ « rôle et responsabilités des hommes dans la promotion de l'égalité de genre » (une demi-page).

4/ « attention accrue aux personnes homosexuelles, bisexuelles et transgenres » (une page).

5/ « violences liées au genre et exploitation sexuelle » (une page et demie).

6/ « prostitution et trafic d'êtres humains à des fins sexuelles » (une page et demie).

7/ santé et soins maternels (trois quarts de page).

8/ soins post-partum et néonataux (un quart de page).

9/ accès à la contraception (une demi-page).

10/ avortements sécurisés et légaux (une demi-page).
11/ VIH-SIDA et infections sexuellement transmissibles (une page et demie).
12/ « éducation et dialogue autour de la sexualité et de la reproduction » (une demi-page).
13/ renforcement des capacités (trois pages).

Même s'il est indiqué que ces treize axes stratégiques ne sont pas présentés par ordre de priorité, il n'en reste pas moins que leur calibrage, que l'on peut déterminer à partir de l'importance et du volume des paragraphes, témoigne de la nette prédominance de la *politisation* de la SDSR vis-à-vis de sa *médicalisation*. En d'autres termes, l'approche médicale et sanitaire, si elle n'est pas occultée (points 7-11) fait l'objet de deux fois moins d'explications et de préconisations (3,5 pages) que l'approche articulant la SDSR aux enjeux d'égalité de genre, d'autonomisation des femmes et des filles, d'engagement des hommes, de la prise en compte des LGBT, des violences de genre, de la prostitution et de ses conséquences en termes de traite des êtres humains, et enfin d'éducation à la sexualité.

En articulant principes éthiques et programme d'actions, le rappel de l'expérience passée et des engagements présents et futurs, contribue à la formulation par les organes de l'État d'une doctrine idéologique normative très puissante qui trouve un écho dans l'Église de Suède, Église d'État jusqu'en 2000, qui s'y reconnaît entièrement[299]. Nous insisterons plus loin sur cette « symbiose » idéologique entre l'État et les ONG luthériennes dans le chapitre consacré à la société civile. Il est toutefois essentiel de noter que cette symbiose est telle qu'on ne sait plus exactement qui influence qui dans un système centré sur lui-même, qui s'autoalimente de ces influences croisées. Dans la note 8 en page 3 du document mentionné ici, l'Église de Suède rappelle que sa « position est étroitement liée à la 'Position de l'Église de Suède sur la Justice et l'Égalité de Genre à l'International' (2012), et au document de positionnement commun 'Droits Humains, VIH-SIDA, Prévention et Égalité de Genre' (2008) ». Il est aussi lié à une 'Lettre pastorale des Évêques de l'Église de Suède sur le VIH d'un point de vue global' (2007). Dans ce document, les Évêques suédois demandent aux agences et aux décideurs politiques « d'accroître leur aide internationale vers des projets dont l'objectif est de protéger et de renforcer la santé et les droits sexuels et reproductifs de chaque personne ». Cette similitude d'engagements recourt aux mêmes mots, expressions, arguments, références, plaidoyers, interventions. Cette homogénéité absolue d'un système idéologique autoréférentiel et « circulaire », dans lequel le plaidoyer

[299] *Church of Sweden. Position on Sexual and Reproductive Health and Rights. Policy document. 2014-2017*. http:://www.svenskakyrkan.se/default.aspx?id=1095498

des uns contribue aux, ou renforce les, engagements des autres, qui ont le pouvoir de financer les interventions programmatiques (y compris de plaidoyer) des uns, est très caractéristique du modèle suédois. Enfin, ces treize points constituent un ensemble de doctrine en matière de SDSR dont il convient d'identifier les caractéristiques.

Premièrement, l'égalité de genre qui fait que les femmes et les filles doivent être considérées et traitées « comme des citoyennes à part entière et à égalité avec les hommes et les garçons dans la société, et au sein de la famille », représente le socle préalable à la fois théorique et pratique à l'exercice des droits, leur condition d'exercice. Ce qui est affirmé, c'est qu'une analyse des structures de pouvoir à l'œuvre dans toutes les composantes de la vie publique et privée est nécessaire pour conduire un travail de qualité en matière de SDSR. De plus, le questionnement des normes de genre doit inclure celles qui imposent des standards de masculinité (*"male norms"*). C'est en fonction de leur implication dans le questionnement de ces normes que les hommes et les garçons prendront leur pleine part et responsabilité dans la promotion de l'égalité de genre.

Deuxièmement, la jeunesse doit faire l'objet d'un ciblage particulier en matière des SDSR, non seulement parce qu'elle représente la plus large part de la population mondiale, mais parce qu'elle est la plus exposée aux enjeux de SDSR : violences sexuelles, grossesses précoces et non souhaitées, avortements à risques, exposition au VIH-SIDA, absence d'éducation et d'informations relatives à la sexualité et à la reproduction.

Troisièmement, la remise en cause de l'approche hétéro-normative et de ces conséquences en termes de discrimination et d'exclusion « des personnes homosexuelles, bisexuelles et transgenres », positionne l'orientation sexuelle et l'identité de genre comme des thématiques fondamentales de la SDSR qu'il ne faut plus ignorer, et qu'après les avoir mises à son agenda national, la Suède doit les intégrer dans son « travail à l'international ».

Quatrièmement, les articulations sexualité(s)/violence(s), en tant que structurations profondes des rapports de genre, que le texte nomme violence sexualisée (*"sexualized violence"*), et non pas violence sexuelle, doivent être rendues visibles et doivent être nommées en tant que telles pour être combattues ensuite de façon ciblée et appropriée. Ces violences de genre recouvrent les mauvais traitements physiques et psychologiques, le viol et toute autre forme de contraintes sexuelles, le harcèlement sexuel et les formes de menaces qui y sont attachées, les mutilations génitales féminines, le trafic des femmes et des enfants, la prostitution et la stigmatisation et le rejet des orientations sexuelles et d'identité de genre. Ces violences sont aussi manifestes en matière de santé reproductive, comme en témoignent les pourcentages très élevés de mortalité et de morbidité maternelles dans beaucoup de pays en développement. S'il faut continuer à soutenir les efforts en faveur d'un plus grand accès aux services et aux soins en matière de santé reproductive, et plus largement au système de santé dans son ensemble, il est tout aussi nécessaire de faire évoluer les « habitudes culturelles et les traditions historiques » qui justifient la légitimité moindre des femmes à accéder aux systèmes de soins, en particulier dans leur dimension de santé reproductive. Enjeu central pour la SDSR, la violence de genre sous toutes ses formes ne diminuera vraiment qu'à deux conditions : un travail de déconstruction des normes de pouvoir en place dans la société et dans la famille, et un engagement des États à prévenir et sanctionner les violences de genre (« les nations du monde sont dans l'obligation d'empêcher et d'examiner toutes les formes de violences et de combattre l'impunité en s'assurant que les individus qui perpétuent ces actes ne restent pas impunis. Les États sont aussi dans l'obligation d'offrir une protection aux victimes de violences. Ne pas le faire est une violation des droits humains »).

Cinquièmement, en continuité/cohérence avec l'agenda interne à la Suède déjà évoqué, le document de positionnement politique considère la lutte contre la prostitution comme d'une « importance centrale » dans le cadre de sa politique de promotion de la SDSR. Il est rappelé que c'est la prévention et la sanction de la demande de services sexuels qui doivent être mis en avant ainsi que la protection et le soutien aux femmes et aux enfants qui en sont les victimes. Là encore, la centralité rappelée des rapports de domination dans la marchandisation des services sexuels renvoie à l'articulation fondamentale entre la déconstruction des normes et la santé sexuelle et reproductive. Cette centralité est clairement exposée dans l'exemple couplant prostitution et épidémie du VIH : « le lien étroit entre l'achat de services sexuels et la pandémie du VIH-SIDA et des autres maladies sexuellement transmissibles doit être rendu visible. Dans beaucoup de régions du monde, le VIH est présent par-dessus tout parmi les personnes exposées à l'infection *via* la prostitution et le trafic des êtres humains, les clients et leurs partenaires. Souvent, les clients payent plus si un préservatif n'est pas utilisé, et ceci est encouragé par les proxénètes et autres intermédiaires dès lors que cela accroît leurs profits. Pour réduire la pandémie de l'infection à VIH, des efforts doivent être faits pour augmenter l'utilisation des préservatifs ainsi que la meilleure connaissance du VIH-SIDA parmi les clients, les personnes prostituées et les souteneurs ».

Sixièmement, afin de bien marquer que la sexualité n'est pas uniquement un fait violent ni en rapport uniquement avec des faits ou des réalités de violence, le document propose une vision optimiste dans laquelle l'éducation (formelle et non formelle), l'information et le dialogue (en particulier avec les jeunes) autour des questions de sexualité et de reproduction, des relations genrées de pouvoir, d'orientation sexuelle et d'identité de genre sont « un prérequis essentiel afin de renforcer la santé et les droits sexuels et reproductifs des individus ». En écho avec l'expérience historique de la Suède, un des tous premiers pays au monde à s'être précocement et massivement alphabétisé, le document affirme la conviction que l'éducation est le vecteur démocratique des changements sociétaux : « la Suède soutient la transparence et la disponibilité de, et l'accès à, une information dédiée et adaptée aux jeunes, centrée sur un dialogue ouvert à la sexualité, y compris l'orientation sexuelle, de telle sorte que les jeunes puissent mener ce dialogue eux-mêmes ». Dans deux documents, respectivement, de stratégie (*2008. Sexuality: a missing dimension in development. Concept paper. Department For Democracy and Social Development. Sida)* et de communication (*2010. Sexual Rights for All. Brochure)* qui ne sont pas trop séparés dans le temps, il est facile de remarquer les renvois et les citations réciproques qui démontrent une unité de conception et de formulation, Sida prend clairement l'option de promouvoir ce qui est le plus souvent minoré sinon occulté, les droits sexuels, en tout cas de clarifier à partir d'exemples concrets, ce qui fait l'objet de références toujours implicites faute de définition juridique pour les raisons déjà évoquées. L'architecture des textes visant à démontrer, à la fois théoriquement et par l'exemple, l'importance et le rôle des droits sexuels dans le développement repose sur un triptyque simple : définitions, argumentaire, exemples. La première définition pose le cadre général de la réflexion sur les droits sexuels : qu'est-ce que la sexualité et quelle est l'articulation entre sexualité et genre du point de vue d'une agence de développement ? Même si la sexualité a déjà fait l'objet d'une définition, dès 2006, par l'Organisation mondiale de la santé, dans le texte *"Defining Sexual Health"*, définition reprise par Sida, elle est enrichie par la nécessaire articulation qui doit être faite avec les relations « genrées et les rapports de pouvoir de façon générale » qui, à travers les âges, ont régulé la sexualité et l'expression de la sexualité[300]. Comme le souligne la note conceptuelle de 2008, la sexualité importe parce qu'il y est question de « pouvoir, de désir et de politique ». Le document reconnaît deux dimensions à la sexualité, d'une part la connaissance physique, biologique de leurs corps par les filles et les garçons et d'autre part, un ensemble de pratiques corporelles (commandements à être ou ne pas être, injonction/contraintes à faire ou ne pas faire) où l'estime de son corps

---

[300] « La sexualité est un élément central de la vie humaine et elle comprend le sexe, les rôles et les identités de genre, l'orientation sexuelle, l'érotisme, le plaisir, l'intimité et la reproduction. L'expérience de la sexualité s'exprime par des pensées, des fantasmes, des désirs, des croyances, des valeurs, des comportements, des pratiques, des rôles et des relations. Alors que la sexualité peut inclure toutes ces dimensions, toutes ne sont pas toujours vécues ou exprimées. La sexualité est influencée par l'interaction avec d'autres facteurs : biologique, psychologique, social, économique, culturel, éthique, légal, historique, religieux et spirituel ». http:://www.who.int/reproductive-health/gender/sexual_health.html

détermine plus largement l'estime de soi et celle que les autres ont de vous. Le marquage du corps des femmes, que ce soit dans les violences de genre, les mutilations génitales féminines et les mariages précoces/forcés sont des expressions de cette inégalité sexuée fondamentale que les autres normes culturelles ou traditionnelles, « éducation, emploi, crédit, agriculture, culture, transport, migration, conflit ou participation politique » vont surdéterminer dans tous les domaines du développement[301]. La sexualité se présente comme le lieu de l'articulation du privé et du public (contrairement à la *doxa* dominante qui instrumentalise une supposée séparation) puisque précisément au lieu de la considérer comme une affaire privée, l'État, les autorités religieuses, et les autres institutions sociales « ont cherché à réguler la sexualité et l'expression de la sexualité, prescrivant certaines formes de relations - comme le mariage hétérosexuel - et en interdisant d'autres ». Suivent des mots que l'on a peine à trouver dans les publications d'autres agences de développement (dont l'Agence française de développement) : « Les normes et les valeurs sociales rendent difficile pour les femmes d'avoir une vie sexuelle indépendante. Les femmes et les filles sont tenues à des conventions/standards différents de ceux des hommes et des garçons. Il est souvent plus admissible pour un homme d'avoir une relation extra-conjugale, de se masturber, de demander un acte sexuel et d'obtenir certaines formes de plaisir corporel comme l'orgasme par exemple ».

La sexualité est le lieu même des enjeux de pouvoir, car sans le droit fondamental (et son exercice effectif et concret) de « décider pour tout ce qui a trait au corps et de faire des choix fondamentaux de vie », la plupart des autres droits humains resteront hors d'atteinte, en particulier pour les femmes. Après avoir défini la sexualité dans sa fonction d'origination des inégalités de genre, le document précise ce que sont les droits sexuels : s'ils font partie intégrante des droits humains universels, dès lors qu'ils se fondent sur « la liberté intrinsèque, la dignité et l'égalité de tous les êtres humains », ils sont aussi très liés, « voire ils se superposent, aux droits reproductifs, mais ils n'en sont pas les synonymes ». Les droits sexuels embrassent « tous les aspects de la vie plus largement que les droits reproductifs ». Alors que le fondement des droits reproductifs tel qu'énoncé par l'Organisation mondiale de la santé est d'une part, la reconnaissance des couples et des personnes individuelles à décider librement et de manière informée et responsable du nombre d'enfant(s) souhaité(s), de l'espacement et du moment jugés par eux/elles le plus approprié, et d'autre part, le droit à bénéficier du « niveau le plus élevé de produits et services en matière à la santé sexuelle et reproductive », les droits sexuels apparaissent plus « provocants » (*"provocative"*). Qu'est-ce à dire ?

[301] *Sexuality: a missing dimension in development,* 2008. : 8-15

En dépassant les dimensions de la parentalité et de la conjugalité (notons que la définition des droits reproductifs se réfère à un cadre plus large que le cadre marital) et la prise en compte de la santé sexuelle, les droits sexuels incluent de façon beaucoup plus étendue les droits de :

- choisir son/sa partenaire sexuel/sexuelle ;
- « contrôler son propre corps » ;
- « avoir du plaisir sexuel » ;
- ne pas être violé/e ou violenté/e ;
- choisir librement de recourir à la contraception ;
- avoir accès à un avortement légal et sécurisé ;
- avoir accès à l'information relative aux maladies sexuellement transmissibles et à une « éducation complète à la sexualité ».

En plus de ces aspects « déclaratifs » des droits sexuels (qui ne sous-estiment pas les défis qui existent tant pour leur promotion que pour leur réalisation), les deux textes déroulent de façon très didactique deux argumentaires complémentaires : le premier explique l'articulation entre droits sexuels et pauvreté : la pauvreté empêche la pleine jouissance de la santé et des droits en matière de sexualité et de reproduction, tout comme l'absence de santé et de droits en matière de sexualité entretient les mécanismes de création et de maintien de la pauvreté, et le deuxième consiste à s'interroger sur ce que l'on perd à ne pas prendre en compte les droits sexuels dans la réduction de la pauvreté et le développement ou plus précisément les conséquences négatives de l'absence des droits sexuels en particulier sur le renforcement de l'exclusion sociale vis-à-vis de l'école[302], de l'exclusion économique et des relations de pouvoir dans la famille[303], et sur le maintien d'une plus grande vulnérabilité en matière sanitaire[304].

Enfin, du point de vue des pauvres, la sexualité et les droits sexuels sont au cœur d'un mécanisme qui voit les discriminations normatives renforcées par les inégalités sociales et économiques au sens où « pour les personnes

[302] Dans bien des pays, les filles ayant leurs règles ne peuvent pas aller à l'école, ce qui conduit à une scolarité irrégulière et diminuée en termes d'heures de présence et les adolescentes en situation de grossesses précoces sont de facto retirées, voire exclues définitivement du système scolaire, sans parler des risques de harcèlement sexuel sur les filles qui conduisent les parents à rompre tout lien avec le système scolaire...

[303] Sexual Rights for All. op.cit., : 6. « Un autre exemple montrant comment l'absence de droits sexuels peut influencer le développement peut se trouver dans les relations de pouvoir à l'intérieur de la famille. Les dynamiques de pouvoir déterminent la personne qui prend les décisions sur l'utilisation des terres et qui tire bénéfice des hausses de rendements dues à l'amélioration de l'agriculture ».

[304] *Ibid.* « Les discriminations sur la base de l'orientation sexuelle ou le statut marital dans le système médical/de soins peut empêcher l'accès à l'assurance maladie ou aux traitements médicaux ». Les cas les plus extrêmes de relégation sanitaire des malades du sida et des jeunes filles/femmes souffrant de complications suite à un avortement clandestin sont pourtant encore extrêmement fréquents.

qui n'ont ni argent ni réseau, les conséquences de discriminations sociétales et juridiques - telles que le harcèlement sexuel, la maltraitance, les violences homophobes- peuvent être beaucoup plus difficile à contrer que pour celles qui ont des ressources et des relations ».

Ce qui est finalement en jeu selon Sida, c'est la volonté et la capacité des bailleurs de fonds, et en particulier des agences de développement, et « les ressources humaines qui les constituent », à changer de perspective et de discours sur l'intégration de la sexualité dans les programmes de développement, en ne la cantonnant plus aux problèmes de santé physique ou de prévention des maladies qui n'appelleraient que des solutions techniques dans une optique d'offre de soins, de services et d'infrastructures, mais qui oublient « le renforcement des capacités des individus en particulier dans la prise en compte de leurs droits ».

L'imposition, par la Suède, de la thématique de la sexualité comme fondement du développement fait ressortir avec force l'autre conception centrée, elle, sur la santé comme un secteur d'intervention parmi d'autres comme l'explicite le tableau suivant :

La santé comme secteur du développement	**La sexualité comme fondement du développement**	
Santé sexuelle et reproductive ↓ Mortalité et morbidité maternelles, planification familiale	Santé sexuelle et reproductive ↓ Santé, éducation à la sexualité	Droits sexuels et reproductifs ↓ Genre

↓	↘ ↙
Absence de questionnement des normes et des discriminations fondées sur le sexe/genre et des rapports de pouvoirs induits	**Autonomisation des personnes (des femmes et des filles en particulier)**
↻	↷
REPRODUCTION DES NORMES	**TRANSFORMATION DES NORMES**

En appelant indirectement les autres agences de développement à dépasser cette approche restrictive, négative et technicienne de la sexualité[305], Sida donne des exemples concrets de financements qui font la démonstration par l'exemple des formes concrètes que peut prendre une « puissance normative ». Les titres/thématiques de tels programmes sont très révélateurs : « Des garçons et des hommes pour l'égalité de genre » ; « Les pairs éducatrices parlent des mariages précoces » ; « LaSky combat la stigmatisation et les préjugés à propos des HSH (Hommes ayant des rapports Sexuels avec des Hommes) en Russie » ; « Parler des droits sexuels sur le lieu de travail » ; « Femina HIP donne la parole aux jeunes sur la sexualité »; « L'éducation par les pairs permet une décision éclairée en matière sexuelle ».

Les interventions de Sida en matière de SDSR et d'égalité de genre recouvrent tout un éventail de stratégies (soutien logistique et financier pour le plaidoyer menées par les ONG suédoises et/ou locales ; dialogue institutionnel avec les autorités politiques des pays récipiendaires de l'aide, financement de la recherche et partenariats avec le secteur privé), et de modes d'intervention *via* les deux canaux, bilatéral et multilatéral de l'aide. En ligne avec les recommandations de la note stratégique de 2008 de « soutenir les efforts des sociétés civiles et des processus démocratiques » ainsi que « les approches positives favorisant l'autonomie en matière de sexualité », suivent des exemples de programmations multisectorielles et multi-acteurs/partenaires (2010), comme dans le tableau ci-dessous :

- financement d'une plate-forme associative multimédia d'échanges en matière d'éducation complète à la sexualité, santé sexuelle, prévention du VIH, engagement citoyen, en Tanzanie (Projet "*Femina HIP gives voices to youth on sexuality*") ; - partenariat avec des entreprises du secteur privé pour permettre que le lieu de travail devienne un lieu et une occasion d'information et de conseil pour les femmes (et par voie de conséquence pour leurs filles) en matière d'hygiène menstruelle, de contraception, de violences basées sur le genre, de lutte contre les mutilations génitales féminines, en Egypte, Inde, Chine et au Mexique, Pakistan et Vietnam (Projet "*Business for Social Responsibility Health Enables Return*") ; - promotion du préservatif féminin comme seule méthode de double protection contre le VIH et contre les grossesses non désirées qui permette aux femmes d'avoir une plus grande maîtrise de leur vie sexuelle et reproductive (Projet "*Universal Access to Female Condom in Nigeria*"). Sur ce thème particulier et encore sujet à critiques ou à scepticisme amusé (qui n'est pas sans révéler des préjugés et des a priori de genre), la coopération suédoise a pris une position novatrice au nom du double droit des femmes à pouvoir être pleinement responsables du contrôle de leur fécondité (prévention des grossesses non désirées) d'une part et d'autre part, à être en capacité effective de protéger leur vie (prévention contre la transmission subie

[305] Sexuality : a missing dimension. op.cit., : 3 : « [...] les interventions peuvent finalement se limiter à des prestations techniques/médicales qui mettent de côté les questions sociales, politiques, culturelles, les enjeux de pouvoir et de droits... ».

du VIH-SIDA). En cofinançant un partenariat public-privé[306] initié et géré par des partenaires techniques et financiers danois et néerlandais, la Suède a pour but de lever les barrières d'accessibilité aux préservatifs féminins (trop chers et trop peu diversifiés par manque de compétition chez les fabricants et de fait peu disponibles dans la gamme de produits présents en pharmacie) et de convaincre les pays de les intégrer dans leurs programmes de planification familiale ;

- soutien à la prévention et au traitement du VIH-SIDA et au respect de leurs droits humains, pour les homosexuels (et les homosexuels malentendants[307]) en Russie (Projet "*LaSky- Trusting Each Other*") ;

- financement de formations longues professionnalisantes pour des intervenantes associatives au niveau local, national et international dans le domaine de la sexualité, du genre, de la santé et des droits humains (Projet "*CREA's Global Sexuality, Gender and Rights Institute*") ;

- soutien au développement de programmes d'informations/prévention par les pairs dans le cadre de la lutte contre les mariages précoces et forcés en Inde (Projet "*MAMTA Health Institute for mother and child*") ;

- financement du réseau « *Sonke Gender Justice* » qui soutient les organisations et les individus, hommes et garçons, dans la prévention des violences basées sur le genre, du VIH-SIDA et pour le changement des comportements et au-delà des normes sociales de genre et veut démontrer que l'égalité de genre ne pourra pas être atteinte sans l'implication des hommes et l'appréhension nouvelle des « masculinités » (Projet "*One Man Can campaign*").

Après avoir analysé les engagements originaux et importants de la Suède, aussi bien au niveau de la mise à l'agenda du plaidoyer international que dans sa mise en œuvre programmatique au niveau de son aide bilatérale, il est essentiel de mettre en perspective comment Sida analyse la partie la plus 'provocante' de son action de coopération au développement en matière de SDSR : l'orientation sexuelle et l'identité de genre, au travers d'une évaluation (*2010. Evaluation of Sida's Action Plan on Sexual Orientation and Gender Identity in Swedish Development Cooperation (2007–2009))* et d'une étude *(2013. Study on Sida's work on human rights of lesbian, gay, bisexual, transgender and intersex persons*). Ces deux documents couvrant une période significative de six ans (2006 - 2012) présentent un cas d'école de mise à l'agenda global d'une thématique innovante et controversée à double titre, premièrement, d'une part pour les parties prenantes au développement dans les pays récipiendaires au premier chef desquelles les autorités politiques, mais aussi les principaux acteurs de la communauté des bailleurs et deuxièmement, pour la plupart des personnels au sein même de l'Agence suédoise du développement, d'autre part. Ce qui ressort en effet très nettement de ces deux évaluations, c'est la confrontation avec les

[306] The Universal Access to Female Condom Joint Programme. http:://condoms4all.org/about-uafc/

[307] Ce point, qui peut sembler « anecdotique », mérite pourtant d'être souligné dans la mesure où il révèle une dimension que notre présent travail ne traite pas, mais qui est constamment rappelée dans les textes que nous convoquons : la prise en compte des droits sexuels et reproductifs des personnes vivant avec un handicap.

difficultés de mise en œuvre d'un plaidoyer et des actions d'accompagnement dans les pays récipiendaires de l'aide.

Au-delà des résultats considérés comme positifs (la multiplication par sept des financements depuis le lancement du Plan d'action ; la mise en place d'initiatives et de formations globales et régionales ; la « transversalisation » des enjeux dans d'autres secteurs de l'aide comme les droits humains et la lutte contre le VIH-SIDA ; l'existence de neuf stratégies pays faisant une référence explicite aux droits des LGBT et parmi celles-ci, cinq ayant initié un dialogue politique ou une activité programmatique ; les dix huit bureaux pays et le siège de Sida ayant abordé les enjeux LGBT avec les ONG locales, les gouvernements, les bailleurs et d'autres parties prenantes ; la production régulière de notes et de documents internes d'informations à l'attention de tous les personnels de Sida), l'évaluation de 2010 présente un tableau soulignant des faiblesses réelles et révélatrices : le plan d'action a souffert, au sein même de Sida, d'être imposé par le haut à des équipes peu informées et peu convaincues de l'importance ou de l'intérêt de ce nouvel agenda thématique, et il a, de plus, souffert de ne pas être porté par un nombre suffisant de champions, les actions de formations qui ont été faites ont touché ceux/celles qui étaient déjà convaincu(e)s. Enfin, les thématiques LGBT n'ont pas fait l'objet d'un portage et d'un dialogue institutionnel et opérationnel avec les Organisations non gouvernementales travaillant sur les thématiques de genre, SDSR, VIH-SIDA et droits humains en général. Par ailleurs, les défis relevés dans l'évaluation montrent que, même dans un environnement aussi avancé sur un certain nombre de thématiques que peut l'être la Suède comme nous l'avons montré précédemment, la lutte contre les stéréotypes et les discriminations doit s'appliquer au lieu même de l'agence qui est censée la mettre en œuvre.

Comme le dit l'évaluation, « les attitudes discriminantes contre les personnes LGBT existent toujours au sein de Sida et dans les ambassades ». Il est aussi rappelé à quel point, la certitude quant à la légitimité de ses engagements en matière de LGBT ne doit pas faire oublier que les contextes politiques, culturels et religieux des pays d'interventions doivent conduire à opérer avec « sensibilité, courage et avec des méthodes innovantes ». Le document insiste sur l'importance de mieux mesurer les difficultés à mettre cette thématique au cœur du dialogue avec les pays récipiendaires de l'aide et, pour ce faire, de convaincre y compris en Suède, que les droits des LGBT ne sont pas un « enjeu limité » concernant uniquement un petit groupe de personnes. Ce dont il s'agit en fait, c'est de la redécouverte que le plaidoyer commence auprès des personnels de Sida eux-mêmes, afin de les convaincre que la compréhension des enjeux LGBT est une part essentielle des droits humains et du programme de lutte contre la pauvreté ». La deuxième évaluation montre que les recommandations à poursuivre les efforts financiers en faveur du secteur LGBTI et à rectifier les faiblesses organisationnelles et programmatiques des premières années, ont porté leurs fruits. Les financements et les interventions/initiatives LGBTI ont continué d'augmenter jusqu'en 2011[308].

	Financements (millions de SKK)	Interventions/Initiatives
2006	0,6	1
2007	8,2	10
2008	14,6	11
2009	20,6	14
2010	30	17
2011	37	non disponible
2012	24	non disponible

Même en diminution depuis 2012 - due en très grande partie à l'arrêt d'un important programme de soutien aux ONG russes compte tenu de la situation politique tendue avec le gouvernement [309]-, la volonté de la Suède de poursuivre son engagement sur cette thématique au plan international reste ferme. La période de référence permet néanmoins de dégager trois résultats marquants :

(1) grâce à la Suède qui a mis ces questions à l'agenda international et a financé de façon soutenue des initiatives en ce domaine, le mouvement LGBTI a vu ses capacités de reconnaissance, de positionnement et

[308] La notion d'intersexe a été rajoutée. L'ajout des personnes intersexes aux personnes transgenres appelle une rapide définition des concepts : une personne transgenre est une personne ayant les attributs biologiques d'un sexe, mais se ressentant intimement et profondément comme appartenant à l'autre sexe ; une personne intersexe possède des attributs sexuels non clairement identifiés/attribués comme mâle ou femelle. On parle généralement d'hermaphrodite dans ce cas. Cette clarification est importante car elle permet de préciser ce qui différencie les notions, identité de genre et orientation sexuelle qui sont, peut être, trop souvent associées au risque de se voir assimilées l'une à l'autre, la première renvoyant à une adéquation entre son être biologique et un ressenti psychique, la deuxième définissant des formes de pratiques sexuelles.

[309] Le gouvernement russe a lancé une campagne accusant les ONG recevant des dons ou des financements de l'étranger de mener des activités antirusses en étant/se comportant comme des « agents de l'étranger » et de s'exposer ainsi à des procès ou à des représailles, en particulier d'ordre fiscal. Voir le rapport de la Fédération Internationale des Droits de l'Homme : 'Russie 2012-2013 : l'offensive contre les libertés' :16-24, la persécution des ONG. https ://www.fidh.org/IMG/pdf/rapport_russie_2012-2013-ld.pdf

d'interventions substantiellement augmentées à la fois au niveau international et régional (Népal, Ouganda et Kenya).

(2) la transversalité des thématiques LGBTI s'est imposée dans plus de 60 programmes de Sida couvrant les domaines des droits humains, de la santé globale, du VIH-SIDA et de la SDSR, et dans plus de trente ambassades *via* leur dialogue politique avec les gouvernements, leur soutien financier et logistique aux ONG locales, et dans leur action de stimulation/coordination des autres bailleurs de fonds bilatéraux et multilatéraux ;

(3) enfin, c'est le leadership de la Suède qui, selon le document est « un bailleur de premier ordre dès lors que l'on considère son expérience méthodologique sur comment inclure les LGBTI dans la coopération au développement [...] dans divers environnements et à différents niveaux [...] et qui est contacté par d'autres bailleurs et d'autres pays en vue de coopération et de soutien technique - incluant l'USAID et le Département d'État »[310].

Ainsi, comme à d'autres moments de son histoire en tant que puissance normative dans le domaine de l'aide au développement, la Suède a pris l'initiative d'organiser en 2010 à Stockholm avec l'ONG néerlandaise HIVOS, la première conférence des bailleurs (*International Bilateral Conference on LGBTI Rights*) avec en parallèle, une conférence bailleurs-ONG sur les droits des LGBTI, afin de stimuler des stratégies conjointes et coordonnées concernant l'intégration des thématiques LGBTI dans les processus de coopération au développement, initiative relayée par les gouvernements allemand et américain en 2013 et 2014. Enfin, ce plaidoyer et cette mobilisation se sont aussi manifestés au niveau multilatéral dans les enceintes des Nations unies et de l'Union européenne : « Sida et l'USAID ont organisé une rencontre de bailleurs publics et privés sur les thématiques LGBTI au niveau international durant l'Assemblée Générale des Nations unies en septembre 2013. Il y a eu aussi un regain d'intérêt pour un dialogue et une coopération relatifs aux droits des LGBTI au niveau international. La Suède a plaidé pour l'adoption de résolutions aux Nations unies et de directives européennes relatives aux droits des LGBTI. Sida a contribué à ces efforts politiques en matière de coopération internationale avec le ministère des Affaires étrangères »[311].

---

310 Study on Sida's work on human rights of lesbian, gay, bisexual, transgender and intersex persons, op.cit., : 7-8

311 Study on Sida's work on human rights of lesbian, gay, bisexual, transgender and intersex persons, op.cit., : 16 http:://www.sida.se/contentassets/e68f76aa89ca48cab8a17788fe9afe36/study-on-sida8217s-work-on-human-rights-of-lesbian-gay-bisexual-transgender-and-intersex-persons_3728.pdf.

1998. Gender Equality between Women and Men in Development Co-operation. A manual. Swedish Ministry for Foreign Affairs[312] 2005. Promoting Gender Equality in development cooperation. Department of Democracy and Social Development. Policy paper. Sida[313] 2009. Gender Equality in Practice : A Manual for Sida. Department for Empowerment Democracy, Human Rights and Gender Equality. Sida[314] 2010. Gender Equality in Swedish Development Cooperation. Sida Evaluation (2002-2008)[315] 2010. On Equal footing : Policy for Gender Equality and the Rights and Role of women in Sweden's international development cooperation 2010-2015. Information material. Regeringskansliet[316] 2011.The results of aid – the theme of gender equality and the role of women in development (Govt. communication 2010/11 :167) that the Government submitted to the Riksdag in September 2011. Gender equality for development Results and lessons. Ministry for Foreign Affairs[317]

Dans une publication officielle du gouvernement de juin 2004,[318] consacré à la politique d'égalité de genre, il ressort que la composante consacrée à la coopération internationale est structurée autour de quatre objectifs visant à « la promotion des engagements internationaux en faveur des droits des femmes et des hommes, des filles et des garçons pour leur permettre d'avoir le pouvoir de façonner leurs vies et d'influer sur la société ». Ces quatre objectifs sont (a) l'égalité dans la représentation, le pouvoir et la capacité d'influence politiques, (b) l'égalité économique, (c) l'égale répartition du travail domestique non rémunéré et dans l'économie du 'care' et (d) l'arrêt des violences de genre.

---

312 http:://www.government.se/contentassets/5c3d5ccb22054a75b3fb6b44cbf24bac/gender-equality-between-women-and-men-in-development-co-operation

313 http:://www.sida.se/globalassets/publications/import/pdf/en/promoting-gender-equality-in-development-cooperation.pdf

314 http:://www.sida.se/contentassets/0c376ea02bfa471aa57caefbc5d2d12f/gender-equality-in-practice_298.pdf

315 http:://www.oecd.org/derec/sweden/46143903.pdf

316 http:://www.government.se/contentassets/f8954ef446a54d83bbcecfbf5fb61fd6/on-equal-footing-policy-for-gender-equality-and-the-rights-and-role-of-women-in-swedens-international-development-cooperation-2010-2015

317 http:://www.government.se/contentassets/fa08ebd5723c4217a084a5163c0e3809/gender-equality-for-development-results-and-lessons

318 http:://www.government.se/sb/d/4096/a/26327.
Ce document n'est pas inaugural. Il ne fait que reprendre de façon plus complète les termes d'un engagement plus ancien en la matière.

Affirmant que l'approche de référence est celle du "*gender mainstreaming*", le document stratégique précise qu'elle s'applique aux deux volets de sa coopération au développement, l'aide bilatérale et l'aide multilatérale, aussi bien dans les prises de positions politiques de la Suède, que dans les négociations des Traités et des conventions et les processus inter-gouvernementaux, dans tous les domaines de l'activité internationale. Très concrètement, les domaines d'intervention prioritaires (et qui, de fait, mobilisent la majorité des financements) relatifs à la réalisation de ces objectifs généraux sont eux-mêmes déclinés en quatre sphères : « la participation et l'influence politiques des femmes » ; « le rôle économique des femmes et leurs conditions de travail » ; « la santé et les droits sexuels et reproductifs » ; « la sécurité des femmes, comprenant toutes les formes de violence de genre et le trafic des êtres humains ».

Avec un engagement marqué en termes d'égalité de genre et des avancées concrètes (taux parmi les plus élevés au monde de femmes parlementaires, ratio parmi les plus élevés de femmes sur le marché du travail grâce à une plus grande combinaison entre vie familiale et vie professionnelle, participation accrue des hommes dans l'économie des soins ("*care*") pour les enfants, répartition mieux équilibrée des tâches domestiques), la Suède figure constamment dans le peloton de tête du *Global Gender Gap Report* produit annuellement par le Forum Economique Mondial[319]. Il n'est donc pas surprenant de remarquer que cette thématique représente une composante majeure de sa stratégie d'aide au développement, tant elle est considérée comme un facteur essentiel du développement en Suède même, depuis plus de soixante-dix ans. De fait, un très grand nombre de documents là encore émanant essentiellement du ministère des Affaires étrangères et de Sida existent qui portent la marque de cette importance accordée à l'égalité de genre comme facteur de développement. Au-delà du nombre de textes traitant explicitement de cette thématique, il faut rappeler aussi que la présence constante de l'égalité de genre dans l'exposé d'autres thématiques du développement, en particulier la santé et les droits sexuels et reproductifs, les violences de genre et le VIH-SIDA constitue une preuve de plus de cette idéologie circulaire et auto-référencée, évoquée précédemment. Cinq textes de différentes natures, deux guides méthodologiques à destination, respectivement des personnels du ministère des Affaires étrangères et de Sida, deux documents d'orientation opérationnelle et stratégique, et enfin une évaluation et une communication au Parlement, réalisés entre 1998 et 2011, servent de fil directeur à l'analyse de ce référentiel.

[319] http:://reports.weforum.org/global-gender-gap-report-2013/

Les documents d'orientation politique de 2005 (Sida) et 2010 (ministère des Affaires étrangères)

Le document d'orientation stratégique "*Promoting Gender Equality in development cooperation*", réalisé en 2005, et qui remplace le Programme d'action pour la promotion de l'égalité de genre de 1997 couvre une période de cinq ans jusqu'en 2010. De facture très légère (moins d'une quinzaine de pages, annexes comprises), il affirme que l'égalité de genre est « au cœur de la mission de Sida qui est de promouvoir et de créer les conditions de la réduction de la pauvreté dans les pays partenaires », et que « l'approche d'égalité de genre » est la stratégie d'intervention en vue « d'atteindre le développement durable pour tous [...] et une croissance pro-pauvres dans toutes les sociétés »[320]. Faisant suite à une évaluation de 2002, le document reprend à son compte les recommandations des agents de Sida, et aussi, celles des ambassades suédoises et des Organisations non gouvernementales, de rendre l'égalité de genre encore plus présente dans les interventions de

[320] Partis d'une réflexion sur l'indicateur de la mesure de la pauvreté, les économistes du développement sont allés bien au-delà, pour aborder la question des déterminants de la croissance. Un consensus s'est de plus en plus affirmé, que la réduction de la pauvreté ne peut plus être considérée comme une simple conséquence à terme de la croissance, mais qu'au contraire, des politiques spécifiques dans les secteurs de la santé, de l'éducation, de l'égalité des sexes, seront les véritables moteurs de la croissance. De fait, en lien avec les grandes conférences du début des années 1990, les Rapports sur le Développement Humain produits annuellement par le PNUD (Programme des Nations unies pour le Développement) ont démontré que l'investissement humain est le facteur clé pour comprendre le décollage économique de nombreux pays d'Asie, et l'écart considérable creusé en 30 ans avec des pays aux situations comparables au moment des indépendances. Les Objectifs du Millénaire pour le Développement ont été très marqués par cette réflexion et ils représentent sur la période étudiée les indicateurs de résultats communs aux agences de développement et aux pays en voie de développement. Tous ces travaux de recherche et les grandes conférences onusiennes ont entrainé une profonde réallocation de l'aide : tout d'abord dans sa structure (plus de dons et moins de prêts), puis dans ces thématiques sectorielles (priorité nouvelle donnée à la santé et à l'éducation de base, au genre ainsi qu'à l'eau et à l'assainissement), enfin par les acteurs clés eux-mêmes. Dans le cas de la Banque Mondiale, qui a été la première à rompre avec le consensus de Washington, le président Wolfenson, en nommant Joseph Stiglitz à la banque comme chef économiste, a mis la question du modèle de croissance et des inégalités de revenus au cœur de sa stratégie. Il s'agit de mettre l'accent sur les politiques de réduction de la pauvreté entre Nord et Sud, mais tout autant à l'intérieur de chaque économie en soulignant les conditions matérielles, sociales et politiques à la réalisation d'une économie sociale de marché. Partant du constat empirique que des Pays En Développement (PED) ont, avec le même rythme de croissance du Produit intérieur brut, expérimenté des impacts très variables en termes de réduction de la pauvreté, la Banque Mondiale et le PNUD ont développé le modèle d'une croissance pro-pauvres, fondée sur des secteurs créateurs massifs d'emploi, des secteurs à faible intensité capitalistique (peu de capitaux lourds à engager par rapport au chiffre d'affaire), et surtout, sur des flux de financements pensés comme des investissements générateurs de capital humain et non pas comme une dépense, une charge ou comme le résultat d'une croissance préalable.

l'Agence « avec des stratégies plus efficaces et des niveaux clairs de redevabilité ». Suivent les cinq « commandements », traduction volontairement décalée de *Sida's points of departure for gender equality* : (1) « l'égalité de genre renforce le travail de l'Agence dans la lutte contre la pauvreté » ; (2) « l'égalité de genre est cruciale pour atteindre un développement démocratique durable » ; (3) « les efforts en faveur de l'égalité entre les femmes et les hommes, les filles et les garçons doivent prendre en compte les structures/rapports de pouvoir » ; (4) « l'égalité de genre renvoie aux relations entre les femmes et les hommes, les filles et les garçons » ; (5) « l'égalité de genre, en termes d'opportunités économiques est fondamentale pour atteindre un développement démocratique et durable, ainsi qu'une croissance pro-pauvres ».

Le document présente ensuite les trois caractéristiques principales de l'approche genre (*"gender perspective"*) dans le cadre de ses interventions : l'égalité genre doit être systématiquement intégrée et appliquée à toutes les interventions/programmes de l'Agence ; elle peut, en outre cibler des groupes ou des thématiques plus spécifiques ; elle doit, enfin accompagner/susciter un dialogue avec les partenaires au développement (au premier chef, les responsables et les décideurs politiques des pays récipiendaires, mais aussi les représentants des autres bailleurs présents sur place) sur les enjeux qu'elle représente. La conception de l'approche genre dépasse ici la définition traditionnelle généralement centrée sur la première composante. En envisageant la possibilité de travailler avec des groupes cibles (les adolescentes ou les garçons par exemple), et de construire un dialogue politique afin de conscientiser les partenaires bilatéraux, Sida situe à nouveau l'approche genre dans une dimension holistique, c'est-à-dire non seulement par rapport aux secteurs d'intervention traditionnels de l'aide publique au développement (éducation, santé, infrastructures), mais aussi par rapport aux champs juridique, politique, culturel ou religieux qui structurent toutes les sociétés. Enfin, parmi les trois « secteurs de concentrations stratégiques », outre l'autonomisation politique et économique des personnes et le rééquilibrage des structures et des relations de pouvoir dans ces deux domaines, c'est surtout la nécessité de la reconnaissance et du renforcement des règles de droit qui est mise en avant, et plus particulièrement en matière de sexualité : « Sida prendra en compte les différentes formes de structures formelles et informelles de pouvoir mettant en jeu les droits des femmes et des hommes, ainsi que les possibilités qui leur sont offertes de faire des choix dans leur vie sexuelle et reproductive à chacune et à chacun, comme par exemple, le droit à des soins de santé sécurisés, ou le droit à des avortements sécurisés. De telles possibilités ne doivent pas être limitées à cause des orientations sexuelles des personnes [...] Alors que la pandémie du VIH-SIDA est étroitement liée aux déséquilibres des relations de genre, Sida donnera la priorité aux actions visant à rendre plus transparentes les responsabilités et les rôles des femmes et des hommes par rapport à des comportements sexuels moins risqués, incluant leurs droits sexuels et reproductifs, en donnant la priorité aux jeunes ». Les méthodologies d'interventions étant les mêmes que celles évoquées pour les thématiques précédentes (formations internes et internationales, renforcement des capacités des partenaires et des ONG, priorisation du dialogue politique, coordination avec d'autres bailleurs), il ne sera fait mention ici que d'un point spécifiquement lié à l'approche genre : le suivi et l'évaluation des progrès réalisés en matière d'égalité femmes - hommes. L'évaluation des progrès en matière de genre ne saurait se traduire, ni dans le court-terme, ni de manière uniquement quantifiable. C'est là toute la difficulté. S'il ne faut pas minorer l'amélioration des conditions de vie des femmes consécutive à des interventions spécifiques, il est plus important encore d'identifier si les relations de pouvoir et les structures profondes des inégalités ont évolué. Ce deuxième niveau de l'approche genre, tout en étant le plus fondamental est celui précisément qu'il est le plus difficile d'évaluer, surtout dans une perspective de réduction de la pauvreté.

En 2010, dans son document de positionnement "*On Equal Footing*" (Sur un Pied d'Égalité), c'est le gouvernement, et non plus Sida comme dans le texte précédent, qui expose sa politique en matière d'égalité de genre et des droits et rôles des femmes dans la coopération au développement international de la Suède pour la période 2010-2015. Il n'est pas surprenant de noter la grande continuité/homogénéité avec le texte de 2005, tant du point de vue des prérequis éthico-économiques valorisant « l'approche pro-pauvres pour le développement et l'approche droits humains », que de l'ancrage aux grands textes internationaux de référence des années 1990[321]. Ce texte expose plus longuement que le précédent les orientations stratégiques et politiques du gouvernement de l'Alliance libérale-centriste-conservatrice arrivé au pouvoir en 2006 : il n'y a pas de remise en cause fondamentale de l'adhésion de principe à l'approche genre (dont on a vu qu'elle a structuré la vie politique et économique de la Suède et généré une convergence idéologique trans-partis depuis plus de cinq décennies), mais les objectifs et les secteurs de concentration sont précisés : « l'influence et la participation politique des femmes », « l'autonomisation économique des femmes et de leurs conditions de travail », « la sécurité des femmes, incluant la lutte contre toutes formes de violences de genre et de trafic des êtres humains » et surtout, « la santé et les droits sexuels et reproductifs ». Le texte reprend même les trois caractéristiques de l'approche genre présenté

[321] *On Equal Footing*, op.cit., : 7. « La Suède continuera par conséquent à assumer son leadership international fort, engagé, éclairé et responsable en faveur de l'égalité de genre [...] pour faire de l'égalité de genre et des mesures qui permettent de renforcer les droits et le rôle des femmes, une part intégrale et la base de sa coopération au développement ».

dans le document Sida qui, dans un ordre différent renvoie avec les mêmes termes ("*integrating - integrated ; targeting - targeted ; gender aware dialogue - dialogue*") à une conception et à un référentiel identiques, comme le montre le tableau comparatif ci-après :

2005. Promoting Gender Equality in Development Cooperation. Department for Democracy and Social Development **Policy paper. Sida**	**2010. On Equal footing : Policy for Gender Equality and the Rights and Role of Women in Sweden's International Development cooperation 2010-2015.** **Information material. Regeringskansliet.**
1. Appliquer et intégrer activement la perspective de genre	1. Mesures ciblées
2. Cibler des groupes ou des thématiques spécifiques	2. Mesures intégrées
3. Conduire un dialogue sensible au genre avec les partenaires	3. Dialogue

Parmi les quatre secteurs de concentration, il n'est pas surprenant de trouver la santé et les droits sexuels et reproductifs tant ils ont été, au cours de la période étudiée (1994-2014), cités par tous les acteurs et sur la plupart des thématiques, en référence incontournable de l'architecture d'un développement global juste et durable.

L'originalité dans le présent document tient à ce que le point de départ de l'argumentaire appuyant l'importance de la SDSR pour atteindre l'égalité de genre soit la mortalité maternelle. L'accent est mis, non sur la dimension « médicale » du phénomène et sur les réponses techniques à y apporter (qui l'isolent de fait de son environnement et de sa chaine de causalités), mais sur ce qu'elle représente d'enjeux sociétaux : un manque d'accès aux services de planification familiale et à la contraception, un refus de considérer les avortements non sécurisés parce qu'illégaux, un manque de ressources propres et d'information, et surtout le fait que la santé des femmes et des filles « n'est pas une priorité dans beaucoup de pays », soulignant que le statut d'infériorité qui est le leur dans ces sociétés, est largement renforcé dans le cas des jeunes femmes et des filles pauvres.

Cette approche suédoise en matière de santé/mortalité/morbidité maternelle permet de déterminer deux types de positionnement différents :

1/ une approche de gestion médicale et sanitaire[322]

Il faut éviter que les femmes meurent lors de l'accouchement. Dans ce cadre, qui est celui de ce que l'on pourrait appeler la gestion du risque de survenance de mortalité/morbidité maternelle, le dispositif qui est mis en avant (défini, financé et évalué) vise à déployer des moyens financiers, techniques, logistiques et humains (renforcement du système de santé globalement, et applications locales aux centres de santé, consultations prénatales, césariennes, délégation des tâches, soins post-partum, conseils en matière de planification familiale).

C'est la notion des conditions d'accès qui sera au centre de cette approche : il faut permettre aux femmes d'accéder aux soins obstétricaux appropriés, et ainsi d'être prises en charge au mieux afin de leur éviter la mort (et celle de leur bébé) ou le handicap (fistule obstétricale). Il s'agit de répondre par des moyens techniques à ce que l'on peut appeler un présupposé historico-métaphysique-inconscient, que l'on peut résumer en un mot : fatalité. Mais, dans cette approche de prévention, il n'y a pas à proprement parler d'analyse, de questionnement, voire de remise en cause des racines de cette « fatalité ». Certes, les solutions financières, logistiques et techniques qui sont apportées doivent être reconnues comme tout à fait indispensables, tant elles permettent à court terme l'amélioration de la santé des femmes/mères, mais ces solutions n'interrogent pas les conditions non sanitaires qui surexposent les femmes au risque de mortalité et de morbidité.

2/ Une approche par les droits humains

---

[322] La même année que la publication de la stratégie *On Equal Footing*, le gouvernement français s'engage dans un programme de grande ampleur (500 millions € sur 5 ans) en matière de santé maternelle et infantile qui a fait l'objet en 2015 d'une évaluation externe. Des extraits de cette évaluation permettent de caractériser cette conception « médicale » en ce qu'elle cible « le renforcement des systèmes de santé » (renforcement du leadership et de la gouvernance des actions de santé, du système d'information sanitaire, du financement de la santé, des ressources humaines, de l'accès aux produits et aux technologies médicales essentiels, de la prestation des services) et « des interventions cruciales tout au long du continuum de soins, c'est-à-dire à des étapes critiques du cycle de vie des filles, des femmes et des enfants (à l'adolescence, avant et pendant la grossesse, à la naissance, après l'accouchement et durant la période néonatale, la petite enfance et l'enfance). » En outre, l'évaluation constate que "les thématiques spécifiques aux droits des filles et des femmes, à la santé sexuelle et reproductive et à la prévention ou à la prise en charge des violences sexuelles sont abordées de manière peu systématique par les projets de l'AFD", ce qui est d'ailleurs pleinement assumé par l'Agence, et qui n'en faisait pas l'objet de ces interventions.
http:://www.afd.fr/webdav/site/afd/shared/PORTAILS/SECTEURS/SANTE/pdf/AFD_Synthese_Evaluation_conjointe_Muskoka_FR.PDF
En revanche, et cet engagement n'est pas neutre, on remarque l'implication corrélée de la France sur la "maîtrise de la démographie"...
http:://www.afd.fr/home/projets_afd/sante-health/objectifs-sante/strategie-sante-maternelle

Il faut affirmer les droits des femmes pour lutter contre la mortalité maternelle. Cette approche globale souligne l'importance des liens entre santé maternelle et droits humains en particulier, et rappelle que les taux élevés de mortalité/morbidité maternelles dans les pays en développement constituent une atteinte aux droits des femmes, et que c'est précisément en créant les conditions du respect de leurs droits que les femmes ne seront plus exposées au risque de mortalité/morbidité. Ainsi, sans remettre en cause le déploiement de dispositifs techniques évoqués précédemment (et que par ailleurs, la Suède soutient aussi financièrement), cette approche vise à mettre en place une réelle politique d'égalité femmes-hommes à partir de grilles d'analyse de genre dans le domaine de la santé. En effet, le succès des programmes de lutte contre la mortalité et la morbidité maternelles repose sur la détermination des causes des différences et des inégalités entre les femmes et les hommes.

Le document présente une série de recommandations/injonctions d'interventions :

- renforcer l'intégrité physique des femmes et leur droit à décider et de maîtriser pleinement « leur propre corps, leur sexualité, leur santé reproductive, leur vie procréative indépendamment de leur statut marital, de leur handicap, de leur statut sérologique, de leur orientation sexuelle et de leur identité de genre » ;

- améliorer l'accès à l'information/éducation à « la sexualité, aux relations sexuelles, à la contraception, aux infections sexuellement transmissibles dont le VIH-SIDA » pour les femmes, les hommes, les jeunes ;

- insister sur les inégalités de genre liées à la mortalité maternelle, comme « partie intégrante » de la santé et des droits sexuels et reproductifs ;

- garantir l'accès à l'avortement légal et sécurisé ;

- renforcer le rôle des hommes, en tant que pères et époux, ainsi que leur capacité et celles des garçons à remettre en cause les « assignations négatives des rôles selon le sexe et les images stéréotypées de masculinité, la violence et le non-respect des droits sexuels et reproductifs » ;

- soutenir les jeunes et les LGBT comme cibles et acteurs dans la promotion de la SDSR, et mettre en relief les enjeux d'égalité de genre liés à l'orientation sexuelle, l'identité de genre et l'expression de l'identité sexuelle et protéger les droits humains qui y sont attachés[323].

---

[323] Selon la Commission ontarienne des droits de la personne, « l'expression de l'identité sexuelle fait référence à la manière dont une personne exprime ouvertement son genre. Cela peut inclure ses comportements et son apparence, comme ses choix vestimentaires, sa coiffure, le port de maquillage, son langage corporel et sa voix. De plus, l'expression de l'identité sexuelle inclut couramment le choix d'un nom et d'un pronom pour se définir ».

L'approche transversale du genre est enfin présentée dans sa dimension opérationnelle, c'est-à-dire les nécessaires éléments de contexte qui doivent particulièrement être pris en compte, non seulement l'identification et le soutien ciblé des femmes et des filles en situation de vulnérabilité, de discrimination et de violences (femmes âgées, lesbiennes, veuves, migrantes, séropositives, handicapées, appartenant à des minorités ethniques), mais aussi, et surtout l'identification et la valorisation des femmes et des filles comme agent(e)s du changement ; l'identification des hommes et des garçons et la valorisation de leur rôle et de leurs responsabilités dans les efforts conjoints en faveur de l'égalité de genre.

Les manuels opérationnels de 1998 (ministère des Affaires étrangères) et 2008 (Sida)

Qu'est-ce que les manuels publiés par les deux institutions en charge de l'aide publique au développement nous apprennent de plus que les documents d'orientation politique et stratégique ? Comme le souligne le document de 1998, qui vise le double objectif de promouvoir des normes d'égalité de genre et de traduire de façon opérationnelle et concrète ces mêmes normes, « notre intention en éditant ce manuel est de montrer ce que le ministère suédois des Affaires étrangères peut faire pour promouvoir l'égalité de genre dans la coopération internationale au développement, en termes à la fois normatifs et opérationnels ». Suivent ensuite les dispositifs particulièrement concernés par la mise en œuvre de l'approche genre « dans le budget, dans les instructions d'utilisation des crédits, dans les stratégies - pays, dans les travaux d'analyse et ceux des conseils d'administration… des agences des Nations unies, des banques de développement, de l'Union européenne et du Comité d'Aide au Développement ». Visant en premier lieu « les fonctionnaires de la diplomatie suédoise » travaillant sur les questions de développement, ce texte, contrairement aux instructions et aux lignes directrices que l'on trouve généralement dans les télégrammes diplomatiques qui n'ont pas vocation à être publicisés, se présente comme un outil de travail pour les agents du ministère où qu'ils se trouvent : au siège, dans les ambassades, aux Nations unies, à la Commission européenne, au sein des banques de développement et plus largement, des institutions financières internationales et à l'OCDE. Sous une forme très pédagogique, mais austère (même si elle reste assez généraliste et sans aucune infographie contrairement au document Sida de 2008), le document présente les enjeux concernés (genre et économie ; genre, démocratie et droits humains ; genre et participation démocratique ; genre, interventions humanitaires et

---

http:://www.ohrc.on.ca/fr/identit%C3 %A9-sexuelle-et-expression-de-l %E2 %80 %99identit %C3 %A9-sexuelle-brochure

résolution des conflits) et les modes d'interventions (intégration du genre et dialogue bilatéral ; intégration du genre dans les institutions multilatérales ; intégration du genre dans l'action diplomatique et l'harmonisation avec les interventions de Sida) systématiquement associés à un questionnement sous une forme double « Que peut faire le Ministère ? » et « Que peut faire la Suède ? »

La thématique genre, démocratie et droits humains est particulièrement représentative de cette approche pédagogique : en rappelant qu'*a priori* les droits humains s'appliquent aussi bien aux hommes qu'aux femmes, la présentation des enjeux insiste néanmoins sur le très grand nombre d'exemples de « violations des droits des femmes et des filles spécifiquement liées au genre » qui, pour la plupart, renvoient aux différences de sexe et de genre : foeticides des filles, mutilations sexuelles, mariages précoces et forcés, violences domestiques et négation des droits sexuels et reproductifs. Les options d'interventions présentées constituent la réponse à la question de ce que la Suède peut/doit faire en ce domaine. (a) Il s'agira en particulier de rappeler au plus haut niveau des organisations multilatérales que les discriminations de toutes natures en matière d'égalité de genre sont inacceptables, en particulier en ce qui concerne les violences de genre, les mutilations sexuelles, le mariage des enfants et les inégalités devant les systèmes de santé et d'éducation ; de convaincre les pays partenaires d'adhérer à la Convention sur l'élimination de toutes les formes de discrimination à l'égard des femmes (CEDEF), ou pour ceux qui ne l'auraient pas déjà fait, de lever les réserves[324] qu'ils y auraient apportées,

[324] De nombreux États ont émis des réserves à la Convention, sur la base d'une incompatibilité avec leurs traditions, religions ou cultures nationales, remettant ainsi en cause la possibilité pour les femmes de jouir des droits énoncés dans la Convention. Certaines réserves vont même à l'encontre du principe d'égalité entre hommes et femmes, alors qu'elles sont proscrites par l'article 28-2 de la Convention. En effet, de telles réserves vident complètement le sens de la Convention. Les articles 2, 9, 15 et 16 sont les plus contestés. L'article 2 engage en effet les États à adopter toutes les mesures appropriées pour *« modifier ou abroger toute loi, disposition réglementaire, coutume ou pratique qui constitue une discrimination à l'égard des femmes »*. Émettre des réserves sur cet article équivaut donc à remettre en cause le principe même de non-discrimination à l'égard des femmes. Les États sont également nombreux à avoir émis des réserves aux dispositions de l'article 9, relatif à la nationalité, selon lequel *« les États parties accordent aux femmes des droits égaux à ceux des hommes en ce qui concerne l'acquisition, le changement et la conservation de la nationalité »*. Certains États, parmi lesquels la Malaisie, considèrent cet article comme allant à l'encontre de la loi islamique et d'autres, comme l'Algérie ou le Maroc, estiment qu'il est en contradiction avec leur législation nationale. L'article 15, consacré à l'égalité entre hommes et femmes devant la loi, a également fait l'objet de diverses contestations, notamment au regard de son paragraphe 4, relatif aux mêmes droits reconnus aux hommes et aux femmes de circuler librement. Des États comme le Niger, n'acceptent les dispositions de cet article que si elles concernent les femmes célibataires. L'article 16 qui vise une égalité entre l'homme et la femme dans le cadre du mariage ou de l'ensemble des rapports familiaux (égalité des parents, liberté de décider conjointement de l'espacement des naissances, mêmes droits en matière de

comme l'exemple explicite des « assertions générales » *("sweeping statements")* en référence au Coran ou à la Charia ; (b) d'intervenir par des discours et des propositions de résolutions dans les enceintes internationales dédiées aux droits humains, afin de faire réviser/améliorer les textes existants et les mécanismes de suivi/redevabilité et proposer de nouveaux instruments juridiques en la matière ; (c) de soutenir les interventions de la Banque mondiale, en particulier le travail d'analyse sur les coûts économiques des violences faites aux femmes dans le cadre domestique ; (d) de produire des études sur la situation des droits humains dans les pays avec lesquels la Suède entretient des relations diplomatiques, et leur proposer une assistance pour « revisiter leur propre cadre juridique » afin de permettre aux femmes d'exercer leurs pleins droits au/sur le marché du travail, en matière d'héritage et de propriété, d'accès aux prêts bancaires ainsi qu'à la vie démocratique en général ; (e) de proposer un soutien à la « formation et à l'alphabétisation juridiques » *("legal literacy")* pour/*via* les organisations locales de la société civile.

Ces recommandations relatives aux interventions et aux processus intégrant l'approche genre sont rassemblées dans le tableau suivant :

Niveau bilatéral	**Niveau multilatéral**
Documenter la situation des droits des femmes et des hommes en matière économique, sociale et culturelle qui expliquent leur participation ou non dans les "lieux de prise de décisions".	Renforcer la position des femmes dans le processus de réforme des Nations unies et d'autres organisations multilatérales.
Indiquer, dans le cadre d'un accord de coopération, quels sont les secteurs à choisir pour leur plus grand impact en termes d'égalité de genre.	Rappeler sans cesse que la planification stratégique, la gestion des ressources humaines (recrutement et gestion des carrières), le développement des activités des organisations multilatérales, y compris les conseils d'administration et de gouvernance, doivent intégrer l'approche genre, et que la Suède demandera que les documents servant de base à toutes les décisions contiennent des statistiques/données désagrégées par sexe, et que les résultats des projets soient aussi analysés en termes d'égalité de genre.

propriété, âge minimal pour le mariage), est l'article le plus contesté de la Convention. En effet, plus de 50 % des États qui ont émis des réserves, en ont émis sur cet article.

S'assurer que Sida rend compte de l'intégration de l'égalité de genre dans les projets et les programmes des pays récipiendaires, et de son impact sur les femmes et les hommes des groupes cibles.	La Suède devra sélectionner un document d'orientation par banque de développement et mieux encore "*a couple of funds and programmes in the UN*" pour discuter dans les conseils d'administration de leur impact en termes de genre à la fois au niveau des régions et des thématiques d'interventions.
Contribuer aux forums multilatéraux de consultations/discussions/ préparation des stratégies pays en insistant ouvertement sur l'égalité de genre.	La Suède devrait choisir un pays récipiendaire et y analyser, du point de vue de l'égalité de genre, les synergies existantes ou non entre banques de développement, bailleurs bilatéraux et l'Union européenne.
S'assurer que Sida dans ses documents pays, recense et suit les engagements pris par le pays récipiendaire en matière d'égalité de genre avant et après la conférence de Pékin, et les plans d'actions nationaux mis en œuvre, ou non, depuis lors.	Prioriser les efforts de la Suède sur la situation des inégalités entre les femmes et les hommes dans le suivi des grandes conférences des années 1990 à l'Assemblée générale, au Conseil économique et social, et plus généralement, au sein des Commissions spécialisées des Nations unies.
Soutenir les partenariats entre chercheurs, ONG, autres bailleurs, parlementaires, journalistes afin de mettre les inégalités de genre à l'agenda et d'en faire un enjeu visible.	Demander « avec constance et au plus haut niveau », à ce que les organisations multilatérales produisent des rapports annuels d'évaluation sur le degré de réalisation opérationnelle, ou non, des plans d'actions en matière d'égalité de genre.

Le deuxième manuel, réalisé par Sida (2009), se présente sous une forme beaucoup plus longue que le précédent (78 pages au lieu de 34), ce qui semble normal, dans la mesure où c'est un manuel opérationnel à destination des « responsables de bureau/pays » de Sida. Structuré en trois chapitres, le document présente tout d'abord « le modèle d'intégration transversale des questions de genre pour Sida », puis une déclinaison de l'approche genre dans « les procédures d'instruction, de financement, de mise en œuvre, de gestion et d'évaluation des programmes de Sida », et enfin dresse une liste détaillée des « outils pratiques » pour couvrir tout le spectre des interventions de Sida. Le manuel, qu'il ne convient pas de détailler ici, mérite néanmoins d'être mentionné dans la mesure où il intègre les bonnes pratiques et les enseignements tirés de l'évaluation de 2009, ainsi que les « prescriptions » des documents d'orientation stratégiques.

- les documents d'évaluation

Dans les Termes de Références de l'évaluation que le gouvernement suédois commande à Sida (*Gender Equality in Swedish Development Cooperation. Sida Evaluation (2002-2008)*), il est spécifié que cette dernière doit présenter un bilan de l'intégration de l'égalité de genre dans l'aide publique au développement suédoise depuis 2002, en prenant en compte à la fois les diverses orientations politiques qui ont été données, les interventions programmatiques qui ont été mises en œuvre, à titre d'exemple, dans deux pays récipiendaires représentatifs (Kenya et Ethiopie), ainsi que les travaux de recherches qui ont été produits sur la période de référence. L'intérêt de cette évaluation réside dans deux points particuliers : d'une part, elle couvre une période qui, en fait, remonte au-delà de 2002 et permet ainsi d'effectuer une analyse dans une perspective longue sur cette thématique structurante[325] de l'aide publique au développement, et d'autre part, elle essaie de décrire avec objectivité tous les enjeux et toutes les difficultés liées à la mise en œuvre et à l'évaluation des interventions en matière d'égalité de genre. Ce document est d'autant plus significatif que le pays s'est toujours pensé et présenté comme un des champions les plus affirmés de l'égalité de genre.

Les constatations et les enseignements de l'évaluation font ressortir que l'intégration de l'analyse selon le genre est généralement présente, en particulier dans les phases d'instruction et de planification des programmes dans une approche mixte combinant dialogue politique, ciblage des bénéficiaires et transversalisation des actions. Cependant, elle n'apparaît pas déterminante dans le choix des interventions de Sida dans leur ensemble, et elle tend à se diluer au fil de la mise en œuvre des programmes, ainsi que dans leur évaluation.

Ce constat se double d'une analyse technique encore plus sévère sur l'absence de stratégies pays et d'indicateurs en matière d'égalité de genre qui empêche d'évaluer les résultats globaux, en particulier au regard des quatre axes thématiques présents dans le document budgétaire de 2007[326]. Le constat de départ semble sans appel : « En général, les objectifs et les indicateurs relatifs au genre sont faibles et inexistants et de ce fait, sont peu suivis et ne figurent pas dans les rapports. Ainsi, beaucoup des résultats relatifs à l'égalité de genre qui ont pu être identifiés l'ont été à un niveau anecdotique, et sont donc peu visibles. En conséquence, il n'a pas pu y avoir de retour sur expérience du point de vue institutionnel, ni de dissémination de savoirs pour démontrer l'impact de l'égalité de genre sur les résultats du développement ». De plus, si les projets intégrés sont les plus à même de traiter la complexité des enjeux liés à l'égalité de genre en prenant notamment en compte, à la fois, l'accès égal à la propriété de la terre, la

---

[325] Making a Difference, Gender Equality in Bilateral Development Cooperation, *Sida*, 1998. http:://www.sida.se/contentassets/a0360f72efdc4a3d85d3456fa042b556/making-a-difference--gender-equality-in-bilateral-development-cooperation_2732.pdf

[326] Rappel des axes thématiques : « autonomisation des femmes, sécurité des femmes dont les violences basées sur le genre, représentation politique des femmes, et les droits sexuels et reproductifs des femmes ».

réduction de la charge des travaux domestiques supportée par les femmes, l'accès au crédit, à l'éducation et à la formation professionnelle, ils ne suffisent pas à résoudre ces inégalités (voire, ils les renforcent par des effets négatifs), car en ne prenant majoritairement en compte que les revenus et l'employabilité des femmes, ils ne concourent pas à changer fondamentalement les relations de pouvoirs au sein des ménages et des communautés.

Enfin, si à travers les deux programmes d'interventions au Kenya et en Ethiopie analysés plus en détail, Sida promeut l'égalité de genre *via* l'aide sectorielle (par opposition à l'aide budgétaire globale qui ne permet pas une traçabilité des interventions genrées), l'aide décentralisée (plus près des besoins des bénéficiaires) et les fonds communs d'appui multi-bailleurs - suivant en cela les recommandations internationales pour une meilleure efficacité de l'aide[327]- , cet engagement est néanmoins fortement limité par des lacunes criantes : manque d'experts de haut niveau en genre à temps plein dans les pays récipiendaires, inexistence de formations spécialisées en plaidoyer et dialogue politique sur cette thématique, et enfin, absence de budgets flexibles dédiés à soutenir « une recherche fondée sur les preuves (*"evidence-based research")* pour appuyer le plaidoyer en faveur de l'égalité de genre ».

Ces constatations sont en effet surprenantes, compte-tenu de l'engagement historique fort de la Suède en faveur de l'égalité de genre dans sa production conceptuelle et normative, comme analysé précédemment. Elles soulignent, avec insistance, que malgré un plaidoyer constant et une contribution globale d'aide publique au développement très supérieure (en pourcentage) à celles des autres pays membres de l'OCDE, la problématique de l'opérationnalisation du référentiel d'égalité de genre (ressources

[327] Le processus qui, initié par la Déclaration de Paris (2005), et poursuivi par le Plan Action d'Accra (2008), a inscrit progressivement l'égalité de genre et les droits humains dans le domaine de l'efficacité de l'aide et de son impact sur le développement, avait pourtant mal commencé : totalement aveugle au genre (*gender blind*) dans sa phase initiale, le processus en faveur de l'efficacité de l'aide a, par la suite, reconnu que l'intégration du genre était une pierre angulaire du développement sans toutefois que, de la part des pays donateurs et des pays récipiendaires, cette dernière soit vraiment précisée, réellement priorisée, ni spécifiquement budgétisée et disposant de mécanismes de suivi.
http:://www.oecd.org/dac/effectiveness/parisdeclarationandaccraagendaforaction.htm
Il a fallu attendre le quatrième Forum de Haut Niveau sur l'efficacité de l'aide de Busan (2011), pour avoir confirmation de façon plus concrète que l'intégration du genre et l'autonomisation des femmes sont des prérequis à toute intervention en matière de développement, et pas uniquement en matière d'aide au développement. Malgré la participation (pour la première fois) des agences des Nations unies et de beaucoup d'ONG, c'est toutefois sous l'angle de la « croissance économique », et non dans la perspective des droits humains promue par la Suède, que le document de Busan situe la perspective genre. Section 20 du document final http:://www.oecd.org/dac/gender-development/49503142.pdf

humaines, formations et budgets) apparaît comme un défi majeur beaucoup plus grand que Sida n'avait pu l'imaginer[328]. De fait, que révèlent ces constatations, quelles conclusions et quels enseignements en tirer ? C'est l'objet de la plus grande partie de l'évaluation que de proposer une analyse des raisons qui ont conduit à ce constat.

- *Le premier enseignement est d'ordre analytique,* et tient dans le rappel que l'égalité de genre ne peut faire l'objet d'un simple rattrapage matériel et mécanique des inégalités qui touchent les femmes, mais que les efforts doivent porter sur ce qui structure ces inégalités, c'est-à-dire les représentations conscientes et inconscientes, les relations/rapports de pouvoirs, et que s'il est important d'intégrer les besoins pratiques des femmes dans les interventions programmatiques directement liées aux nécessités de la vie courante en matière de revenus, d'habitat, de nourriture, d'hygiène, de santé primaire, d'éducation de base, de garde des enfants, il est encore plus important, mais encore plus difficile, de cibler leurs intérêts stratégiques à long-terme (accès à toutes formes de ressources, gestion du patrimoine, participation aux décisions dans et au-delà de la sphère domestique), et tout ce que la réalisation de ces intérêts peut représenter en termes de bouleversements sociaux, politiques, économiques, mais aussi psychologiques et anthropologiques[329]. Comme les intérêts stratégiques des femmes sont au cœur même des relations de pouvoir, et qu'ils représentent les possibilités de changements dans les rôles attribués socialement aux individus, il n'est pas surprenant de voir, qu'au-delà des déclarations officielles et des engagements verbaux d'appropriation nationale de la part des autorités des pays récipiendaires, l'égalité de genre reste (au mieux!) une priorité de second ordre, et que pour être effective, ladite appropriation doit être largement initiée, relayée et mise en œuvre par les Organisations non gouvernementales, à commencer par les organisations de femmes.

Le deuxième enseignement est d'ordre méthodologique. S'il faut se féliciter de voir l'intégration de l'égalité de genre de plus en plus présente dans la définition, la formulation et la préparation/instruction des programmes, à travers l'analyse de genre, les besoins de formation, l'identification des besoins et des ressources locales, cette intégration est beaucoup moins présente dans le suivi, l'évaluation et les retours documentés d'expérience.

---

328 Comme l'évaluation souligne (p.16), « les évaluations conduites à propos des efforts de Sida sur la dernière décennie ont identifié des défaillances dans les processus organisationnels plus que dans les politiques elles-mêmes ».

329 Les besoins pratiques et les intérêts stratégiques sont complémentaires, et sont le plus souvent articulés dans les interventions en matière d'égalité de genre : les besoins pratiques ne sauraient représenter une fin en eux-mêmes, mais constituent un moyen essentiel pour faire évoluer le statut, le rôle, le poids et la représentativité des femmes et des filles dans toutes les composantes de la société.

Cela tient essentiellement à l'absence d'indicateurs qui mesurent les changements dans les relations de pouvoirs, et qui concernent les intérêts stratégiques des femmes (et des hommes) comme par exemple, la capacité de choisir un conjoint, la baisse des violences basées sur le genre et la division sexuelle/sexuée du travail. En effet, pour cette dernière, l'accent mis sur la charge de travail des femmes est un facteur d'une importance déterminante pour leur autonomisation : certes, en assumant de nouveaux défis et de nouveaux rôles dans la sphère productive et celle de la communauté (dans des charges électives par exemple), les femmes améliorent leur vie en termes de revenus, de visibilité et de socialisation, mais c'est le plus souvent en rajoutant ces nouvelles responsabilités à une charge de travail déjà lourde dans la sphère reproductive. De toute façon, comme le souligne l'évaluation, « une telle surcharge de travail sur le long terme n'est pas soutenable ».

Enfin, le troisième enseignement est d'ordre stratégique. Les deux conditions essentielles à la réussite de mise en œuvre de stratégies genre dans les pays récipiendaires doivent d'une part, reposer sur le changement d'attitude et de comportement des hommes et des garçons pour accompagner (ou à tout le moins ne pas empêcher) l'évolution des rapports de pouvoirs et l'autonomisation des femmes et des filles et d'autre part, s'inscrire, sur le long terme, dans une dynamique intergénérationnelle, de façon à ce que les charges de travail accrues des femmes n'aient pas pour conséquence de voir les filles quitter l'école pour compenser l'écart (*"work gap"*) ainsi créé. La participation des hommes à l'autonomisation des femmes, sorte d'angle mort des politiques publiques d'égalité de genre, se trouve particulièrement mise en lumière dans l'articulation avec les questions transversales de la sécurité personnelle et de la sexualité dont le dénominateur commun est la violence exercée, et/ou autorisée et justifiée, par les hommes sur le corps des femmes[330]. C'est parce que les hommes sont très massivement ceux qui perpétuent les violences de genre qu'ils doivent massivement et profondément devenir des vecteurs essentiels du changement.

Au-delà du constat et des enseignements, l'autre apport essentiel de l'évaluation réside dans les pistes de solutions en vue d'améliorer les programmes futurs et qui prennent la forme de sept recommandations très concrètes :

---

[330] *Gender Equality in Swedish Development Cooperation*, op.cit., : 22-23. « Sans surprise, il existe une forte corrélation entre les pratiques traditionnelles néfastes, telles que les mutilations génitales féminines, les mariages précoces (dès l'âge de 8/9 ans), et les violences faites aux femmes culturellement acceptées et la dépendance des femmes, le manque de confiance en soi, le niveau bas d'éducation, l'absence de responsabilité décisionnelle dans le ménage, à la fois dans le domaine sexuel et dans le domaine de la procréation ».

1. chaque programme dans les pays d'intervention de Sida devrait se voir doté d'un expert genre à temps plein, ainsi que d'une cartographie genrée[331] ;
2. chaque programme-pays devrait se doter d'une stratégie genre qui définisse clairement les résultats visés et les indicateurs de mesure et d'impact ;
3. les stratégies genre-pays devraient être élaborées en fonction des quatre priorités thématiques déjà évoquées ;
4. Sida devrait consacrer plus de ressources à bâtir un système de suivi axé sur l'apprentissage et les retours terrain en insistant tout particulièrement sur le formatage « d'indicateurs de résultats reflétant les changements de structures, d'attitudes, de comportements qui affectent les rapports socialement construits, et pas seulement des indicateurs de moyens/processus ou d'intrants » ;
5. Sida devrait dédier des ressources humaines et financières afin de renforcer des stratégies de mutualisation des interventions avec des bailleurs de fonds partageant un engagement similaire en matière d'égalité de genre ;
6. Sida devrait, de façon constante et systématique inclure dans sa stratégie genre, les hommes et les garçons comme agents du changement vers plus d'égalité, à la fois en accélérant les avancées, en limitant les résistances et les oppositions, et en identifiant, pour y répondre, « les inégalités de genre touchant les hommes » afin de limiter ressentiment, frein au changement, voire résurgence/accentuation des conflits et des violences.
7. Sida devrait développer des capacités d'apprentissage et de pédagogie différenciées et continues dans ses pratiques organisationnelles, « de façon à prendre en compte l'apprentissage comme moyen d'influer sur les politiques, l'apprentissage collectif avec les partenaires techniques, l'acquisition de connaissances sur les sociétés bénéficiaires de l'aide de Sida et enfin, l'acquisition par les agents de Sida d'un savoir tacite de façon continue ».

Cette évaluation est riche d'autres questionnements qui constituent pour les opérateurs de l'aide autant de mises en garde et/ou de distance à prendre vis-à-vis de certaines évidences telles que, par exemple, le rôle du marché systématiquement présenté comme positif dans l'autonomisation des femmes. L'évaluation met en avant le caractère ambivalent des forces du marché qui, certes peuvent permettre aux femmes de satisfaire un certain nombre de besoins, mais peuvent aussi entretenir et renforcer les inégalités originelles, et perpétuer ainsi l'impossible autonomisation des femmes : « les femmes peuvent avoir un meilleur accès à la terre, à l'emploi et au crédit,

[331] Comme le montre l'exemple du profil genre de la République Démocratique du Congo (Sida).
http:://www.sida.se/contentassets/92c4514728cd45caa56d4990bab44631/r233publique-d233mocratique-du-congo-rdc---profil-genre_329.pdf

mais dans des conditions dégradantes et d'exploitation tout en ne pouvant rien changer à leur statut de subordination dans le ménage »[332].

Il faut tout autant garder à l'esprit un certain nombre de recommandations pratiques qui renvoient aux contingences tactiques de la mise à l'agenda d'un référentiel normatif à commencer par l'importance des mesures d'incitations pour les agents afin d'entretenir leur motivation dans des environnements d'intervention qui ne sont pas, a priori très « conscientisés » sur l'égalité de genre : « D'une façon générale, ce qui semble manquer, ce sont des incitations pour les agents, du temps, ainsi que des ressources humaines pour l'opérationnalisation du suivi des résultats émergents et complexes en matière d'égalité de genre [...] Les points focaux genre qui ont été interrogés dans le cadre de cette évaluation ont mentionné qu'il était souvent difficile d'influencer leurs collègues de même niveau ». Il ne faut pas donner/renforcer le sentiment que l'intégration du genre est une approche uniquement à base d'expertise, une approche étrangère véhiculée par les bailleurs et donc extérieure à une culture donnée (ce qu'elle est pourtant dans l'écrasante majorité des cas) et qui plus est, se voit imposée par le haut. Il faut démontrer (ce qui n'est pas évident tant les activités et les résultats se situent dans des échelles de temps différentes) que les droits humains, et l'égalité de genre en particulier, ont un impact en termes de développement et de lutte contre la pauvreté et enfin, assurer la pérennité des résultats en matière d'égalité de genre, ce qui revient à :
(1) identifier, « faire émerger » et maintenir une masse critique de personnes dans les sphères politique (partis, administration centrale et décentralisée), économique (entreprises privées et publiques), syndicale, médiatique, associative, universitaire (recherche, action médicale), sportive et artistique ;
(2) soutenir les « modèles de références » (*"role models"*) pour les jeunes, afin de modifier leurs déterminants culturels et structurer des nouveaux espaces de socialisation, à travers les phénomènes d'identification ;
(3) donner la priorité à des programmes concrets sur le long terme pour les filles et les femmes au niveau communautaire : éducation et socialisation en milieu protégé comme les internats, formation professionnelle spécialisée, information et conseil en matière de planification familiale, forums de discussion féminins, associations de femmes, groupements féminins d'intérêts et d'accès au crédit, intégration des femmes dans les « tribunaux communautaires » et d'autres « instances locales sur financements décentralisés » ;
(4) créer les conditions de l'engagement à long terme (et au-delà du périmètre et de la temporalité de la seule aide internationale), qui dépendent de « l'influence croissante des femmes dans le processus décisionnel, ainsi que du degré de conviction des décideurs à propos de l'importance des

[332] *Gender Equality in Swedish Development Cooperation*, op.cit., : 22

messages démontrant que l'égalité de genre favorise le développement », ce qui n'est pas sans rappeler le modèle suédois et le rôle clé joué par les fémocrates dans l'appareil d'État, aussi bien au niveau central que dans les collectivités locales, la vie associative, partisane, syndicale et médiatique.

Ce parcours sur l'intégration du genre en mentionnant la communication au Parlement de 2011 qui, en plus des points évoqués dans les documents précédents soulève des questions fondamentales sur les limites de l'intégration du genre dans le dispositif suédois de l'aide au développement dont l'ambition transformative, et d'une certaine façon révolutionnaire, se heurte à des difficultés pratiques, tant au niveau des mécanismes institutionnels législatifs, gouvernementaux et bureaucratiques, que des mécanismes de gouvernance quant à la participation égale des femmes et des hommes à la vie publique. Au-delà de la dimension rhétorique qui est constante (et le document de communication avec photos 'positives' à l'appui, renforce ce côté « publicitaire »), ce qui ressort en fait c'est que les difficultés d'apprentissage de la perspective de genre par toutes les parties prenantes, y compris Sida, sont un symptôme de la résistance au changement du système patriarcal dans toutes ses composantes[333].

Ces trois premiers parcours ont mis en évidence les deux éléments principaux constitutifs d'une dynamique de construction normative (le référentiel) qui s'auto-légitime en permanence (la culture de l'évaluation).

---

[333] C'est d'ailleurs une constante de toutes les politiques publiques suédoises, comme le soulignent sans complaisance Sainsbury & Bergqvist, op.cit., : 131-132 : « Désormais inscrit dans le quotidien des services gouvernementaux, le *gender mainstreaming* est à la fois une réussite impressionnante et limitée. Elle est impressionnante, car elle concerne l'ensemble des ministères et le cabinet du Premier ministre, soit des effectifs de près de 5 000 personnes. Cependant, elle est limitée, car les sociaux-démocrates ont mis trois mandats (douze ans) à l'inscrire dans les faits, alors que la Suède offre des conditions particulièrement propices et que dès octobre 1994, le *gender mainstreaming* était présenté comme une stratégie majeure. Les administrations, tant nationales que régionales ou locales, en sont d'ailleurs encore aux balbutiements. Cette lenteur dans la mise en œuvre peut être attribuée à la tradition de la politique suédoise de procéder par étapes, mais aussi à la nécessité d'institutionnaliser un processus d'autant plus vulnérable qu'il dépend de l'engagement personnel. Une interprétation moins flatteuse met le doigt sur l'inertie et l'incapacité à dégager les crédits adéquats. Malgré le large consensus qui l'entoure, l'introduction du *gender mainstreaming* a été un processus lent et contesté [...] Ce processus d'insertion de la perspective de genre dans toutes les politiques inscrites au budget de l'État a, au contraire, permis de mieux prendre en compte l'importance relative des différentes politiques ciblées sur l'égalité des sexes. En outre, la stratégie de *mainstreaming* n'est pas limitée à l'égalité des sexes ; les principaux instruments de sa mise en œuvre ont pu être utilisés pour atteindre d'autres objectifs politiques, ce qui a augmenté l'importance accordée à la délimitation des priorités et à leur hiérarchisation [...] Il ne suffit malheureusement pas d'insérer une perspective d'égalité des sexes dans les politiques publiques pour que celle-ci devienne un objectif prioritaire ».

• *Le référentiel.* Depuis le milieu de la décennie quatre-vingt-dix s'est constitué un référentiel qui présente avec constance des valeurs fondamentales qui doivent être « déclarées », puis promues parce qu'elles sont d'évidence porteuses d'une éthique universelle pour la Suède. Dans les années récentes enfin, le recours de plus en plus fréquent aux images, aux photographies, aux récits de parcours de vie, et aux techniques de communication, vient sous-tendre, expliciter et renforcer ces valeurs et ces normes. C'est aussi avec constance que sont affirmés des principes d'interventions que sont le dialogue avec les décideurs politiques et le soutien aux forces de la société civile, démontrant ainsi que l'aide publique au développement est à la fois une pratique, une technique et une politique publique tout autant qu'un discours, un récit national ayant la même force structurante que le récit mythique à l'œuvre dans l'hymne suédois déjà évoqué en première partie. La vision du monde qui est portée par l'aide publique au développement n'est pas détachable de cette dimension fortement identitaire et sûre d'elle-même, des valeurs et des normes dont elle est issue, et qu'elle projette comme modèle universaliste au-delà des frontières du pays.

• *La culture suédoise de l'évaluation.* En plus d'être une simple technique, une étape d'analyse des résultats, un passage obligé dans le cycle d'un projet ou d'une politique, l'évaluation en Suède représente une dynamique profondément inséparable d'une culture du consensus, de la transparence, de l'anticipation et de la réactivité, de l'adhésion à une approche rationnelle et réformiste qui, on l'a déjà vu à travers la composition et le fonctionnement de commissions parlementaires, associe étroitement les politiques, les personnels généralistes (diplomates), les praticiens et les techniciens de l'administration (développeurs), les experts extérieurs (ONG) et les chercheurs. En ce sens, les évaluations ainsi que la publicité qui en est faite, contribuent à consolider le modèle éthico-économique, en comprendre et justifier le fondement et l'architecture et objectiver la logique « normative » de l'aide publique au développement pour la rendre à la fois accessible et souhaitable, voire « désirable » aux yeux des citoyens et alimenter ainsi le débat public ou plutôt l'approbation et le consentement du public.

Ainsi, dans le cycle de la politique publique d'APD, les évaluations sont tout autant le lieu de la définition et de la conception/production de normes et du renforcement de leur légitimité que de la mise en œuvre et de jugement/contrôle sur la conformité des interventions vis-à-vis de ces mêmes normes : à tel point que la revue documentaire qui ne permet pas réellement de déterminer si ce sont les orientations parlementaires et gouvernementales qui s'imposent à Sida ou l'inverse, incite à conclure qu'il s'agit en fait d'une fertilisation croisée qui, en termes de stratégie et de répartition de compétences « conceptuelles » a pu même prendre la forme de rivalités de prééminence dans le leadership, appelant une stabilisation de la division du travail entre les deux institutions, comme déjà évoqué.

Il est donc possible en déterminant les types d'évaluation mis en œuvre sur les thématiques de genre, de SDSR, de violences de genre, d'orientation sexuelle et d'identité de genre, de VIH-SIDA, de situer leur nature propre : par rapport aux critères techniques habituellement considérés de pertinence, d'efficacité, d'efficience (Jacob, 2014 : 259-260[334]) qui ne sont pas absents, les travaux d'évaluation analysés mettent très nettement en avant deux critères fondamentaux, celui des « prérequis » (*"points of departure"*) éthiques, philosophiques et juridiques, et celui des conditions de la pérennité/pérennisation des interventions, en particulier, la capacité des acteurs au développement à accroître leur légitimité et leur autonomisation tant du point de vue organisationnel que financier.

[334] Pour S. Jacob, la pertinence d'une politique publique est effective « si ses objectifs sont adaptés à la nature et à la distribution temporelle et socio-spatiale du problème qu'elle est censée prendre en charge », l'efficacité d'une politique « compare les effets de la politique et les objectifs visés » et l'efficience d'une politique « analyse le rapport entre les ressources investies et les effets de la politique », voire pourrions nous rajouter, les capacités administratives et de gestion des programmes et des interventions.

CHAPITRE 11

LE PARTENARIAT AVEC LES ORGANISATIONS NON GOUVERNEMENTALES

> 2004. Support for Civil Society - Possibilities and Pitfalls for Donor Agencies and Northern NGOs. Department for Cooperation with Non-Governmental Organisations and Humanitarian Assistance. Study. Sida[335]
> 2007. Sida's support to civil society in development cooperation (2007-2012). Department for Cooperation with Non-Governmental Organisations and Humanitarian Assistance & Conflict Management. Policy Info. Sida[336]
> 2009. Pluralism - New policy for Sweden's support to civil society in developing countries within Swedish development cooperation. Factsheet. Regeringskansliet[337]

À travers les quatre thématiques déjà évoquées, et en particulier l'égalité de genre et la santé et droits sexuels et reproductifs, l'aide publique au développement suédoise apparaît comme un instrument au service d'un objectif politique, celui de promouvoir des positions considérées comme progressistes, qui recouvrent la prise en compte et le respect des droits fondamentaux des personnes et des femmes en particulier.

Un des moyens de réalisation de cet objectif politique, au niveau des pays récipiendaires, passe par un soutien financier et programmatique et une collaboration forte avec les Organisations non gouvernementales (ONG) dans et de ces pays (réseaux et organisations de femmes, de jeunes, de lutte pour les droits individuels, civiques et sociaux). La Suède a fait ce choix

[335] http:://www.sida.se/English/publications/Publication_database/Publications-by-year/2004/maj/Support-for-Civil-Society---Possibilities-and-Pitfalls-for-Donor-Agencies-and-Northern-NGOs/

[336] http:://www.sida.se/contentassets/9579038448344325bf416694ea3c1fee/sidas-support-to-civil-society_1672.pdf

[337] http:://www.government.se/contentassets/f33ee470bb2849b29d374e1bd17125ac/pluralism---swedens-support-to-civil-society-in-developing-countries-within-swedish-development-cooperation

stratégique de diversifier les axes de ses relations avec les pays récipiendaires de son aide au lieu de privilégier massivement le niveau uniquement institutionnel du dialogue et des relations d'État à État, comme beaucoup d'autres agences de développement le font. Selon la *Peer Review Sweden* 2013 de l'OCDE, « la Suède a accru de façon significative son soutien institutionnel et son soutien programmatique aux ONG depuis la dernière Revue (2009) [...] En 2011, les contributions de la Suède vers et à travers les ONG, la plupart d'entre elles étant suédoises, ont totalisé 1.1 milliard de dollars US, soit 27 % de son aide bilatérale, un pourcentage des plus élevés au sein du CAD »[338].

L'analyse du rôle majeur occupé par les ONG dans le dispositif de l'aide publique au développement suédoise se fera selon trois axes : un rappel historique et une description de la situation présente, suivis d'un questionnement sur cette convergence d'intérêts entre l'État et les Organisations non gouvernementales.

LES « MOUVEMENTS POPULAIRES »

Avant même la période d'hégémonie de la social-démocratie, la modernité suédoise, en termes de structuration sociale et sociétale, s'est construite à partir de, et sur les mouvements populaires (Thörnberg, 1939 et Lundkvist, 1975)[339]. La vision systémique novatrice de la social-démocratie a été d'organiser ces mouvements foisonnants et divers et de les '*canaliser*' au sein du modèle suédois de « l'ingénierie sociale », et ainsi de renforcer sa légitimité et sa pérennité au pouvoir.

L'importance spécifique des mouvements de tempérance a montré que l'expression de la citoyenneté en Suède n'est pas de prime abord politique, comme elle a pu l'être en France par le biais des mobilisations séculières et partisanes dans la structuration de la vie démocratique, mais qu'elle s'est essentiellement manifestée par l'instauration de groupements divers très largement d'inspiration évangélique (Harry, 2011). C'est au milieu, et surtout à la fin du XIXe siècle, que la Suède a vu les mouvements populaires (ligues antialcooliques, mouvements de liberté religieuse autour des *"Free Churches"*, organisations féminines, coopératives paysannes et mouvement syndical ouvrier) s'imposer comme des facteurs structurants de la cohésion

[338] *Peer Review Sweden*, op.cit., : 58. À titre de comparaison, ce pourcentage pour la France oscille entre 1 % et 2 % ! Selon openaid (http:://www.openaid.se/aid/), le pourcentage est de 32 % pour la période 2012/2013.

[339] Voir aussi *Sweden's International Development Cooperation*. Yearbook 2000. Publication du ministère des Affaires étrangères, 171-173 et 196-201. www.government.se/content/1/c6/02/03/31/3b4f3aad.pdf

sociale, d'une part, en opposition à l'Église luthérienne nationale (et ce faisant en totale illégalité, Lindqvist, op.cit., : 596-598[340]), et d'autre part, en articulation constructive avec l'appareil d'État. Ces deux éléments, le poids du fait religieux et la spécificité d'une société civile qui ne vise pas à limiter les pouvoirs de l'État (conception libérale anglo-saxonne), mais plutôt à co-construire avec lui, les bases de la vie sociale, façonnent encore aujourd'hui de façon déterminante, l'organisation de l'aide publique au développement suédoise. En fait, il faut articuler l'existence du débat sur la société civile aux controverses contemporaines liées à l'interprétation du concept de « foyer du peuple » qui, selon des écoles historiographiques radicalement différentes serait, soit le fondement idéal (idéalisé ?) du déploiement le plus achevé de l'État-providence, soit l'expression d'une servitude volontaire des citoyens au profit d'un État tout puissant (Huntford, 1975). De fait, le débat tel qu'il est survenu en Suède, pays de référence historico-pratique de l'État-providence a été alimenté par les tenants de l'approche libérale anglo-saxonne de l'individu et du citoyen, ces derniers étant alors pensés comme la structure de base de la société que l'État viendrait menacer, et dont il viendrait limiter les libertés fondamentales. En Suède, la société civile était perçue comme le lieu des intérêts et des aspirations des citoyens, et l'État se posait au contraire comme porteur, représentant et garant, de l'intérêt de tous dans une perspective universaliste et égalitaire. Le concept de société civile et le rôle que les associations, Organisations non gouvernementales (réseaux et mouvements sociaux non traditionnels, fondations privées, mouvements transnationaux) doivent tenir ont donné lieu à des débats, des discours et des publications particulièrement nourris (Trägårdh, 2007 ; Orjuela, 2005). Quels en étaient les termes précisément ?

En fait, après des décennies de domination de l'espace institutionnel et sociétal, l'État social-démocrate, dans les années 1990, est confronté à deux sortes de questionnements opposés, qui seront activement portés en Suède, par le monde des affaires et le parti conservateur d'une part, et par la gauche du parti social-démocrate de l'autre[341]. Dans la ligne du mouvement de

---

340 Extrait : « Jusqu'en 1680, il n'était pas possible de quitter l'Église nationale même pour les personnes qui désiraient rejoindre une autre obédience chrétienne. Pendant la première moitié du XIXe siècle, tous les autres rassemblements religieux furent interdits ; la loi stipulait qu'à part les services religieux dans l'Église seule et unique, uniquement de simples prières étaient permises dans le cadre domestique. La loi avait été mise en place afin de marquer un coup d'arrêt au développement des premières congrégations de l'Église libre, des Piétistes et des Frères Moraves, qui s'étaient largement répandus au XVIIIe siècle. L'apostasie était considérée par l'Église nationale comme une menace pour le pays tout entier et jusqu'au milieu du XIXe siècle, cela pouvait être puni d'exil. La liberté de religion, c'est-à-dire le droit de n'appartenir à aucune obédience et le droit de choisir quelque obédience que ce soit n'a pas été garanti aux suédois avant 1951 ».

341 Ce sont ces deux écoles de pensées qui se retrouvaient objectivement associées aux côtés des mouvements civiques cherchant à s'affranchir de la tutelle soviétique et des partis

critique très actif dans le monde anglo-saxon, des *'think tank'* suédois néolibéraux et sociaux-conservateurs (*Eudoxa, Timbro Institute, the Center for Business and Political Studies*) questionnent la pertinence et l'efficacité de l'État-providence. Les tenants de cette conception mettaient l'accent sur les menaces/lourdeurs que l'État fait peser sur les libertés individuelles, la famille, les Églises, la communauté de proximité, ainsi que sur les initiatives privées dont la limitation entrave la croissance et la prospérité économiques. L'approche critique de gauche, quant à elle, remettait en cause la mise en œuvre centralisée et bureaucratique au niveau politique et économique d'un programme visant le plein emploi et la redistribution, au nom d'une conception de la démocratie qui valorisait au contraire l'apport des organisations locales de taille moyenne (associatives, coopératives, syndicales), plus représentatives des aspirations de la société, en particulier des femmes et de la jeunesse[342]. Pour cette frange de la gauche, les citoyens sont progressivement devenus les « clients » d'un système étatique et se sont peu à peu « dépossédés » (*"disempower"*) de leur capital social, de leur droit d'initiative, d'intervention et de décision autonome. Enfin, le monde de la recherche a aussi largement intégré comme légitime une réflexion sur et une intégration de la société civile dans l'espace politique (Trägärdh, op.cit.,: 21-25). La convergence de ces courants très différents a néanmoins débouché sur la formulation d'une définition de la société civile par Sida comme « un espace, distinct de l'État, du marché, des particuliers et des ménages, dans lequel les individus s'organisent et agissent ensemble afin de promouvoir leurs intérêts communs. Sida collabore, entre autres organisations, avec des mouvements populaires, des groupes sociaux, des mouvements de femmes, des mouvements écologistes, des associations religieuses, des coopératives, des comités de quartier et des syndicats »[343].

Cette définition n'épuise pas les débats théoriques relatifs à la société civile, ni sur sa nature, son périmètre et ses acteurs, ni sur son intégration/opposition à la sphère étatique et/ou au marché[344]. Toutefois, elle renvoie à la question fondamentale d'identifier quels sont les types d'organisations et d'institutions (ainsi que leur mission et leurs axes d'intervention) que Sida a décidé de soutenir et partant, d'en déduire la conception de la société civile portée par la Suède. Il n'est pas inutile pour

---

communistes en Europe centrale et orientale, et qui voyaient dans la société civile et ses composantes un moyen de ranimer des sociétés atones du point de vue démocratique.

[342] Dont le SSU (*Sveriges Socialdemokratiska Ungdomsförbund)*, regroupant la composante jeune du Parti social-démocrate.

[343] *Sida's support to civil society in development cooperation*. 2007, 4.

[344] *Support for Civil Society* http:://www.sida.se/globalassets/publications/import/pdf/en/support-for-civil-society---possibilities-and-pitfalls-for-donor-agencies-and-northern-ngos_1717.pdf : 4-15.

commencer de rappeler le cadre de l'agenda politique, *via* une analyse des textes fondamentaux de Sida (2007) et du Gouvernement (2009).

L'objectif est clairement explicité, affirmant « qu'une société civile dynamique et plurielle dans les pays en développement, qui s'inscrit dans une perspective de droits, contribue effectivement à réduire la pauvreté dans toutes ses dimensions ». Réapparaît ici le présupposé de base déjà repéré dans les textes précédents, à savoir que la lutte contre la pauvreté est largement conditionnée par un environnement démocratique supposant et favorisant le respect des droits humains, environnement dans lequel les acteurs de la société civile en tant que voix collectives (*"collective voices"*) et prestataires de services (*"organisers of services"*) ont leur pleine part, dès lors que leur représentativité et leur légitimité sont effectives et que leur indépendance, en particulier financière, est avérée. Ces capacités à exprimer des aspirations collectives et à fournir des services seront d'autant plus solides qu'elles seront bien organisées et structurées dans un environnement qui lui-même leur sera plus favorable : il s'agira pour l'aide suédoise de soutenir ces initiatives de telle sorte que les acteurs de la société civile agissent en tant qu'agitateurs d'idées, observateurs indépendants du pouvoir, contrepoids de l'État et forces de démocratisation (« agissent comme promoteurs d'idées, veilleurs et contrepoids par rapport aux puissants et agents de démocratisation vis-à-vis de l'État »).

Cette conception de la société civile ainsi énoncée opte résolument pour une combinaison entre l'approche libérale et une approche plus « républicaine ». Selon Richard Youngs dans un rapport de prospective pour EBA - Expert Group for Aid Studies[345]-, « sans entrer dans un débat académique théorique, il existe une importante ligne de séparation conceptuelle [...] Les analystes ont traditionnellement adopté une de ces deux approches. L'une renvoie au concept libéral de société civile qui contrôle l'État et le gouvernement (conception associée au nom de John Locke), l'autre au concept plus républicain de société civile comprise comme une sphère où se construisent les identités sociales, et comme courroie de transmission entre la sphère privée et l'État [...] La définition libérale de la société civile pousse les bailleurs à soutenir les nouveaux mouvements qui se mobilisent contre l'État. Le concept plus républicain entraînerait les bailleurs à se concentrer sur comment la société civile peut

[345] Très représentatif de ces groupements/comités, véritables fabriques à consensus, EBA est composé de cinq chercheurs et experts en économie internationale, santé publique, consultants et évaluateurs ; de trois fonctionnaires (Banque centrale de Suède, ministère des Affaires étrangères, Sida) ; et de deux représentants d'ONG ayant des accords cadre avec Sida.

participer à l'amélioration de la qualité et de la légitimité des institutions étatiques »[346].

Les orientations à la fois stratégiques et opérationnelles traduisent ces deux dimensions, comme on peut le voir dans le tableau ci-après :

Orientations stratégiques et opérationnelles (stratégie 2009)	**Approche libérale** La société civile comme contre pouvoir Lieu d'expression et d'apprentissage de la citoyenneté	**Approche républicaine** La société civile comme partie prenante du développement qui produit du capital social Lieu d'expression des solidarités en réponse aux inégalités sociales causées par le marché et l'intervention minimale de l'État
Lutte contre la pauvreté. La base de départ de la Suède est de soutenir les Organisations de la société civile qui contribuent à la lutte contre la pauvreté et qui travaillent à sauvegarder les intérêts des pauvres, femmes, hommes, enfants et jeunes.		X
Un environnement favorable. La Suède entend travailler, en particulier dans sa coopération inter étatique, et dans son dialogue avec les pays partenaires, au renforcement des cadres institutionnels, légaux, politiques et administratifs qui permettent à la société civile d'exister, d'être indépendante, de mener ses activités et d'avoir un impact réel.	X	
Participation politique. La participation de la société civile aux processus politiques est cruciale. Dans son dialogue avec les pays partenaires, la Suède travaillera à appuyer les acteurs de la société civile dans leurs rapports avec les		

346 http:://eba.se/en/rethinking-civil-society-and-support-for-democracy/ : 14-15

décideurs politiques de tous niveaux en termes de participation, de transparence et de redevabilité.	X	
La perspective des droits. La perspective des droits s'appliquera. La perspective pro-pauvres est une autre base pour le développement.	X (droits civils et politiques)	X (droits sociaux des pauvres)
Le renforcement des capacités de la société civile sera une priorité, par le développement des compétences pour identifier et résoudre les enjeux organisationnels et sociétaux.		X
Les groupes discriminés. Priorité sera donnée aux groupes qui sont discriminés sur la base de leur origine ethnique, de leur religion, ou toute autre croyance, handicap, âge, genre, orientation sexuelle ou identité/expression transgenre. La capacité des jeunes à s'organiser et leur potentiel à contribuer au changement doivent être mis en valeur.		X
Démocratisation. Une interaction réelle entre les Organisations de la société civile d'un côté, le Parlement et les partis politiques de l'autre, est cruciale. Dans les États autoritaires, un soutien à la société civile doit être mis à la disposition des organisations et des mouvements dans un but affiché d'objectifs et d'ambitions politiques en faveur de la démocratie.	X (2)	X (1)
Croissance. Le soutien de la Suède à la société civile a pour but de renforcer la confiance et la croissance. La Suède soutiendra la contribution de la société civile pour créer les conditions de la croissance économique… y compris la préservation de la règle de droit et d'égalité devant la loi, ainsi qu'une presse libre et la liberté d'expression.	X	

Le *"policy-mix"* des deux approches, libérale et républicaine, qui se manifeste dans la formulation de l'APD suédoise et du rôle dévolu aux ONG et à la société civile, est là encore tout à fait remarquable et porte/signifie la marque de ce bloc référentiel, déjà identifié et discuté, homogène et cohérent commun à toutes les sensibilités de l'échiquier politique.

Une fois ces principes rappelés, ce sont les modalités de soutien et d'interventions présentées dans les deux documents qui vont permettre de cerner encore plus précisément le choix en faveur des ONG comme « opératrices » de l'aide. Afin de s'assurer que les conditions de légalité, de représentativité, de légitimité, d'indépendance et de soutenabilité financières sont effectivement prises en considération, a été mis en place, au tout début des années 1980, un mécanisme spécifique : le système des accords cadres pluriannuels entre l'Agence suédoise pour le développement international et les Organisations non gouvernementales dites *"framework organisations"* (Onsander, 2007 et Billing, 2011). Ce système a été réaménagé en 1995, afin de prendre en compte plus d'une centaine d'ONG (150 actuellement) qui n'avaient pas trouvé leur place dans le système mis en place initialement, et qui se sont regroupées dans une plateforme appelée Forum Syd qui, de fait, est le plus gros récipiendaire des contributions Sida (voir tableau ci-après). En ligne avec les priorités affichées par le gouvernement, ces accords insistent depuis leur origine sur le renforcement des capacités organisationnelles des ONG partenaires dans les pays récipiendaires et le soutien à l'émergence et au développement des sociétés civiles locales. Ces organisations « conventionnées », et celles qu'elles chapeautent, contribuent elles-mêmes au co-financement des programmes mis en œuvre à hauteur de 10 % depuis 2005 (20 % antérieurement), si le projet financé par Sida est à leur initiative[347]. Dans le cas où le projet est à l'initiative de Sida, et que les organisations en sont les opératrices, aucun co-financement n'est requis.

Les accords cadres pluriannuels passés par Sida avec des Organisations non gouvernementales, mais aussi avec des fédérations d'organisations (*"umbrella organisations"*), ne sont pas uniquement de simples accords de financements de programmes mis en œuvre par ces organisations et leurs partenaires dans les pays récipiendaires, ils comprennent aussi des engagements de redevabilité assez précis de ces dernières vis-à-vis de Sida. Ces accords prévoient la production de rapports annuels qui servent de base à des échanges non seulement sur le suivi des opérations, mais aussi sur de possibles infléchissements et réorientations des interventions dans une optique participative de *"program learning"*[348].

[347] En comparaison, le niveau de cofinancement requis par l'Agence française de développement pour des interventions (terrain et intérêt général) mis en place par les ONG est de 50 %, et de 40 % pour des interventions dans le cadre d'une convention programme. http:://www.afd.fr/home/AFD/nospartenaires/ONG. Ce mécanisme explique en partie pourquoi la France est un des tous derniers pays européens dans le classement relatif à l'APD transitant par les ONG.

[348] Comme le montre l'évaluation intitulée *Mid-term Reviews of Sida's Support to Civil Society in Cambodia through Forum Syd and Diakonia 2007–2009.*

Le but de ce système depuis son instauration est de décentraliser l'administration et la gestion du portefeuille de Sida passant par les ONG, en se concentrant sur un nombre limité de récipiendaires (17 en 2014) à qui reviennent la responsabilité de traiter les demandes de financement en amont, et de rendre compte du suivi opérationnel et financier des ONG en aval. Grâce à cette externalisation et à la mise en place d'un système régulier d'audits et d'évaluation des organisations contractantes, Sida est en capacité d'alimenter une base de données statistiques qui permet d'informer non seulement le bailleur en dernière instance (le parlement), mais aussi de remplir son devoir en termes de transparence et de redevabilité globale vis-à-vis du grand public, des citoyens, et accessoirement des chercheurs[349]. D'autres arguments en termes de rationalité de gestion ont aussi été mis en avant pour justifier ces accords-cadres pluriannuels : d'une part, les regroupements d'ONG par thématiques d'interventions (gouvernance démocratique, droits humains, éducation, santé, aide humanitaire d'urgence, environnement, conflits/paix/sécurité, infrastructures) et par affinités politiques, idéologiques ou religieuses (organisations syndicales, Églises, groupements coopératifs), leur permet de mutualiser leurs aspirations et leurs compétences, de mieux redistribuer les financements reçus et de mieux coordonner leurs interventions et d'autre part, les groupements ainsi invités à se structurer, peuvent devenir des partenaires plus cohérents et plus efficaces dans leur dialogue avec Sida sur les politiques et les approches à mettre en œuvre.

Quels sont les principes et quels sont les critères de sélection des ONG pour les accords cadres pluriannuels ? S'inscrivant dans la définition formelle de l'aide publique au développement des documents produits par le gouvernement (projets de loi, communications écrites, publications officielles, brochures d'information) et le parlement (rapports parlementaires, travaux préparatoires et compte rendus de commissions),

---

http:://www.sida.se/contentassets/cb755374fdb4419495424d6841e4d01f/mid-term-reviews-of-sidas-support-to-civil-society-in-cambodia-through-forum-syd-and-diakonia-2007-2009_1775.pdf

349 http:://cso.sida.se/Home/About. « Cette base de données contient des informations sur les activités (projets/programmes) mises en œuvre par des Organisations suédoises de la Société Civile- OSC (ONG) avec le soutien de Sida dans le cadre de sa stratégie de soutien à la Société Civile 2010-2014, et de sa stratégie pour les activités d'information et de communication dans la société civile 2010-2014. Le soutien est conditionné au principe qu'au moins 10 % du budget total des projets sont apportés en co-financement par les ONG. Les budgets figurant dans la base de données ne prennent pas en considération les co-financements. Les activités sont conduites majoritairement par des organisations locales dans plus de 100 pays [...] Sida a conclu des accords avec un nombre d'organisations dans le cadre d'accords pluriannuels, actuellement au nombre de 17, qui contribuent directement par leurs rapports (quatre par an) à alimenter la base de données. Des financements sont attribués aussi à des organisations internationales, cependant, ils ne figurent pas dans la base de données ».

Sida a produit des guides de financements qui sont régulièrement amendés, et qui s'adressent aux ONG suédoises, aussi bien pour leurs projets dans les pays en développement que pour leurs activités d'information et d'éducation au développement en Suède même.

Les principes que les ONG candidates doivent suivre, et les critères qu'elles doivent remplir sont présentés ci-après de façon synthétique.

Les principes
- les ONG demandeuses doivent être des organisations indépendantes avec des instances de gouvernance propre, et qui cherchent à développer des synergies avec d'autres acteurs du développement, en particulier *via* la constitution de partenariats à long terme ;
- le soutien financier aux ONG est conditionné à leur forte implication dans la promotion de la démocratie et du pluralisme et leur capacité à démontrer une forte articulation entre interventions locales et impact global ;
- la transparence et l'objectivité des informations produites par les ONG sont fortement valorisées, ainsi que les exemples concrets et l'analyse approfondie des problèmes et des enjeux visés.

Les critères
- une expertise avérée et reconnue dans le domaine du développement, aussi bien la connaissance des enjeux que de la coopération au développement, et ce, depuis au minimum deux ans ;
- une expertise dans le domaine de la transmission des savoirs et des apprentissages ;
- une compétence en communication, en Suède et dans les pays récipiendaires ;
- une expertise en mobilisation des ressources politiques (plaidoyer) et financières (levée de fonds) ;
- un expertise en pilotage et suivi de projet (opérationnel et financier) ;
- enfin, l'importance de la légitimité qui doit s'appuyer sur une structure de gouvernance démocratique très similaire au régime français des associations loi 1901 à but non lucratif ou coopératif : nombre significatif de membres, existence de statuts, d'un conseil d'administration, tenue d'assemblées générales régulières[350].

---

[350] Criteria for the selection of frame organisations. *The Department for Cooperation with Non-Governmental Organisations and Humanitarian Assistance. Published by Sida 2003.* http:://www.sida.se/contentassets/8acba99ea90640589a132dc8a003249d/criteria-for-the-selection-of-frame-organisations_1722.pdf
Alors que l'importance des Organisations de la société civile avait conduit à les associer à l'action en faveur du développement des pays pauvres, cela ne s'était pas fait au terme d'une profonde analyse ni d'établissement de critères clairs et transparents, mais plutôt sur des habitudes fortement ancrées dans l'environnement social-démocrate. L'officialisation des

C'est à partir de 2006 que les fondations ont été intégrées dans les critères d'éligibilité, sous certaines conditions toutefois : démontrer un engagement pour, et à travers, des valeurs démocratiques, ainsi qu'une ouverture sur le grand public ; justifier en quoi le statut de fondation correspond mieux à la réalisation des objectifs que ne pourrait le faire une association. Cette question de la légitimité et de la représentativité démocratiques a été au cœur d'un débat très intense à la fin des années 2000. Ce débat opposait d'une part, les tenants d'un modèle « historique » (celui des mouvements populaires dans la constitution du modèle sociétal suédois à partir de la fin du XIXe siècle), basé sur le partenariat avec des ONG pouvant démontrer une base large d'adhérents (*"membership organisations"*), et d'autre part, les partisans d'un système plus ouvert à des fondations et à des ONG qui, malgré la base restreinte de leurs fondateurs ou de leurs adhérents, peuvent proposer et mettre en œuvre des projets de développement innovants et dynamiques. Cette évolution vers l'intégration d'organisations nouvelles est le signe que les débats sur l'ampleur des réformes « libérales » depuis l'arrivée au pouvoir des coalitions conservatrices et de centre-droit, ont aussi concerné la politique d'aide au développement, le type d'acteurs impliqués, ainsi que son modèle économique et de subventions. Treize organisations sur les quinze (dix-sept en 2014) ayant un accord cadre avec Sida ont reçu des financements sur les thématiques « santé, démocratie, gouvernance, droits humains, égalité de genre, aide humanitaire » pour mettre en œuvre une part de l'aide suédoise en partenariat avec les Organisations non gouvernementales des pays récipiendaires de l'aide représentant plus de 114 millions d'euros[351]. Pour quatorze d'entre elles, ces financements constituent plus de la moitié de la

critères correspondait en fait à deux objectifs bien précis : éviter l'arbitraire dans le choix des récipiendaires, et le risque d'ignorer des nouveaux acteurs pouvant contribuer à une meilleure mise en œuvre de l'APD, mais tout en voulant garder le principe d'accords sur le long terme pour assurer la stabilité à cette politique. Trois types d'accords furent instaurés : avec des organisations qui redistribuent les fonds reçus à d'autres organisations ; les organisations qui conduisent leurs propres activités ; et les organisations qui mettent en place des programmes de, ou en étroite coopération avec Sida. La coalition conservatrice et de centre-droit, à partir de 2006, fera de cette question des critères un sujet majeur de sa réforme de l'APD, à côté des enjeux de meilleure efficacité et redevabilité et d'intégration du secteur privé et des fondations (au fondement et au fonctionnement démocratiques discutés) dans l'architecture de l'aide. Cela restera un sujet de tension jusqu'aux élections de 2014 même si, comme le rappelle l'OCDE (*Peer Review* 2013 : 13), « l'ambitieux agenda de la réforme de la coopération au développement est mis en œuvre dans le cadre d'un engagement politique multipartis de rester aux avant-postes d'une approche cohérente du développement se concentrant sur les besoins, les priorités et les droits des personnes vivant dans la pauvreté ».

[351] La typologie de ces ONG actrices de la coopération au développement international est large : syndicats, partis politiques, associations professionnelles, groupements d'intérêts publics, coopératives, associations religieuses, associations de consommateurs, associations de femmes, de jeunes, réseaux/groupements de personnes en situation de handicap ou subissant toute forme de stigmatisation et de discrimination sociale, ethnique ou sexuelle.

totalité des financements reçus avec une moyenne de 70 % (voir tableau suivant).

Tableau des financements des ONG suédoises ayant un accord cadre/ une convention avec SIDA en 2012[352]

Engagements réalisés	Santé	Démocratie gouvernance droits humains, égalité de genre	*Total couronnes suédoises (Kr)* *(Total en €)* Taux de change 1 € /0,116 Kr	*% des montants reçus de Sida*
Forum Syd	713 000	164 469 601	165 182 601 (*19 161 182*)	84,39 %
Save the Children	-	126 032 908	126 032 908 (*14 619 817*)	74,02 %
Diakonia	-	119 005 270	119 005 270 (*13 804 611*)	99,33 %
Swedish Mission Council	3 398 662	103 459 119 (dont aide humanitaire)	106 857 781 (*12 395 503*)	92,52 %
Church of Sweden	4 645 000	98 744 266	103 389 266 (*11 993 155*)	80,36 %
LO-TCO Secretariat of International Trade Unions	2 146 204	94 268 188	96 414 392 (*11 184 069*)	91,70 %
Plan International Sweden	12 204 837	51 884 504	64 089 341 (*7 434 364*)	87,29 %
We Effect - Swedish Cooperative Centre	2 378 064	53 223 168	55 611 232 (*6 450 903*)	36,48 %
PMU Inter Life	5 800 374	32 563 138	38 363 512 (*4 450 167*)	54,04 %
Olof Palme International Centre	190 368	30 428 084	30 618 452 (*3 551 740*)	54,44 %
MyRight - SHIA	74 608	26 991 711	27 066 319 (*3 139 693*)	98,83 %

[352] Traitement de consolidation à partir de la base de donnée. http:://www.sida.se/ngodatabase

AGS - Africa (en suédois)	8 012 252	18 273 817	26 286 069 (*3 049 184*)	73,54 %
RFSU	24 754 502	-	24 754 502 (*2 871 522*)	100 %
World Wildlife Fund	-	-	-	0 %
Swedish Society for Nature Conservation	-	-	-	0 %
			983 671 645 (*114 105 911*)	70,13 %

Il est possible de regrouper les ONG conventionnées en quatre grands pôles :

Les ONG confessionnelles

La grande majorité des ONG suédoises se sont imposées historiquement en lien avec le fait religieux (et non pas en opposition avec lui comme beaucoup d'associations dites « laïques » en France), c'est-à-dire avec le confessionnalisme des premières organisations sociales et caritatives. La proportion importante d'ONG confessionnelles démontre la continuité historique et le rôle structurant du protestantisme, représenté par une grande pluralité de courants[353]. Très tôt, les courants évangéliques ont intimement associé engagement associatif (en Suède même) et missionnaire (dans le monde)[354]. Cette dimension s'est traduite, au-delà du prosélytisme religieux, dans l'exportation d'un activisme constant dans les domaines de l'alphabétisation, de l'aide sanitaire et humanitaire, du soutien juridique aux plus vulnérables, qui avait fait ses preuves en Suède[355]. Ayant assis leur légitimité sur la représentation de l'intérêt général, ces ONG confessionnelles ont pris une place majeure dans les circuits de financement

[353] Pour avoir une connaissance plus fine de l'apparition et du développement des différentes Églises ou obédiences protestantes aux XVIIIe et XIXe siècles qui constituent encore le tissu diversifié du protestantisme suédois, cf. Trottet, 1857 : 644-666.

[354] Une évocation des formes de cet engagement missionnaire, vécues de l'intérieur (Suède), et en Afrique (Zambie), est particulièrement présente dans le roman *L'œil du léopard* d'Henning Mankell (1990, traduction française en 2012. Seuil).

[355] Loin d'être une démarche unifiée, l'engagement missionnaire a historiquement été divisé entre ceux qui pensaient qu'il fallait d'abord évangéliser les personnes, alors que pour d'autres, « la tâche civilisatrice devait précéder l'édification spirituelle » (Bosch, 1995 : 399 et suivantes.). Cette tension, du fait que la Suède n'a pas eu de colonie de peuplement à grande échelle, a ouvert la voie à la prééminence, au sein des ONG, du paradigme « civilisateur » et assistanciel qui, en évoluant, est devenu aujourd'hui internationaliste et participatif.

de l'APD, ce qui constitue une singularité notable au sein des principaux pays-bailleurs.

Diakonia (1966). L'ex-Swedish Free Church Aid fédère 1600 paroisses et 350 000 membres au sein des Églises libres telles que l'Église Méthodiste Unifiée, l'Union Baptiste de Suède, l'Armée du Salut, the Mission Covenant Church of Sweden, the Swedish Alliance Mission, the Interact Christian Cooperation. Diakonia est au cœur d'un réseau soutenant plus de 400 Églises et associations confessionnelles dans plus de 40 pays en Afrique, en Asie et en Amérique latine. Les priorités thématiques d'interventions sont la construction démocratique et le respect des droits humains, l'égalité femmes-hommes, la paix et la résolution des conflits, la justice sociale. http://www.diakonia.se/en/Info/Francaise/

The Swedish Mission Council (1912) est une organisation œcuménique qui fédère et finance une cinquantaine d'associations de missionnaires et de divers groupes religieux dans 50 pays. Les priorités thématiques d'interventions sont l'éducation, les soins de santé, la gouvernance démocratique. http://www.missioncouncil.se/

The Church of Sweden est la plus grande Église luthérienne de Suède dont les activités de développement sont assurées et coordonnées par la Church of Sweden Mission (2 200 paroisses et plus de 7 millions de membres). Les financements reçus du gouvernement servent aux actions bilatérales d'Églises et d'organisations en Afrique, en Asie, en Amérique latine et au Moyen-Orient. Les priorités thématiques d'interventions sont l'aide humanitaire post-catastrophes et l'aide aux réfugiés, mais aussi le développement social et sanitaire, l'égalité de genre et les droits humains dont la SDSR. Dans un texte de positionnement de 2014, Church of Sweden expose ses conceptions en matière de sexualité, de santé sexuelle, de droits sexuels et reproductifs[356]. Elles articulent (a) les préceptes d'une « théologie contextuelle » posant la nécessité d'une dialectique entre les principes dogmatiques et l'évolution de la vie réelle des gens, (b) la cohérence d'un continuum théologique entre le dogme de l'incarnation et la pleine reconnaissance de la réalité corporelle « à l'encontre de la tendance qui consiste à se focaliser sur les idéaux d'ordre spirituel et à nier le corps », et (c) la prise en compte des réalités objectives « de la sexualité humaine, de la reproduction et des relations de pouvoir ». Outre son caractère théologique, ce texte assume totalement le discours sur les droits humains (en particulier les droits sexuels et reproductifs) et l'égalité de genre. Il justifie de ce fait, la légitimité des acteurs religieux à être « des agents effectifs du changement en prenant en compte les vulnérabilités dans leur contexte » et à participer à

[356] *Position on Sexual and Reproductive Health and Rights* (SRHR)

la réalisation d'un « développement juste, inclusif et durable ». Les moyens d'actions sont la promotion de l'accès universel à l'éducation complète à la sexualité et aux services/soins de santé, l'engagement à conduire un dialogue respectueux autour des approches religieuses et culturelles de la sexualité et de la santé sexuelle et reproductive « dans le but d'encourager une appréhension positive de la sexualité et un engagement commun à respecter, protéger et permettre l'exercice des droits sexuels et reproductifs pour tous/toutes », le refus de normes et de pratiques culturelles et religieuses « qui sont dangereuses pour l'intégrité corporelle des personnes », et enfin, la reconnaissance des liens de causalités croisées entre « pouvoir, sexualité et reproduction » qui affectent en particulier « ceux/celles dans les situations les plus vulnérables » : les femmes, les filles, les femmes enceintes, les pauvres, les personnes souffrant de handicap, les analphabètes, les migrants(es), les personnes au cœur de crises humanitaires et les lesbiennes, les gays, les bisexuels, les personnes transgenres et les intersexes. Ce texte, que ne désavouerait pas de grandes organisations militantes dans le domaine des droits sexuels et reproductifs représente dans sa singulière radicalité à la fois le degré très avancé d'une trajectoire théologique initiée par le luthéranisme, et l'apport d'une anthropologie et d'une histoire spécifiques à un pays donné, la Suède[357].
http://www.svenskakyrkan.se/english

PMU Interlife (1965), organisation fédérant plus de 420 paroisses pentecôtistes, est présente dans plus de 40 pays. Ses thématiques d'interventions sont le renforcement des capacités en gestion, éducation, développement rural, et soins de santé. http://www.pmu.se/

En 2012, le total cumulé des dotations conventionnelles provenant de Sida sur ces quatre organisations s'élevait à plus de 42 millions d'euros, soit plus du tiers (37 %) du total des dotations budgétaires conventionnelles de Sida sur les quatre thématiques de notre étude.

Les ONG idéologiques, politiques et laïques

Ces organisations, qui renvoient explicitement à la composante idéologique (syndicale, politique, coopérative) fortement liée à l'essor de la social-démocratie, sont représentatives d'engagements sociétaux précis dans le domaine du développement et des droits humains, de l'environnement, des personnes handicapées, du développement coopératif rural, et d'accès à la terre ou de la santé et des droits sexuels et reproductifs.

[357] En particulier IPPF dans son document de positionnement "*Sexual Rights : an IPPF Declaration*". 2008. http:://www.ippf.org/resource/Sexual-Rights-IPPF-declaration

LO-TCO, Secretariat of International Trade Union Development Cooperation (1976). Le Secrétariat pour la coopération du développement syndical international LO-TCO comprend deux organisations, la Confédération générale du travail de Suède (LO) et la Confédération générale des cadres, fonctionnaires et employés (TCO) qui, à elles deux, comptent plus de 3 millions de membres. La mission du secrétariat est de promouvoir le renforcement, l'indépendance et le fonctionnement démocratiques des organisations syndicales en Afrique, en Asie, en Europe orientale, en Asie centrale et en Amérique latine. En 2013, plus de 122 projets dans 80 pays ont été mis en œuvre dans les principaux champs suivants : formation et éducation à l'activité syndicale, aux droits sociaux, à la législation sociale et au droit du travail, aux impacts sociaux de la mondialisation[358]. http://www.uniontounion.org/en/about

Olof Palme International Centre (1992) a été créé à l'initiative de l'Union suédoise des coopératives et du parti social-démocrate, l'organisation regroupe une trentaine de mouvements syndicaux qui souhaitent intervenir au plan international *via* des projets en coopération au développement sur les thèmes suivants : engagement démocratique, éducation populaire pour les adultes, égalité femmes - hommes, santé et droits sexuels, droits civils, politiques et syndicaux, développement et renforcement des capacités organisationnelles, développement coopératif, résolution des conflits, paix et sécurité. http://www.palmecenter.se/en/

Swedish Society for Nature Conservation (1909). Avec plus de 200 000 membres, l'organisation soutient plus de 50 organisations dans 20 pays en Afrique, Asie, Amérique latine et Europe orientale sur les thématiques de changement climatique, surpêche, déforestation et pollutions chimiques.

We Effect, ex-Swedish Cooperative Centre (1958). Réunissant 60 organisations membres réparties dans 30 pays en Afrique, Asie, Amérique latine et Europe méridionale et orientale (ex-Yougoslavie), We Effect vise à la transformation sociale, au renforcement des droits et la réduction des inégalités dans les secteurs suivants : développement rural, logement, égalité femmes - hommes, accès à la terre. http://www.weeffect.org/

MyRight - SHIA - Solidarity, Human Rights, Inclusion and Accessibility (1982) regroupe des organisations qui luttent pour les droits des personnes vivant avec un handicap principalement dans les pays en développement et en Europe orientale par l'amélioration de leurs conditions de vie d'une part, et les campagnes d'information et d'éducation à destination du grand public,

---

358 http:://www.lotcobistand.org/nos-activites-et-nos-reseaux

d'autre part. En 2013, MyRight a mis en œuvre des programmes en Bolivie, Bosnie-Herzégovine, Népal, Nicaragua, Rwanda, Sri Lanka et Tanzanie. http://myright.se/

RFSU[359] **- Swedish Association for Sexuality Education** (1933) est une organisation dont les activités en Suède sont l'éducation sexuelle en milieu scolaire et le plaidoyer politique en faveur de la santé et des droits sexuels et reproductifs (SDSR). À l'international, RFSU a mis en place 24 partenariats dans plus de 15 pays, Inde, Bangladesh, Cambodge, Ouganda, Kenya, Zambie, Afrique du Sud, plus la Géorgie, les pays Baltes et la Russie, pour y mener ses projets de promotion des programmes en SDSR. Sida en s'engageant dans un partenariat avec l'organisation RFSU a tracé le chemin pour une prise en compte de la nécessité de l'éducation à la sexualité pour les adolescentes (particulièrement exposées à la pandémie du VIH-SIDA en Afrique de l'Est), et a contribué plus globalement, à faire intégrer des modules d'éducation à la sexualité (et plus largement des normes genrées qui sous tendent les pratiques sexuelles) dans les curriculum scolaires et dans les programmes de terrain à destination des jeunes[360]/[361].
http://www.rfsu.se/en/Engelska/

Les « branches » suédoises d'ONG internationales en faveur de l'enfance

Save the Children Sweden (1919). Fédération nationale de 280 associations regroupant plus de 80 000 membres. S'inscrivant dans le cadre juridique international de la Convention internationale des droits de l'enfant (1989), Save the Children Sweden a mis en place des projets dans plus de 100 pays sur tous les continents, y compris en Europe centrale et orientale.
http://www.raddabarnen.se/

---

[359] http:://www.rfsu.se/en/Engelska/About-rfsu/Our-History/ *« 'Je rêve du jour où chaque nouveau-né sera pleinement désiré, où les hommes et les femmes seront égaux, et où la sexualité sera synonyme d'intimité, de joie et de tendresse'*. Ces mots sont ceux d'Elise Ottesen–Jensen, qui a créé Riksförbundet för Sexuell Upplysning (the Swedish Association for Sexuality Education) – RFSU en 1933. Le droit à l'avortement et à la contraception, à l'éducation sexuelle dans le cadre scolaire et la décriminalisation de l'homosexualité étaient les principaux défis qu'Ottar et ses collègues ont portés. Afin d'assurer le financement de ces enjeux controversés, elles commencèrent à vendre des préservatifs– ce qui est toujours le cas aujourd'hui, depuis plus de 75 ans. Initialement, RFSU qui a conduit des campagnes en faveur de l'éducation, de la justice et du changement a fait face à de fortes oppositions, mais peu à peu des changements majeurs, même au niveau législatif se sont produits ».
Voir http:://www.rfsu.se/en/Engelska/International-Programmes/Financiers/

[360] *International Technical Guidance on Sexuality Education.*UNESCO http:://www.unesco.org/new/fr/hiv-and-aids/our-priorities-in-hiv/sexuality-education/international-technical-guidance-on-sexuality-education/

[361]http:://www.sida.se/contentassets/a40da6a556c24e6f827a4be6c1f47af3/rights-and-responsibilities-the-environment-of-young-people8217s-sexual-and-reproductive-health_2944.pdf

Plan International Sweden (1997) intervient en Asie du Sud et de l'Est (Pakistan, Chine), Amérique latine (Guatemala, Colombie) et Afrique de l'Est (Ouganda, Zambie) en faveur des droits éducatifs, culturels, sanitaires (enfants vivant avec le VIH) et la promotion des droits à la protection sociale et judiciaire et la participation des enfants dans les processus démocratiques des pays en développement. https://www.plansverige.org/

Les ONG regroupées dans la plateforme « alternative » ***Forum Syd*** *(1995)*

Regroupant au départ 158 organisations qui refusaient de s'agréger aux deux types de regroupements précédents (confessionnels et/ou militants), Forum Syd a pris la forme d'une plateforme apolitique et areligieuse qui promeut les droits humains comme base du développement[362]. En 2012, Forum Syd intègre et finance plus de deux cents organisations, dont beaucoup ne remplissent pas exactement tous les critères d'éligibilité, et qui de ce fait, ne peuvent pas signer une convention cadre directement avec Sida mais qui, par leur technicité ou leur spécificité, contribuent à la mise en œuvre de la stratégie de Sida.

Avec plus de 19 millions d'euros en 2012, Forum Syd a reçu le financement le plus important attribué à une fédération d'organisations par Sida. *http://www.forumsyd.org/InternationalStart/*

Les ONG historico-géographiques

AGS - Africa Groups of Sweden (1980/1992). Alors qu'il a reçu peu de financements par rapport aux ONG/plateformes d'ONG précédentes (3.24 millions d'euros), le groupement AGS, qui concentre ses activités sur l'Afrique du Sud, l'Angola, le Mozambique, la Namibie et le Zimbabwe, reste représentatif de l'engagement historique que des organisations suédoises (mais aussi le gouvernement) ont pris dans la lutte internationale contre le régime de l'apartheid, et une fois celui-ci aboli, dans la contribution des ONG au renforcement des processus de gouvernance démocratique dans la sous-région touchants au respect des droits civils et politiques et la constitution/structuration de la société civile[363]. Ces organisations ont fusionné en 1992 avec une autre organisation (ARO - Africa Recruit Organisation), qui leur a fait bénéficier de l'accord cadre pluriannuel qu'elle avait avec Sida depuis 1980. Renvoyant à une période historique bien

---

[362] « Pour Forum Syd, c'est uniquement lorsque les droits des personnes sont reconnus qu'un développement durable et de long terme peut avoir lieu ».

[363] Pour en savoir plus : http:://www.sida.se/contentassets/b7f202e8824e4873805f6560b3f9b1e2/200859-sidas-support-to-the-africa-groups-of-swedens-development-cooperation_1898.pdf

définie, ces ONG ont été de fait les opérateurs du gouvernement, voire les instruments du gouvernement dans les pays d'intervention lorsque les relations diplomatiques n'existaient pas. De ce point de vue, l'histoire des relations entre Sida et l'organisation AGS reste représentative de la forme que la Suède a donnée à son engagement contre le régime de l'apartheid *via* des organisations suédoises. http://afrikagrupperna.se/

Parmi les quinze organisations ayant des conventions cadres avec Sida, et qui reçoivent des financements importants, sept montrent un niveau élevé de dépendance à l'État[364]. Ceci s'explique (et peut aussi poser question) par une proximité idéologique avec l'appareil d'État social-démocrate et les structures de la nébuleuse du parti (LO-TCO, Olof Palme International Centre, We Effect et AGS Africa) d'une part, et par un souci de reconnaître et de soutenir les courants '*libres*' et les expressions diverses du protestantisme (Diakonia et PMU Interlife), d'autre part.

Contribution de Sida au budget de sept ONG

LO-TCO	98 % (2012)
Forum Syd	95 % (2012)
Olof Palme International Centre	94 % (2012)
Diakona	92 % (2012)
AGS Africa group of Sweden	84 % (2011)
We Effect	80 % (2012)
PMU InterLife	57 % (2011)

Quelques exceptions notables : avec seulement 23 %, *Church of Sweden* (Église « officielle » jusqu'en 2000) est riche des contributions volontaires des fidèles, ce qui est moins le cas pour les autres ONG « confessionnelles », plus petites et plus diversifiées. Les branches suédoises d'ONG internationales (*Save the Children*, *Plan International Sweden*) bénéficient des synergies, des économies d'échelles et d'autres apports de financement des fédérations internationales auxquelles elles sont affiliées. Enfin RFSU, dont seule la branche internationale a contractualisé avec Sida : l'organisation dans son ensemble étant par ailleurs financée par les activités lucratives du groupe, en particulier la production et la vente de préservatifs

[364] Calculs effectués à partir des rapports annuels d'activité (2011/2012) disponibles sur les sites internet des organisations.

(couvrant 75 % des besoins des pays nordiques, Suède, Norvège, Danemark et Finlande) ainsi qu'une gamme variée d'accessoires érotiques[365] !

LA CONVERGENCE DES INTÉRÊTS ÉTAT/SOCIÉTÉ CIVILE

La question est alors de déterminer si cette dépendance financière signifie une soumission et un manque d'autonomie décisionnelle et programmatique vis-à-vis de l'État. En réalité, les termes de la relation ne sont pas de cet ordre et reflètent plutôt le consensualisme qui marque la société suédoise elle-même, consensualisme qui se caractérise par une dynamique d'interdépendance *via* l'accès aux réseaux et aux partenaires des uns et des autres, une inspiration réciproque *via* le partage d'informations, de résultats de recherches, d'études de capitalisation et d'évaluation des programmes et finalement un intérêt mutuel bien compris des acteurs : les ONG reçoivent des financements afin d'opérationnaliser une politique publique qu'elles ont très largement influencée, et Sida joue un rôle de régulateur qui garantit que certaines options « politiques » (aide humanitaire et aux réfugiés, soutien au développement du secteur privé) ou thématiques, comme l'égalité femmes-hommes et la santé et les droits sexuels et reproductifs, figurent en bonne place dans la mise en œuvre de l'aide publique au développement. L'implication/intégration des ONG dans cette politique publique spécifique montre la 'perméabilité' de l'État suédois qui, en institutionnalisant à un niveau peu atteint ailleurs, la participation active de la société civile, en convoquant l'expertise privée, délègue en fait une partie de son pouvoir décisionnel et rend du coup délicate l'analyse de ce qui en termes d'impact de cette politique publique, peut être respectivement attribué à l'État et/ou à la société civile, ou encore ce que peuvent être leurs contributions respectives au succès (ou aux échecs) de cette politique.

L'analyse de cette convergence d'intérêts se fera à partir des questions suivantes : qu'est-ce qui explique que l'on passe d'une aide étatique directe (jusqu'à la fin des années 1980) à une aide passant de plus en plus par le canal des ONG, à la fois plus tôt et plus massivement qu'ailleurs, pour atteindre autour de 30 % en 2012 ? Quelles sont les motivations/raisons d'associer les ONG au processus politique régalien de l'État, de leur donner cette fonction à la fois d'opérateurs et de « co-gestionnaires » collectifs de la politique publique d'aide au développement et quels sont les intérêts mutuels du gouvernement et des ONG à travailler de concert? Ce sont en fait deux logiques, la logique institutionnelle de l'État et la logique de positionnement des ONG, qui expliquent cette convergence d'intérêts. Le changement du

[365] http://www.adeevee.com/aimages/201001/01/rfsu-sex-toys-lust-products-design-73105-adeevee.jpg

dispositif et des modalités d'intervention de l'APD s'explique très largement par le changement de référentiel (Hall, 1993 : 275-298)[366]. Comme nous l'avons déjà démontré, la première phase de l'aide publique au développement suédoise était dominée par la « coalition de l'ingénierie sociale » ayant orienté l'action publique sur la promotion des politiques de population, *via* la maîtrise de la fécondité qui faisait la part belle aux techniques et ne cultivait pas (c'est un euphémisme dans le cas de l'Inde et du Bangladesh) les approches participatives constituant un des modes d'interventions du monde associatif. Le tournant que constitue le cycle des grandes conférences onusiennes de 1993 à 1995 a donné l'occasion à une autre forme de coalition de voir le jour, celle des droits humains. Les ONG (organisations féministes en particulier) qui avaient largement participé, en Suède et sur la scène internationale, à l'émergence et à l'imposition de ce nouveau référentiel ont été logiquement et légitimement associées à sa mise en œuvre et ce, jusqu'à ce jour. Le poids du changement du référentiel est objectivement le facteur déterminant, et a du même coup, évacué l'argument avancé par les libéraux, qui voyait dans l'influence croissante des ONG, la limite bienvenue aux pouvoirs exorbitants de l'État, puisque précisément cette influence croissante et cette symbiose « administrative » avec l'État ont contribué à le renforcer.

Le besoin d'efficacité et de rationalisation du fonctionnement de l'appareil d'État est le deuxième élément d'explication qui peut être mis en avant et ce, afin de pallier aux défaillances et aux insuffisances (en nombre et en expertise) de ses fonctionnaires et de ses agents. On peut en effet lire sur le site de Sida que « le manque de ressources administratives dans les bureaux locaux de Sida est une des principales raisons pour la sélection d'OSC de bonne réputation, qui peuvent gérer une grande quantité de ressources. Des financements en-dessous de 10 millions de couronnes apparaissent comme trop petits pour être gérés par les unités du siège de Sida et par les ambassades. Les demandes croissantes de contrôle, de systèmes et de procédures professionnelles et de réalisation des résultats prévus combinées avec les attentes relatives à la coordination des bailleurs, à l'appropriation et au renforcement des capacités locales rendent l'équation

[366] Dans cette approche, désormais classique en sociologie de l'action publique, Peter Hall indique trois modalités du changement : les changement de buts, d'instruments, de pratiques. Ces modalités peuvent agir chronologiquement ou non, séparément ou non, indépendamment ou non les unes des autres. Dans le cas de l'APD suédoise, nous formulons la conclusion que les trois modalités du changement ont toutes opéré et ce, de façon quasi-simultanée : le changement de paradigme de l'action publique extérieure passant de la planification familiale comme approche démographique à la SDSR à une approche de droits humains (but), impliquant une redéfinition de la mission et du rôle de Sida comme l'un des dispositifs clé de cette politique (instruments), ainsi que le redéploiement et la valorisation des moyens d'interventions des ONG (pratiques).

délicate ». Il ne faut pas sous-estimer le fait, qu'au-delà de ces principes généraux et dans une optique plus terre-à-terre, le transfert de la gestion d'une partie de l'APD génère, au niveau budgétaire, des économies d'échelles en termes de coûts à court terme, mais aussi à long terme - couverture des retraites actuelles et futures des fonctionnaires - et ce, à engagements constants, puisqu'on ne touche pas à l'engagement de consacrer 1 % du revenu national brut à l'aide publique au développement.

Les ONG, qui sont un des prolongements contemporains des « mouvements populaires », perpétuent cette fonction de colonne vertébrale de la vie sociale et politique suédoise (elles en sont des fondamentaux structurants) tout en remplissant un but de politique étrangère, celui de promouvoir un modèle global de développement (qui a fait ses preuves), et dans lequel le couple État/société civile est essentiel. C'est en plus un bon retour sur investissement, dans la mesure où les expériences des ONG suédoises, les partenariats développés, les résultats atteints, sont largement publicisés et contribuent ainsi à alimenter l'intérêt et le soutien des citoyens en faveur de la politique d'aide au développement. Cette dimension de l'éducation au développement (*"development awareness"*) mérite une analyse tant elle fait corps avec l'APD en la présupposant, l'explicitant et la justifiant. Dans le droit fil de l'édiction onusienne de la norme-cible (consacrer 0,7 % du Revenu National Brut à l'APD), il y a eu de la part des agences de développement dans les pays nordiques un mouvement affirmé de promotion de l'aide au développement auprès des citoyens. En 1979, cette éducation au développement, que la littérature spécialisée a même appelé *"aid propaganda"*, pouvait être intégrée dans le décompte de l'APD, mais sur une ligne séparée des financements programmables par pays où figurent les ressources allouées dans le pays lui-même. Dans le cas de la Suède, on n'avait même pas attendu : May-Britt Öhman (Öhman, 2010 : 122-142) démontre comment, à partir des discours et des images, deux campagnes de communication, en 1955 et en 1961, ont été conçues et mises en œuvre afin de convaincre les Suédois/ses d'adhérer aux levées de fonds publics en faveur de la politique d'aide, tout en les confortant dans leur identité. Nous retiendrons particulièrement ses points de conclusion : « les idées et l'iconographie, comme provenant d'une bibliothèque coloniale (...) faisaient l'objet de campagnes de promotion financées par des fonds publics. L'intention était d'éduquer les Suédois, de tous âges, à partir de l'école primaire, à comprendre ce qu'était la Suède et ce qu'étaient les pauvres dans les pays sous-développés, selon une vision dichotomique et hiérarchique. D'un côté, ceux qui aident, les riches, les actifs, les modernes, représentés dans des secteurs technologiques masculins et de l'autre, ceux qui sont aidés, les pauvres, les passifs, les primitifs, représentés en images par des enfants et des femmes à la peau sombre. Considérée dans une perspective postcoloniale, la toute première origine de l'APD suédoise était d'éduquer massivement les Suédois à un dispositif mental colonial qui, en même temps effaçait activement le passé colonial (et le présent) de la Suède. Dès les années 1950, et au début des années 1960, les Suédois devaient apprendre à croire que la Suède était une nation moderne et prospère, sans passé colonial ni culpabilité, et avec l'obligation de tendre la main aux nations pauvres du monde, d'offrir l'aide des Suédois, *via* les sociétés commerciales suédoises, la technologie et le savoir-faire de la Suède ». Mêlant cohérence éthique de l'action à entreprendre sur fonds de références coloniales et aspects émotionnels à travers des posters « édifiants », ce récit initial de la politique d'aide au développement a évolué passant d'une forme de sensibilisation individuelle compassionnelle et moralisatrice demandant « aux bailleurs, aux riches, aux actifs, aux modernes » d'aider « les récipiendaires, les pauvres, les passifs, les primitifs » (représentés par des femmes) à un discours plus conceptuel très argumenté et documenté (objet de nos analyses précédentes), visant à générer et entretenir un soutien collectif à des normes de comportement et d'interventions publiques radicalement inversées, et très largement centrées sur le statut des femmes et leurs droits en particulier en matière de SDSR.

Des mécanismes spécifiques ont été peu à peu instaurés pour permettre à ces discours d'atteindre le grand public. C'est en moyenne 10 % du montant des allocations/financements de Sida des programmes des ONG de développement qui doivent être consacrés à des programmes d'information du grand public en Suède. Initialement, (et c'est toujours le cas pour la plupart d'entre elles), les ONG utilisaient une partie des dotations reçues de Sida pour animer des campagnes d'information et susciter le débat autour du développement et de l'aide au développement et ce, *via* des revues périodiques, des magasines, des séminaires, des expositions et des groupes ou des cercles d'études, y compris ouverts à des larges publics. À cela, se sont ajoutés des financements séparés et spécifiquement dédiés à l'éducation au développement. Ainsi en 2012, dans ce dispositif complémentaire, quatre des plus importantes ONG conventionnées, Forum Syd, Save the Children Sweden, Church of Sweden et Swedish Mission Council ont-elles reçu près de six millions d'euros.

Dans un document de l'OCDE (2003), *"Public Opinion and the Fight Against Poverty"*, on peut lire : « Parmi les membres du CAD, la Suède est le plus gros contributeur par tête pour l'éducation au développement (1999). Contrairement à bien des membres du CAD, Sida ne recherche pas la légitimité et ne se justifie pas. Cependant, compte-tenu de son fort intérêt pour l'éducation au développement et l'effort financier qu'elle fait pour forger des comportements et financer des activités d'éducation au développement, la Suède a eu à songer à se rendre plus redevable pour ces efforts en ce domaine [...]. Sida et les ONG sont concernées et travaillent de concert sur l'éducation au développement en Suède. Si l'on peut considérer cette situation comme positive, il n'en reste pas moins que l'égalité dans leur relation n'est pas très claire dans la mesure où Sida finance de manière significative le travail des ONG »[367]. De plus entre 1993 et 1999, il y a eu « une augmentation substantielle, presqu'un doublement des dépenses » en matière d'information et d'éducation au développement, la répartition de cette augmentation profitant aux ONG (« cependant la part la plus importante concerne les ONG, reflétant en cela les liens étroits entre elles et Sida »). Si, en l'absence des termes détaillés de l'étude de référence, il n'est pas possible de produire un tableau comparatif dans le temps, néanmoins, on peut remarquer que le gouvernement suédois a poursuivi cette politique avec constance comme le montre le tableau ci-dessous à propos des campagnes d'information sur les OMD dans les pays de l'Union européenne[368].

Figure 1. **Awareness of the MDGs**
Top Ten EU Member States (2004 & 2007)

Source: OECD Development Centre based on Special Eurobarometer 280 (2007) and 222 (2005), European Commission, Brussels.

12

Le texte poursuit et souligne une fois encore le remarquable engagement de la Suède : « Entre 2004 et 2006, la part de l'APD allouée à la communication et à l'éducation a augmenté approximativement de 60 millions d'euros. De plus, il y a eu une très large couverture médiatique par des célébrités conscientes de leur image qui, seules ou dans le cadre de campagnes internationales menées par des ONG, demandent des changements de la part des bailleurs dans leurs politiques d'aide en faveur de l'Afrique. Cela met les projecteurs sur les décideurs politiques et leurs administrations et les met au défi d'être plus efficaces encore dans leur

---

[367]http:://www.oecd-ilibrary.org/fr/development/public-opinion-and-the-fight-against-poverty_9789264199996-en : 206.

[368] Policy Brief n°35. *Building Public Awareness of Development: Communicators, Educators and Evaluation* by Annette Scheunpflug and Ida McDonnell. 2008. http:://www.oecd.org/dev/41043735.pdf

communication ». Depuis une vingtaine d'années, les politistes de l'université d'Uppsala ont alimenté les décideurs politiques et les responsables d'ONG de leurs études et de leurs réflexions. Ces travaux largement publicisés par des séminaires et des cycles de conférences médiatisés et publiés ont très largement contribué à la mobilisation politique et sociétale en faveur de la place des ONG dans le processus du développement[369].

Les ONG elles-mêmes, ont connu une évolution de leur positionnement passant du *concept d'intervention directe* dans l'esprit « missionnaire » initial (quelle qu'en soit la motivation : charité, efficacité ou urgence humanitaire) visant à conduire des activités de terrain pour les plus pauvres, les plus démunis, les plus exposés aux conséquences du non développement, vers le *concept de partenariat* entre ONG suédoises et ONG locales dans les pays récipiendaires de l'aide, afin de coopérer ensemble selon deux principes structurants : d'une part, s'aligner sur des besoins exprimés par les partenaires (eux-mêmes censés relayer les aspirations des populations locales) tout en appuyant le renforcement de leurs capacités organisationnelles, financières, gestionnaires et opérationnelles, d'autre part. En s'affirmant ainsi comme des agents du développement par le soutien apporté au renforcement des sociétés civiles au Sud, les ONG suédoises et leurs partenaires locales se sont senties en ligne avec la vision du développement constamment rappelée par les gouvernements successifs depuis 1994, vision sous-tendue par le parallélisme récurrent qui est fait entre la situation de la Suède au tournant du XIXe et du XXe siècles (pays pauvre à crises agricoles récurrentes et terre d'émigration massive entre la fin des années 1860 et les années 1890, puis jusqu'en 1914), et la situation des pays du sud. Le gouvernement suédois reconnaît le rôle déterminant que les ONG ont joué, et continuent de jouer, dans l'élaboration de l'agenda et les processus du développement, à la fois par leurs interventions de terrain, et « en termes de formation et de sensibilisation de l'opinion publique », en particulier pour ce qui concerne les droits humains, la vie et le pluralisme démocratiques[370]. En outre, par leurs actions, les ONG contribuent à la formation d'un « capital social » qui enrichit la vie des individus et encourage leur participation citoyenne.

---

[369] Exemples récents dans http:://www.csduppsala.uu.se/forum/civsoc/
Power to the People? (Con-) Tested Civil Society in Search of Democracy (2010). Global Civil Society: Shifting Powers in a Shifting World (2012). Faith in Civil Society: Religious Actors as Drivers of Change (2013). Claiming the City: Civil Society Mobilisation by the Urban Poor (2014).
[370] Shared Responsibility. op.cit., : 75

Il est donc considéré de l'intérêt même du gouvernement de soutenir les ONG dans la mesure où elles sont des partenaires incontournables (et reconnues comme telles dans les financements et les subventions qui leur sont accordées), non seulement dans la mise en œuvre de la politique d'aide au développement, mais dans sa définition et sa formulation. Cette symbiose entre l'État et les ONG est donnée à voir de façon révélatrice dans le parcours professionnel de madame Åsa Regnér, ministre de l'Enfance, des Personnes âgées et de l'Égalité de Genre, au sein du gouvernement social-démocrate dirigé par Stefan Löfven depuis décembre 2014. Elle a été secrétaire générale de l'ONG RFSU (2007 à 2012) après une carrière d'experte en genre au sein des ministères de l'Emploi, de l'Intérieur et de la Justice.

Au-delà du risque souvent évoqué parce que réel (en Suède ou ailleurs) de l'instrumentalisation des ONG par la puissance étatique par l'instauration d'une dépendance financière, c'est en fait un phénomène plus complexe qui est à l'œuvre, et qui existait déjà dès la fin du XIXe siècle. La « capillarisation » de l'État par la société civile est un des fondements même de l'État suédois qui se nourrit de la représentativité et de la légitimité des ONG, autant qu'il les renforce par la reconnaissance et les financements qu'il leur accorde. Cette imbrication repose en fait sur la valorisation des deux fondements de la démocratie : d'une part, la représentation politique qui garantit l'existence et le fonctionnement/la bonne gouvernance de l'État et d'autre part, la participation/mobilisation des individus et la constitution de capital social par des canaux, modalités et registres différents.

Depuis le milieu des années 1990, la doctrine suédoise en matière d'APD, ainsi que ses modes d'interventions et ses réalisations, ont dessiné un profil particulier de pays-bailleur au sein du Comité d'aide au développement de l'OCDE : la Suède est un des tous premiers bailleurs à avoir atteint, puis dépassé, l'engagement de consacrer plus de 0,7 % de son revenu national brut à l'aide au développement ; son agence de développement, Sida, consacre plus du tiers de ses engagements à la santé et aux droits sexuels et reproductifs, la démocratie, les droits humains et l'égalité de genre, et plus du tiers de ces mêmes engagements se font, *via* et pour, les Organisations non gouvernementales en Suède et dans le monde. Sur ces deux points (thématiques prioritaires et modalités d'engagement), la Suède est le bailleur le plus engagé de tous les pays membres du CAD.

En termes qualitatifs, l'aide suédoise a donné la priorité au soutien des « acteurs du changement » individuels et collectifs, et continuera à le faire dans les années qui viennent. L'aide publique au développement dans les quatre secteurs étudiés dans cette partie possède une logique particulière qui est à la fois la résultante d'une histoire politique, économique et sociale, mais aussi doit être analysée comme un des principes organisateurs et structurants, parmi d'autres, de la cohésion sociale. Comme ouverture et affirmation du pays à l'extérieur, comme positionnement diplomatique, elle renforce la confiance généralisée des citoyens envers leurs institutions, et la fierté d'appartenir à une nation qui, par son positionnement « immatériel » en tant qu'acteur d'influence, se pose comme une puissance normative (*via* l'État, acteur diplomatique multilatéral et *via* les ONG, activistes du changement), influant sur les affaires du monde au-delà de son poids démographique et économique.

Tout se passe en effet, comme si les « traces » de l'Ère de la Grandeur s'étaient transmuées en une Ère d'Influence que la mondialisation loin de marginaliser va, au contraire valoriser.

CHAPITRE 12

DES RÉPONSES COHÉRENTES AUX DÉFIS DE LA MONDIALISATION

LE CONCEPT DE DÉVELOPPEMENT EN QUESTION

L'aide au développement conçue et mise en œuvre par la Suède correspond en fait à une conception du développement qu'il convient de préciser. Tout comme il y a eu un basculement de la nature et des orientations de l'APD suédoise autour des grandes conférences des années 1990, les années 2000 marquent la dominance du paradigme incontournable du développement durable (*"sustainable development"*) en particulier dans sa composante environnementale, qui rebat les cartes en ramenant tous les pays à la question fondamentale de l'appartenance à une même terre, et qui déplace les enjeux de développement. En posant en pleine lumière la question des conditions de survie de l'espèce humaine, c'est une question fondamentale qui resurgit, celle de la responsabilité collective et de son mode d'expression, la solidarité.

Dans les chapitres précédents de cette quatrième partie, l'analyse des textes qui ont défini et guidé la mise en œuvre de l'aide publique au développement de la Suède a déjà montré à quel point ces valeurs étaient constamment rappelées et servaient d'ancrage à l'engagement programmatique à l'aide suédoise. Dans l'environnement néolibéral, constitué en dogme ne souffrant aucune alternative crédible, ce positionnement traçait en fait une autre perspective pour le développement lui-même, en rappelant que le développement est tout autant affaire de science morale que de science économique, de gestion et de répartition des richesses, que de production des richesses, d'égalité des chances, autant que d'inégalités dommageables mais nécessaires. C'est l'apport fondamental de Gunnar Myrdal que nous convoquerons afin de montrer comment à partir de ses bases philosophiques et théoriques, mais aussi de son ancrage de praticien, ce référentiel s'est construit, et malgré un long isolement, semble redevenir un laboratoire alternatif à la crise de soutenabilité actuelle, comme l'État-providence en son temps, avait représenté une alternative, à la fois à la faillite du système économique libéral, et au collectivisme soviétique de l'entre-deux-guerres[371].

Gunnar Myrdal et le modèle redistributif

En attribuant le prix Nobel d'économie, en 1974, à leur compatriote Gunnar Myrdal, que nous avions croisé avec son épouse Alva, comme un des théoriciens majeurs de l'ingénierie sociale, les membres de l'Académie royale des Sciences entendent souligner l'importance « de l'intégration des conditions sociales, démographiques et institutionnelles au cœur des mécanismes économiques »[372]. Son expérience de terrain en Asie du Sud (comme tant d'autres experts et d'activistes suédois/es dans les années 1950/60), le confronte violemment à la sous-alimentation et à la pauvreté de masse (Myrdal, 1968/1976). À partir d'une description des enchaînements des différents facteurs tels que le capital santé, le capital monétaire, le capital culturel, le capital social, et le capital humain/éducatif, dont l'absence ou la faiblesse structurent les degrés de la pauvreté, qu'il appelle « causalité circulaire cumulative » (*"circular cumulative causation"*) , il développe une approche critique des mécanismes d'équilibres stables du marché qui ne parviennent pas à corriger ces inégalités et ces disparités sociales. Les effets amplificateurs de ces différents facteurs interagissant entre eux ne permettent pas le développement socio-économique : ainsi par le jeu des causalités circulaires, les inégalités économiques engendrées par le marché, ou à tout le moins que le marché n'a pas su ou pu corriger, sont-elles renforcées par des

371 À partir des années 1980, avec le retour très médiatisé des économistes néo ou ultra-libéraux sur le devant de la scène académique et des politiques économiques célébrant le retour de l'État minimal aux États-Unis, en Grande-Bretagne, au Chili ou ailleurs, c'est un rituel que de railler le collectivisme suédois, de remettre en cause son idéologie de l'égalitarisme, le poids et le coût de son État-providence, d'en souhaiter et d'en prédire la fin prochaine. Une des grandes caractéristiques de cette remise en cause a été de produire un mouvement massif et universel de dérégulation/déréglementation (dont les plans d'ajustements structurels demandés aux pays en développement constituent un autre exemple frappant), qui réintroduit des déséquilibres et des décrochages entre les États-nations, cadres à l'exercice démocratique, et les marchés, financiers en particulier. Ces déséquilibres et décrochages se déclinent en crises mondialisées (1987, 1997, 2000, 2007) liées à la constitution de bulles spéculatives financières, informatiques et immobilières, en inégalités mondialisées et en dérèglement climatique.

372 Le Prix Nobel d'économie, cette année là, est aussi attribué à Friedrich von Hayek. Extrait du discours introductif du Professeur Erik Lundberg, de l'Académie royale des Sciences : « ...les Professeurs Myrdal et Hayek ont mené d'importantes recherches interdisciplinaires. L'Académie royale des Sciences de Suède a donc décidé d'attribuer le Prix de Sciences économiques 1974 en mémoire d'Alfred Nobel à parts égales, au Professeur Gunnar Myrdal et au Professeur Friedrich August von Hayek, pour leurs travaux pionniers en matière de théorie des fluctuations monétaires et économiques, et pour leurs analyses pénétrantes sur l'interdépendance des phénomènes économiques sociaux et institutionnels ».
http:://www.nobelprize.org/nobel_prizes/economic-sciences/laureates/1974/index.html

traditions et des institutions inégalitaires (le système des castes, et plus largement, les structures féodales, néo-tribales ou de clientèles de tous ordres), et tout autre mécanisme socio-institutionnel non économique. Où l'on comprend que partant d'une analyse du sous-développement comme enchaînement cumulatif « malheureux » qui enferme des pays dans des trappes de sous-développement, l'approche de Gunnar Myrdal peut, dès lors que sont mises en place des conditions et des mécanismes correctifs du marché et des institutions, se renverser en une théorie du développement dans laquelle la qualité des institutions représente un catalyseur majeur de la croissance économique. Ces travaux marquent une rupture vis-à-vis de la théorie libérale d'un deuxième point de vue, rupture qui reprend toute son actualité dans la perspective plus récente du développement durable (c'est-à-dire de soutenabilité du système de mondialisation actuel), point de vue qui considère que le sous-développement n'est qu'un retard dans le processus du développement et que ce retard sera rattrapé en copiant le modèle de développement occidental (accumulation primitive de capital, avantages comparatifs, *take-off*, consommation de masse). Enfin, s'inscrivant dans la tradition de la social-démocratie qu'il a largement contribué à installer en Suède, Gunnar Myrdal recommande d'appliquer pour les pays pauvres des interventions institutionnelles concertées afin d'encadrer le marché, dont le libre-jeu génère et accroît les inégalités, et de permettre à l'État-providence d'instituer des mécanismes/dispositifs de redistribution (Myrdal, 1957 : 142)[373].

Il est important de noter que l'apport de Gunnar Myrdal, contrairement à d'autres théories du développement (comme par exemple, d'une part, l'approche structuraliste, qui analyse le non-développement comme la résultante de la division internationale du travail entre un centre (les pays riches) et une périphérie (les pays pauvres) ou d'autre part, la théorie néo-marxiste, qui fait du sous-développement le produit de l'échange inégal), ne remet pas en cause l'intégration des pays pauvres dans le commerce international. Là encore, il faut remarquer à quel point les contraintes économiques propres à ce « petit » pays qu'est la Suède, qui font de son ouverture commerciale le déterminant clé de son existence, ont pesé sur la théorie du développement de Myrdal.

[373] Extrait : « Dans une société progressiste - caractérisée à la fois par des réformes de redistribution et par un progrès économique, puisque ces deux types de changements sociaux se renforcent mutuellement par voie de causalité circulaire -, l'amélioration du sort des pauvres peut souvent s'accomplir sans impliquer de sacrifices importants pour ceux qui bénéficient d'une plus grande aisance, et il arrive parfois que cette amélioration ne soit pas seulement compatible avec la hausse des niveaux dans toutes les catégories de revenus, y compris les plus élevées, mais en soit même une condition ».

L'égalité : un concept économique ou politique ?

« Le problème de l'égalité atteindra une importance politique suprême ».
Gunnar Myrdal. (Myrdal, 1978 : 23)

Au-delà de cette affirmation dont les temps actuels semblent confirmer le caractère prémonitoire[374], Gunnar Myrdal nous rappelle que l'égalité est à la fois un principe éthique et un défi anthropologique, que ce soit dans la question centrale de l'intégration sociale (dans son implication active au *social engineering*), raciale (à partir de son analyse de la situation des Noirs aux États-Unis - Myrdal, 1944), et genrée (par la remise en cause des assignations sociales femmes/hommes, notamment sous l'angle des oppositions privé/public, production/reproduction). Nous pourrions rajouter (c'est un point que Myrdal n'avait pas envisagé, mais que les gouvernements suédois successifs ont intégré dans leurs politiques publiques), un défi anthropologique global : le nécessaire apprentissage de la gestion collective et égalitaire des ressources de la planète, car après tout, il serait illusoire de penser que la dégradation de l'environnement affecte indifféremment les femmes et les hommes[375]. Pour autant, cela n'empêche pas l'égalité, exemple suédois à l'appui, d'être un facteur déterminant du développement économique, dès lors qu'elle fait l'objet de politiques publiques planifiées, concertées et consolidées par l'instauration de pactes sociaux garantissant la participation démocratique des citoyens. Au lieu de penser l'État comme devant se limiter à un rôle minimal et ne s'en tenir qu'à des fonctions régaliennes (monnaie/fiscalité ; police/justice ; armée/diplomatie) - c'est-à-dire en refusant de penser l'intégration du politique dans l'action économique de l'État- , Gunnar Myrdal propose, au contraire, un modèle d'État organisateur et redistributeur dont la légitimité est doublement politique : les décideurs sont élus démocratiquement et sont désignés en toute transparence pour mettre en œuvre les choix économiques et sociaux ; et en plus des élections, les citoyens (au niveau local et national) sont impliqués en permanence dans des processus de négociation et de contractualisation au travers de multiples organisations syndicales, confessionnelles, d'éducation populaire... Cette articulation entre le politique, l'institutionnel et l'économique, le politique et les institutions comme conditions de l'économique, et non comme entraves à l'économique, est un héritage dont se sont constamment revendiqués les gouvernements

[374] Voir Thomas Piketty. 2013. Le Capital au XXIe siècle. *Le Seuil*. Dans cet ouvrage, l'auteur entend remettre la question des inégalités au centre de l'analyse économique.

[375] Dans les pays les moins avancés, les femmes sont plus exposées que les hommes aux conséquences du dérèglement climatique. Voir Document Genre et Climat. Organisation Internationale de la Francophonie.

successifs, et qui s'est retrouvé dans la plupart des politiques publiques mises en œuvre, y compris, dans la politique d'aide au développement.

De « l'État-providence au Monde-providence »

Dans un livre-programme au titre très évocateur (Myrdal, 1963. Planifier pour développer. De l'État-providence au Monde-providence), G. Myrdal, analyse tout d'abord les conditions de survenance et de réalisation, sous des formes variables et plus ou moins avancées, de l'État-providence dans les pays occidentaux qui avaient depuis le XIXe siècle construit les bases de leur développement dans un monde moins concurrentiel que celui de l'après-guerre, en particulier pour les pays sous-développés, puis il insiste sur le caractère inégalitaire de ce processus qui a vu des nations démocratiques et riches s'installer dans un cycle vertueux de redistribution d'essence égalitaire et de croissance, alors que les effets désintégrateurs des inégalités et de la pauvreté s'étendaient dans les pays pauvres.

Comment en effet, de son point de vue, expliquer/accepter que cette exigence morale et économique de l'égalité soit confinée à une partie, la plus riche, du monde ? Comme il y a, selon lui, une sorte d'impératif éthico-économique à l'égalité, les mécanismes de cette économie politique démocratique doivent être universellement partagés, car il n'y a pas de différence de nature, ni dans les aspirations des peuples, ni dans les moyens de les réaliser. Une solution s'impose dès lors à lui : « il faut plaider la cause de l'intégration internationale en des termes positifs, c'est-à-dire ceux qui consistent à poursuivre dans la communauté mondiale élargie, les objectifs de l'État-providence national, ce qui ne signifie rien d'autre que la réalisation de nos vieux idéaux de liberté, égalité, fraternité, et non en des termes négatifs qui consistent à vouloir démanteler les politiques par lesquelles, partout dans le monde occidental, les individus ont essayé de réaliser les idéaux à l'intérieur de leur communauté nationale [...] L'évidence, la voici : dès lors que l'État-providence national a vu le jour et s'est profondément ancré dans le cœur des gens qui disposent dans les démocraties du monde occidental du pouvoir politique, il n'y a aucune alternative à la désintégration internationale, si ce n'est de commencer à procéder, grâce à la coopération internationale et à un compromis mutuel, à la construction d'un État-providence mondial » (Myrdal, 1963. op.cit., : 160-161). Il est important à ce stade de revenir au concept de planification, que Gunnar Myrdal utilise souvent (et que ses adversaires ont souvent présenté de façon plus polémique que rationnelle comme un mécanisme collectiviste et totalitaire), et qui permet de faire le lien entre l'expérience suédoise revendiquée comme modèle et les préconisations de Myrdal quant aux interventions de l'État dans les pays pauvres. Compte tenu des problèmes institutionnels cumulés des pays pauvres (structurations sociales inégalitaires, oligarchies diverses fortement ancrées, faible tradition de pratiques politiques « démocratiques » et de bonne gouvernance), les efforts en termes d'organisation des réformes et des interventions étatiques s'avèrent plus massifs que dans les expériences précédentes, celles des pays avancés, en particulier dans les politiques éducatives, sanitaires et agraires. Cependant, ce n'est ni par la forme autoritaire ni par une étatisation de l'économie que cette planification doit être mise en place, mais au contraire, cette dernière doit viser la facilitation par l'État des interventions coordonnées des acteurs publics et privés de la société et par la promotion de la participation des personnes dans le cadre de la fabrication des contrats sociaux « en vue d'établir les normes de vie collective » (ibid. : 100). Ces préconisations s'adressent en premier lieu aux responsables politiques et institutionnels des pays concernés (ce que la littérature appelle aujourd'hui l'appropriation de l'agenda), mais concernent aussi la nature de l'aide apportée par les bailleurs occidentaux.

En mettant en regard les analyses et les préconisations de G. Myrdal en 1963 et celles des chapitres précédents sur les principes et les modalités de l'aide suédoise entre 1994 et 2014, il est frappant de noter la part déterminante du titulaire du prix Nobel à travers la similitude du vocabulaire, la référence explicite à la nécessité de l'engagement internationaliste, à la construction d'un référentiel normatif, et enfin le recyclage des valeurs suédoises d'égalité, de solidarité, de responsabilité partagée, de cohérence et de sens du compromis. Dans une sorte d'auto-appréciation et d'auto-célébration de ces valeurs, c'est sans doute aussi ce qu'inconsciemment le comité Nobel a voulu récompenser...

Au-delà des bases éthiques et des mécanismes économiques et institutionnels du développement, le modèle de développement ainsi promu par G. Myrdal aborde les rapports qui doivent régir les pays déjà développés et ceux qui ne le sont pas encore. En d'autres termes, comment et par quels dispositifs, la réduction des rapports inégalitaires entre nations (dont le colonialisme représente pour lui une des formes les plus visibles et dont la critique très ferme a été une des composantes de la diplomatie suédoise) sera-t-elle possible ? De ce point de vue, ce sont sur les causalités cumulatives négatives qui sont à l'œuvre au niveau international et que la mondialisation aggrave pour les pays pauvres, qu'il faut intervenir : spécialisation des exportations de produits primaires, par ailleurs concurrencée par les politiques protectionnismes des pays riches (agriculture, commerce, brevets), accès très limité aux marchés de capitaux à des conditions favorables, faible intégration au mouvement des évolutions technologiques. Ces rapports pays riches/pays pauvres s'inscrivent ainsi dans une sorte de double peine que décrit G. Myrdal, qui constitue le double défi des pays pauvres. C'est en effet au moment où ils doivent amorcer les mécanismes de « leur » État-providence, tout en consolidant les structures d'États-nations nouvellement indépendants, qu'il doivent affronter les déséquilibres issus des politiques commerciales « déloyales » des pays développés.

Toute la problématique de l'aide au développement que la Suède va mettre en œuvre ultérieurement d'un point de vue opérationnel est déjà pour une grande part liée à ce double constat : l'aide comme mécanisme au service du développement ne doit pas se résumer à de simples flux de financement, de transferts monétaires, ou encore servir des objectifs géopolitiques, mais elle doit être pensée comme un outil stratégique servant à renforcer la gouvernance globale, les structures institutionnelles des pays, les conditions d'installation des processus démocratiques politiques, culturels et sociaux adjuvants de la croissance tout en favorisant l'intégration des pays dans les échanges internationaux.

L'aide au développement, de ce point de vue, n'est pas une politique publique isolée, mais elle doit (et c'est la condition de son efficacité et de sa légitimité) être pensée et structurée en cohérence avec les autres, en particulier les politiques commerciales des pays dispensateurs d'aide. Cette cohérence fait constamment l'objet de débats récurrents en Suède en particulier sur deux sujets spécifiques : les exportations d'armements de la Suède et la politique agricole commune de l'Union européenne.

L'aide au développement en tant que politique publique ne peut pas être coupée du contexte domestique, lieu d'élaboration des autres politiques publiques. De ce point de vue, l'aide publique au développement se présente, encore plus que chez d'autres pays bailleurs (à l'exception d'autres nordiques toutefois), comme la dimension internationale, la face extérieure de l'État-providence suédois, malgré les inflexions qui ont pu intervenir. En suivant le séquençage économique de Jean François Vidal (Vidal, 2010), il y aurait eu jusque dans les années 1970 un modèle de croissance très *myrdalien*, « manifestement social-démocrate, car il était alimenté par les politiques de réduction des inégalités. La réduction des écarts de salaires a poussé les entreprises à faire des gains de productivité, et elle a favorisé la consommation de masse ; de plus, le développement des services non marchands a favorisé le plein emploi et les carrières professionnelles des femmes, et accru la consommation des services collectifs ». En intégrant des éléments du modèle néolibéral, à partir des années 1980, en particulier la libéralisation des secteurs bancaires et financiers, l'évolution du modèle initial installe des cycles nouveaux de consommation privée (endettement des ménages, spéculation immobilière), mais débouche sur une crise financière qui « a très fortement dégradé le solde des administrations ». Des politiques drastiques de réductions des dépenses publiques, qui, (c'est notable), n'ont pas touché l'aide publique au développement, se succèdent « sans cependant aboutir à un État-providence résiduel, caractéristique des économies plus libérales ». Au lieu de l'installation d'un régime de croissance néolibéral, comme au Royaume-Uni, la Suède adopte alors dans le milieu des années 1990, « un régime de croissance néo-mercantiliste, dans lequel la croissance est tirée par l'essor des exportations et les excédents du commerce extérieur... ». Comme le résume enfin l'auteur, ces évolutions des modèles de croissance se font sur un socle jamais véritablement touché, puisque « l'État-providence a conservé un poids important ».

On ne peut qu'être frappé, de ce point de vue, de la concomitance entre l'explosion (suite à une progression continue) des exportations à partir de 1993 - comme le montre le tableau ci-après présenté par J.F. Vidal - et le positionnement international de la Suède sur les thématiques précédemment analysées.

Graphique 9 - Suède, parts de la consommation publique, de l'investissement privé hors logements, de l'investissement en logements et des exportations, en % du Pib

Suède, consommation publique (G), Investissement privé hors logement (IE), investissement en logements (IL) et exportations, en % du Pib, 1953-2009

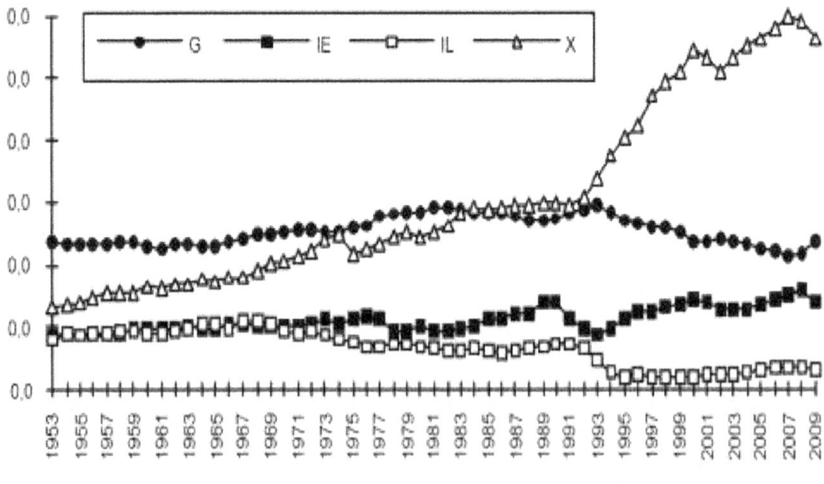

Ce tableau, malgré l'erreur de graduation sur l'axe des ordonnées, montre la simultanéité des deux modes complémentaires d'être-au-monde de la Suède : l'accroissement des parts de marché à l'exportation, qui font du pays une puissance commerciale légitimée par la qualité et l'appréciation de ses produits ou de ses marques[376] d'une part, et le portage du référentiel éthique et politique des droits humains qui en font le champion des pays *like minded,* et contribuent à en faire une puissance normative et d'influence de premier plan, d'autre part. La manifestation concrète de cette concomitance qui tend à devenir une forme d'intégration des deux modèles, se trouve dans le lancement par Sida, en 2014 d'un projet, « cofinancé avec le géant du prêt-à-porter H&M pour exporter le 'modèle' social du pays dans l'industrie textile de pays asiatiques et africains. Les deux partenaires ont indiqué dans un communiqué avoir signé un accord pour promouvoir 'l'emploi, le développement durable et le respect des droits de l'homme' dans (ces) pays en développement »[377]. Puis, en droite ligne avec la volonté politique de la Suède de toujours inscrire son engagement dans le cadre multilatéral (déjà souligné), le partenariat est élargi à l'Organisation internationale du Travail.

Ainsi l'insertion de la Suède dans la mondialisation s'est-elle opérée à plusieurs niveaux : la permanence (qui ne signifie pas l'intangibilité comme l'ont montré, ici ou là, les inflexions/adaptations aux marges des politiques publiques largement acceptées par les citoyens) du modèle de l'État-providence en Suède et de sa modélisation vers un Monde-providence ; l'intégration/adaptation déterminée dans cette mondialisation *via* le commerce international ; et enfin, la promotion des droits humains, en particulier l'égalité de genre, et du développement durable dans sa composante environnementale.

LA DOUBLE ÉVOLUTION DE LA GLOBALISATION

Le mouvement de mondialisation que G. Myrdal avait analysé, et dans le cadre duquel il pensait l'évolution du développement des pays pauvres à partir d'une redistribution dans le cadre du « Monde-providence » (Holmberg, 1989 : 123-166), n'est pas celui qui se déploie sous nos yeux depuis quelques années. En effet, ce dernier semble prendre des formes

---

[376] Dans une note économique du ministère français des Affaires étrangères (2014), la Suède est présentée comme « un grand exportateur industriel » grâce à « un petit nombre de très grandes entreprises industrielles multinationales » dans les secteurs suivants : « le secteur des machines industrielles (15,9 % des exportations de biens en 2013); le secteur des équipements de télécommunications (4,6 %) ; le secteur minier et sidérurgique (9,6 %) ; le secteur chimique et pharmaceutique (12 %) ; le secteur automobile (10,7 %) ; le secteur du bois-papier (10,5 %) ; le raffinage de pétrole (7,5 %) ». Près de 60 % de ces exportations se font à l'intérieur de l'Union européenne et à peine 13 % vers la Chine et les États-Unis. La légère baisse du niveau des exportations dans ces secteurs est depuis quelques années compensée par le dynamisme de secteurs nouveaux : mode, hautes technologies, économie verte.
http:://www.diplomatie.gouv.fr/fr/IMG/pdf/SUEDE__Le_commerce_exterieur_en_2013_cle0551ad.pdf.

[377] Il s'agit du Bangladesh et du Cambodge.
http:://quebec.huffingtonpost.ca/2014/05/14/la-sude-finance-lexport_n_5322405.html

nouvelles communément appelées « émergences », et souligner l'urgence de priorités incontournables pour l'avenir de l'humanité (changement climatique). Ce sont les limites/externalités négatives environnementales et sociales des émergences économiques depuis les années 2000 s'additionnant à celles des pays développés, qui rendent incontournables une réflexion collective sur une gestion commune des ressources et des biens publics mondiaux de la planète.

La globalisation horizontale ou le défi des « émergences »

Des externalités négatives de plus en plus lourdes

Vingt ans après la Conférence du Caire qui consacrait un changement de paradigme des enjeux démographiques et de leur transformation en enjeux de droits humains pour le développement, le défi perçu comme majeur est d'ordre économique et social. Alors que la globalisation a permis une réduction globale de la pauvreté (dont les OMD rendent compte[378]) et une croissance sans précédent des *'classes moyennes'*[379] dans les pays émergents, elle a aussi généré des phénomènes concurrentiels exacerbés dans des secteurs aussi variés que les produits alimentaires et les biens de consommation sophistiqués, les droits aux services d'éducation, de santé, de transports, à la qualification professionnelle, au marché de l'emploi qui, non seulement, se déploient dans les espaces nationaux des pays concernés, mais affectent aussi, par extension les classes moyennes des pays développés, elles-mêmes remises en question dans leur existence, leur niveau de vie, leur sécurité d'emploi et leurs valeurs mêmes.

Cette concurrence mondialisée entre classes moyennes ainsi que les revendications sociales qu'elle ne cesse d'entretenir, porte en elle-même le risque de déséquilibres commerciaux, économiques et environnementaux majeurs et *in fine,* d'un dérèglement radical des relations internationales,

---

[378] « Les taux de pauvreté ont été réduits de moitié. En 2010, environ 700 millions de personnes en moins vivaient dans des conditions d'extrême pauvreté par rapport à 1990. La proportion de la population, disposant de moins de 1,25 US$ par jour, a baissé, passant de 47 % en 1990 à 22 % en 2010 ». http:://www.un.org/fr/millenniumgoals/pdf/mdg_report2013_goal1.pdf : 6-7. Il convient de mentionner que cette réduction se situe massivement sur la Chine, au prix environnemental que l'on sait...

[379] La définition et la comptabilisation des « classes moyennes » reste un sujet extrêmement complexe, tant du point de vue de la fourchette monétaire (entre 2 et 13 US$ par jour pour la Banque mondiale, jusqu'à 100 US$ pour d'autres organismes), que du point de vue sociologique et idéologique au sens large. On ne peut en revanche nier la tendance à voir des centaines de millions de personnes aspirer et accéder à des modes de consommation qui ne les prédisposent pas à une conscience et à une mobilisation écologiques, du moins au début.

venant s'ajouter en fait à d'autres défis des émergences qui rendent la contribution de G. Myrdal éclairante, en particulier sur la nécessité de l'analyse et du règlement des problèmes et des défis qui se posent à l'humanité par des mécanismes de décisions collectifs, au niveau à la fois local et planétaire.

Premier de ces défis : la croissance économique, fruit d'une planétarisation des circuits financiers et de capitaux, des systèmes industriels, des flux commerciaux, des réseaux d'information et de transports et des migrations humaines, ne s'accompagne pas souvent d'une évolution vers des institutions et des mécanismes de décisions démocratiques, et laisse encore trop souvent le champ libre à la violence sociale, à la répression politique, au maintien de statu quo clientélistes et d'une corruption massive , au renforcement des situations de dépendance et à la vulnérabilité des populations marginalisées. Ainsi, en se concentrant sur sa dimension économique, on oublie la composante sociale et institutionnelle de la globalisation, l'amputant ainsi d'une grande part de son potentiel futur.

Deuxième défi : malgré les apparences, les pays émergents subissent plus la globalisation qu'ils n'en sont réellement les acteurs, tant dans le rythme effréné et le flux incessant des transformations, que dans la brutalité de la redéfinition de leur espace et de leur environnement. Au moment où les pays émergents deviennent des acteurs économiques majeurs (les cinq BRICS représentent plus de 30 % du produit intérieur brut mondial, le G7 en représentant plus de 50 %), il doivent faire face à des défis que l'accélération des dynamiques globalisées ne leur a pas permis de gérer : installations et consolidations de politiques publiques en matière de santé, de protection sociale, de respect des règles de droit (en particulier des salariés), d'intégration des jeunes et des femmes sur le marché de l'emploi, de qualité des infrastructures, des services et des équipements publics, de mise en œuvre de systèmes de retraites dans des pays qui deviennent vieux avant d'avoir développé une base de richesses soutenable. Urgences institutionnelles, urgences sociétales, tels sont donc les défis nouveaux qui rendent d'une actualité pressante le caractère multidimensionnel de la croissance examinés par G. Myrdal et A. Sen, dont on a vu qu'ils représentaient des références absolues pour les décideurs et les opérateurs de l'aide publique au développement suédoise.

Changement climatique et dissonance cognitive

Cohérence des politiques publiques

Mais la plus urgente des priorités, c'est la prise en compte des conséquences dévastatrices et des défis écologiques produits par un modèle de croissance que les pays développés ont imposé et que les pays émergents ont « adopté », en participant d'une mondialisation héritée de la révolution industrielle et technologique des périodes précédentes. Le changement climatique apparaît désormais comme un enjeu qui remet en cause radicalement les certitudes les plus solides et les principes traditionnels les plus ancrées de la diplomatie internationale. Il remet en cause aussi l'autonomie des politiques étrangères en tant que politiques publiques en démontrant que la pression de plus en plus grande des interdépendances (flux d'investissements, de capitaux et d'information, enjeux sécuritaires, mouvements migratoires, catastrophes environnementales) permet de moins en moins de différencier ce qui est du « dedans » et ce qui est du « dehors ». Les gouvernements suédois ont constamment analysé ce phénomène comme un tournant majeur, à la fois contrainte/menace et aussi levier/opportunité pour le développement national et le positionnement international de la Suède, et ont apporté une réponse cohérente audacieuse et originale qu'il semble intéressant d'éclairer à partir du concept de dissonance cognitive[380].

Théorie majeure de la psychologie sociale qui a vu le jour il y plus de cinquante ans (Festinger, 1957), cette approche part de l'état de malaise et d'inconfort qui peut être celui d'une personne ou d'un groupe, résultant d'une divergence, d'un désaccord ou d'une incompatibilité entre ses/leurs croyances/connaissances d'une part, et ses/leurs comportements, d'autre part. La nature et l'intensité de la dissonance génèrent des phénomènes plus ou moins marqués qui font de la cohérence, le concept autour duquel s'articulent la diminution ou le rejet de cette dissonance. Dans la meilleure des hypothèses, celle dans laquelle un savoir et un comportement sont cohérents entre eux, on parle de relation consonante. À l'autre extrême, lorsque des connaissances et des actes se révèlent contradictoires ou incompatibles, il s'agira d'une relation dissonante. Ainsi, en plus des rapports entre « cognitions » et actions, c'est l'amplitude de la dissonance et le degré de tension, qui justifiera le niveau des efforts à fournir pour la réduire et établir ainsi un nouvel équilibre cognitif. Les individus ou les

[380] Carl Bildt (conservateur). *Statement of Government Policy in the Parliamentary Debate on Foreign Affairs* (2009): « L'enjeu climatique figure parmi nos principales priorités et ne doit pas être mis de côté par la crise économique. Au contraire, nous avons un grand intérêt à investir dans les technologies vertes ». Pour Margot Wallström (sociale-démocrate), comme « enjeu décisif de notre temps, le changement climatique constitue une menace sécuritaire globale ». *2015 Statement of Foreign Policy*. Cette double approche du changement climatique comme opportunité ou menace, correspond à des conceptions fondamentalement différentes, l'une d'essence libérale valorisant en fait la croyance dans le capitalisme comme se dépassant toujours lui-même et l'autre, d'essence interventionniste qui, face aux déséquilibres, cherche à les réguler. En fait, loin de s'opposer comme dans d'autres pays, les États-Unis par exemple, ces deux approches trouvent des accommodements institutionnels qui, comme nous le verrons plus loin, se traduisent dans des déclarations de politique étrangère quasi-interchangeables, signes de politiques publiques homogènes.

groupes, en recherchant une cohérence entre ce qu'ils savent, ce qu'ils croient, ce qu'ils veulent et leur comportement effectif, sont donc dans une perpétuelle recherche de ce qui peut réduire la dissonance cognitive, rapprocher les comportements et les connaissances. Cette dissonance peut être réduite en jouant sur l'un ou l'autre des termes du rapport ou sur le rapport lui-même, comme le montre le célèbre exemple de la personne qui sait que fumer est très dommageable pour sa santé (cognition), mais qui pourtant, fume un paquet de cigarettes par jour (comportement). La diminution de la tension devant cette situation et l'angoisse qu'elle génère pourra jouer sur toute une gamme de décisions :
- la mise en conformité avec la cognition : la personne arrête de fumer (suppression de la dissonance),
- la mise en place de mécanismes de justification du comportement : la personne diminue sa consommation en la réservant uniquement à des moments festifs (aménagement de la dissonance),
- le déplacement vers de nouvelles « cognitions » : la personne va acheter des cigarettes présentées comme moins nocives en nicotine, ou plus radicalement la personne va développer un contre-argument selon lequel la pollution est tout autant, voire plus, responsable des cancers pulmonaires, façon illusoire mais « compensatrice », de relativiser et/ou de justifier sa consommation de tabac.

De façon plus générale, selon la théorie, il y a trois façons de réduire les dissonances : modifier son comportement afin de le faire s'accorder avec les éléments cognitifs existants ; modifier l'environnement afin de le rendre compatible avec son comportement ; et enfin, ajouter de nouvelles cognitions qui réduisent l'intensité de la dissonance ou justifient le comportement initial. La littérature scientifique, depuis cinquante ans s'est enrichie de paradigmes de recherche dont l'un en particulier semble éclairant pour notre analyse présente : le paradigme de l'infirmation des croyances où il est question d'une dissonance qui s'installe, s'affirme ou augmente, lorsque un mode de vie, une croyance ou une idéologie sont confrontées à, - voire démenties par -, un savoir nouveau plus documenté, plus sophistiqué, et qui possède un degré de scientificité de plus en plus reconnu et partagé. Il est clair que la problématique du changement climatique s'inscrit dans un tel paradigme : le corpus scientifique rassemblé par le Groupe d'experts intergouvernemental sur l'évolution du climat (GIEC[381]) depuis son premier

---

[381] Le GIEC « a pour mandat d'évaluer, sans parti pris et de manière méthodique et objective, l'information scientifique, technique et socio-économique disponible en rapport avec la question du changement du climat. Ces informations sont sélectionnées parmi les études effectuées par des organismes pluridisciplinaires internationaux et publiées dans des revues scientifiques. Le GIEC travaille à dégager clairement les éléments qui relèvent d'un consensus de la communauté scientifique et à identifier les limites d'interprétation des résultats. La compréhension des fondements scientifiques du changement climatique

rapport en 1990, représente un questionnement radical, au sein de l'anthropocène, des activités humaines et de leur impact sur les changements climatiques. De fait, les individus, mais aussi - et surtout - les États, sont confrontés au malaise de cette dissonance cognitive fondamentale et y répondent de façons très variées comme le résume le tableau ci-après :

Il est de plus en plus avéré que le réchauffement climatique issu des activités humaines met l'avenir de l'humanité en péril...	**ZONE DE FORTE DISSONANCE**	... et pourtant le système néolibéral de production et de consommation reste le modèle dominant.

Minimiser le risque

- le risque est inéluctable. « *L'évolution le veut ainsi depuis que le monde est monde...* ». **Fatalisme**.
- le risque est relatif. « *On voit bien des changements, mais ils sont à peine ressentis...* ». **Scepticisme**.
- le risque est exagéré. « *Il y a manipulation délibérée et tromperie pseudo-scientifique...* ». **Dévalorisation**.

Justifier sa position face au risque

- c'est le prix à payer pour faire face aux contraintes macro-économiques (croissance, plein emploi, développement) et aux risques sociopolitiques associés. **Pays développés du Nord et émergents**.
- la responsabilité de la situation actuelle n'est, très majoritairement pas la nôtre. **Pays en développement et émergents.**

---

provoqué par l'homme doit permettre d'en établir les conséquences et d'envisager des stratégies d'adaptation et d'atténuation. Les rapports ne doivent pas préconiser de choix de nature politique. La formule constamment rappelée à ce sujet est qu'il faut être *"policy relevant, but not policy prescriptive"*.
Présentation du GIEC, site du extrait du site http:://www.developpement-durable.gouv.fr/Presentation-du-GIEC.html. (Ministère de l'écologie, du développement durable et de l'énergie). Il ne nous appartient pas ici de rendre compte des débats épistémologiques, du degré de crédibilité et des enjeux politiques liés au travail d'expertise du GIEC. En revanche, il nous semble important de rapporter ici deux éléments montrant l'implication de la Suède vis-à-vis du GIEC : d'une part, c'est un Suédois, le météorologiste Bert Bolin qui l'a présidé de sa création en 1988 jusqu'en 1997, après en avoir été l'un de ses principaux promoteurs et d'autre part, le GIEC a reçu une consécration médiatique mondiale en recevant le prix Nobel de la Paix en 2007 (qui pour être décerné à Oslo depuis 1905, n'en est pas moins doté en couronnes suédoises).

Réduire la dissonance

- attentisme et pessimisme ontologique. Il faut être au bord du gouffre pour changer. Tragique et irrationnel.
- optimisme technologique. Des solutions nouvelles sont possibles. Techno-économie verte.
- mécanismes d'atténuation et d'adaptation qui insistent plus sur les conséquences du risque que sur ses causes.
- modification des discours (première étape).
- changement des comportements collectifs *via* des initiatives privées, des programmes privés-publics, existence et publicité des engagements internationaux (deuxième étape).
- prise de décision et mise en œuvre des politiques publiques locales, nationales et globales (troisième étape).

La Suède, depuis des décennies a joué un rôle moteur en faveur de la réduction de la dissonance, en menant une sorte de *"policy mix"* intégrant à la fois un soutien à l'innovation aux technologies vertes, des mécanismes d'adaptation et d'atténuation des effets liés au réchauffement climatique, et enfin en menant des plaidoyers internationaux (comme par exemple en étant, avec la France en 2002, à l'initiative d'un groupe de travail international chargé de mener une réflexion sur les biens publics mondiaux), mais surtout en mettant en œuvre des politiques publiques locales et nationales en matière d'énergie (hydroélectricité depuis les années 1950[382]), de fiscalité (écotaxe en 1991), de logements et de transports[383], qui sont autant d'exemples concrets d'un engagement collectif qui, en retour, documentent et légitiment sa croisade internationale en faveur d'un modèle de développement durable.

Sans nier certains points faibles de ces politiques et une grande dépendance vis-à-vis du nucléaire (38 % de son électricité, la France restant très au-dessus avec plus de 80 %), l'économiste Jean Gadrey dresse néanmoins un bilan assez remarquable du modèle suédois, d'autant plus remarquable lorsqu'on le compare aux autres pays développés (France, Allemagne, États-Unis). Tout en la relativisant, l'auteur reconnaît l'importance de la taxe carbone depuis 1991, et note que « si la transition écologique a avancé beaucoup plus vite en Suède, cela tient d'abord au fait qu'elle a été reconnue depuis près de quarante ans comme une grande cause

[382] Sur la politique énergétique, voir les rapports annuels de la Swedish Energy Agency. http:://www.energimyndigheten.se

[383] Sur la politique des transports, voir Björn Hasselgren. 2013. *The Swedish government as owner of transport infrastructure. Policy formation from the 1930s to the 2010s* : 66-69.

nationale suscitant une adhésion citoyenne et politique sans commune mesure avec le cas français, et moins dépendante des préférences politiques. De ce fait, des mesures ambitieuses et efficaces ont été prises, parmi lesquelles les investissements dans les barrages et dans les énergies renouvelables dont la biomasse, les subventions publiques généreuses pour la réhabilitation thermique des logements et les déductions fiscales pour les investissements '*climatiques*' des entreprises, une politique massive de transferts d'usage fondée sur une substitution croissante du pétrole par l'électricité et par les énergies renouvelables non électriques, des programmes de modification profonde des systèmes de chauffage aboutissant à une quasi élimination du fioul et du gaz… Ajoutons un dernier élément de contexte : ce pays a été pendant des décennies une référence en matière d'égalité des revenus et des conditions sociales (*c'est nous qui soulignons*). Les choses se sont dégradées depuis une quinzaine d'années, nettement moins qu'en France et en Allemagne toutefois, mais il reste que l'acceptabilité des conversions individuelles et collectives impliquées par la transition énergétique est nettement plus facile lorsque personne ne peut penser, qu'une fois de plus, les plus riches s'en sortent bien mieux que les catégories populaires, et les grands groupes mieux que les PME »[384].

Comme en matière d'égalité femmes-hommes, la Suède, pour répondre aux défis écologiques, a pris des options plus stratégiques, a déployées plus tôt, de façon plus rapide et plus consensuelle que bien d'autres pays, des outils nécessaires pour y faire face à la fois sur le plan des techniques et de la recherche (brevets), et en matière d'outils économiques (normes, interdictions, labels, écotaxes, permis d'émission), et enfin, sur le plan de l'organisation du système productif (économie circulaire ou écologie industrielle et économie de fonctionnalité).

Cette réflexion, à partir du concept de dissonance cognitive, permet précisément de démontrer qu'en plus de la problématique du changement des normes dans les relations de pouvoir entre les femmes et les hommes, il s'agit aussi de promouvoir la reconversion des comportements, afin de solutionner la crise environnementale. Comme le soulignent Rolf Lidskog et Ingemar Elander (Lidskog & Elander, 2011 : 71-91), « étant donné que l'on considère historiquement ce pays comme l'un des premiers États-nations à avoir mis sur pied une vaste politique environnementale, il représente donc un cas de haute importance. Ainsi, la Suède a été le premier État-nation à établir une agence de protection de l'environnement, et l'un des premiers pays à élaborer des mesures législatives exhaustives en matière d'environnement. Elle a également été l'instigatrice du premier sommet

[384] Jean Gadrey. Article « *En Suède, la taxe carbone a été décisive pour réduire les émissions de CO2 : vrai ou faux ?* », in Alternatives Economiques, 23/12/2014.

international sur l'environnement – la Conférence des Nations unies sur l'environnement – qui s'est tenue à Stockholm en 1972 [...] La Suède est même considérée comme l'un des pays les plus ambitieux et les plus modernes en matière d'environnement[385] (...) La politique environnementale de la Suède, élaborée autour de seize objectifs de qualité de l'environnement, stipule que les problèmes environnementaux les plus graves doivent être réglés en l'espace d'une génération ; on peut constater ce fait en examinant par exemple son objectif sur le climat, qui va au-delà des exigences de l'Union européenne en matière de partage des obligations (qui découlent du protocole de Kyoto). Ainsi, la Suède semble être un chef de file en ce qui concerne l'élaboration de politiques environnementales et la restructuration en vue d'une société à l'environnement durable ».

Le point commun entre les deux priorités de son aide publique au développement , c'est le rappel que la réduction des inégalités de toutes sortes au niveau mondial et national doit viser à combler globalement et en même temps, à la fois les fractures sexuées, les fractures générationnelles (durabilité verticale) et les fractures spatiales entre pays (durabilité horizontale). Ainsi en « recyclant » dans l'ordre du développement durable, la priorité *myrdalienne* (au sens élargi du couple Myrdal) de la réduction des

---

[385] Il n'entre pas dans le cadre de cet ouvrage de faire une généalogie du mouvement écologique en Suède, mais il semble toutefois important de souligner, tout comme nous l'avons fait pour l'égalité de genre, combien l'univers mental luthérien, puis en particulier les Églises libres (piétistes, méthodistes, baptistes) ont contribué à l'origine et l'essor de ce mouvement. La nature occupe dans cet univers un rôle central, comme le soulignent Stéphane Lavignotte et Otto Schaeffer (Lavignotte & Schaeffer, 2008) : « le protestantisme naissant est fécond en naturalistes* capables d'accepter sur une base empirique ce qu'une métaphysique traditionnelle interdisait de penser : la révolution des planètes n'est pas circulaire (Kepler), et les formes les plus irrégulières des mondes végétal et animal, sont à prendre pour ce qu'elles sont dans leur diversité troublante. Les protestants ne sont pas les seuls à se réclamer de l'expérience, certes. Mais leur ouverture d'esprit est originale dans son rapport avec l'expérience spirituelle constitutive du protestantisme. La Réforme crée une '*zone de négociation interprétative*' tout à fait originale entre son élan théologique propre et les sciences naturelles et les disciplines naturalistes naissantes. Si Dieu n'est pas forcément là où l'on pensait, s'il se révèle dans l'écoute renouvelée de sa Parole, surprenant en somme, à la fois rassurant et intrigant dans sa nouveauté, pourquoi n'en serait-il pas ainsi de la vérité des choses de la nature ? ». C'est ce lien central entre protestantisme et nature (et pays de famille souche, pourrait-on rajouter), qui explique que l'essor du naturisme, l'invention des randonnées, le culte du sport en plein air, puis au tournant du XXe siècle, la naissance des mouvements de protection de la nature et des prémisses d'un droit de l'environnement sont autant d'activités « hygiénistes » qui finissent par dessiner une cartographie en tout point superposable à celles de l'eugénisme déjà largement évoqué… Il n'est donc pas surprenant de voir cette dimension écologique figurer avec l'égalité de genre au cœur de l'action publique des gouvernements suédois à l'intérieur et à l'extérieur des frontières du pays.
* L'une des gloires scientifiques suédoises, le naturaliste Carl von Linné (dont le nom prédestiné que lui a choisi son père signifie « tilleul »), fils de vicaire et petit-fils de pasteur par sa mère, entreprit des études de médecine échappant ainsi à une carrière religieuse qui échut à son frère plus jeune frère, Samuel.

inégalités en particulier genrées, l'aide publique au développement suédoise en fait une condition absolument nécessaire (mais non suffisante) pour que les hommes et les femmes de toutes les générations présentes et à venir puissent accéder à des conditions et des modes de vie désirables et durables.

L'intégration du développement durable

La notion de développement durable en Suède s'inscrit donc dans une histoire longue et dans une évolution récente qui, depuis les années 1960 a vu les mentalités et les politiques publiques passer successivement des notions de sauvegarde, préservation, protection de la nature à la notion de durabilité de l'environnement, à partir du questionnement de l'impact du mode de production et de consommation, des styles de vie et des valeurs liés à la société industrielle, sur l'avenir même de l'humanité. S'inscrivant à la fois dans une tradition de proximité des mouvements populaires et dans une dynamique institutionnelle avec l'entrée de députés « Verts » au Parlement en 1981, jusqu'à l'entrée de ministres écologistes au gouvernement en 2014[386], la conscience environnementale débouche sur le concept/compromis de la modernisation écologique[387] qui, malgré la concurrence d'agenda des crises économiques des années 1990, a profondément modifié/enrichi/étendu le référentiel idéologique du développement.

Les années 1990 sont, de fait, celles de la transformation et de la modernisation du modèle idéologique suédois, tant dans le domaine des droits humains (en particulier la SDSR), que dans le domaine environnemental. Il est donc difficile de mentionner l'un sans l'autre tant ils représentent les composants fondamentaux du nouveau référentiel du développement qui, en faisant écosystème, combinent la promotion d'un rationalisme économique et technique, l'affirmation de solutions à l'urgence environnementale[388] et l'exemplarité d'une éthique d'égalité et de

---

[386] À l'automne 2014, dans le gouvernement de coalition dirigé par le parti social-démocrate, le parti Vert (*Miljöpartiet de Gröna*) obtient 6 ministères d'importance : l'environnement, l'éducation, le logement, les marchés financiers et la consommation, la culture et … l'aide internationale au développement.

[387] Ce concept repose sur l'idée que la croissance économique et la durabilité environnementale non seulement ne sont pas antagonistes, mais au contraire, peuvent s'entretenir l'une l'autre dans une dynamique gagnant-gagnant, le cœur de cette dynamique reposant sur l'idée que les avancées scientifiques et les innovations techniques stimulées par l'urgence réduiront les antagonismes. Il est encore difficile de savoir si ce concept est une fois de plus un mécanisme d'évitement de la dissonance ou un pas réel vers la résilience…

[388] Quelques exemples : 1967, création de la première agence de protection de l'environnement (au monde), suivie en 1969 des premières mesures législatives dans le domaine ; 1991, création de la première taxe carbone inaugurant une fiscalité verte ; 2002, décision du Parlement de se fixer des objectifs en matière de réduction d'émissions de gaz à effet de serre qui sont très au-dessus des normes que le protocole de Kyoto lui imposait…

redistribution. En effet, comme pour l'ingénierie sociale très largement structurée autour de la thématique de l'égalité femmes-hommes et qui a fait corps avec la création et le développement de l'État-providence, ce dernier « était, de toute manière, une sorte d'éducation publique amenant à une sensibilisation d'un développement holistique, sociétal et global et l'idée que le développement durable pouvait ainsi être plus facilement basée là-dessus », ainsi que le soulignent H. Marhold, M. Meimeth et X. Lallemand[389].

Au-delà de savoir si « le développement durable doit être perçu comme une nouvelle étape du développement de l'État-providence suédois ou s'il doit être vu comme un nouveau modèle de développement dans la tradition suédoise », les auteurs poursuivent en soulignant que « dans tous les cas de figures, la structure de gouvernance place les questions de développement durable au centre, dans l'environnement immédiat du premier ministre, et montre un haut degré de conscience de la dimension intégrée du concept dans presque tous les ministères. Cela s'applique aussi à la sphère économique où les plus grandes entreprises comme les associations économiques sont d'accord sur la vision intégrée du développement durable, plus que les syndicats d'ailleurs »[390]. Comme pour les approches genre et droits humains, c'est aussi sur la scène internationale que se déploie l'activisme suédois en matière de développement durable. Au-delà de la première conférence des Nations unies sur l'environnement[391] qu'elle organisa à Stockholm en 1972, de sa contribution majeure aux travaux préparatoires de la Conférence de Rio (1992), et du soutien déjà évoqué à la création et aux activités du GIEC, c'est aussi l'agenda européen que la Suède a voulu marquer de son empreinte. Lors de ses deux présidences de l'Union européenne (2001 et 2009), la Suède a mis les enjeux de développement durable au centre des priorités qu'elle souhaitait voir prises en compte et ce, d'autant plus que sa deuxième présidence coïncidait avec la phase finale de la préparation et de la tenue de la COP 15 de Copenhague.

Deux exemples récents illustrant la pérennité de cette thématique au-delà des clivages politiques sont mis en regard dans le tableau suivant :

---

[389] H. Marhold, M. Meimeth, X. Lallemand (2009), Les discours du développement durable dans les pays européens. *Ed. Centre international de formation européenne.*

[390] En reprenant les travaux de R. Lidskog et I. Elander (op.cit., : 84-85), il faut souligner ici le rôle tout aussi majeur joué par les 290 municipalités et les 20 conseils régionaux dans la conception et la gestion des politiques de développement durable de « proximité ».

[391] Sur ce rôle inaugural de la Suède, voir *Only one earth : Stockholm and the beginning of modern environmental diplomacy in Environment & Society Portal.* Arcadia 2012, No.10. http:://www.environmentandsociety.org/arcadia/only-one-earth-stockholm-and-beginning-modern-environmental-diplomacy

2010	2014
La Suède doit, tant au niveau national qu'international, rester un pays précurseur en matière d'environnement de qualité et de développement durable. […] Si nous nous devons d'agir au niveau national pour assumer nos responsabilités, nous devons également réaliser que des problèmes mondiaux demandent des solutions globales. Notre politique climatique est la preuve que la Suède est là, par ses actions aux niveaux national et international, pour montrer la voie. Ces mesures nationales sont là pour nous permettre de montrer comment s'engager pour procéder aux transformations que la planète demande. Voilà pourquoi nous sommes fermement décidés à réduire les émissions survenant en Suède. D'ici 2020, ces émissions devront avoir diminué de plus de 40 %, soit l'objectif le plus ambitieux des États-membres de l'UE. […] La Suède continuera d'être à la pointe pour parvenir à un accord global sur le climat. Ce nouvel accord devra porter sur des réductions plus sensibles des émissions, englober un plus grand nombre de gaz à effet de serre et inclure un nombre de pays plus important qu'aujourd'hui. La Suède œuvrera également pour que les États-membres de l'UE introduisent une taxe sur les émissions de CO2. L'aide suédoise à un développement respectueux de l'environnement sera développée et les travaux engagés pour soumettre l'aide au développement à l'épreuve du changement climatique seront poursuivis. Le soutien apporté aux investissements climatiques et au transfert de technologie vers les pays en développement ira en croissant. Un soutien particulier devra être apporté aux pays en développement ayant le moins contribué aux problèmes, mais qui en subissent les plus graves conséquences. Regeringskansliet, 2010[392]	C'est le désir fort de ce gouvernement que la Suède soit un modèle d'acteur global, dans notre développement, notre égalité et notre leadership en matière d'adaptation au changement climatique. […] Le changement climatique est l'enjeu primordial de notre temps. Il y a un risque que l'élévation des températures aura de très sérieuses conséquences pour la vie sur Terre. Nous sommes d'ores et déjà les témoins d'une crise globale de la biodiversité, entraînant le plus grand nombre d'extinctions d'espèces dans l'histoire de notre planète. […] Le temps des échecs et des atermoiements est dépassé depuis longtemps. Tous les pays du monde doivent cesser d'investir dans ce qui détruit notre planète. Le changement climatique est une menace pour la sécurité globale. Il est temps d'assumer notre responsabilité. […] La coopération suédoise au développement doit se concentrer sur la lutte contre la pauvreté et les injustices dans le monde, et renforcer l'environnement et la démocratie. Un nouveau cadre pour la politique de l'aide sera établi en collaboration avec toutes les parties prenantes. L'aide en matière d'environnement et de climat sera augmentée et renforcée ainsi que les initiatives pour soutenir l'autonomie et l'autodétermination des femmes. Regeringskansliet, 2014[393] En plus d'un nouvel accord fort sur le climat, une autre priorité sera la formulation de nouveaux objectifs globaux pour un développement durable qui devront s'imposer à tous les pays. Le financement du développement durable est primordial et suppose une politique cohérente vis-à-vis du développement. La Suède sera un médiateur et portera une

[392]http:://www.government.se/contentassets/cd185485a58d4601bcaa4a2fcc0d3989/declaration-de-politique-generale-du-gouvernement-5-octobre-2010 : 15

	voix forte sur le thème du développement international. Le gouvernement réitère son engagement de consacrer 1 % de son revenu national brut à l'aide internationale. Statement of Foreign Policy[394]

'Les' modèles suédois du développement : un processus permanent d'agrégation

La succession de politiques publiques menées par divers gouvernements de tendances politiques opposées, malgré leurs spécificités propres sur lesquelles les partis insistent pour se différencier et se singulariser, est en fait un processus permanent d'agrégation de normes et de valeurs consensuelles.

Ainsi, ce qu'il est convenu d'appeler le modèle de « l'État-providence social-démocrate » ainsi appelé par Gøsta Esping-Andersen, structuré autour des objectifs cardinaux du plein-emploi, de la prééminence du dialogue social et des négociations salariales collectives et centralisées, de l'égalité femmes-hommes, de la fiscalité redistributive et du haut niveau de protection sociale, a t-il été à la fois mis en œuvre *et* infléchi par des gouvernements sociaux-démocrates avant-même que l'opposition parvenue au pouvoir ne développe une version d'un modèle instaurant des réformes d'inspiration néo-libérales. Toutefois, alors qu'ils réaffirment la nécessaire logique de marché, les gouvernements libéraux-conservateurs prennent-ils bien soin de ne pas remettre en cause le socle de haut niveau de protection sociale, colonne vertébrale du '*welfare state*'... Le concept de durabilité verticale (celui liant les générations entre elles) s'est agrégé à ce socle commun de références sans altérer le modèle, mais plutôt en lui permettant de se dépasser et de s'adapter dans une démarche toute dialectique.

La spécificité du cas suédois, c'est ce trait anthropologico-historique à « produire » de la concordance cognitive par le biais de la construction du consensus démocratique (la démocratie ne s'énonce pas comme dans une sorte d'incantation qui tient lieu de réalité, mais elle se construit plutôt dans la réalité même) à partir d'une part, d'un socle de représentations et de valeurs acquises à la fois stable et évolutif (cohérence, égalité sociale et de genre, urgence environnementale), et aussi d'autre part, d'une reconnaissance et d'une appropriation des défis et des contraintes (adaptation, anticipation).

---

[393]http:://www.government.se/contentassets/28853bb3089b4993bca6d6eb79d48b06/statement-of-government-policy-3-october-2014

[394] http:://www.government.se/speeches/2015/02/statement-of-foreign-policy-2015/

Aménagement du néolibéralisme ou véritable alternative ?

"It is the firm desire of this Government that Sweden be a global role model, in our development, our equality and our leadership on climate change adaptation".

Statement of Government Policy, 3 October 2014

Au lieu de s'installer dans le déni ou le déplacement de la dissonance cognitive en ignorant les obstacles existants et/ou en posant l'impossibilité de les surmonter, les politiques publiques suédoises sont au contraire la manifestation d'une concordance cognitive, d'une volonté réelle et pragmatique de résorber les écarts entre savoirs, vouloirs et pouvoirs[395]. Cependant, les priorités de la politique d'aide publique au développement devenues une sorte de « marque » à l'export, rencontrent un certain nombre d'obstacles.

Il n'y a pas de reconnaissance universelle du modèle sociétal prôné par la Suède (pour moins quatre de ses fondements : la construction d'un espace démocratique, l'approche par les droits en particulier l'égalité femmes-hommes, le rôle de la société civile et la nécessaire prise en compte des enjeux climatiques et environnementaux), tant du point de vue des valeurs qu'il incarne, que du point de vue de la mondialisation économique, qui tendrait à le marginaliser. De fait, les obstacles présentent des similitudes frappantes. Ainsi, l'approche par les droits humains et en particulier, l'égalité femmes-hommes et les droits reproductifs et sexuels y compris ceux liés à l'orientation et à l'identité de genre, ne sont-elles pas acceptables et acceptées par beaucoup de pays dans le monde. Il existe des oppositions de plus en plus fortes, et de plus en plus explicitement exprimées, à une conception maximale et évolutive des plans et des programmes d'action de la CIPD et de Pékin, dont la Suède s'affiche la championne. De même, l'approche du développement durable dans sa composante environnementale produit les mêmes réactions d'opposition, de réticences, voire d'hostilité ouverte ou d'inaction[396]. La mobilisation globale de la communauté

[395] Les politiques publiques ne se résument pas à leur aspect déclaratif, à leurs effets d'annonce et à leur énoncé programmatique, mais l'activisme rhétorique dès lors qu'il s'accompagne de réalisations concrètes (même limitées, imparfaites, intéressées, voire contradictoires, et même si en matière d'égalité de genre et de développement écologique, il reste même à la Suède, de substantiels progrès à faire), cesse d'être une incantation pour devenir une démonstration des possibles.

[396] Qui n'est pas sans rappeler, dans la théorie des jeux, le comportement dit du passager clandestin (*free rider*), qui en refusant l'approche collective de résolutions des problèmes ou des défis posés à l'humanité pense soit, au mieux, bénéficier des efforts des autres sans y contribuer, ni par sa participation ni son financement, soit, a minima, à être moins affecté que les autres par les conséquences de la non résolution des problèmes et des défis posés. Ce sont des positionnements similaires des États (en particulier des grands pays développés et des

internationale sur les enjeux environnementaux portés par la Suède - en matière de fiscalité verte (Bureau, 2013), de pollutions chimiques, de gestion des déchets, de risques sanitaires globaux des antibiotiques -, reste encore à venir. Dans tous ces cas, il s'agit pour la Suède de constamment dénoncer que les raisons avancées et les dispositifs mis en œuvre, ne sont que des leurres qui masquent en réalité les résistances au changement par rapport à des situations acquises de pouvoirs (et donc d'inégalités) entre les sexes, entre les générations et entre les pays/régions du monde.

La deuxième catégorie d'obstacles tient au niveau d'engagement dans le système universaliste et multilatéral des Nations unies et dans la recherche de la création du droit et de normes juridiques dominantes dans l'organisation et le fonctionnement de la communauté internationale. L'on a bien noté à quel point cet engagement est une constante de la diplomatie et de l'aide au développement de la Suède[397]/[398]. Pour être efficace, un tel système doit reposer sur des mécanismes reconnus et acceptés. Or, il n'y a pas de norme contraignante en matière de droit international et les thématiques relatives aux droits humains en particulier font le plus souvent l'objet de « réserves » juridiques de la part des pays signataires d'accords ou de traités internationaux. Malgré ces obstacles, la Suède, avec constance depuis les années 1990, adapte son plaidoyer, enrichit ses alliances et essaie de donner une cohérence (combinant facteurs éthiques et utilitaires) de plus en plus nette au référentiel du développement qu'elle entend faire partager à travers sa politique étrangère et son aide publique extérieure.

Au-delà « des réglages fins » qui ont présidé à la production des politiques publiques, et qui leur ont donné cette cohérence d'ensemble sur une longue période, la politique publique d'aide au développement apparaît comme le lieu même où le consensus est le plus fort, comme en témoigne l'énoncé des thématiques et la matérialité des financements et des engagements programmatiques. Depuis le retour des sociaux-démocrates au pouvoir en octobre 2014, il y a eu confirmation de la nature inchangée sur le

---

grands émergents), qui sont pour une grande part, la cause de l'échec retentissant de la 15e Conférence des Parties (COP15) dans la Convention-cadre des Nations unies sur les changements climatiques (Copenhague, décembre 2009).

[397] Nous rappellerons en particulier le travail d'A. Myrdal à partir de 1962 à Genève comme cheffe de la délégation suédoise auprès de la commission du désarmement.

[398] http:://www.government.se/government-policy/sweden-and-the-un/swedens-priorities-in-the-un/ Dans ce document, la Suède affirme quelles doivent être les bases d'une politique mondiale qui nécessite un ordre institutionnel multilatéral et un cadre normatif « contraignant » et quelles sont ses 7 priorités dans le cadre onusien : (1) prévention des conflits/soutien aux efforts de paix/consolidation de la paix/désarmement et non-prolifération (2) égalité de genre (3) développement global/développement durable/climat (4) opérations humanitaires (5) droit international/droits humains (6) terrorisme (7) sanctions.

fonds de la donne globale (*'global deal'*) du développement constamment proposée par la Suède[399].

Cette donne globale s'appuie tout d'abord sur des constats relatifs à l'évolution de la mondialisation : la libéralisation sans précédent des échanges, la révolution de l'informatique et des télécommunications, le développement rapide de la sous-traitance mondiale, et l'ouverture des marchés et la liberté plus grande de circulation des capitaux. Elle réduit très fortement la marge de manœuvre des pays dans la conduite de leur politique économique et les installe dans une interdépendance/dépendance plus ou moins grande. Le poids de cette contrainte/opportunité ne permet pas une remise en cause radicale du système libéral dominant - et d'ailleurs qui s'en étonnerait : ce n'est ni dans la tradition ni dans l'intérêt de ce « petit » pays qui aurait plus à y perdre qu'à y gagner[400]- et de fait, la Suède a très bien tiré parti des fondamentaux de la mondialisation : orthodoxie budgétaire, mobilité du capital, libéralisation et accélération des échanges commerciaux, explosion des nouvelles technologies de l'information (Bourdu, 2013[401]), course à l'innovation, recul du poids des États-nations et plus largement des capacités nationales d'interventions[402].

Alors que la mondialisation pouvait apparaître comme un mouvement qui allait mettre en danger le présent et le futur de l'État-providence « nordique » en général, suédois en particulier, c'est en fait une dynamique inverse qui s'est opérée. Tout en intégrant certaines contraintes de la « rationalité » néolibérale (équilibre budgétaire, libéralisation des marchés, des capitaux et du commerce), la Suède en maintenant l'essentiel de son système d'État-providence (tout en infléchissant certaines de ses composantes), a contribué à en démontrer la validité non seulement sociale, mais aussi économique, et ce faisant, entretenir l'intérêt d'un modèle

---

[399] Voir le discours de politique générale devant le parlement (op.cit.,) et la conférence du Premier ministre suédois à la Brookings Institution intitulée *Globalization in a time of turmoil: A conversation with Prime Minister Stefan Löfven of Sweden* (31/03/2015). http:://www.brookings.edu/research/topics/globalization

[400] La social démocratie suédoise n'est - t'elle pas née précisément du rejet de la radicalité des partis révolutionnaires se réclamant du marxisme ?

[401] Extrait : « le Forum économique mondial publie ainsi le Network Readiness Index (NRI), un indice qui définit la place qu'occupent les TIC dans la vie d'un pays, l'usage et le bénéfice qu'il en tire ainsi que les interactions dans tous les domaines liés de près ou de loin à la connectivité. Depuis 2010, la Suède se situe au 1er rang selon cet indice. En 2011, l'Allemagne était 13e du classement, la France 23e."
http:://www.la-fabrique.fr/uploads/telechargement/suede_HD_WEB.pdf

[402] De ce point de vue, ce n'est pas un des moindres paradoxes que de voir la Suède qui a construit son modèle sociétal (celui là même dont elle prétend exporter bien des acquis dont l'égalité femmes - hommes) à partir d'un État interventionniste, avoir contribué à la faiblesse des institutions étatiques des pays en développement par le soutien très marqué aux OSC.

alternatif au modèle néolibéral mondialisé. Avec une pression fiscale encore élevée, un poids déterminant des organisations syndicales et des réseaux associatifs gravitant autour d'elles et une politique redistributive d'essence égalitaire, il est possible de respecter les grands équilibres macro-économiques et de rester compétitif sur les marchés internationaux, voire se positionner comme les champions de l'aide aux pays en développement en y consacrant 1 % de son revenu national brut! Ce discours optimiste sur les opportunités que l'on peut saisir de la mondialisation est le résultat d'une ouverture sur le monde choisie et contrainte tout à la fois ; il est très vite contrebalancé par un avertissement : interdépendance ne rime pas avec dépendance et croissance des inégalités. D'autres éléments d'analyse de la mondialisation sont marqués du même mouvement de balancier. Ainsi, lorsque la liberté du commerce se voit reconnue comme un principe fondamental, c'est pour revendiquer aussitôt son caractère équitable (*'free and fair trade'*) du point de vue écologique, social et sanitaire[403] : « La Suède promouvra un commerce mondial libre et équitable. Le gouvernement travaillera à parvenir à des accords commerciaux au niveau international et au démantèlement des barrières commerciales, et dans le même temps défendra l'environnement, les intérêts des salariés et la santé des personnes »[404].

Tout en affirmant la nécessité de la croissance pour faire face aux défis humains de la mondialisation, le Premier ministre rappelle que notre terre est un bien commun/partagé (*'shared planet'*), et que le régime de croissance économique doit être inclusif (*'inclusive growth'*) c'est-à-dire limitant au maximum les disparités et les inégalités genrées, sociales, spatiales, raciales, générationnelles entre les personnes, mais aussi les disparités entre les acteurs locaux, nationaux et globaux tant institutionnels que privés, entre les territoires (campagnes/villes) et la répartition du capital et du travail. Face au modèle dominant capitaliste, mondialisé, inégalitaire, destructeur de l'environnement qui se fonde sur le bon sens (« la chose mieux partagée du monde » selon la formule célèbre de Descartes[405]), qui se retrouve dans

[403] L'exemple le plus frappant de ce point de vue est l'opposition résolue de la Suède aux mécanismes de la Politique agricole commune (PAC) de l'Union européenne. Non seulement, ses coûts sont-ils très élevés pour les contribuables, mais la PAC génère des externalités négatives très importantes au niveau de l'environnement compte-tenu de son caractère productiviste sans prise en compte des enjeux de qualité et de durabilité. Mais c'est aussi sa politique de production d'excédents qui, en déstabilisant les marchés mondiaux et en particulier ceux des pays les moins avancés, est particulièrement critiquable du point de vue du développement.

[404] Discours de politique générale. op cit.,

[405] Descartes fixait aux hommes l'objectif de « se rendre *comme* maîtres et possesseurs de la Nature ». Discours de la méthode. VIe partie. Malgré l'utilisation de la conjonction de subordination, et bien que beaucoup aient une interprétation différente, c'est bien un fondement à une démarche de nature prométhéenne que Descartes énonce dans son Discours.

l'idée de la « main invisible[406]» comme processus dans lequel la recherche par chacun de son intérêt personnel contribue naturellement et automatiquement à l'intérêt général, la Suède a construit un positionnement global original qui repose sur deux éléments. Il s'agit premièrement d'une remise en cause des évidences que G. Myrdal avait débusquées comme des « prédilections conservatrices » (c'est la part d'héritage du marxisme des sociaux-démocrates suédois), telles que la coexistence harmonieuse des intérêts et le laissez-faire comme garantie de l'équilibre naturel des forces du marché laissées à elles-mêmes. En réalité, ces dernières produisent et justifient des processus et des dispositifs créateurs d'inégalités tout en sacrifiant l'environnement dans lequel elles se déploient. Ces inégalités et ces rapports de domination, non seulement des hommes sur la nature et des hommes entre eux, mais des hommes sur les femmes, ont eux aussi générés et justifiés un développement inégal au sein même de l'espèce humaine. Il s'agit en second lieu de l'affirmation que le dépassement et le renversement de cet empirisme naïf de ces évidences sont nécessaires, et qu'au lieu de s'installer dans l'acceptation d'un ordre socioéconomique présenté comme évident et indépassable (que nous appelons l'équilibre de la non-soutenabilité), il faut prendre l'option plus risquée et plus difficile à mettre en œuvre, exigeant d'imaginer, de construire et de sans cesse perfectionner un ordre socioéconomique à partir de nouvelles normativités structurées autour du concept d'égalité.

Comme faisant écho au « Monde-providence » de G. Myrdal, la donne globale ainsi présentée, rappelle que les conditions de réalisation d'un certain modèle de développement tirant les leçons d'un modèle anthropologiquement et écologiquement discrédité ont partie liée à la création d'une nouvelle architecture institutionnelle au niveau mondial, expression d'une volonté politique collective visant à dépasser l'obsolescence du *statu quo* actuel et capable de produire des nouvelles normes internationales. Ce qui pouvait paraître encore naïf, idéaliste, voire insensé au sortir de la guerre froide (et qui était largement moqué ou considéré avec condescendance), semble, l'urgence climatique aidant, devenir un agenda audible et crédible[407].

À partir des productions principalement discursives des acteurs de l'aide publique au développement suédoise, il n'y a donc pas de remise en cause *directe* du socle libéral (concurrence, commerce, innovation) de l'espace

[406] A. Smith. Recherches sur la nature et les causes de la richesse des nations. T. IV. Chap. 2.
[407] Notre objet n'est pas tant de présenter les contradictions et les difficultés à « faire tenir » ensemble les contraintes de l'ordre économique et les exigences de la durabilité environnementale et du changement anthropologique que d'analyser les conditions et les modes d'imposition d'un agenda « autre » du développement.

mondialisé dans lequel elle opère, mais une question subsiste pourtant : le genre et le développement durable sont-ils des nouveaux alibis pour le maintien de l'ordre néolibéral globalisé ou bien des outils critiques des modèles de développement à effets pratiques *indirects* ? Il existe à cet égard une série de perspectives différentes.

En ligne avec les analyses présentées dans les chapitres qui précèdent, il y aurait au-delà de cette acceptation de la mondialisation (comme dans le refus de la révolution bolchevique par les sociaux-démocrates suédois des années 1920/1930), la conviction que c'est par une « ingénierie de genre » que le système pourrait être modifié (comme dans le fait que l'ingénierie sociale a permis de « re-modéliser » l'économie de marché). Cette spécificité suédoise de ne pas « renverser la table », s'appuie sur des « productions » du système néolibéral lui-même (genre, droits humains, durabilité environnementale), mais pour en contenir, voire en changer, les effets dévastateurs.

Le premier pari fait par la Suède semble être en fait une '*répétition*' de cet esprit de « troisième voie » qui a contribué à la constitution de l'État social-démocrate. De ce point de vue, les perspectives de genre/droits humains et de développement durable apparaissent comme les deux composantes qui viennent contrebalancer, rééquilibrer les facteurs néfastes (mais incontournables) de la mondialisation actuelle, et qui sont à l'œuvre de façon la plus dramatique dans les pays émergents et en développement : féminisation des emplois sous-qualifiés et précaires, renforcement de la division sexuée du travail, exposition des femmes et des filles aux violences multiples dans le cadre des migrations, de la traite et de la demande mondialisée du sexe par exemple, mais aussi déprédation et gaspillage des ressources naturelles et effets non maîtrisés des activités humaines - en particulier industrielle - chez les émergents, extinction accélérée des espèces et appauvrissement de la biodiversité, surexposition/sensibilité aux aléas climatiques.

Le deuxième pari fait par la Suède, c'est l'hypothèse que le changement d'échelle des enjeux de genre du local/national vers le niveau global est possible. Alors que beaucoup de pays (bailleurs et/ou récipiendaires) mettent en avant la prise en compte des conséquences médicales et sanitaires des pratiques touchant à l'intégrité des corps des femmes (mortalité et morbidité maternelles, avortement, mutilations sexuelles féminines), la Suède, tout en acceptant le caractère opératoire de cet argument affirme comme préalable, le principe du droit à la liberté du choix (contraception, avortement, choix de partenaire) et à la jouissance d'une sexualité pleine et entière (lutte contre les mutilations sexuelles féminines), comme une des conditions au règlement des crises en matière de santé. Pareillement, la Suède considère que c'est en matière de développement durable, que ce passage à l'échelle est nécessaire.

La nature même du système néolibéral est de produire de l'atomisation au niveau des individus et de la fragmentation au niveau des territoires et des institutions, des activités, des groupes sociaux et des collectivités humaines qui, en « multi-dimensionalisant la mondialisation[408]», ont dévalorisé les concepts de régulation et de gouvernance mondiales. La Suède, malgré toutes les critiques qu'elle peut partager avec grand nombre d'États vis-à-vis du système des Nations unies[409] considère que ce dernier représente pourtant le seul lieu existant où États, ONG, coalitions d'ONG, organisations intergouvernementales, groupes de pression d'intérêts publics ou privés pourraient se coordonner afin d'inscrire collectivement le référentiel du développement durable à l'agenda.

La Suède réaffirme avec force la nécessité d'une gouvernance mondiale alors que cette dernière n'est pas, pour beaucoup de pays la plus légitime ni la plus efficace. Sans nier les vertus d'un modèle de gouvernance locale dans la résolution de certains aspects de la durabilité et de la sociabilité environnementales - et les collectivités territoriales suédoises ont de ce point de vue mis en place des nombreuses initiatives novatrices tant en matière d'éco-quartiers, ce que l'on appelle la durabilité spatiale faible[410] -, la Suède, comme État entend promouvoir la durabilité intergénérationnelle forte, mise à mal par le dérèglement climatique planétaire, que seule un processus de négociation et de décision collectives au niveau international peut rendre effective. Dans une sorte de renversement tranquille, droits/genre et développement durable se sont imposés comme des normes globalisées au risque d'être retournées, instrumentalisées et finalement réintégrées comme de simple procédés rhétoriques obligés[411].

---

[408] Introduction au Dictionnaire des mondialisations. 2006. Direction Cynthia Ghorra-Gobin. *Armand Colin.*

[409] [...] par ailleurs très largement paralysé dans sa capacité d'action collective par une structure remontant à la fin de Seconde Guerre mondiale et surtout par les principaux acteurs (dont les 5 membres permanents du Conseil de sécurité) qui y trouvent une justification et une tribune à leur politique de puissance ou de prestige. Il existe une critique féministe plus radicale du système onusien qui neutraliserait et détournerait à son profit 'institutionnel' les dynamiques transformatrices des mouvements de femmes (Falquet, 2003).

[410]http:://blog.pollutec.com/la-suede-et-lenvironnement.html#.VZaFLWDSN-U.
Extrait : « la référence mondiale en matière d'aménagement urbain durable est le projet Hammarby-Sjöstad, sur un ancien quartier de docks industriels de Stockholm. Celui-ci conjugue toute une série de systèmes qui en font une vitrine quasiment unique dans le monde : système expérimental de gestion de l'énergie, de l'eau et de la récupération des déchets mettant l'accent sur l'efficacité énergétique et les énergies nouvelles et renouvelables (panneaux solaires, réseau de chauffage/climatisation alimenté par une centrale bio fuel + eau purifiée issue d'une STEP, biogaz issu des eaux usées, aspiration pneumatique des déchets,...) et sur l'éco-mobilité (ligne de tramway supplémentaire, pistes cyclables, co-voiturage) ».

[411] Le sexe de la mondialisation. Genre, classe, race et nouvelle division du travail. Direction. J. Falquet et al. ,. *Presses de Sciences Po*. Paris.

La Suède n'échappe pas à cette rhétorique dominante - elle en est même à maints égards le principal artisan, ce qui de fait, démontre s'il en était besoin sa capacité d'influence), mais au lieu d'être le signe d'une conviction d'apparence, d'une ruse d'affichage, elle renvoie au contraire à ce qu'elle a toujours été : une analyse qui, pour être pragmatique, n'en est pas moins subversive des rapports de pouvoirs et de domination entre les humains et entre les humains et l'environnement[412]. Au lieu de n'être cantonnées qu'à des slogans et des méthodologies publicitaires, les approches droits/genre et développement durable (aussi imparfaites et inachevées qu'elles soient) restent pour la Suède des outils conjoints de la nécessaire « re-politisation » du développement.

C'est l'ambition qu'elle a fixée à son aide publique au développement.

Il existe de multiples raisons à l'engagement d'un pays dans une politique publique d'aide au développement, à la fois inconscientes et conscientes, les deux s'entremêlant le plus souvent : instrument/alibi au service d'un projet géopolitique, d'un messianisme libéral et d'une croisade au service du Bien (États-Unis) ; nostalgie « impériale » ; mauvaise ou bonne conscience par rapport au fait colonial ; expression ultime d'un pacte néocolonial (France, Grande-Bretagne, Belgique) ; culpabilité par rapport à des expériences historiques troubles ou totalitaires (Allemagne, Japon) ; ou encore - déconstruction critique la plus avancée-, injonction occidentale faite aux pays pauvres de se fondre dans la marchandisation du monde, comme le soutient Gilbert Rist (Rist, 1996)[413]. Si d'une certaine façon, la Suède participe de cette croyance généralisée dans la croissance et d'une vision du développement comme « transformation de la nature et des relations sociales en biens marchands par la demande solvable », il n'empêche que la formulation de son aide au développement ne peut se ramener, de près ou de loin, aux principales raisons déjà évoquées, puisque précisément (même si, comme nous l'avons déjà évoqué son aspiration à l'influence comme soft power est bien réelle), ce n'est pas la perpétuation d'un ordre géopolitique impérial ou d'un système mondialisé inégalitaire avec atténuation aux marges de leurs effets négatifs, qui est poursuivie, mais c'est l'appui à

---

[412] Dans *Global Challenges - Our Responsibility* (op.cit.,), il est clairement indiqué que la coopération au développement suédoise doit s'articuler sur « trois thèmes transversaux » *('cross-cutting themes')* : la démocratie et les droits humains ; l'environnement et le changement climatique ; et l'égalité de genre. Le présent chapitre ne fait que rappeler la cohérence de ce dispositif conceptuel.

[413] Après une analyse déconstructiviste du développement comme le fruit d'une croyance occidentale et d'une catégorie de l'imaginaire ethnocentriste ayant acquis force d'évidence. G. Rist en vient à prôner la décroissance ou plutôt à se libérer de la croissance destructrice. Par sa vision critique radicale du développement comme processus hégémonique et destructeur, G. Rist s'interdit de penser d'autres formes de radicalité dans le questionnement et la réponse au modèle de développement occidental.

l'émergence des conditions de possibilités de normes anthropologiques et environnementales nouvelles qui contribuent à réintégrer l'anthropie, (avec sa dimension de destruction de la nature et des relations sociales) dans la pensée et la pratique économiques. Si, de prime bord l'aide au développement suédoise semble s'accorder à la mondialisation et apparaître comme un outil au service d'un simple aménagement du système néolibéral et de ses valeurs principales au nom de la croissance (Lidskog & Elander, op.cit., : 84[414]), elle nous paraît plutôt être l'instrument d'une alternative radicale pour l'évolution du système de la mondialisation qui pose d'une part, la question centrale de la transformation au service d'une ambition normative anthropologique et environnementale et d'autre part, la nature de cette transformation qui remplace la régulation impériale, comme celles des États-Unis, ou commerciale comme celle de la Chine, par la régulation politique collective combinée des mécanismes institutionnels et des forces de la société civile.

L'ambition pour le développement telle que développée par la Suède et dont nous avons tenté la généalogie, repose donc sur le fondement de la redistribution mondialisée contre le productivisme et l'acceptation des inégalités et des normes (en particulier de genre) qui les sous-tendent et les perpétuent. Elle se traduit par la poursuite de la révolution anthropologique de l'égalité femmes-hommes à l'échelle planétaire. En effet, l'enjeu fondamental de la perspective de genre n'est pas de s'intégrer dans le mode présent de la production et de la consommation mondialisées, et en quelque sorte de *concéder* aux femmes les mêmes droits que les hommes dans une optique de *rattrapage*, mais en *proclamant* (et en réalisant) la *transformation* des rapports de pouvoirs entre femmes et hommes, afin de façonner du même coup de nouveaux modes de production, de répartition et de consommation des richesses.

Un pas de plus, symbolique certes, mais très significatif, a été franchi lorsque dans son discours de politique générale en octobre 2014, le nouveau Premier ministre suédois se présente comme le chef d'un « gouvernement féministe » et que la ministre des Affaires étrangères quelques mois plus tard décline les caractéristiques d'une politique étrangère féministe[415]. La

---

[414] Extrait : « La Suède a officiellement adopté le concept de modernisation écologique dans le sens où la croissance économique et la politique environnementale ne se contredisent jamais. Même dans les cas où il y a des raisons d'avancer que les décisions courantes vont à l'encontre des ambitions environnementales du pays, les enjeux sont encadrés de façon à ce que la durabilité économique et la durabilité environnementale soient harmonisées, du moins dans la rhétorique ».

[415]http:://www.government.se/speeches/2015/02/statement-of-foreign-policy-2015. Voir aussi http:://www.government.se/speeches/2015/06/speeach-at-swedish-institute-of-international-affairs/

nouvelle ministre semble parler aussi bien du passé que du futur positionnement de la Suède embrassant ainsi plus de vingt ans d'engagements promus et soutenus par tous les partis politiques, avec la société civile en privilégiant les cadres régionaux et multilatéraux : « Une politique étrangère féministe est en train d'être formulée dont l'objectif est de combattre la discrimination à l'encontre des femmes, améliorer les conditions des femmes et contribuer à la paix et au développement. La participation des femmes aux processus décisionnels doit être renforcée dans les pays en paix, les pays en guerre et ceux qui sont en train de se reconstruire. Cela renforcera aussi la durabilité de nos sociétés. Des étapes concrètes pour promouvoir le statut et les droits des femmes sont en train d'être mises en œuvre par le biais d'une coopération accrue avec la société civile ainsi qu'avec nos partenaires de l'Union européenne et des Nations unies. Ensemble avec nos amis nordiques membres de l'UE, nous avons proposé la nomination d'une personne représentante de l'UE pour l'égalité de genre et la mise en œuvre de la Résolution 1325, qui a été adoptée il y a quinze ans cette année. Nous continuerons aussi nos efforts pour combattre l'impunité en matière de violences basées sur le genre, aussi bien en temps de paix que dans le cadre des conflits armés. Les États membres des Nations unies devraient augmenter leurs efforts en faveur des droits humains des femmes et des filles, leur droit à l'autonomisation économique et le droit à la maîtrise de leur propre corps. C'est particulièrement important cette année, alors que la communauté internationale va réaffirmer les engagements pris à Pékin en 1995 sur le statut et les conditions des femmes. Ces conditions doivent être améliorées, non pas remises en cause. Une politique étrangère féministe constituera une part en soi des activités du réseau des diplomates afin de renforcer les droits des femmes, améliorer leur accès aux ressources et augmenter leur niveau de représentation ». À son tour, l'Observatoire européen de la diversité rend compte des aspects concrets de cette orientation politique[416] : « La ministre des Affaires étrangères suédoises, Margot Wallström, nommée en octobre 2014 apporte un souffle nouveau à la diplomatie. Ses discours en faveur des droits des femmes lui valent les foudres des pays arabes. Pourtant, cette ligne politique est payante, la Suède, relativement discrète sur le plan international, retrouve ainsi une voix audible, en défendant ardemment la démocratie et les droits humains. En mars 2015, l'Arabie Saoudite a rappelé son ambassadeur en Suède et a décidé de ne plus distribuer de visas d'affaires aux Suédois. Les Émirats arabes unis ont fait de même, suite aux déclarations de la ministre des Affaires étrangères qui, dans un discours au parlement suédois a condamné les méthodes considérées comme moyenâgeuses de certains États à l'encontre des femmes, comme l'interdiction pour les femmes de conduire.

[416] http:://www.diversite-europe.eu/en/node/2279#sthash.hwhZCayA.dpuf

Les milieux d'affaires sont sceptiques face à cette politique, mais la ministre assure que la Suède doit considérer sa politique extérieure au prisme des droits humains, et qu'on ne peut pas faire d'affaires sans prendre en compte le respect de la dignité humaine. Cette ligne politique s'inscrit dans une nouvelle doctrine des relations internationales qui tend à considérer que moins un pays accorde de droits aux femmes, plus il risque d'être violent sur le plan international. En d'autres termes, promouvoir le respect des femmes est une manière de diffuser la paix. Les autres États européens sont réticents face à une telle diplomatie, en raison des retombées économiques que pourraient engendrer une rupture des relations avec les pays du Golfe. La ministre Wallström appelle l'Europe à avoir davantage de courage sur cette question ».

Il sera intéressant de noter si, dans l'avenir, la coexistence actuelle des enjeux de genre et de développement durable dans l'architecture de l'aide publique au développement de la Suède s'affirme de façon cohérente comme une combinaison alternative concrète et solide à la « rationalité » et à la « normativité » néolibérales et de voir si ces enjeux, comme « catégories globales d'interventions publiques » (Lacombe et al, 2011 : 7-13), renvoient véritablement à l'autre face possible de la mondialisation en faisant de l'État social et environnemental, et après des années de remises en causes et de dévalorisation, une « utopie du monde capitaliste » (Andersson, op.cit., : 10) en voie de réalisation[417].

Sans céder à une vision lénifiante ou naïve du mode de participation de la Suède aux affaires du monde (et il a été démontré que, comme tous les États du monde, elle a été et reste le produit de contraintes, d'héritages, de représentations, d'aspirations à la fois contradictoires et complémentaires), il semble pourtant que ce pays a essayé de développer une ambition holistique originale pour lui-même, mais aussi pour le reste du monde, que cette ambition se traduit par des réalisations, qui sans être parfaites ni achevées, sont autant d'invitations à penser et agir hors des sentiers convenus.

---

[417] Extrait : « Dès le début des années 1990 [...] Sur le plan international, la montée en puissance de la pensée économique et politique du néolibéralisme mène une critique générale et agressive de l'État social. La Suède, icône de l'État social européen, devient donc le symbole d'une sorte de perversion économique ».

CONCLUSION

On a beaucoup évoqué, dans les années 1970 et au-delà, les succès puis les échecs du « modèle » suédois en insistant sur les avancées ou les reculs dans les domaines économiques et sociaux. Ces discussions ont été très largement alimentées à partir de présupposés politiques et idéologiques des uns et des autres.

L'aide au développement comme politique publique, est représentative de ce modèle et de son positionnement/imposition au monde. Nous nous sommes concentrés, non sur ses réalisations elles-mêmes, mais sur le but et les conditions de son déploiement depuis les années 1990. Au lieu d'engager une réflexion sur la duplication d'un modèle, duplication illusoire, à la fois par le caractère spécifique de toutes les composantes de l'histoire suédoise, et celles des pays tentés par l'expérience, il fallait s'attacher à la compréhension d'une volonté initiale, que nous avons qualifiée d' « ambition » normative, et des processus mentaux, institutionnels et sociétaux au service de cette ambition.

Ainsi, ce qu'il importait d'identifier, c'était d'une part, le socle des valeurs et des normes de références, au premier rang desquelles l'égalité et la solidarité, et d'autre part, la chaîne de cohérence qu'il faut mettre en place pour les promouvoir et les réaliser de façon concrète, malgré les difficultés et les résistances de toutes sortes.

Tout comme les normes et les valeurs constitutives de la grande tradition du design et de l'architecture fonctionnalistes, à partir des années 1930, celles qui ont structuré le champ du développement sont tout sauf incantatoires, changeantes, vidées de leur caractère transformatif, en quelque sorte décoratives. Elles constituent l'ambition autour de quoi tout s'organise et se décline, de la vie sociale, économique et politique à l'intérieur des frontières, à la vie et à l'activité internationales du pays.

Ce qu'il ressort de l'expérience suédoise telle que nous avons tenté de la capturer, c'est moins l'efficacité d'un système (que l'on peut toujours aménager et améliorer et qui a fait l'objet de beaucoup d'analyses critiques), que l'importance d'inscrire ce système dans des normes et des valeurs dont il faut rappeler constamment, sur le long terme, et de façon pragmatique et fonctionnelle, leur nature d'impératif catégorique.

Ce qui fait l'exemplarité et la force de conviction de l'approche suédoise dans le domaine du genre et de la santé et des droits sexuels et reproductifs, c'est en définitive le degré de maturité dans le processus de changement de comportement des personnes et de la société suédoise dans son ensemble : maturité dans l'anticipation des changements anthropologiques (égalité femmes-hommes, perspective des droits), maturité dans la mise en place des objectifs et des moyens du changement (création d'un environnement économique et social en faveur d'une convergence des parcours de vie des femmes et des hommes dans l'ordre de la production et de la reproduction, action d'éducation et de renforcement de la conscientisation des personnes), maturité dans l'acceptation des nouveaux comportements et dans leur inscription comme habitudes sociales très majoritairement acceptées et valorisées (valorisation des acteurs de la société civile), enfin maturité dans la soutenabilité du changement (nécessité de convaincre les personnes individuellement d'inscrire leur engagement sur la longue durée).

Si l'attractivité de ses institutions et de sa culture politique - et de sa culture tout court[418]- , le haut degré d'articulation entre ses réalisations sociales et ses performances économiques, la recherche systématique des conditions du consensus constituent les déterminants de la *puissance douce* de la Suède, ils ne doivent toutefois pas faire oublier qu'ils reposent sur une conscience claire et assumée d'un certain nombre de normes et de valeurs qui suscitent encore de par le monde de multiples résistances et oppositions.

Pourtant, ce qui pourrait représenter une raison de jouer une partition mineure, est en fait une stimulation à relever les défis majeurs de notre temps. En effet, la fin du cycle des Objectifs du Millénaire pour le développement et la préparation du cycle des Objectifs du Développement durable de l'après-2015, ainsi que la question du financement du développement posent de façon toujours plus aiguë la question de la nature même de l'aide au développement, de son rôle et de son poids dans le processus du développement.

Quels sont en fait les termes de la problématique globale actuelle de l'aide publique au développement, et quelle est la contribution de la Suède à ce débat capital ? Rappelons tout d'abord un constat chiffré. L'aide publique au développement au niveau global représentait en 2013 quelques 130 milliards de dollars. Comparée aux flux annuels d'épargne et au stock

---

[418] Il n'est que de mentionner l'engouement en France depuis quelques années pour les séries télévisuelles suédoises présentées sur les emblématiques chaines Canal+ et Arte : Millenium (2010), Wallander (2011), Real Humans (2013/2014), Meurtres à Sandhamn (2015), L'Héritage empoisonné (2015).

d'actifs financiers[419] ainsi qu'à la masse des flux financiers provenant des migrants[420], elle reste un élément très marginal dans le financement présent et potentiel du développement des pays les moins avancés. Cependant, pour des pays en développement qui n'ont guère de possibilités ni de forte capacité d'endettement *via* les marchés financiers, elle reste néanmoins un des canaux de financement, lorsqu'elle est dispensée sous forme de dons/prêts bonifiés vers des projets à forte rentabilité économique et sociale et vers des projets visant la création et/ou la consolidation d'éléments constitutifs d'une gouvernance démocratique et institutionnelle.

Dans une période déterminante de questionnement et de (re)conceptualisation du financement du développement[421], la Suède a continué d'avoir une influence-clé dans la promotion du rôle de l'aide publique au développement, et ce n'est pas parce que les sources de financement sont très inégales que l'on doit minimiser le rôle de cette dernière, voire la marginaliser encore plus : lutter contre la pauvreté et les inégalités et opérer une redistribution au niveau mondial, c'est le rôle de l'aide au développement comme seule politique publique existante en la matière. Elle doit conserver une finalité propre de solidarité en faveur des Pays les Moins Avancés (PMA), des pays en crise et en sortie de crise. Elle doit en outre continuer à jouer un rôle catalytique en mobilisant des ressources internes/domestiques des pays partenaires pour permettre le financement des « angles morts », politiques, administratifs et juridiques.

Alors que des pays (France, Allemagne, Italie) ont fait le choix de mettre en place des agences financières et des instruments de financement du développement, très majoritairement sous forme de prêts aux conditions de marché, de prises de participation, de prêts bonifiés à des pays à revenus intermédiaires[422], la Suède s'est donnée un mandat de solidarité

[419] En 2010, le montant total des actifs monétaires et financiers étrangers dans le monde représente 96 000 milliards de dollars, dont 21 000 milliards de dollars d'IDE (investissements directs étrangers). Source: Charles Roxburg et *al.*, 2011. Mapping global capital markets. *The McKinsey Global Institute*.

[420] En 2010, ces transferts atteignaient 325 milliards de dollars, alors que cette même année (où, par ailleurs, elle a atteint son niveau record), les apports nets d'aide publique au développement étaient estimés par l'OCDE à 128 milliards de dollars.
http://www.oecd.org/fr/cad/stats/50060373.pdf.

[421] Du 13 au 16 juillet 2015, se tient à Addis-Abeba, la 3e Conférence internationale sur le financement du développement, décidée par l'Assemblée Générale des Nations unies sur proposition du G77.

[422] Alors qu'à l'Agence française de développement, les prêts et garanties représentent presque 5 milliards €, les dons (pour les PMA en particulier) représentent presque 300 millions € dont les deux tiers concentrés sur l'Afrique subsaharienne. Malgré la formulation d'ensemble similaire à celle de la Suède, ce positionnement « à la croisée des objectifs de croissance économique, de réduction de la pauvreté et de préservation de l'environnement »

internationale à visée anthropologique transformative, le plus souvent dans les pays les moins avancés. Ainsi, dans la crise actuelle de l'aide publique au développement[423] la Suède entend-elle proposer une approche spécifique alternative, consistant à assumer un mandat prioritaire de solidarité au profit des Pays les Moins Avancés, à mobiliser les flux publics d'aide des bailleurs, bilatéraux et multilatéraux (maintien de l'objectif des 0,7 %), pour alimenter et accompagner une politique publique de redistribution au niveau mondial, et aider les pays en développement à financer les mécanismes de mobilisation de leurs ressources nationales en termes de construction et de consolidation démocratiques, de gouvernance financière et de finances publiques, de citoyenneté politique, de civisme fiscal, de gestion des biens publics tels que la santé et l'éducation, c'est-à-dire en jetant les bases d'un État social.

Il n'est dès lors pas surprenant que, comme dans le cadre de son expérience nationale, la perspective de genre et l'approche par les droits sexuels et reproductifs qui ont structuré l'ensemble des politiques publiques, représentent la colonne vertébrale de son aide publique au développement. En ligne avec le concept global de développement durable du rapport Brundtland (Notre Avenir à Tous - 1987) qui articule la nécessité de répondre aux besoins du présent tout en préservant l'autonomie et les capacités des générations futures, la Suède lui donne cependant une dimension très concrète : d'une part, la revendication d'égalité de genre, en particulier dans le domaine de la santé et des droits sexuels et reproductifs qui correspond à ces besoins universels (non encore satisfaits) du présent, et d'autre part, des politiques publiques à visée environnementale qui sont l'expression d'une capacité à se projeter dans l'avenir en atténuant la domination prométhéenne sans limites de la nature.

Ainsi, en élaborant son agenda du développement durable, essentiellement dans ces composantes humaines et environnementales, puis en l'envisageant comme le véhicule à l'imposition de normes essentielles, la Suède a contribué à façonner, comme puissance « d'influence », une problématique du développement, en la découplant d'une acceptation de la mondialisation dans sa seule composante économique, et en privilégiant sa dimension fondamentalement anthropologique et *in fine* politique.

---

sert grandement les objectifs d'une diplomatie économique et commerciale et « l'influence française dans la sphère du développement ». Rapport annuel de l'AFD 2013 : 58-59.

[423] La mondialisation et l'installation des pays émergents au cœur de l'ordre économique mondial ont bouleversé l'ancien paradigme vertical de l'aide des pays riches vers les pays pauvres. Les pays du G7 (à l'exception de l'Allemagne) sont confrontés à des déficits et des niveaux de dettes qui limitent leur engagement en termes d'APD. Non seulement les flux d'aide en question sont modestes, mais ils sont en baisse, marquant ainsi le début du déclin de la mission économique jusque-là assigné à l'aide.

BIBLIOGRAPHIE

Andersson Jenny., 2011, "Qu'est-ce que c'est ce modèle suédois ? Débats constitutifs pour comprendre l'histoire de la social-démocratie suédoise, son modèle et son évolution jusqu'aux élections de septembre 2010." *Histoire@Politique. Politiques, culture, société, n°13*

Andersson Tobias., Högberg Ulf., Bergström Stig., 2000, Community-based prevention of perinatal deaths : lessons from nineteenth century Sweden. *Journal of Epidemiology.*

Appelqvist Örjan., 2007, L'argument démographique dans la genèse de l'État-providence suédois. *XXe Siècle. Revue d'histoire. Presses de Sciences Po. Paris.*

Badie Bertrand., 1995, La fin des territoires. Essai sur le désordre international et sur l'utilité sociale du respect. *Librairie Arthème Fayard.*

Barthes Roland., 1957, Mythologies. *Ed. Seuil.*

Barton Arnold H., 1994, A Folk Divided : Homeland Swedes and Swedish Americans, 1840-1940. *Southern Illinois University Press.*

Battail Jean-François., 2010, Quand la Suède dominait la Baltique. *Revue germanique internationale 11/2010.*

Bengtsson A Håkan., Le modèle suédois à l'épreuve des réformes libérales, *La Vie des idées, 1er septembre 2006.*

Bereni Laure., Chauvin Sébastien., Jaunait Alexandre., Revillard Anne., 2008, Introduction aux Gender Studies. Manuel des études sur le genre. *Ed. de Boeck , Bruxelles.*

Berlin Isaiah., Éloge de la liberté. Calmann-Lévy, 1988 (épuisé). Titre original : *Four essays on liberty* (1969).

Bernhardt Éva., 1990, Avoir un premier enfant à Stockholm avant 30 ans, dans *Population, 45e année, n°6, 1990.*

Bernhardt Éva., 2005, Family Policies and Equal Opportunities in Sweden. *Italian Journal of Social Policy.*

Beyond Welfare State Models., 2001, Transnational Historical Perspectives On Social Policy". 2001. Publié par Pauli Kettunen et Klaus Petersen. *Edward Elgar Publishing Ltd.*

Billing Annika., 2011, Support to Civil Society Within Swedish Development Cooperation. *Perspectives n°2, Centre for African Studies, School of Global Studies. Göteborgs Universitet.*

Bizière Jean Maurice., "PETRI Olaus (1493-1552) & Laurentius (1499-1573)", *Encyclopædia Universalis.*

Bjereld Ulf., 1995, Critic or Mediator ? Sweden in World Politics. 1945-90. *Journal of Peace Research, vol.32 : n°1.*

Björklund Erika., 2007, Issue Histories Sweden : Series of Timelines of Policy Debates. *QUING Project, Vienna : Institute for Human Sciences (IWM).*

Blanc Noël Nathalie., 1997, La politique suédoise de neutralité active. *Bibliothèque stratégique. Coll. economica.*

Bourdu Emilie., 2013, Les transformations du modèle économique suédois. *Paris. Presses des Mines.*

Bosch David Jacobus., 1995, Histoire et avenir des modèles missionnaires, dans Dynamique de la mission chrétienne. *Karthala. Labor et Fides.*

Boyer Régis., 2008, Les Vikings : histoire, mythes, dictionnaire. Editions Robert Laffont.

Brachet Sara., 2007, Les résistances des hommes à la double émancipation. Pratiques autour du congé parental en Suède. *Sociétés contemporaines 2007/1 (n° 65) Presses de Science Po. Paris.*

Broberg Gunnar., Tydén Matthias., 1996, Eugenics in Sweden : efficient care. In Eugenics and the Welfare State. Sterilization policy in Denmark, Sweden, Norway and Finland. *Michigan University Press.*

Bureau Dominique., 2013, "Fiscalité verte et compétitivité : la démonstration suédoise". *Références économiques pour le développement durable, n° 26, 2013. Conseil économique pour le développement durable.*

Burness Catriona., 1999, A Swedish Exclusive ? The 'Support Stockings' and Increasing Women's Parliamentary Representation in Sweden. *Kvinnovetenskapligt forums arbetsrapport nr 2, Örebro Universitet, Örebro 1999.*

Carlson Allan C., 1990, The Swedish experiment in family politics. The Myrdal's and the interwar population crisis. *New Brunswick and London Transaction Publishers.*

Carlson Juliana., 2013, Sweden's Parental Leave Insurance : A Policy Analysis of Strategies to Increase Gender Equality, *Journal of Sociology & Social Welfare, June 2013, Volume XL, Number 2 University of Minnesota.*

Charbit Yves., 2006, Les colonies françaises au XVIIe siècle : mercantilisme et enjeux impérialistes européens. *Revue Européenne des Migrations Internationales, vol. 22 : n°1.*

Charbit Yves., Maryse Gaimard., 2015, La bombe démographique en question. *Paris, PUF.*

Christin Olivier., 1993, L'État moderne et la guerre (1550-1750). Esprits d'État. Note bibliographique dans *Actes de la recherche en sciences sociales, vol. 96-97.*

Cipolla Carlo., 1969, Literacy and Development in the West. *Pelican, Baltimore.*

Crété Liliane., 1999, Le protestantisme et les femmes : aux origines de l'émancipation. *Editions Labor et Fides. Genève.*

Connelly Matthew., 2003, Population Control is History : New Perspectives on the International Campaign to Limit Population Growth. *Comparative Studies in Society and History, vol.* 45 : n° 1.

Corvisier André., 1976, Armées et sociétés en Europe de 1494 à 1789. *PUF. Paris.*

Coste Antoine., 2008, Articulation et cohérence des moyens bi- et multilatéraux des politiques de coopération au développement. *Mémoire de master pro CIAHPD.*

Dauphin Sandrine., Sénac-Slawinski Réjane., 2888, Gender mainstreaming : analyse des enjeux d'un 'concept-méthode'. Les *Cahiers du Genre*, 2008/1 n° 44. *L'Harmattan.*

Daum Åke., 1989, Swedish mentality *(Svensk Mentalitet*, 1996), *The Pennsylvania State University Press.*

Dorban Michel., Pirotte Jean., 2003, De fer et de feu, l'émigration wallonne vers la Suède. Histoire et mémoire (XVIIe-XXIe siècle). *Fondation wallonne P.-M. & J.-F. Humblet. Louvain.*

Drouard Alain., 1998, À propos de l'eugénisme scandinave. Bilan des recherches et travaux récents. *Populations, vol.53 : n°3.*

Dubois Jean-Luc., 2000, Comment les politiques de lutte contre la pauvreté peuvent-elles prendre en compte les inégalités sexuées ? Genre, population et développement : les pays du Sud. *Dossiers et recherches de l'INED n°85, Paris.*

Earles Kimberly., 2008, Women in the Swedish "People's Home" : Gender and the Social Democratic Welfare State. *Department of Political Sciences, York University.*

Edgren Lars., Olofsson Magnus., (plus contributors) 2009, Political Outsiders in Swedish History, 1848-1932. *Cambridge Scholars Publishing,*

Ekman Ernst., 1975, Sweden, The Slave Trade and Slavery, 1784-1847 [La Suède, la traite négrière et l'esclavage]. *Revue française d'histoire d'outre-mer, Paris.*

Engh Sunniva., 2006, Northern feminists and Southern women : Scandinavian aid to the Indian family planning programme. *Paper for session 86 at the XIV International Economic History Congress. Helsinki.*

Englund Peter., 1993, Ofredsår (Years of War). *Atlantis.*

Englund Peter., 2000, Den oövervinnerlige (The invincible)

Esping-Andersen Gøsta., 1999, Social foundations of post-industrial economies. *Oxford : Oxford University Press.*

Esping-Andersen Gøsta., 2008, Trois leçons sur l'État-providence, *La République des idées. Seuil.*

Falquet Jules., 2003, "Femmes, féminisme et « développement », une analyse critique des politiques des institutions internationales'. In Regards de femmes sur la globalisation. Dir. Jeanne Bisillat. *Editions Karthala.*

Festinger Leon., 1957, A theory of cognitive dissonance, *Stanford University Press.*

Festy Patrick., 1983, L'évolution récente du nombre de divorces en Europe occidentale. L'exemple de la Suède, dans *Le divorce en Europe occidentale. La loi et le Nombre, G.I.R.D (International)- C.E.T.E.L (Genève)- I.N.E.D. Paris.*

Fur Gunlög., 2013, Colonialism and Swedish History : Unthinkable Connections ? In Scandinavian Colonialism and the Rise of Modernity. *Editors Magdalena Naum & Jonas Norden. Springer.*

Gadrey Jean., 2014, En Suède, la taxe carbone a été décisive pour réduire les émissions de CO2 : vrai ou faux ? *Alternatives Économiques*, 23/12/2014.

Galbraith John K., 1980, Théorie de la pauvreté de masse. *Editions Gallimard. Paris.*

Garaud Philippe., 2014, Article « Agenda/Emergence » dans *Dictionnaire des politiques publiques. Direction Laurie Boussaguet, Sophie Jacquot et Pauline Ravinet. Les Presses de Sciences Po. Paris.*

Gaulejac Vincent (de)., Bonetti Michel., Fraisse Jean., 1989, L'ingénierie sociale. *SYROS.*

Gilpin Robert., 1981, War and Change in World Politics. *Cambridge University Press, London.*

Girard Françoise., 2007, Negotiating Sexual Rights and Sexual Orientation at the UN. Chap. Beijing and sexuality. pp. 329-341. In SexPolitics : Reports from the Front Lines, ed. Richard Parker, Petchesky Rosalind and Sember Robert. *New York : Sexuality Policy Watch.*

Greenhalgh Susan., 1996, The Social Construction of Population Science : An Intellectual, Institutional, and Political History of Twentieth-Century Demography. *Comparative Studies in Society and History, vol. 38 : n°.1.Cambridge University Press.*

Grimes Seamus., 1998, From population control to 'reproductive rights' : ideological influences in population policy. *Third World Quarterly, Vol. 19, No 3.Carfax Publishing limited.*

Grimm Robert., 1999, Luther et l'expérience sexuelle : sexe, célibat, mariage chez le Réformateur. *Coll. Histoire et société, 39. Ed. Labor et Fides. Genève.*

Grjebine André., Eloi Laurent., 2008, La méthode suédoise : la cohésion sociale au défi de l'adaptation. *Les Études du CERI, n°147.*

Gourdon Vincent., Traités de Westphalie (1648), *Encyclopædia Universalis.*

Groulx Lionel Henry., 1990, Où va le modèle suédois ? État-providence et modèle social. *Les Presses de l'Université de Montréal.*

Gullestad Marianne., 1992, L'anthropologie de la société scandinave contemporaine". *Revue Terrain.*

Gupta Nabanita Datta., Smith Nina., Verner Mette., 2006, Child Care and Parental Leave in the Nordic Countries : A Model to Aspire to ? *Forschungsinstitut zur Zukunft der Arbeit. Bonn.*

Gylden Axel., Truc Olivier., 25/01/07, Mer Baltique Le nouveau rêve hanséatique. *Le Point.*

Hall Peter A., 1993, Policy Paradigms, Social Learning, and the State : The Case of Economic Policy-Making in Britain. *Comparative Politics, vol. 25 : n° 3.*

Hammar Inger., 2003, Protestantism and Women's Liberation in 19th Century Sweden in Gender, Race and Religion. Nordic Missions, 1860-1940. *Studia Missionalia XCI. Uppsala.*

Hannerz Ulf., 1983, Den svenska kulturen. Project on Culture Theory for Complex Societies, *Report n°9.* D*epartment of Anthropology. Stockholm University.*

Frédérique Harry., 2011, Protestantisme évangélique en Scandinavie. *Mineurel*

Hastings Michel., 2011, Oppositions parlementaires, gouvernements minoritaires et démocraties inclusives. L'exemple des pays scandinaves. *Revue internationale de politique comparée. 2011/2. vol.18.*

Hautecouverture Benjamin., 2007, Non prolifération et désarmement. Le désarmement nucléaire et les politiques de sécurité en Suède (1946-1975). *Cesim.*

Hébrard Jean., 1988, La scolarisation des savoirs élémentaires à l'époque moderne. *Histoire de l'Education n°38.*

Heckscher Eli F., 1929, Suède : histoire urbaine, dans *Annales d'histoire économique et sociale. 1e année, n°2.*

Françoise Héritier., La fabrique de filles, ouvrage collectif édité par Amnesty International.

Francoise Héritier., 1996, Masculin, Féminin I. La pensée de la différence. Paris, *Odile Jacob.*

Hirdman Yvonne., 2006, Alva Myrdal. The Passionate Mind. *Indiana University Press.*

Histoire du christianisme. Le temps des confessions (1530-1620). Tome 8. Direction. Mayeur J-M., Pietri Ch., A Vauchez., Venard M. *Desclée.*

Histoire du christianisme. L'âge de raison (1620-1750). Tome 9. Direction. Mayeur J-M., Pietri Ch., A Vauchez., Venard M. *Desclée.*

Histoire du christianisme. Libéralisme, industrialisation, expansion européenne (1830-1914). Direction. Mayeur J-M., Pietri Ch., A Vauchez., Venard M. *Desclée.*

Högberg Ulf., 1983, Svagårens barn : ur folkhälsans historia [Children of starvation years : from the history of public health]. Stockholm : *Liber.*

Holmberg Susan., 1989, Welfare Abroad : Swedish Development Assistance, in The Committed Neutral, Sweden's Foreign Policy. *Westview Special study in International Relations. Edited by Bengt Sundelius.*

Huntford Roland., 1975, Le Nouveau Totalitarisme. *Fayard.*

Hüfner Klaus., 1983, Die freiwilligen Finanzleistungen an das VN-System in *German Year Book on International Law, vol. 26.*

Jacob Steve., 2014, Article « évaluation », Dictionnaire des politiques publiques. *Presses de Sciences Po. Paris.*

Jacquot Sophie., 2008, Genrer les politiques publiques ? Le gender mainstreaming : lecture d'une norme d'action publique dans *Les politiques du genre.* Direction Engell Isabelle, Ballmer-Cao Thanh-Huyen et Muller Pierre. *Logiques Politiques. L'Harmattan.*

Johansson Egil., 1977, The history of literacy in Sweden in comparison with some other countries. *Educational reports (n°12) Umeå University and Umeå School of education.*

* Understanding Literacy in its Historical Contexts. Socio-Cultural History and the Legacy of Egil Johansson, ouvrage collectif édité par Harvey J. Graff, Alison Mackinnon, Bengt Sandin & Ian Winchester. 2009. *Nordic Academic Press.*

Johner Michel., 2001, Travail, richesse et propriété dans le protestantisme. *La Revue Réformée. Editions Kerygma.*

Kajsa Claude., 2011, S'attaquer au client de services sexuels. L'exemple suédois : stopper la prostitution et la traite des êtres humains à la source. *L'Institut suédois.*

Kjeldstad Randi., 2001, Gender policies and gender equality in Nordic Welfare States in the European Context. *Edited by Kautto, M., et al. Routledge, Taylor and Francis Group, London.*

Kouri Errki., 1997, La réforme royale en Scandinavie dans L'Europe protestante aux XVIe et XVIIe siècles. Direction John Miller. *Belin-De Boeck.*

Lacombe Delphine., et al. 2011, Le genre globalisé : cadre d'actions et mobilisations en débats. *Cultures & Conflits* (83)

Lambert Alain., Migaud Didier., 2006, L'administration suédoise : structure et fonctionnement. Parlementaires en mission sur la mise en œuvre de la loi organique relative aux lois de finances.

Lavignotte Stéphane., Schaeffer Otto., 2008, Une spécificité protestante ? dans Numéro spécial sur Environnement et développement durable. *Revue de l'Église Réformée de France, Information – Évangélisation.*

Le Bouteillec Nathalie., 2010, Politique familiale, politiques sociales et fécondité en Suède. *Santé, Société et Solidarité*, vol. 9.

Lepetit Jean-Paul., 2013, "La constitution suédoise de 1720. Première constitution écrite de la liberté en Europe continentale". *Jus politicum n° 9.*

Lienhard Marc., 1991, Martin Luther, un temps, une vie, un message. *Genève : Labor & Fides.*

Lidskog Rolf., Elander Ingemar., 2011, Le développement durable en Suède : la rhétorique, les politiques et la pratique, *Télescope*, vol. 17, n° 2.

Lindholm Marika., 1991, Swedish Feminism, 1835–1945 : A Conservative Revolution. *Journal of Historical Sociology, vol. 4, issue 2.*

Lindqvist Herman., 2002, A History of Sweden. *Norstedts Förlag*, Stockholm.

Link Patrick-Dominique., 2013, Histoire religieuse de la Suède (1520-1930*). Éditions du Cerf.*

Lipinska Mélanie., 1900, Histoire des femmes médecins depuis l'antiquité jusqu'à nos jours.

Littératie, économie et société. 1995, Résultats de la première enquête sur l'alphabétisation des adultes. *Éditions OCDE.*

Mac Bride Stetson Dorothy., Mazur Amy., 1995, Comparative State Feminism, *Sage Publications London.*

MacKinnon Catharine A., 1987, Feminism Unmodified. Discourses on Life and Law. *Harvard University Press.*

Magnusson Lars., 2000, An economic history of Sweden. *London : New York : Routledge.*

Marhold Hartmut., Meimeth Michael., Lallemand Xavier., 2009, Les discours du développement durable dans les pays européens. L'Europe en Formation 2009/2 (n° 352). *Ed. Centre international de formation européenne.*

Marklund Carl., 2009, The Social Laboratory, the Middle Way and the Swedish Model : Three Frames for the Image of Sweden. *Scandinavian Journal of History,* 34(3).

Maur Jost., 2011, Les soldats de l'Europe. *Echtzeit Verlag.*

May John., 2012, World Populations Policies. Their Origin, Evolution and Impact. *Springer.*

Morel Nathalie., 2001, Politique sociale et égalité entre les sexes en Suède. Enfance. Vie familiale et vie professionnelle. *Recherches et Prévisions*, n° 64.

Moyo Dambisa., 2009, L'aide fatale. Les ravages d'une aide inutile et de nouvelles solutions pour l'Afrique. *Ed. J.C Lattès.*

Mousson-Lestang Jean-Pierre., 1995, Histoire de la Suède. *Hatier.*

Myrdal Alva., 1941, Nation and Family : the Swedish Experiment in Democratic Family and Population Policy. *Cambridge : M.I.T. Press.*

Myrdal Alva., Klein Viola., 1956, Women's Two Roles : Home and Work. *Routledge and Kegan Paul. London.*

Myrdal Alva., 1982, The Game of Disarmament : How the America and Russia run the Arms Race. *Pantheon.*

Myrdal Gunnar., 1944, An American Dilemma : The Negro Problem and Modern Democracy. *New York : Harper & Bros.*

Myrdal Gunnar., 1957, Théorie économique et pays sous-développés. *Editions Présence africaine.*

Myrdal Gunnar., 1963, Planifier pour développer : De l'État-providence au Monde-providence. *Paris, Éditions ouvrières (Economie et Humanisme).*

Myrdal Gunnar., 1968 (1976), Le drame de l'Asie. Une enquête sur la pauvreté des nations. *Editions du Seuil.*

Myrdal Gunnar., 1978, Procès de la croissance : à contre-courant, (traduit de l'américain 'Against the Stream/ Critical essays on economics' -1972). *Presses universitaires de France. Paris.*

Neutralité et non belligérance en Europe pendant la deuxième guerre mondiale, *Guerres mondiales et conflits contemporains, n°194, décembre 1999* (ouvrage collectif).

Nilsson David., 2013, Sweden-Norway at the Berlin Conference, 1884-85. History, national identity making and Sweden's relations with Africa. *Nordiska Afrikainstitutet.*

Nilsson David., Østigård Terje., 2013, Scandinavia in the 'Scramble for Africa'. Then and Now. *Nordic Africa Development Policy Forum.*

Nyzell Stefan., 2009, Sweden . Country of Consensus – a Teleological History ? An essay on Social and Political Collective Violence in Swedish History (107-132) in Political Outsiders in Swedish History, 1848-1932. *Edit. by Lars Edgren et Magnus Olofsson. Cambridge Scholars Publishing.*

Öhman May-Britt., 2010, "Sweden Helps" : Efforts to formulate the White Man's Burden for the Wealthy and Modern Swede, in Kult 7 - Special Issue, *Nordic Colonial Mind, Department of Culture and Identity, Roskilde University.*

Onsander Sara., 2007, Swedish Development Cooperation through Swedish and Local NGOs. *Perspectives* n°7, *Centre for African Studies, School of Global Studies. Göteborgs Universitet.*

Orjuela Camilla., 2005, From "Popular Movement Aid" to "Civil Society Support" : The Case of Swedish Development Policy. *Centre of International Studies. Dublin City University.*

Palm Lennart., Schott Raphaëlle., 2001, Le changement caché du système démographique suédois à 'l'Epoque de la Grandeur'. Des mariages adolescents aux mariages tardifs. *Annales de démographie historique. n°102. Ed. Belin.*

Parrott David., 1992, The Military Revolution in Early Europe. *History Today, vol. 42. Issue 12.*

Perronnet Michel., Bercé Yves-Marie., Laget Mireille., Henry Michel., Molinier Alain., 2005, Le XVII° siècle 1620-1740. De la Contre-réforme aux Lumières. *Collection Hachette Supérieur.*

Persson Inge., 1990, The Third Dimension- Equal Status between Swedish Women and Men, in Generating Equality in the Welfare State : the Swedish Experience. *Norwegian University Press.*

Rosalind Pollack Petchesky., 2003, Global Prescriptions. Gendering Health and Human Rights. *Zed Books. London & New York.*

Piketty Thomas., 2013, Le Capital au XXIe siècle. *Le Seuil.*

Quéniart Jean., De l'oral à l'écrit. Les modalités d'une mutation. *Publications ENS-Lyon.*

Reboud Valérie., 2008, Approche par les capabilités et Développement, dans Amartya Sen : un économiste du développement ? *Agence Française de Développement. Département de la Recherche.*

Renan Ernest., 1882, Qu'est-ce qu'une nation ? Littérature et identité nationale de 1871 à 1914 sous la direction de Philippe Forest, *Paris : Pierre Bordas et fils, Éditeur* (1991).

Revillard Anne., 2006, Le féminisme d'État : construction de l'objet. *Wordpress.*

Richardson Jeremy J., 2014, "Style (Policy Style)" dans *Dictionnaire des politiques publiques.* Direction : Laurie Boussaguet, Sophie Jacquot, Pauline Ravinet. 4° édition précédée d'un nouvel avant propos. *Presses de Science Po. Paris.*

Rist Gilbert., 1996, Le Développement. Histoire d'une croyance occidentale. Quatrième édition, 2007. *Presses de Sciences Po. Paris.*

Roberts Michael., 1956, The Military Revolution, 1560-1660. *Belfast* reprinted with some amendments in his *Essays in Swedish History* (London, 1967) and Roberts (1995).

Rune Ervik., Kuhnle Stein., 1996, The Nordic Welfare Model and the European Union. Comparative Welfare Systems : The Scandinavian Model in a Period of Change. *Ed. Bent Greve. London : Macmillan Press Ltd.*

Sainsbury Diane., 2000, Les droits sociaux des femmes et des hommes : les dimensions du genre dans les états providence, dans Genre et politique. Débats et perspectives. *Collection Folio/Essais. Éditions Gallimard.*

Sainsbury Diane., Bergqvist Christina., 2008, Gender Mainstreaming 'à la suédoise' dans les *Cahiers du Genre,* n° 44. *L'Harmattan.*

Sandberg Lars G., 1979, The case of the impoverished sophisticate : human capital and Swedish economic growth before World War I. *Journal of Economic History.*

Schön Lennart., 2000, En modern svensk ekonomisk historia. Tillväxt och omvandling under två sekel [A modern Swedish economic history. Growth and change during two centuries]. *Stockholm : SNS förlag.*

Sen Amartya., 1987, Commodities and Capabilities, *Oxford India Paperbacks, OUP, Oxford.*

Sen Gita., Germain Adrienne., Chen Lincoln., 2004, Population Policies Reconsidered. Health. Empowerment and Rights, *Harvard University Press.*

Servet Jean-Michel., 2010, Aide au Développement : six décennie de trop dits et non dits. *Revue de la régulation. Capitalisme, institutions, pouvoirs. Maison des Sciences de l'Homme - Paris Nord.*

Sinding Steven W., 2003, Family Planning Programs. *The encyclopaedia of population, Vol.1,* pp. 363-371, *New York : Macmillan Reference USA.*

Spector Céline., 2003, Le concept de mercantilisme. *Revue de métaphysique et de morale* 2003/3 (N° 39). *Presses Universitaires de France.*

Stromberg Peter., 1986, Symbols of Community, The Cultural System of a Swedish Church, *Tucson, 1986, Univ. Ariz. Press.*

Sundin Jan., Willner Sam., 2007, Social change and health in Sweden : 250 years of politics and practice. *Swedish National Institute of Public Health.*

Sultan Ipu., 2010, Gender Equality, A case study of Sweden. Gender Equality, Gender Equity and Policies of combating inequality at work place to make the society equal. *Master Thesis. University of Dalarna.*

Sutton Caroline., 1998, Swedish Alcohol Discourse, construction of a Social Problem. *Acta Universitatis Upsaliensis, Studia Sociologica Upsaliensa 45, Uppsala.*

Swedish Government Bill 2005/06 :155. *Power to shape society and your own life : Towards new gender equality policy objectives.*

Testart Alain., 2010, La Déesse et le Grain . Trois essais sur les religions néolithiques. *Éd. Errance. Collection des Hespérides.*

Thörnberg Ernst Herman., 1939, Popular Movements and Social Life in Sweden et Lundkvist Sven., 1975, Popular Movements and Reforms in Sweden's Development from Poverty to Affluence. 1750-1970. Chapter. 7. *Edited by Stevens, University of Minnesota Press, Minneapolis.*

Tilton Timothy Alan., 1990, The Political Theory of Swedish Social Democrats. Through the Welfare State to Revolution, *Oxford, Clarendon Press.*

Todd Emmanuel., 1983, La Troisième Planète. Structures familiales et systèmes idéologiques, *Paris, Le Seuil.*

Todd Emmanuel., 1984, L'Enfance du monde. Structures familiales et développement, *Paris, Le Seuil.*

Todd Emmanuel., 1990, L'Invention de l'Europe. *Paris, Le Seuil.*

Todd Emmanuel., 2013, L'origine des systèmes familiaux, Tome I. L'Eurasie, *Paris, Gallimard.*

Trägärth Lars., 1997, Statist Individualism : on the Culturality of the Nordic Welfare State, *Scandinavian University Press.*

Trägärdh Lars., 2007, The "Civil Society" Debate in Sweden : The Welfare State Challenged, State and Civil Society in Northern Europe, the Swedish Model Reconsidered, *Berghahn Books, New York.*

Trottet Jean Pierre., 1857, L'Église et la Question religieuse en Suède. 2e période, Tome 8. *Revue des Deux Mondes.*

Tuomaala Saara., 2006, The path of Finnish women towards liberty and education. *Ministry of Social Affairs and Health and the Christina Institute of the University of Helsinki.*

Tveit Knut., 1991, The Development of Popular Literacy in the Nordic Countries. A Comparative Historical Study. *Scandinavian Journal of Educational Research, Vol, 35. n°4.*

Tydén Matthias., 2002, "*Från politik till praktik. De svenska steriliseringslagarna* 1935-1975" (de la politique à la pratique, Les lois sur la stérilisation en Suède 1935-1975). *Stockholm : Acta Universitatis Stockholmiensis, Stockholm Studies in History 2002, 63.*

Upton Anthony F., 1998, Charles XI and Swedish Absolutism, 1660-1697, *Cambridge University Press.*

Vidal Jean-François., 2010, Crises et transformations du modèle social-démocrate suédois. *Revue de la régulation.* 8 | 2e semestre / Automne 2010.

Wahlbäck Krister., 1989, Les origines de la neutralité suédoise. *Institut suédois. Stockholm.*

Wertsch James V., 2002, Voices of Collective Remembering, *Cambridge University Press.*

Willaime Jean-Paul., 1996, L'accès des femmes au pastorat et la sécularisation du rôle du clerc dans le protestantisme dans *Archives des sciences sociales des religions, n° 95. CNRS-Editions.*

Winberg Christer., 1977, Population growth and proletarianisation : the transformation of social structures in rural Sweden during the agrarian revolution. *Lund : Cavefors.*

Wollin Lars., 1995, Les traducteurs dans l'histoire. Direction de Jean Delisle et Judith Woodsworth. *Les presses de l'Université d'Ottawa. Éditions UNESCO.*

Women and Men in Sweden, Facts and Figures 2012, *Statistics Sweden, Population Statistics Unit.*

Äsa Yttergren., 2012, Swedish Gender Equality for Trafficked Women ? Radical Official Remedies and Ethnic Otherness, in *feminists@law, vol. 2, n° 1. University of Kent.*

Patrick Zylberman., 1999, Les damnés de la démocratie puritaine : les stérilisations en Scandinavie, 1929-1977. *Le Mouvement Social, n°187.*

TABLE DES MATIÈRES

L'HARMATTAN ITALIA
Via Degli Artisti 15; 10124 Torino
harmattan.italia@gmail.com

L'HARMATTAN HONGRIE
Könyvesbolt ; Kossuth L. u. 14-16
1053 Budapest

L'HARMATTAN KINSHASA
185, avenue Nyangwe
Commune de Lingwala
Kinshasa, R.D. Congo
(00243) 998697603 ou (00243) 999229662

L'HARMATTAN CONGO
67, av. E. P. Lumumba
Bât. – Congo Pharmacie (Bib. Nat.)
BP2874 Brazzaville
harmattan.congo@yahoo.fr

L'HARMATTAN GUINÉE
Almamya Rue KA 028, en face
du restaurant Le Cèdre
OKB agency BP 3470 Conakry
(00224) 657 20 85 08 / 664 28 91 96
harmattanguinee@yahoo.fr

L'HARMATTAN MALI
Rue 73, Porte 536, Niamakoro,
Cité Unicef, Bamako
Tél. 00 (223) 20205724 / +(223) 76378082
poudiougopaul@yahoo.fr
pp.harmattan@gmail.com

L'HARMATTAN CAMEROUN
BP 11486
Face à la SNI, immeuble Don Bosco
Yaoundé
(00237) 99 76 61 66
harmattancam@yahoo.fr

L'HARMATTAN CÔTE D'IVOIRE
Résidence Karl / cité des arts
Abidjan-Cocody 03 BP 1588 Abidjan 03
(00225) 05 77 87 31
etien_nda@yahoo.fr

L'HARMATTAN BURKINA
Penou Achille Some
Ouagadougou
(+226) 70 26 88 27

L'HARMATTAN SÉNÉGAL
10 VDN en face Mermoz, après le pont de Fann
BP 45034 Dakar Fann
33 825 98 58 / 33 860 9858
senharmattan@gmail.com / senlibraire@gmail.com
www.harmattansenegal.com

L'HARMATTAN BÉNIN
ISOR-BENIN
01 BP 359 COTONOU-RP
Quartier Gbèdjromèdé,
Rue Agbélenco, Lot 1247 I
Tél : 00 229 21 32 53 79
christian_dablaka123@yahoo.fr

Achevé d'imprimer par Corlet Numérique - 14110 Condé-sur-Noireau
N° d'Imprimeur : 128543 - Dépôt légal : mai 2016 - *Imprimé en France*

www.ingramcontent.com/pod-product-compliance
Lightning Source LLC
LaVergne TN
LVHW011432061026
849535LV00004BA/791
* 9 7 8 2 3 4 3 0 9 0 5 1 1 *